Produktion auf Weltniveau

Richard J. Schonberger

Produktion auf Welt- niveau

Wettbewerbsvorteile durch integrierte Fertigung

Geleitwort von Hans Peter Stihl

Campus Verlag
Frankfurt/New York

Die amerikanische Ausgabe »World Class Manufacturing« erschien 1986 bei The Free Press, A Division of Macmillan Publishing Co., Inc.
Copyright © 1986 by Schonberger and Associates, Inc.

Deutsche Übersetzung von Sascha Mantscheff

CIP-Titelaufnahme der Deutschen Bibliothek

Schonberger, Richard J. :
Produktion auf Weltniveau: Wettbewerbsvorteile durch
integrierte Fertigung / Richard J. Schonberger. Geleitw. von
Hans Peter Stihl. [Dt. Übers. von Sascha Mantscheff]. –
2. Aufl. – Frankfurt/Main ; New York : Campus Verlag, 1991
   Einheitssacht.: World class manufacturing <dt.>
   ISBN 3-593-33933-1

2. Auflage 1991

Copyright © 1988 Campus Verlag GmbH, Frankfurt/Main
Umschlaggestaltung: Atelier Warminski, Büdingen
Satz: Typo Schröder, Dernbach/Dierdorf
Druck und Bindung: Druckhaus Beltz, Hemsbach
Printed in Germany

Inhalt

Geleitwort

Vor 40 Jahren gehörte es zum Bildungsprogramm eines fortschrittlichen Unternehmers in der Bundesrepublik Deutschland, die Vereinigten Staaten zu besuchen und dort vor Ort Informationen und Erfahrungen über amerikanische Formen der Unternehmensführung, der Produktionstechnik und der Absatzstrategien zu sammeln. US-Unternehmen galten für uns damals als Vorbild. In Forschung und Entwicklung waren die amerikanischen Wissenschaftler führend. Ihre Fachbücher und Veröffentlichungen waren nicht selten so etwas wie Pflichtlektüre.

In der Zwischenzeit haben die deutschen Unternehmen aufgeholt, in manchen Bereichen die Amerikaner überholt. Wir sind selbstbewußter geworden. Heute verkaufen wir nicht nur unsere Produkte in den Vereinigten Staaten. Viele Groß- und mittelständische Unternehmen verfügen in den USA auch über eigene Produktions- und Vertriebsgesellschaften. Dadurch sind gleichzeitig auch die gegenseitigen Wirtschaftsbeziehungen zwischen den beiden Ländern immer enger geworden.

Die deutschen Unternehmer sind trotz ihrer wirtschaftlichen Erfolge nicht übermütig geworden. Sie wissen und erfahren es gerade jetzt durch die drastische Abwertung des US-Dollars ganz besonders, daß sie sich täglich im weltweiten Wettbewerb neu behaupten müssen. In diesem Bemühen kann das Buch des Amerikaners Richard J. Schonberger *Produktion auf Weltniveau* wertvolle Hilfe leisten. Denn die Vorschläge Schonbergers zielen auf die Verbesserung der internationalen Wettbewerbsfähigkeit ab.

Die Wirtschaft der Bundesrepublik Deutschland lebt vom Export. Kein Industrieland – auch Japan und die USA nicht – ist so eng mit der Weltwirtschaft verflochten. Deshalb treffen Wettbewerbsverschiebungen im internationalen Bereich unsere Unternehmen besonders stark. Zweifellos ist der weltweite Wettbewerb in letzter Zeit erheblich stärker geworden. Einerseits wirken neue Technologien auf den Quälitätswettbewerb stimulierend. Durch den Einsatz der Mikroelektronik in der Kommunikationstechnik rücken außerdem die Weltmärkte enger zusammen und werden damit transparenter. Die schnellen Übertragungswege, die wir heute benutzen, führen dazu, daß in der Kommunikation der Faktor Zeit praktisch abgeschafft wird. Das wiederum verlangt eine schnellere Reaktion auf den Märkten und eine auftragsorientiertere Produktion. Mit anderen Worten: Wir müssen die Produktion auf die Anforderungen des Marktes besser abstimmen. Um das zu erreichen, brauchen wir ein geschlossenes Logistikkonzept. Zum einen ist es nötig, von den Märkten gesicherte und rasche Informationen, insbesondere über Markt- und Konkurrenzverhältnisse, zu bekommen. Der Informationsstrom vom Markt zum Betrieb ist *der* Teil der kommunizierenden Röhre, der die Impulse für die Absatzplanung gibt. Der andere Teil der kommunizierenden Röhre im Logistiksystem ist der Material- und Fertigungsfluß von der Beschaffung über die Produktion bis zum Vertrieb und zum Kunden. Die Impulse, die aus der Röhre »Markt- und Auftragsdaten« kommen, müssen in eine rasche Fertigung und eine schnelle Belieferung des Kunden umgesetzt werden.

Schonberger befaßt sich in diesem Buch vor allem mit den Anforderungen, die sich in diesem Zusammenhang an Produktion, Produktionstechnik, Material- und Fertigungsfluß ergeben. Die Absatzerfolge der Japaner auf dem Weltmarkt waren für ihn Anlaß, Produktionsmethoden und organisatorische Abläufe in japanischen Unternehmen zu untersuchen. Außerdem sind in das Buch die umfangreichen Erfahrungen eingeflossen, die Schonberger als Unternehmensberater erfolgreicher Unternehmen in den Vereinigten Staaten gesammelt hat. Dadurch und durch die zahlreichen Beispiele ist *Produktion auf Weltniveau* praxisnah und lebendig.

Qualitätssicherung, flexible Produktionsmethoden und kurze betriebliche Durchlaufzeiten sind die Rezepte, die nach Schonberger zur Erhaltung der internationalen Wettbewerbsfähigkeit notwendig sind. Eine Produktion sei erst dann auf Weltniveau, wenn sie gut auf Absatzschwankungen reagieren könne. Außerdem ermögliche eine Unternehmensstrategie nach diesen Kriterien erhebliche Kosteneinsparungen. Dieser Auffassung ist voll zuzustimmen. Gerade die erfolgreichen exportorientierten Unternehmen im Hochlohnland Bundesrepublik Deutschland wissen, daß sie nur durch Einsatz technisch fortschrittlicher Produktionsmethoden und durch Ausnutzung aller Kosteneinsparungsmöglichkeiten international wettbewerbsfähig bleiben können.

Die Verkürzung der betrieblichen Material- und Fertigungsflußzeiten durch die Einführung von Just-in-Time-Methoden ist ein wichtiger Dreh-

und Angelpunkt, um auf dem Weltmarkt weiter bestehen zu können. Just-in-Time erfordert Flexibilität bei Produktionsanlagen und Transportsystemen, aber auch bei Arbeitskräften und Arbeitszeiten. Gerade bei uns in der Bundesrepublik Deutschland muß immer wieder darauf hingewiesen werden, daß flexible Arbeitszeiten kein tarifpolitisches Sonderproblem sind. Vielmehr ist eine flexible Fertigung nur möglich, wenn auch die Arbeitszeit flexibel gestaltet wird. Dies gilt insbesondere dann, wenn die wöchentliche Arbeitszeit der Beschäftigten immer mehr verkürzt und die bisherige Betriebsnutzungszeit der Betriebseinrichtungen und -anlagen beibehalten wird.

In engem Zusammenhang mit der Verkürzung der betrieblichen Durchlaufzeiten steht die Qualitätssicherung. Denn nicht nur zu spät angelieferte Teile behindern einen reibungslosen und raschen Fertigungsfluß. Auch fehlerhafte Teile sind ein erheblicher Störfaktor im Produktionsablauf. Sie bremsen die Produktion und verursachen nicht zu verantwortende Kosten. Bei einer Just-in-Time-Fertigung hat die Qualität der selbstgefertigten und zugelieferten Teile noch mehr als bisher höchste Priorität.

Wenn Schonbergers praxisnahes und variantenreiches Buch den deutschen Unternehmen zusätzliche Anstöße zur Modernisierung ihrer Produktions- und Betriebsabläufe gibt, hat es sich schon gelohnt. Denn in der Tat haben viele Unternehmen noch nicht erkannt, welche Chancen in einer Nutzung der Mikroelektronik und den dadurch möglich gewordenen flexiblen Lösungen stecken. Andererseits haben selbstverständlich eine ganze Reihe von Unternehmen in der Bundesrepublik bereits Wege beschritten, wie sie Schonberger beschreibt. Die Automobilindustrie ist dafür ein gutes Beispiel. Aber auch mittelständische Unternehmen unseres Landes – vor allem solche mit internationaler Struktur – sind dabei, die Reserven auszuschöpfen, die in der modernen Qualitätssicherung und in einem logistisch optimal gesteuerten Materialfluß stecken. Denn je länger die betrieblichen Durchlaufzeiten sind, desto größer ist die Gefahr von Marktabweichungen. Und je kürzer die Wege von Lieferanten bis zum Kunden sind, desto geringer können die Bestände, die Finanzmittel binden, sein. Damit vermindert sich der Bedarf an Lagerfläche, was gleichzeitig niedrigere Investitionen und Einsparungen von Raumkosten zur Folge hat. Die Wechselwirkungen sind somit vielfältig und die Auswirkungen auf die internationale Wettbewerbsfähigkeit erheblich.

Hans Peter Stihl

Vorwort

Börsenkräche, politische Morde, Kriegserklärungen und Ölkrisen – das sind Ereignisse, die soziale oder wirtschaftliche Umwälzungen auslösen. Erwachendes Bewußtsein hingegen verursacht im allgemeinen eher bescheidene Veränderungen als Umwälzungen.

Ich werde das erwachende Bewußtsein beschreiben, das sich stürmisch ausbreitete und eine Umwälzung der Industrie auslöste. Der Titel dieses Buches, *Produktion auf Weltniveau*, besagt, worum es bei dieser Umwälzung geht.

Selbstbeschuldigungen

Ende der 70er und Anfang der 80er Jahre berichteten zahlreiche Zeitungen und Zeitschriften über den Niedergang der Wirtschaft. Diese Reportagen drehten sich hauptsächlich um Marktverluste, Werksstillegungen und Entlassungen. Wer an diesem Niedergang schuld war, wurde nicht genau gesagt.

Heute weisen viele Unternehmen, die sich vorgenommen haben, Produzenten auf Weltniveau zu werden, auf ihre eigene Schuld hin. Ihre Führungskräfte, ihre Ingenieure, ihre Techniker, ihre Stabsexperten und ihre Meister gingen mit irrigen Vorstellungen über die richtige Arbeitsweise von Betrieben zu Werk.

Einige Schuld an der Verschlechterung von Wettbewerbspositionen liegt bei den Gewerkschaften, aber die Industrieführer von heute neigen längst nicht mehr dazu, die Arbeiterschaft als Sündenbock zu benutzen. Als fortschrittlich gilt folgende Sichtweise: Was hat das Management falsch gemacht, wenn es Probleme mit der Arbeiterschaft gibt? Und was kann es besser machen, um gute Beziehungen zur Arbeiterschaft aufzubauen? Die Antwort lautet nicht, nett sein oder einander vertrauen, sondern Wege zum beiderseitigen Vorteil finden. Ich glaube, diese Wege sind mittlerweile bekannt; es sind ganz andere, als die Universitäten bislang lehren. Das Thema Mitarbeiterengagement greifen wir in mehreren Kapiteln auf, insbesondere in Kapitel 2, 3 und 6.

Die gewandelte Einstellung erstreckt sich auf ein weiteres beliebtes Ziel von Schuldzuweisungen: die Lieferanten von Bauteilen und Materialien. Die Abnehmer fragen sich allmählich: Was haben wir falsch gemacht, wenn die Lieferanten unseren Vorstellungen nicht gerecht wurden? Und wie können wir gute Beziehungen zu unseren Lieferanten fördern? Auch auf diese Fragen gibt es stichhaltige Antworten. Harley-Davidson hat den ausgezeichneten Slogan *Partner im Gewinn* eingeführt. Harley ist einer der vielen westlichen Produktionsbetriebe, die einsehen, wie albern es ist, mit den Lieferanten die »Reise nach Jerusalem« zu spielen. Im Zeichen der Produktion auf Weltniveau sind feindselige Beziehungen zwischen Abnehmer und Lieferant nicht mehr angesagt, sondern ein völlig neuer Katalog von Kaufs- und Vertragspraktiken.

Die Behörden mit ihren Vorschriften waren ebenfalls bequeme Sündenböcke. Unsere Industrieführer drängen immer noch aggressiv auf weniger Einmischung, doch argumentiert ihre Lobby (bis auf ein paar Ausnahmen) heute konstruktiver und nicht mehr so vorwurfsvoll.

Den Japanern sei Dank

Die Umwälzung in der Produktion findet weltweit statt, und sie ist die Reaktion auf den japanischen wirtschaftlichen Aufschwung und Aufstieg nach dem 2. Weltkrieg. Die erste Welle von Berichten über das japanische »Wunder« ließ uns aufhorchen, erweckte gesunde Vorahnungen und dämpfte unsere Selbstzufriedenheit. Wir machten uns die Mühe, die japanischen Methoden zu beobachten und zu studieren. Wir sahen, daß die japanischen Produzenten sich nicht in Querelen mit ihren Gewerkschaften, Lieferanten und Regulierungsbehörden verzetteln. Die vier Gruppen wirkten wie Partner.

Wie war diese Kooperation zu erklären? Manche Beobachter gaben Antworten, die einfach tautologisch waren: Die japanischen Arbeiter würden gut behandelt, weil die japanischen Führungskräfte sie gut behandelten. Die Lieferanten seien aufgrund ihres Loyalitätssinns loyal zu ihren Kunden.

Eingehendere Studien – vornehmlich von gewitzten Besuchern aus unseren größten Unternehmen – stießen auf weit höhere Qualität und sehr viel strengere Mängelkontrollen. Überraschenderweise waren dazu viel weniger Prüfer und Kontrolleure nötig. Abermals liefen wir Gefahr, uns mit einer Tautologie zu begnügen – ausgezeichnete Qualität, weil man Wert darauf legte, kaum Ausschuß, weil man Wert auf die Ausschußreduzierung legte?

Die aufmerksamen Besucher fanden die wirklichen Ursachen. Ich meine Leute wie Ed Hay (damals bei Fram Corp.), John Rydzik von General Electric, Jack Warne von Omark Industries, Lloyd Stone, Len Ricard und Fred McCallum von General Motors und William Harahan von Ford. Sie sahen, daß in Japan Fertigungskonzepte und -techniken praktiziert wurden, die zum Teil das genaue Gegenteil der unseren waren. Sie erzählten es jedem, der es hören wollte. Auch ein paar Wissenschaftler kamen darauf und fingen an, Artikel und Bücher zu schreiben, und ein paar von uns gingen hinaus in die Vortragsarenen. (Außer mir gehören zu diesen wenigen Robert Hall von der Universität von Indiana und Robert Hayes, der verstorbene William Abernathy, Earl Sasser und Steven Wheelwright von Harvard. Auch W. Edwards Deming, Joseph Juran und Armand Feigenbaum müssen wir erwähnen. Die Kenntnisse dieser drei Herren, die Jahre zuvor in der japanischen Qualitätsbewegung von Einfluß gewesen waren, wurden schließlich auch im Rest der Welt geschätzt.)

Sie erfuhren und berichteten, daß der japanische Erfolg nicht kulturell bedingt ist. Seine Grundlage ist ein völlig anderer Katalog von Konzepten, Prinzipien, Politiken und Techniken für die Führung und den Betrieb von Fertigungsunternehmen. Dieser ist zur Gänze leichtverständlich, unschwer zu akzeptieren (wenn man ihn erst einmal kennt), überaus lehr- und lernbar und gar nicht so schwierig anzuwenden.

Umwandlung

Wir wissen, daß er nicht schwierig anzuwenden ist, weil es binnen kurzer Zeit sehr viele Erfolgsstories aus der westlichen Hemisphäre gab: um das zehnfache und mehr verringerte Mängelquoten; in einigen Fällen zwanzigfach reduzierte Fertigungsdurchlaufzeiten; dreifacher Umsatz mit halber Werksgröße; geleerte und in Fertigungsstätten umgewandelte Lager; Demontage von Regalen, automatischen Materialtransportsystemen und Förderbändern; abgeschaffte Gabelstapler; handgeschriebene Karten und Tafeln, bei denen die Arbeiter die Daten eingeben und interpretieren, statt komplizierter und kostspieliger Computersysteme. Die Fertigungsgenauigkeit der vorhandenen Maschinen wurde erhöht und diese in Zellen gestellt, die Teile genau rechtzeitig (»Just in Time«) zur Verwendung für die nächste Maschine herstellen und weiterbefördern; die Zahl der Prüfer, Lieferanten und verschiedenen Bauteile wurde gesenkt und ganze Führungsebenen wurden abgeschafft.

Die größten Erfolgsstories gibt es in der jungen Elektronikindustrie, in der weniger schlechte Gewohnheiten überwunden werden mußten: bei Hewlett-Packard, Intel, Apple, Tektronix, Motorola und anderen. In Großunternehmen und Branchen mit alten Fertigungseinrichtungen sind die Errungenschaften bescheidener, aber der Veränderungsdrang ist weitverbreitet und berührt die meisten Industrien.

Der Drang erstreckt sich auch nach unten. Während die führenden Unternehmen danach streben, auf Weltniveau aufzusteigen, ziehen sie ihre Lieferanten mit. Großlieferanten – z.B. die Firma Intel, die 8088-Speicherchips für IBM-Personal Computer liefert – können selbst die Initiative ergreifen, um Produzenten auf Weltniveau zu werden. Kleine Lieferanten brauchen Hilfe, und sie bekommen sie von ihren Großkunden.

Die Hauptaufgabe der Beschaffungsabteilungen in diesem Jahrzehnt ist die *Lieferantenentwicklung*. Diese Aufgabe ist halb geschafft, wenn sowohl der Lieferant wie auch das Bauteil durch die »Prüfabnahme« anerkannt sind, so daß der Abnehmer nicht mehr das Material prüfen oder zählen oder sich über verspätete Lieferungen ärgern muß. Die Arbeit ist vollendet, wenn der Lieferant sich dem Kreuzzug für Vereinfachung und Null Ausschuß und der Kampagne zur raschen Ausrottung der Fehlerquellen angeschlossen hat. Es gibt mittlerweile kleine Zuliefererbetriebe in den USA, die solcherart umgestaltet wurden.

Verjüngung

Am erfreulichsten für einige von uns ist die Verjüngung, die eine Vielzahl von Leuten durchmachen, deren Leben in eingefahrene Geleise geraten war. Dennis Butt, der als Werksleiter des Motorradherstellers Kawasaki in Nebraska die Just-in-Time-Produktion startete, sagte mir einmal, die »alten Schlachtrosse« seien nicht anpassungsfähig, und ich dachte, er habe sicherlich recht. Jetzt weiß ich, daß er sich irrte (und Dennis in seiner derzeitigen Stellung mitten in der Produktion auf Weltniveau bei Outboard Marine sieht es wahrscheinlich auch ein). Die Fertigungsleiter mit zwanzig-, dreißig- oder vierzigjähriger Dienstzeit sind es, die in vielen Fällen die Umwälzung anführen (Dennis ist einer davon). Warum? Es ist genauso wie Golf, Tennis, Bowling oder sogar Angeln, wenn diese als Wettkampf betrieben werden. Eine kontinuierliche Folge von Siegen bereitet enormes persönliches Vergnügen und Befriedigung. Nach jahrzehntelangem Verlieren bei der Produktion ist es großartig, zu gewinnen und genau zu wissen, was man tun muß, um weiterhin zu gewinnen. Die harte Arbeit, die dazu gehört, scheint eher hartes Spiel zu sein.

Die Verjüngungseffekte der Umwälzung in der Produktion auf die breite Masse – die Maschinen- und Montagearbeiter in den Fabriken – fangen gerade erst an. Partizipatorischer Führungsstil, innerbetriebliche Demokratie, Qualitätszirkel, Programme zur Steigerung der Lebensqualität am Arbeitsplatz – sie alle bieten Hoffnung auf ein besseres Arbeitsleben. Diese Programme indes sind für die Umwälzung nur peripher. Zur Produktion auf Weltniveau gehört die Beteiligung der Arbeiter an Tätigkeiten, die einst die Domäne der Meister, Techniker, Ausbilder, Ingenieure, Prüfer, Transporteure und Manager waren. Die Produktion auf Weltniveau macht die Arbeiter zu Eigentümern der Arbeitsvorgänge und stellt sie in die vorderste Kampflinie gegenüber der breiten Palette von Problemen, die in jeder Fabrik entstehen.

Produktion auf Weltniveau erfordert, daß niemand eine Arbeit verrichtet, die sich darin erschöpft, den ganzen Tag am laufenden Band Teile zu produzieren. Es gibt bereits amerikanische Fertigungswerke, bei denen die Kategorie »Direkte Fertigungslohnkosten« (*direct labor*) nicht mehr benutzt wird, sondern die Buchhaltung alle Arbeitskosten als indirekte Lohnkosten betrachtet. Im großen und ganzen jedoch ist die Tradition, Arbeiter wie Maschinen zu behandeln, die gesprochene Befehle verstehen können, immer noch stark. Die Umwälzung der Produktion wird man dann eine Revolution nennen können, wenn die letzte Bastion, die Bastion um die Arbeiterschaft, völlig verschwunden ist.

Bietet dieses Buch Theorie, Konzepte oder praktische Umsetzung? Die Antwort lautet: alles davon. In diesem Buch präsentiere ich ein Konzept der Produktion auf Weltniveau und stelle an Beispielen aus der Praxis dar, wie verschiedene Unternehmen es ins Werk setzen. Weiterhin biete ich auch einleuchtende Gründe für die Konzepte und dafür, wie sie in die Praxis umgesetzt werden. Das schicke Wort für die Gründe, die unser Handeln leiten, heißt Theorie.

1. Schneller, höher, stärker

Zwischen den 50er und 70er Jahren wurde die Leitung von Fertigungsbetrieben zur Feine-Leute-Arbeit. Entscheidungen und Richtlinien wurden von Leuten festgelegt, die weit von der Fertigungsarena entfernt waren. Die Autorität lag bei Stabskräften, die Daten von anderen Stabskräften durchsiebten. Wenn sich jemand in die Fabrik wagte, war es – nun ja, ein Wagnis eben. Es war klug, sich in Büros und Konferenzsälen herumzudrücken und für Rückendeckung zu sorgen. Das einzig Aufregende waren Forschung und Entwicklung auf dem Gebiet der Hochtechnologie. Die Fertigung stagnierte.

Wie schnell sich die Dinge ändern. Während der Wandel die Kleinbetriebe noch kaum berührt hat, begeistern sich die namhaften Produzenten für Wiederbelebung, Erneuerung, Erholung und Renaissance. Ein beliebter Ausdruck bei den Begeisterten ist *Produktion auf Weltniveau (World Class Manufacturing)*. Produktion auf Weltniveau mag sich wie eine Übertreibung der Madison-Avenue-Werbeleute anhören; das ist es aber nicht. Der Begriff umreißt sehr genau die Spannweite und das Wesen der fundamentalen Veränderungen, die in größeren Industrieunternehmungen stattfinden. Ein ganzes Spektrum von Produktionselementen ist betroffen: Qualitätssicherung, Arbeitsplatzbeschreibungen, Verhältnis zu den Arbeitnehmern, Fortbildung, Unterstützung durch die Stabskräfte, Beschaffung, Beziehungen zu Lieferanten und Abnehmern, Produktdesign, Werksorganisation, Terminplanung, Bestandsverwaltung, Spedition, Transport, Auswahl und Wartung der Ausrüstung und Anlagen, die Produktlinie, das Buchhaltungssystem, die Rolle des Computers, Automatisierung u.a.

Das Ziel und der Weg

Zur Produktion auf Weltniveau gehört ein beherrschendes Ziel und der feste Wille, es zu erreichen. Das beherrschende Ziel kann man in dem Slogan zusammenfassen, den mir ein Manager der Steelcraft-Division von American Standard vorschlug, wo ich ein Seminar veranstaltete. Während der Mittagspause erzählte er mir, nach allem, was gesagt worden sei, sei er zu dem Schluß gekommen, das ganze ähnle dem Motto der Olympischen Spiele: *citius, altius, fortius*, auf deutsch: »Schneller, höher, stärker«. Die entsprechende Formulierung für die Produktion auf Weltniveau lautet: *kontinuierliche und schnelle Verbesserung*.

Vor ein paar Jahren kannten wir noch nicht einmal die Faktoren der Fertigung, die verbessert werden mußten. Es bestand kaum Einigkeit darüber, was Spitzenleistungen der Produktion sind, weil wir in Austauschbeziehungen dachten. Werksleiter oder ihre Vorgesetzten im Konzern wählten jedes Jahr ein Ziel mit hoher Priorität (z.B. Mängelquoten und Garantiekosten) und verfolgten im nächsten Jahr ein anderes, scheinbar widersprechendes (etwa Gemeinkosten und Kundendienstpreise). Die höchsten Prioritäten lagen dort, wo die Probleme am schlimmsten schienen. Mangels Grundsätzen der Produktion behandelten wir das Problem mit Analysen, die auf Austauschbeziehungen rekurrierten.

Heute besteht weitgehende Übereinstimmung bei den Anhängern der Produktion auf Weltniveau, daß kontinuierliche Verbesserungen bei Qualität, Kosten, Durchlaufzeit und Kundendienst möglich, realistisch und notwendig sind. Es gibt mittlerweile gute Gründe zur Annahme, daß man diese Ziele gemeinsam verfolgen kann und daß sie einander nicht widersprechen. Ein weiteres Hauptziel, die Steigerung der Flexibilität, gehört auch in das Bündel. Während einige unserer führenden Produzenten Mühe haben, die Fallen zu vermeiden, die zur Inflexibilität führen (Fallen, die man sehr wohl vermeiden kann), ist das Ziel selbst nicht umstritten. Mit der Übereinkunft über das Ziel beschränkt sich die Anforderung an das Management darauf, den Fortschritt der Verbesserungen zu beschleunigen.

Der Verbesserungsvorgang folgt einem überraschend genau definierten Weg. Er erfordert, daß man Hindernisse beseitigt, so daß die Produktion vereinfacht werden kann. Eine wachsende Zahl von Büchern (darunter Schonberger 1982) zählt zu beseitigende Hindernisse und Vereinfachungsmöglichkeiten auf: weniger Lieferanten, weniger Bauteile, spezialisierte Fabriken (spezialisiert auf ein schmales Produkt- oder Technologiespektrum), Fertigungsplanung nach Durchlaufraten statt nach Losgrößen, weniger Regale, häufigere Lieferungen, kleinere Fabriken, kürzere Wege, reduziertes Berichtwesen, weniger Prüfer, weniger Pufferbestände, weniger Lohngruppen.

Jenseits der Grundlagen

Vor der Ära der Produktion auf Weltniveau dachten wir, die Produktion wäre nach Zahlen zu managen. Die Zahlen würden zeigen, was man herstellen, was man kaufen und wem man die Schuld geben solle. Wenn z.B. der letzte Kostenbericht eine negative Kostenvarianz beim Schweißen zeigt, obliegt es dem Schweißmeister, die Kosten zu senken. Aber *wie?* Es gibt keine Daten über die Ursachen der Kostenüberschreitungen. Der Meister kann die Peitsche schwingen, um für denselben Arbeitslohn höheren Output zu bekommen. Oder Sie bitten die Ingenieure um »eine Studie«.

Die Zahlen konnten die Ursachen nicht zeigen. Meist zeigten sie nicht einmal Symptome der *eigentlichen* Probleme.

Zahlen *nützen* dem Produzenten auf Weltniveau – wenn sie zeigen, wie gut Produkt und Kundendienst sind, wie stark die Verbesserungen sind, welche Probleme als nächstes in Angriff genommen werden sollen und was ihre wahrscheinlichen Ursachen sind. Produktion auf Weltniveau befürwortet Vereinfachung und direktes Handeln: tun, beurteilen, messen, diagnostizieren, lösen, managen – und zwar an Ort und Stelle in der Fabrik. Warten Sie nicht darauf, etwas herauszufinden, indem Sie später einen Bericht darüber lesen.

Für manche mag das klingen wie »Zurück zu den Grundlagen«. Grundlagen sind es zwar, aber zurück gehen wir nicht. Es stimmt, daß einige der entstehenden Techniken der Produktion auf Weltniveau früher im Schwange waren – und dann vergessen wurden. Im wesentlichen jedoch war die gute alte Zeit der Produktion keineswegs so gut. Die Qualitätsbegriffe waren nach heutigen Normen primitiv. Zwar machten sich manche Werke die Ethik kontinuierlicher Verbesserungen zu eigen (die sehr selektiv zur Anwendung kam), die Regel war jedoch, Einfaches in Kompliziertes umzuwandeln, was die Saat des Niedergangs säte.

Der Wendepunkt

Zur Zeit wird neu ausgesät, und es scheint ein Jahr zu geben, das man den Wendepunkt nennen könnte: das Jahr 1980. In diesem Jahr fingen ein paar nordamerikanische (und vielleicht auch ein paar europäische) Unternehmen an, ihren Produktionsapparat zu überholen. Diese ersten Anstöße zur Produktion auf Weltniveau folgten zwei parallelen Wegen. Der eine war der Weg der Qualität und der andere der der Just-In-Time-Produktion.

Einer der ersten in Nordamerika, der es mit Just-In-Time versuchte, war General Electric; dieses Unternehmen startete 1980 zwei Just-in-Time-Projekte. Im selben Jahr begannen Kawasaki in Nebraska und Toyota-LKW in Long Beach, Kalifornien, den Normalbetrieb auf Just-in-Time-Produktion umzustellen.

Die ersten nordamerikanischen Unternehmen, die – ebenfalls 1980 plus/minus ein paar Monate – den Weg der Qualität einschlugen, waren die Nashua Corp. in New Hampshire, die Tennant Co. in Minneapolis und IBM. (Kurz zuvor nahmen Matsushita in Franklin Park, Illinois, Sanyo in Forrest City, Arkansas, und Sony in San Diego ihren US-Betrieb mit besonderer Berücksichtigung der Qualität auf. Das waren allerdings eher japanische Importe als Wendepunkte bestehender amerikanischer Unternehmen.) Nashua verhalf W. Edwards Deming zum Start, dem Amerikaner, der neben Joseph Juran die japanische Qualitäts-Bewegung in den 50er Jahren maßgeblich ankurbelte. Tennant und IBM engagierten Philip Crosby, der ein paar Leuten als der Autor eines guten Büchleins (Crosby 1979) bekannt war. Tennant unterstützte Crosby beim Aufbau eines Qualitätsseminars in Florida.

Diese Regungen in ein paar Unternehmen im Jahre 1980 wird man vielleicht einmal als das dritte große Ereignis in der Geschichte des Produktionsmanagements verzeichnen. Die ersten beiden: (1) die Koordinierung der Fabrik durch die Verwendung von genormten Verfahren und Zeiten (Frederick W. Taylor, Frank Gilbreth et. al. ca. 1900); und (2) der Nachweis, daß Motivation in erheblichem Maße aus Anerkennung erwächst (die Hawthorne-Studien bei Western Electric, ca. 1930).

Die 5er-10er-20er

Die Produktion auf Weltniveau könnte nicht zum dritten wichtigen Ereignis werden, wenn sie im Sande verliefe. Die entgegengesetzten

Anzeichen, daß Weltniveau-Produktion mehr ist als eine Mode, sind eindeutig. Die Liste von Unternehmen, die ihre Qualität und Durchlaufzeiten bereits um Zehnerpotenzen verbessert haben, wird allmählich lang. Ich habe z.B. eine Liste der »5er-10er-20er« zusammengestellt (und führe sie weiter) mit Unternehmen, Fabriken und Fabrikteilen, die ihre Durchlaufzeiten fünf-, zehn- oder zwanzigfach verringert haben. Die Liste nebst erläuternden Anmerkungen zu einigen Fällen findet sich im Anhang dieses Buches. Über einige der 5er-10er-20er-Werke wird in späteren Kapiteln berichtet.

Meine 5er-10er-20er-Liste läßt weder den Weltniveau-Bestrebungen außerhalb Nordamerikas Gerechtigkeit widerfahren, noch ist sie auch nur für dieses Gebiet vollständig. Ich habe in einer Reihe von Fertigungsbetrieben in Europa und dem pazifischen Becken (außer Japan) Seminare und Beratungen durchgeführt und festgestellt, daß das Weltniveau-Produktions-Fieber die ganze Erde erfaßt hat.

Bei solch kurzer Geschichte hatte die Produktion auf Weltniveau noch keine Chance, in all ihren natürlichen Lebensräumen zur Reife zu gelangen. Was viele überrascht, ist die Entdeckung immer mehr natürlicher Lebensräume. Ich meine hier nicht verschiedene Kontinente und Länder, sondern verschiedene Branchen und Produktionsformen. Das heißt: Was in der einen Branche einen Produzenten auf Weltniveau ausmacht, scheint auch in vielen anderen Branchen zu funktionieren. Wir wollen sehen, warum das keine Überraschung sein sollte.

Geglätteter Fertigungsfluß

Man betrachte, wie ein Restaurant die Bestellung eines Gastes ausführt: Der Koch legt Fleisch vom Grill auf die Servierplatte, geht zum Herd, um ein bißchen Gemüse auszuschöpfen, öffnet die Backröhre, um eine gebackene Kartoffel herauszunehmen, eilt zur Salattheke, um einen Salat zusammenzustellen usw. Es geht schnell, weil eine Küche klein ist und der Koch von jeder Speise nur eine Portion auf die Platte legt.

Stop-and-Go

Eine Mechanikerwerkstatt, eine Blechschlosserei, eine Fabrik für gedruckte Schaltplatinen – jede Werkstatt oder Fabrik, die nach Auftrag produziert – ist genauso. So lange die Werkstatt oder Fabrik klein ist, läuft die Produktion in der Regel recht schnell. Aber wer möchte schon klein bleiben? Wir haben Fabriken – sowohl für Endprodukte wie für Bauteile – mit Tausenden von Angestellten und Hunderttausenden Quadratmetern Grundfläche. Nun kriecht das Werkstück im Schneckentempo durch die Fabrik. Die Werksleitung hat alle Hände voll zu tun, den totalen Stillstand zu verhindern.

Wenn eine Restaurantküche so wachsen würde wie unsere Fabriken, käme die Servierplatte wegen des Fleisches in die Grillabteilung und würde dann per Förderband in die Gemüseabteilung transportiert. Das Fleisch würde kalt – und würde möglicherweise sogar unterwegs ein paarmal auf den Boden fallen. In der Gemüseabteilung wären die riesigen Kochtöpfe vielleicht gerade mit anderem Gemüse als mit dem für das Gericht bestellten blockiert, und das führte zum Warten, bis die nächste Ladung gekocht wird.

Wachstum ist nicht das Problem. Das Problem ist der Mehr-von-demselben-Ansatz für das Wachstum. Ein Restaurant ist, um es mit dem Fertigungs-Terminus zu sagen, ein kleiner *Betrieb mit Kundenauftragsfertigung*. Es funktioniert nicht, wenn es ein großer Auftragsfertigungsbetrieb wird, in dem ein Werkstück (die Servierplatte) lange Wege von einer Werkstatt zur nächsten zurücklegen und in den meisten davon auf das eine oder andere warten muß. Das Wachstum muß von einer Umstellung begleitet sein, die Zeit spart, um eine Stop-and-go-Produktion zu vermeiden.

Im Lauf der Jahre gelangten wir zu der Ansicht, die Stop-and-go-Produktion sei das Schicksal der Auftragsfertigung. Wir glaubten auch, daß Auftragsfertigungsbetriebe das Schicksal der Industrie seien, weil die Kunden anspruchsvoll sind; sie verlangen die Vielfalt, die solche Betriebe bieten können. Die Leute aus den Auftragsfertigungsbetrieben schauten neidisch auf die Fließfertigungsbetriebe, in denen die »Werkstücke« kontinuierlich eine Fertigungsstraße entlang oder durch Röhren strömen (so wie Gäste eine Selbstbedienungstheke entlang strömen).

Diese Betrachtungsweise ist außer Mode, weil wir gelernt haben, wie wir unsere Auftragsfertigungsbetriebe so glätten, daß sie sich eher wie Fließfertigungsbetriebe verhalten. Manche gehen so weit, daß sie Produkte vereinfachen, Terminpläne vereinheitlichen und sich so zu Fließfertigungsbetrieben wandeln. Viele andere – diejenigen, die den Kunden treu bleiben, die Vielfalt verlangen – werden nicht zu Fließfertigungsbetrieben, aber sie kommen ihnen nahe. Das Chamäleon kann kein Blatt sein, aber es kann so aussehen wie eines. Genauso ist es in der Produktion.

Unvollkommene Fließverfahren

Welche Hilfsmittel und Techniken ermöglichen die Umwandlung von Betrieben mit Auftragsfertigung? Ganz oben in der Liste steht die Gruppe, die man Just-in-Time-Produktion nennt. Sie wurde in den 60er Jahren bei Toyota in Japan perfektioniert. Die Techniken von Toyota führten dazu, daß die Werkstücke die Arbeitsgänge der Teilefertigung schnell durchliefen und genau rechtzeitig vor dem Termin, zu dem das Produkt auf den Markt kommen sollte, in die Endmontage gelangten.

Just-in-Time wurde in der Schmiede der Fließfertigung geformt. Die echten Fließfertigungsbranchen gibt es seit hundert oder zweihundert Jahren. Beispiele sind Flaschen-, Tabletten- und Konserven-Füllanlagen, Walzen und Weben, Mahlen und Raffinieren. Einige Verfahren sind eng verkettet. Das »Werkstück« verläßt einen Arbeitsgang und kommt – möglicherweise durch eine Röhre fließend – genau rechtzeitig zum nächsten. In diesem Sinne gab es Just-in-Time schon lange, bevor die Leute von Toyota daran dachten.

In Wirklichkeit sind Fließverfahren keineswegs so kontinuierlich. Die Kornmühlen, die Lebensmittelwerke, die Pharma-Produzenten, die Tuchfabriken und der ganze Rest – sie alle sind ebenfalls Stop-and-Go-Produzenten. Sie fahren eine Zeitlang eine Größe, einen Stil, ein Modell oder eine chemische Formel, dann hören sie zwecks völliger Umrüstung auf, um etwas anderes herzustellen. Umrüstzeiten sind ein Problem. Die gewaltigen Mengen, die sich zwischen den Umrüstzeiten anstauen – die Roh- und Halbfertigmaterialien und insbesondere die Fertigerzeugnisse, die lange vor dem Abnehmerbedarf ausgestoßen werden – sind ein größeres Problem. Alles sind Formen kostspieliger Verschwendung.

Zur Behandlung dieses Leidens bietet die Produktion auf Weltniveau einige Grundrezepte. Eines ist ein Just-in-Time-Prinzip: Je kleiner die Losgröße, um so besser. Weltniveau-Produzenten von Autos, Traktoren und Motorrädern haben einige Losgrößen auf ein Stück gesenkt, um Modellwechsel handhaben zu können. So können sie jeden Tag von jedem Modell einige Einheiten herstellen – fast wie in der reinen Fließfertigung. Damit übertreffen sie die meisten Fließfertiger, die sie ursprünglich kopieren wollten.

Ein zweites Rezept ist das Prinzip der umfassenden Qualitätssicherung: Mach es auf Anhieb richtig. Für die Fließfertigungsbranchen heißt das, einen neuen Durchlauf so vorzubereiten, daß die erste Tuchbahn, der erste laufende Meter Stahlblech, Schlauch, die erste Konserve, Flasche oder Tablette gut ist.

Eine dritte Gruppe von Rezepten nennt man umfassende vorbeugende Wartung. Man wartet die Ausrüstung so oft und gründlich, daß sie während eines Produktionslaufes kaum je ausfällt, steckenbleibt oder Fehlfunktionen hat. Es gibt nichts besseres als ein Maschinenversagen, um ein Fließverfahren in sein Gegenteil zu verwandeln.

Massenproduktion – genau rechtzeitig

Für die Fließfertigungsindustrien ist das Just-in-Time-Prinzip (wenn auch nicht die Anwendung) selbstverständlich, doch ein Henry Ford und seine Generäle waren nötig, damit Just-in-Time bei der Fertigung von Einzelgütern funktionierte. Man hat Ford den Vater der Massenproduktion genannt. Seine Fabriken in Highland Park und später in River Rouge fertigten massenweise die Teile genau rechtzeitig für die Montage, und seine Montagebänder holten die Werkstücke ebenfalls genau rechtzeitig zur nächsten Montagestation.

1914 lud das Werk in Highland Park täglich hundert Güterwagen voller Materialien aus, und diese Materialien wanderten durch Fertigung, Teil- und Endmontage zurück auf die Güterwagen. Das Produkt war der Ford Model T, und der Produktionszyklus dauerte einundzwanzig Tage. In River Rouge dauerte der Zyklus um 1921 nur vier Tage, und darin war sogar die Verarbeitung von Erz zu Stahl in dem Stahlwerk enthalten, das Ford in River Rouge baute. (Vgl. Sorensen 1956: 174 und Harvard Business School o.J.: 18.)

Diese Leistung ist fast so gut wie die der besten japanischen Autohersteller von heute. Aber für Henry Ford war es viel leichter, weil seine Fabriken seinem berühmten Ausspruch folgten: »Sie können das Auto in jeder Farbe haben, die Sie wollen, wenn es nur schwarz ist.«

Ist es nicht einfach, einem echten Fließfertiger mit kurzen Durchlaufzeiten zu gleichen, wenn ein Stück wie das andere ist? Fords »Tin Lizzie« hätte sozusagen durch eine riesige Röhre mit Querverbindungen fließen können, durch die die Bauteile genau rechtzeitig an genau die richtige Stelle transportiert worden wären.

Die Model-T-Werke waren das, was man *Spezial*fabriken und -fertigungsstraßen nennt. Wenn Kapazitäten billig sind (billige Ausrüstung oder Arbeitskräfte) oder der Ausstoß groß ist, sind Just-in-Time-Spezialfertigungsstraßen sinnvoll. Die meisten Hersteller von Fernsehgeräten, Radios, Videorecordern und Personal Computern haben heutzutage genug Ausstoß, um dem leichten Weg der Spezialfertigungsstraßen zur

Just-in-Time-Produktion zu folgen. Nissan in Oppama, Japan, richtet nur dann eine spezielle Fertigungsstraße ein, wenn das Absatzvolumen mindestens 10 000 Autos im Monat beträgt. Da die meisten Modelle diesen Wert nicht erreichen, sind andere Ansätze nötig. Einige dieser Ansätze werden im folgenden untersucht.

Nur machen, was verkauft wird – täglich

Ob man nun Schüttgut herstellt (die Fließfertigungsindustrien) oder Dinge, die in Stück gezählt werden (Einzelgüter) – ein Rezept der Produktion auf Weltniveau besteht darin, täglich etwas von allem herzustellen, und zwar in den Quantitäten, die täglich verkauft werden. Mehr herzustellen, als verkauft werden kann, ist kostspielig und Verschwendung, und Kosten und Verschwendung werden um ein Vielfaches erhöht, wenn die Sprunghaftigkeit der Nachfrage in alle vorhergehenden Fertigungsphasen einschließlich der externen Lieferanten zurückschlägt.

Die Produzenten von stark saisonalen Waren haben zuweilen gute Gründe, zumindest einige Bestände Tage oder Wochen vor der Verwendung oder dem Verkauf aufzubauen. Die meisten chronischen Abweichungen zwischen Produktionsrate und Nachfrage sind jedoch nicht durch die Saisonalität begründet. Diese Diskrepanzen sind korrigierbar. Unternehmen in Fließfertigungsbranchen müssen herausfinden, wie man die Fließfertigung so schnell umrüstet, daß es keinen Grund für einen langen Fertigungsdurchlauf eines einzigen Typs gibt. Da die Fließfertigungsbranchen seit Jahren in inflexible Ausrüstung investieren, die sich schnellen Umrüstungen widersetzt, ist das keine einfache Korrektur.

In den Montagebranchen ist die Korrektur einfacher. Montage – von Personal Computern, Waschmaschinen, Booten, LKWs, Möbeln und Hunderttausenden anderer Produkte – ist immer noch größtenteils Handarbeit. Menschen sind anpassungsfähig und können sich problemlos und effizient von einem Modell auf ein anderes umstellen. Montage ist aber nur dann effizient, wenn der Arbeitsplatz aufgeräumt ist und jedes Teil und Werkzeug seinen genauen Platz hat. Wenn der Monteur suchen muß, ist die Effizienz dahin.

In *Japanese Manufacturing Techniques* erzählte ich, wie ich einmal für den schnellsten Maurer von North Dakota arbeitete und wie er mich anbrüllte, wenn ich die Ziegel nicht so hinlegte, daß er hingreifen und sie finden konnte, ohne hinzuschauen. Dieses Konzept – genaue Plazierung aller Teile, um das Suchen zu eliminieren – hat es Motorradproduzenten in aller Welt und einigen Traktorenherstellern ermöglicht, nach jeder Einheit das Modell zu wechseln. Das nennt man Modellmix-Produktion, und die Losgröße ist 1.

Vor zehn Jahren produzierten alle Motorrad- und Traktorenhersteller in großen Losen: sagen wir, 500 Stück von Modell A, dann eine Brachzeit von ein oder zwei Tagen zur Umrüstung für einen Durchlauf von 500 B-Modellen usw.

Das Marketing findet das abscheulich. Die Marketing-Leute kommen zur Fertigung und fragen: »Welches Modell fahrt ihr diese Woche?« Die Fertigung sagt: »Modell A.«

»Ach, zu dumm. Wir haben die Nachfrage für A, äh, überschätzt. Wir haben sogar ein ganzes Lager voll davon. Wann macht ihr Modell E?« Die Fertigung schaut in den Terminplan: »In Woche 9.«

»Das ist auch schlecht. Wir haben die Nachfrage für E *unterschätzt*. Wir sind drauf und dran, Aufträge zu verlieren. Könnt ihr es im Zeitplan nicht vorziehen?« Die Fertigung antwortet: »Unmöglich. Unsere Lieferanten fangen erst in Woche 8 an, die Rohmaterialien zu liefern.«

Dann wirft die Fertigung dem Marketing vor, daß es schlecht prognostiziert hat. Der Fehler liegt nicht beim Marketing. Die Fertigung trifft die Schuld, weil der Produktionsplan den Planungshorizont bis Woche 9 hinausgeschoben hat, und es ist unmöglich, so weit im voraus richtig zu raten (zu prognostizieren).

Bei Harley-Davidson, Honda, Kawasaki, Yamaha, John Deere Tractor und den anderen wird nun täglich von jedem Modell ein wenig produziert. Daher muß das Marketing täglich ein wenig verkaufen. Wenn die Marketing-Leute zur Fertigung kommen und fragen: »Könnt ihr nächste Woche Modell E um 10 Prozent steigern und A um 10 Prozent reduzieren?«, sagt die Fertigung: »Können wir.« Die Monteure sind Künstler der schnellen Umstellung. Die Hersteller der Bauteile mögen noch Probleme bereiten, aber auch sie können die Kunst der schnellen Umstellung lernen.

Wenn das Streben nach Produktion auf Weltniveau dem Marketing nicht hilft, das Produkt zu verkaufen, ist etwas falsch.

Variantenreiche Just-in-Time-Produktion

Einige Fabriken oder Fabrikteile scheinen zu langen Durchlaufzeiten verdammt zu sein. Die westlichen Hersteller von Werkzeugmaschinen und Tausenden von industriellen Bauteilen, von Motoren über Pumpen bis zu hydraulischen Geräten, brauchen Wochen, oft sogar Monate, um etwas herzustellen. Das Problem ist, daß diese Produzenten hochvariable Auftragsfertigungsbetriebe mit geringem Ausstoß sind. 10 000 verschiedene Bauteile sind normal, 50 000 sind nicht ungewöhnlich, und niemand weiß, welche davon für den nächsten Kundenauftrag benötigt werden. Im Werk können gleichzeitig 4 000 Aufträge in Arbeit sein, von denen täglich hundert abgeschlossen werden und weitere hundert dazukommen. Wie kann solch eine Produktionsumgebung anders als chaotisch sein?

Wir kennen die Lösung. Sie besteht darin, daß man die 10 000 Bauteile in Familien unterteilt – Produktionsfamilien, nicht Produktfamilien. Eine Produktionsfamilie ist eine Gruppe von Teilen, die ungefähr demselben Fertigungsfluß folgen. Sagen wir z.B., daß 500 von 10 000 Teilen erst gestanzt, dann geschleift, gebohrt und geschweißt und schließlich lackiert werden. Dann schafft man eine rechteckige Freifläche im Werk und stellt folgende Geräte hufeisenförmig darin auf: eine Stanze, eine Schleifmaschine, eine Ständerbohrmaschine, eine Schweißstation und eine Lackierwanne. Wenn viel zu bohren ist, stellt man zwei Bohrmaschinen in das Hufeisen.

Das Ergebnis ist eine Zelle, eine Mini-Fertigungsstraße, fast eine Pipeline, durch die gleichartige Teile fließen. Die Maschinen stehen so nah beieinander, daß keine Behälter, Regale oder Gabelstapler benötigt werden. Ein Arbeiter, eine Rutsche oder ein einfaches Transportgerät können die Teile einzeln von einer Station zur nächsten transportieren. In der Zelle werden verschiedene Arten von Teilen hergestellt, aber alle durchlaufen dieselben Maschinen (ein paar Bauteile können eine oder mehrere Stationen überspringen). Zudem haben die Teile der Familie gleiche Umrüst- und Taktzeiten, es sind gleiche Werkzeuge und Vorrichtungen erforderlich, und sie haben denselben Prüfbedarf. Die Zellen machen zwar nicht immer wieder das gleiche Teil, aber immer wieder dieselbe Teile*familie* (deswegen der Ausdruck »Repetitive Familienfertigung« in Abb. 1.1). Die Abbildung zeigt auch die drei weiteren oben erörterten Fertigungsmodi, die für den Produzenten auf Weltniveau von Belang sind.

Als nächstes finde man eine weitere Produktionsfamilie und stelle die benötigten Maschinen und Fertigungsstationen in Zelle 2. Dann baue man Zelle 3 usw. Die Ingenieure nennen diesen Ansatz zuweilen *Gruppentechnologie*, obwohl viele den aussagekräftigeren Ausdruck *zelluläre Fertigung* vorziehen.

Dieser Ansatz ist allerdings weit mehr als Industrial Engineering und Fabriklayout. Zellen schaffen dort Verantwortungszentren, wo es bislang keine gab. Ein einzelner Meister oder Zellenführer ist für Dinge

Abb. 1.1 Repetitive Fertigung

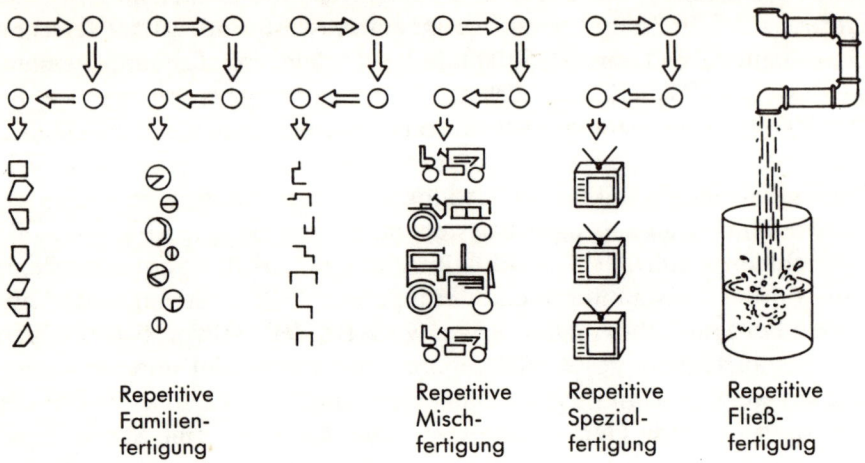

| Repetitive
Familien-
fertigung | Repetitive
Misch-
fertigung | Repetitive
Spezial-
fertigung | Repetitive
Fließ-
fertigung |

zuständig, die in der Regel unter mehreren Betriebsleitern verteilt waren. Der Führer und die Arbeitsgruppe können die Aufgabe erhalten, Verbesserungen bei Qualität, Kosten, Wartezeiten, Flexibilität, Fertigkeiten der Mitarbeiter, Durchlaufzeit, Auslastung, Ausschuß, Betriebsbereitschaftszeit und einer Fülle weiterer Faktoren zu erzielen, die den Produzenten auf Weltniveau auszeichnen.

In Scharen folgen die westlichen Produzenten diesem Weg in ihrem Streben, auf Weltniveau aufzurücken. Die Werkzeugmaschinen-, Luftfahrt- und Schiffbau-Industrien sind besonders aktiv bei der Umstrukturierung ihrer Fabriken zu Zellen. In Anbetracht der bestürzend vielen Bauteile von großen Maschinen, Schiffen, Flugzeugen, Raketen und Panzern ist das nur natürlich.

General Electric hat seine Spülmaschinenfabrik in Louisville, Kentucky, in ein Prunkstück der Produktion auf Weltniveau verwandelt, und der erste Schritt dazu war, die Maschinen in Zellen anzuordnen. Die aus den Stanzabteilungen geholten Stanzen wurden zu Zellen oder Keimzellen von Zellen oder Fertigungsstraßen auseinander gezogen. Ein Schild an einer Stanze verkündet stolz: »Point-of-Use Manufacturing« (Fertigung am Einsatzort). Andere Stanzen und Maschinen in dem Werk tragen ähnliche Schilder. GEs Erfolg bei der Umwandlung der Spülmaschinenfabrik diente als Modell für den restlichen Haushaltsgeräte-Industriepark in Louisville. Die Kühlschrank-, Herd- und Waschmaschinenfabriken werden in gleicher Weise umstrukturiert.

Grundregeln der Fertigung

Die metallverarbeitende Industrie hat keinen Alleinanspruch auf die zelluläre Fertigung. Diese entwickelt sich zu einem *Rezept für den größten Teil der Arbeitswelt*, auf gleicher Ebene mit »Mach es auf Anhieb richtig«. Die Organisation unserer Werke und Belegschaften birgt riesige Hürden für die Problemlösung, und dasselbe gilt für die meisten unserer Büros. Niemand ist verantwortlich. Die Wege zwischen den Arbeitsgängen sind zu lang für eine vernünftige Koordination. Die Durchlaufzeiten sind zu lang, um Kausalzusammenhänge zu rekonstruieren, wenn etwas schief geht – und es geht oft etwas schief.

Die Aufgabe wäre entmutigend, wenn wir unsicher wären, welchen Weg wir einschlagen sollen. Wir *wissen*, welche Wege wir einschlagen sollen, weil es viele Vorbilder gibt. Die westlichen Produzenten, die die Formel der Produktion auf Weltniveau angewendet haben, erzielten die gleichen spektakulären Ergebnisse wie die japanischen Produzenten ein bißchen früher: Mängelquoten von einigen Prozent auf ein paar Stück pro Million gesenkt und um Zehnerpotenzen reduzierte Durchlaufzeiten. Zu wissen, was man braucht, um solche Ergebnisse zu erzielen, setzt die Adrenalinpumpe in Gang. Der Wettbewerber, dessen Pumpe nicht anspringt, verliert.

Damit soll nicht gesagt sein, daß das Unternehmen oder Werk, das sich für die Produktion auf Weltniveau engagiert, auf sicherem Boden steht. Wie läßt sich z.B. der Fortschritt messen? Wie bekommen die Akteure Verstärkung, so daß sie inspiriert bleiben können? Die Antwort liegt darin, daß man die richtigen Verbesserungsziele wählt und die Unternehmung so organisiert, daß sie kontinuierliche Fortschritte auf diese Ziele hin macht. Eine ganze Schar von sekundären Zielen der Produktion auf Weltniveau läßt sich durch zwei übergeordnete Ziele ausdrücken. Das eine ist die Reduzierung von Abweichungen und das zweite die Reduzierung der Variabilität.

Reduzierung von Abweichungen

Reduzierungen von Abweichungen nehmen viele Formen an, von denen zwei ganz oben rangieren und die anderen einschließen: (1) Reduzierung der Null-Fehler-Abweichung. (2) Reduzierung der Null-Durchlaufzeit-Abweichung.

Die Null-Fehler-Methode hat ihren Ursprung in den USA Anfang der 60er Jahre. Viele Fortune-500-Unternehmen haben sie zu einer Schlüsselkomponente der Strategieplanung auf der obersten Führungsebene gemacht. Vor allem Philip Crosby sorgte für Inspiration; W. Edwards Deming, Joseph Juran und Armand Feigenbaum steuerten Instrumente und Konzepte bei, um die Null-Fehler-Methode in die umfassende Qualitätssicherung des ganzen Unternehmens einzubinden. Die treibende Kraft sind sichtbare Erfolgsmaßstäbe.

Das Null-Fehler-Ziel hat viele Anhänger – und es ist egal, daß es nie völlig zu erreichen ist. Die Anhänger der Durchlaufzeit Null als übergeordnetes Ziel sind zwar noch wenige, doch ihre Zahl nimmt schnell zu.

Ein führendes Unternehmen nach dem anderen kommt zu dem Schluß, daß eine Verkürzung der Durchlaufzeit ein einfaches und aussagekräftiges Maß dafür ist, wie gut man abschneidet. Die Fertigungsleute bei Motorola und Westinghouse haben die Senkung der Durchlaufzeit als Hauptmeßgröße gewählt, mehrere Divisionen bei Hewlett-Packard und General Electric desgleichen.

Die Durchlaufzeit ist deshalb ein zuverlässiges und gültiges Maß, weil eine Fabrik sie nur senken kann, wenn sie Probleme löst, die Verzögerungen verursachen. Dazu gehört die ganze Skala: Verzögerungen und Irrtümer beim Auftragseingang, falsche Zeichnungen oder Spezifikationen, lange Umrüstzeiten und große Lose, hohe Ausschußquoten, Maschinen, die ausfallen, schlecht geschulte Arbeiter, Meister, die Zeitpläne nicht koordinieren, unzuverlässige Lieferanten, lange Wartezeiten auf Prüfer und Reparaturpersonal, lange Transportwege, mehrere Handlingschritte und Ungenauigkeiten der Lagerbuchführung. Die Durchlaufzeiten sinken, wenn diese Probleme gelöst werden. Sie sinken schnell, wenn die Probleme schnell gelöst werden.

Die Durchlaufzeit der Arbeitsvorbereitung darf man nicht übersehen. Kurze Durchlaufzeiten für Konstruktion und Spezifikation sind für den Produzenten auf Weltniveau unerläßlich. Um seine schrumpfenden Marktanteile in der Kopiererbranche zu retten, hat Xerox seine Fähigkeit, ein neues Produkt auf den Markt zu bringen, nachhaltig verbessert. Weniger als 350 F&E-Leute brauchten nur zweieinhalb Jahre für die Entwicklung des Xerox-Spitzenmodells, des 9900-Kopierers – das vergleiche man mit über fünf Jahren und viermal so viel Leuten in der Vergangenheit.

Die Umstellungszeit der Fertigung eines Produktes der ersten Generation auf das Folgeprodukt ist ein ebenso wesentliches Anliegen. Das heißt: wir möchten *flexibler* werden, um Produktlinien umzustellen, und das bedeutet eine *Senkung der Umrüstzeit*.

Die Durchlaufzeit ist einfach zu messen: Stempeln Sie Datum und Uhrzeit auf ein Produkt (oder eine Dienstleistung) im Rohzustand, stempeln Sie es noch einmal, wenn es fertig ist, und subtrahieren Sie. Machen Sie ein paar Stichproben und bilden Sie den Mittelwert. (Das Village Inn Pancake House verwendet dieses Verfahren – Stechuhren – bei der Bearbeitung von Essensbestellungen.)

Es ist ratsam, große Durchlaufzeitdiagramme aufzuhängen, eines für jedes wichtige Produkt oder für jede wichtige Produktgruppe. Tragen Sie die Ergebnisse mindestens einmal im Monat in das Diagramm ein. Listen Sie die Verbesserungen – gelöste Probleme – daneben auf und überhäufen Sie diejenigen, die auf die Lösungen kommen, mit Lob.

Für praktische Zwecke ist die Abweichung in der Regel ein Mittelwert. Vielleicht wird die angestrebte Durchlaufzeit von 10 Minuten und das Qualitätsziel von 10 Gramm im Durchschnitt genau erreicht. Aber was ist mit der Varianz um diesen Mittelwert? Das grundlegende Ziel Nr. 1, die Reduzierung von Abweichungen, hat einen Gefährten.

Reduzierung von Variabilität

Das zweite grundlegende Ziel ist die Verringerung der Variabilität. Welcher Variabilität? Na, sämtlicher natürlich. Variabilität ist ein universeller Feind. Diese Ansicht vertraten einst nur ein paar Prominente der Qualitätsbewegung, aber sie verbreitet sich allmählich.

Bedenken Sie, was passiert, wenn ein Fahrscheinautomat in neun von zehn Fällen einen Fahrschein in »genau« 10 Sekunden ausgeben kann, dann aber steckenbleibt und es 300 Sekunden dauert, bis der zehnte Kunde seinen Fahrschein erhält. Nicht nur wurde der zehnte Kunde schlecht bedient, sondern bei einer Rate von 2 Kunden pro Minute sind mittlerweile auch zehn weitere Kunden gekommen, nur um sich in die Schlange zu stellen und zu warten, während die steckengebliebene Maschine repariert wird.

Schon gelegentliche Abweichungen vom 30-Sekunden-Standard erfordern verschwenderische Lösungen: zusätzlichen Platz, damit die Kunden sich anstellen können, Personal, das die Warteschlange organisiert und die Leute beschwichtigt, möglicherweise ein weiterer, die meiste Zeit überflüssiger Fahrscheinautomat, um zu verhindern, daß die Schlange zu lang wird. Was die Ursache der Variabilität auch sein mag, sie macht kostspielige Vorkehrungen dieser Art notwendig. Die Maschine, die manchmal steckenbleibt, das Werkzeug, das man manchmal suchen muß, der Monteur, der seine Aufgabe manchmal falsch macht, das Teil, das manchmal zu spät kommt, die Zeichnung, die manchmal fehlerhaft ist, das Bauteil, das manchmal außerhalb der Toleranz liegt – all das und vieles mehr erfordert kostspielige »Lösungen«. Es sind keine echten Lösungen, weil sie Wege darstellen, mit den Problemen zu leben.

In der westlichen Industrie war die Variabilität der Durchlaufzeit bisher gelinde gesagt extrem. Das Normalverfahren der Auftragsterminierung besteht darin, daß man einen Mittelwert für die Durchlaufzeit (die dem Arbeitsfolgenplan entnommen wird) ansetzt und dann die Aufträge rasch durchführt, die verglichen mit dem Durchschnitt relativ spät werden. Wir waren stolz darauf, die Durchlaufzeit für einen Eilauftrag von vielen Wochen auf ein paar Tage zu drücken; dies ist eine Maßnahme, um verspätete Lieferungen an einen Abnehmer zu vermeiden. Anders gesagt haben wir unsere Energie darauf verwendet, durch heroische Anstrengungen von Fall zu Fall pünktliche Lieferungen zu ermöglichen.

Bei den Bauteilen gibt es einen weiteren, verborgeneren Kostenpunkt der Variabilität. Angenommen, ein Rundstab soll in eine Bohrung passen. Die Ingenieure geben die Toleranzen für Stab und Bohrung an. Die Werkstatt, die den Stab herstellt, fertigt absolut innerhalb der Toleranzen, und die Bohrwerkstatt desgleichen. Doch wenn ein Stab an der oberen Toleranzgrenze (mit maximalem Durchmesser) mit einer Bohrung an der unteren Toleranzgrenze (mit minimalem Durchmesser) gekoppelt wird, paßt der Stab nicht in die Bohrung. Der umgekehrte Fall führt zu einem Stab, der so locker in der Bohrung sitzt, daß er ebenfalls nicht akzeptabel ist.

Die westlichen Autohersteller wurden sich dieses Effektes schmerzlich bewußt – wegen notorisch schlecht passender Türen, Stoßstangen, Armaturenbretter und Zierleisten. Die Ford Motor Corp. bekämpft das Problem energisch durch Reduktion der Variabilität. Die Handbücher von Ford zu diesem Thema sind weit verbreitet und haben auch Unternehmen in anderen Branchen geholfen, bei der Verringerung der Variabilität mitzuziehen.

Die Variabilität und ihre Schwester, die Abweichung, haben viele Formen, die häufig überprüft werden sollten. Tapezieren Sie die Wände mit Diagrammen der Meßergebnisse. Wenn Sie das eifrig propagieren, brauchen Sie nicht Jahre, sondern nur Monate, bis Sie anfangen, auf Weltniveau zu produzieren – der nachhinkenden und gefährdeten Konkurrenz um Längen voraus.

Herausforderung und Antwort

Dieses Kapitel mit seinem olympischen Motto liest sich vermutlich wie reine Anfeuerung. Wenn nichts dahinter steckte, würde es auf. taube Ohren stoßen, denn wir alle haben viele Stimmungsmacher gehört – und sind danach zur Tagesordnung übergegangen. Hinter dem Gerede von der Produktion auf Weltniveau steckt tatsächlich etwas. Wenn Gallup oder Harris eine Umfrage machten und Leute bitten würden, die zwanzig besten Hersteller (nicht Marketinggenies oder Finanzimperien) der Welt zu benennen, wie viele davon wären amerikanische, kanadische, französische, englische, deutsche, italienische oder schwedische Firmen? Aller Wahrscheinlichkeit nach wären viele oder die meisten japanisch. Die japanische Formel für Erfolg in der Fertigung hat Substanz.

Die japanische Industrie brauchte drei Jahrzehnte für ihren beachtlichen Aufstieg. Sie bediente sich einer Reihe von westlichen Grundregeln, dazu kam gesunder Menschenverstand, hohe Belesenheit und der Mangel an Raum und natürlichen Rohstoffen als Motivation. Nun ist der Rest der Welt aus seiner Selbstzufriedenheit aufgerüttelt. In manchen Fällen stellten sich schon nach ein oder zwei Jahren echter Bemühung vielfache Verbesserungen ein. Der Anhang dieses Buches führt einige Unternehmen auf, die sich in dieser Weise verbessert haben.

Die Produktion auf Weltniveau ist nicht den Japanern vorbehalten. Ich glaube sogar, daß sich das westliche Temperament besser für schnelle und kontinuierliche Verbesserungen eignet als das japanische. Wir im Westen haben unser Hauptvermögen, nämlich Forschergeist und innovatives Denken, sträflich vernachlässigt. Unsere größte Aufgabe ist, den Schaden zu beheben, die Arbeitskultur zu verändern und unseren natürlichen Neigungen freien Lauf zu lassen.

Bislang beruht der Erfolg der im Anhang aufgeführten 5er-10er-20er-Firmen auf Veränderungen von Dingen, Verfahren und Konzepten und nicht so sehr auf der eigentlichen Arbeitskultur. Diese Dinge, Verfahren und Konzepte sind der leichte Teil; sie werden in den Kapiteln 4 bis 12 dargestellt. Um die größte Herausforderung, die Veränderung der Arbeitskultur, geht es in den beiden folgenden Kapiteln.

2. Arbeiter und Arbeitsdaten

Eine Fabrik ist wie Moby Dick, und Manager sind wie Kapitän Ahab. Sie schleudern ein paar Harpunen und hängen sich daran, als ginge es um ihr Leben. Die einzige Möglichkeit, Moby Dick zu lenken, wäre, wenn tausend Harpuniere ihn mit tausend Booten umzingelten und seine Schwarte anstechen würden. In ähnlicher Weise besteht die einzige Möglichkeit, eine Fabrik zu leiten, darin, daß die Belegschaft tausend Sonden einführt. Es sind genug Leute da. Der Trick ist, sie zum Sondieren zu bringen.

Nachsichtigkeit

Ständig sagen wir uns, daß letzten Endes alles an den Leuten liegt. Likert (1961) führte mehr als dreihundert Studien über die Macht des »demokratisch-partizipativen« Führungsstils an. Die Folge war eine umfassende Schulung der Vorgesetzten, und heutzutage findet man kaum noch Manager, die noch nichts davon gehört haben, daß sie die Beteiligung ihrer Mitarbeiter anstreben sollen.

Wir wissen das. Wir glauben daran. Aber wir wußten nicht, wie. Manchmal braucht man einen Außenstehenden, um zu sehen, was falsch ist. Der Politologe Robert Reich (1983 : 75) geht auf die »Wissenschaft des Managements« ein. Reich erläutert, auf welch subtile Weise die humane und soziale Führung in die Praxis umgesetzt wurde:

Spezialisten für Organisationsentwicklung schwärmten ins Werk aus und führten Encountergruppen und »Sensitivity-Training« durch. Industriepsychologen boten Gruppenberatung und »Job-Enrichment«-Programme an. Einige Unternehmen richteten Teamarbeit und Qualitätszirkel ein, in denen die Arbeiter Ideen zur Produktivitätssteigerung vortragen konnten – so lange sie sich hüteten, die innerbetrieblichen

Autoritätsstrukturen in Frage zu stellen. Unternehmensberater propagierten die »Theorie Y« oder – noch besser – »Theorie Z«. Aber diese praxiserprobten Techniken dafür, daß die Belegschaft sich besser fühlte, machten bloß den Anschein von Zusammenarbeit am Arbeitsplatz. Der Unterschied zwischen Vordenkern und Nachmachern blieb bestehen. Selbst ausgeklügeltere Strategien zur »Verbesserung des Arbeitslebens« scheuten davor zurück, die eigentliche Produktionsorganisation zu verändern.

Ich bin für Job Enrichment, Gemeinschaftsarbeit, Qualitätszirkel, Theorie Y, Theorie Z und Arbeitslebens-Qualitäts-Konzepte. Sie helfen, die verstopften Arterien zu befreien, durch die das Lebenselixier – Information – fließen soll. Diese Programme versagen nie.

Andererseits haben sie nur selten durchschlagenden Erfolg. Für die Produktion auf Weltniveau reichen Partizipation und Kommunikation allein nicht aus. Zu oft beschränkt sich die Partizipation auf Angelegenheiten wie das Sozialleistungspaket des Unternehmens, das Freizeitprogramm und die Klimaanlagen. Bei den alltäglichen Problemen der Arbeiter in der Fabrik muß nachhaltiges *Engagement* im Spiel sein. Die Veränderung der »Produktionsorganisation«, wie Reich es ausdrückt, ist gefragt.

Wie das zu bewerkstelligen ist, ist mittlerweile völlig klar. Der Arbeitsplatz jedes einzelnen in der Fabrik muß verändert werden. Die meisten Arbeitsplätze waren reine Fertigungsarbeiten (Maschinenarbeit oder Montage), nicht mehr und nicht weniger. Die neuen Fertigungsjobs sind reine Fertigungsarbeit plus einer Vielzahl weiterer Aufgaben – wie vorbeugende Wartung – plus einige Tätigkeiten, die bislang *immer von Managern und Spezialisten ausgeübt wurden*. Ich meine die *Datenerfassung*, die *Datenanalyse*, und die *Lösung von Problemen*.

Bleistift und Kreide

Die Datenerfassung ist das erste. Die Geräte sind billig und einfach: Bleistifte und Kreide. Geben Sie jedem Arbeiter diese simplen Datenerfassungsgeräte. Dann machen Sie die Aufzeichnung von Störungen und Meßwerten auf Karten und Tafeln jedem Arbeiter zur Pflicht. Derjenige, der Daten erfaßt, neigt zum Analysieren, und der Analysierende neigt dazu, Lösungen zu ersinnen. Der Erfolg hängt davon ab, daß man die richtigen Daten zur richtigen Zeit erfaßt.

Gelbe Lichter

Ein Ansatz ist, daß die Arbeiter jedesmal Daten festhalten, wenn der Arbeitsfluß langsamer wird oder stoppt. Die Information, auf die es ankommt, ist die *Ursache* der Verlangsamung oder des Stillstands. An einem Beispiel aus der Praxis will ich demonstrieren, wie das funktionieren soll. Die Fabrik ist das Hewlett-Packard-Werk in Greeley, Colorado – Schauplatz einer der ersten Just-in-Time-Erfolge in den USA.

Abb. 2.1. ist ein Grundriß des ersten Just-in-Time-Pilotprojektes von H-P in Greeley. (Die Zeichnung zeigt den Grundriß von Anfang 1983, bevor das Just-in-Time-Verfahren rückwärts auf den gesamten Fertigungszyklus ausgedehnt wurde.) Das Produkt ist ein Diskettenlaufwerk, das sogenannte »Sparrow.« Es wurde in den acht Stationen der hufeisenförmigen Fertigungszelle, die die Abbildung zeigt, montiert, getestet und verpackt. Es handelt sich um aufbauende Montage mit je einem Stück in Arbeit, und das Produkt hat keine Besonderheiten, außer daß es sich teils um Ein- und teils um Zwei-Disketten-Laufwerke handelt. Auf jeder Arbeitsplatte ist in einem »Kanban-Feld« mit gelbem Klebeband die Grundfläche eines Werkstücks abgeteilt. Ein Monteur an einem Tisch legt ein fertiges Werkstück in bequeme Reichweite des nächsten Monteurs am nächsten Tisch. Es dürfen keine Werkstücke fertiggestellt werden, bis der nächste Monteur das vom Kanban-Feld wegnimmt. Die Kanban-Felder sorgen dafür, daß keine Verschwendung auftritt – also mehr Bestand, als sofort verarbeitet werden kann. Sie haben aber noch einen weiteren, bedeutenderen Zweck: Zusammen mit den roten und gelben Lampen und der Problem-Tafel neben Arbeitsplatz 1 erlauben sie, Problemursachen festzuhalten. Vergessen Sie einen Moment die roten Lampen, während wir uns um die gelben kümmern.

Angenommen, ein Monteur an Tisch 4 stellt ein Teil fertig und schaut auf dem Feld von Tisch 3 nach dem nächsten. Das Feld ist leer. Monteur 3 kann nicht mithalten. Monteur 4 wartet eine bestimmte Zeit, sagen wir 10 Sekunden. Dann schaltet er die gelbe Lampe an. Das Licht sagt den anderen, daß sie ebenfalls langsamer werden müssen. Vor allem jedoch muß Monteur 3 die Ursache erklären. »Warum kannst du nicht mithalten?« ist die Frage. Vielleicht sagt Monteur 3: »Ich habe zu viel zu tun. Als die Arbeitswerte festgelegt wurden, habe ich allen gesagt, daß ich zuviel habe.« Diese Antwort wird auf der Problemtafel hinter Arbeitsplatz 1 festgehalten. (Es handelt sich um eine weiße Tafel mit schwarzen Filzstiften.)

Abbildung 2.1.: Diskettenlaufwerk-Montagelinie

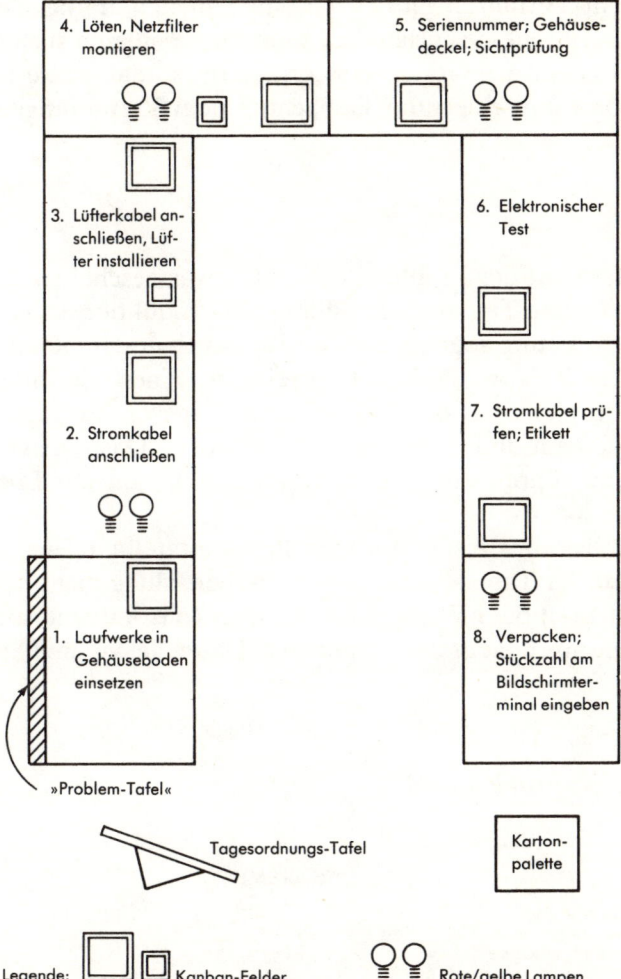

Die gelbe Lampe geht oft an. Jeder Monteur schaltet sie wahrscheinlich mindestens einmal täglich ein; jedesmal muß der vorhergehende Monteur den Grund erklären. Es gibt kaum Anlaß, verlegen zu werden und in die Defensive zu gehen, weil die Monteure Gelegenheit haben, die von ihnen nicht zu verantwortende Ursache der Verlangsamung anzugeben.

Bei der herkömmlichen Fertigung hält niemand die eigentlichen Ursachen fest. Jeder Monteur hat das unangenehme Gefühl, daß man ihm die

Schuld für die meisten Probleme gibt: Stillstandzeiten, hohe Kosten, schlechte Nutzung der Zeit, schlampige Ordnung und geringe Qualität. Das Gelblicht-Verfahren gibt den Leuten nicht nur die Chance, die eigentlichen Ursachen zu erläutern, sondern sie müssen sie auch unmittelbar im Moment des Geschehens erläutern, so daß es im nachhinein keine Probleme mit schlechtem Gedächtnis oder Vermutungen gibt.

Datenanalyse

Mit den Daten auf der Problemtafel muß etwas geschehen. Bei H-P in Greeley wird jeden Tag, nach Erfüllung des Produktionssolls, ein zwanzigminütiges Meeting abgehalten. Die Tagesordnung steht auf der Tafel, die im unteren Teil von Abb. 2.1. gezeigt ist. Eines oder mehrere Probleme der Problemtafel des Tages sollten Tagesordnungspunkte sein. Das Montageteam und möglicherweise geladene Gäste diskutieren die Probleme und führen ein Brainstorming durch, um auf Lösungen zu kommen.

Abb. 2.2. ist ein Beispiel für eine Problemtafel am Tagesende. Die Probleme auf der Tabelle sind zwar im Arbeitsalltag nicht nach absteigender Häufigkeit oder Wichtigkeit geordnet (das wäre ein sogenanntes Pareto-Diagramm), aber man kann die Daten leicht in Pareto-Form bringen.

Abbildung 2.2.: Problemtafel

	PROBLEME
3. Zuviel Arbeit	IIIII IIIII IIIII IIIII I
8. Keine Gehäuse da	IIIII I
3. Unbrauchbare Schrauben	IIII
1. Keine Laufwerke da	IIII
6. Prüflampen-Ausfall	II

Man beachte, daß die meisten Antworten von Monteur 3 kamen und daß »zu viel Arbeit« das ernsthafteste Problem ist. Die Gruppe diskutiert das Problem und löst es, indem Monteur 3 ein paar kleinere Aufgaben abgenommen und den Monteuren 2 und 4 übertragen werden; damit 2 und 4 nicht überlastet werden, werden den Monteuren 1 und 5 weitere kleine Aufgaben zugeschoben. Dieses Verschieben der Aufgaben wird fortgesetzt, bis die Fertigungslinie wieder völlig ausgewogen ist.

Es ist durchaus in Ordnung, daß die Industrial Engineers die anfänglichen Arbeitswerte nach Zeitnormen planen, aber das sollten wir uns als *ungefähren* Arbeitsausgleich vorstellen. Die Industrial Engineers richten sich nach dem mythischen Normmenschen, aber die eine Hälfte der Bevölkerung ist schneller und die andere Hälfte langsamer. Daher sollten die Monteure und Meister die Montagelinie nach einiger Betriebszeit feinabstimmen, indem sie die Arbeit gemäß den Fähigkeiten jedes einzelnen Monteurs ausgleichen. Die gelbe Lampe liefert gute Informationen für diesen Ausgleich. (Bei Kawasaki in Nebraska sagt man: »Die Linie ausgleichen, indem man auf die Ampel schaut.«)

Ist die Fertigungslinie ausgeglichen worden, nimmt sie den Betrieb wieder auf, und abermals gehen den ganzen Tag die gelben Lampen an. Es wäre nichts besonderes, wenn der Monteur 3 immer noch der Engpaß wäre – derjenige mit den meisten Antworten auf der Problemtafel. Vielleicht erwähnt der Monteur 3 das Problem der unbrauchbaren Schrauben nach dem Ausgleich der Linie fünfzehnmal am Tag, während zuvor täglich nur vier Klagen über Ausschußschrauben kamen. Ein Teil des »Zu viel Arbeit« läßt sich nun genauer auf das Schraubenproblem zurückführen.

Wenn jemand an den zu verzeichnenden Ursachen zweifelt, wird er vielleicht Monteur 3 bitten, sie zu erklären: »Na, sieh mal, ich schraube den Lüfter mit vier Schrauben aus meinem Schraubenkasten fest. Ich stecke vier Schrauben in vier Löcher und ziehe sie fest. Aber manchmal kriege ich Schrauben mit zerdrücktem Gewinde. Ich versuche sie einzuschrauben, aber sie passen nicht. Weißt du jetzt, warum ich manchmal aufgehalten werde?«

Beim nächsten Meeting weiß die Gruppe, was zu tun ist. Jemand ruft die Beschaffungsabteilung an und lädt den Einkäufer der Schrauben zu einem Gruppentreffen ein. Wahrscheinlich kommt der Einkäufer gleich zu diesem Treffen. Der Gruppenleiter sagt: »Schauen Sie sich unsere Problemstatistik an. Diese billige kleine Schraube erweist sich als unser schlimmstes Problem in letzter Zeit. Können Sie sich darum kümmern?«

Natürlich lautet die Antwort: ja. Der Einkäufer ruft den Lieferanten der Schraube und anderer Metallteile an, berichtet von dem Problem – kann sogar die genaue Fehlerhäufigkeit angeben – und sagt: »Können Sie den Ausschuß vor der Auslieferung bitte aussortieren? Oder noch besser, Sie verbessern Ihr Verfahren, so daß kein Ausschuß vorkommt. Sollten Ihre Leute noch nie eine Studie über Fertigungsgenauigkeit durchgeführt oder statistische Qualitätskontrolle angewendet haben, so haben wir die Qualitätsspezialisten, die zu Ihnen ins Werk kommen und Ihnen zeigen, wie man das macht.«

Das Schraubenproblem wird gelöst und tritt nie wieder auf.

Rote Lampen

Abb. 2.1. zeigt nicht nur gelbe, sondern auch rote Lampen. Die rote Lampe geht an, wenn ein Problem so gravierend ist, daß die gesamte Fertigungslinie stoppen muß. Wenn ein Fließband das Tempo angibt, läßt der Monteur, der auf den roten Knopf drückt, auch das Fließband anhalten. Dann kommen Manager und Techniker herbeigeeilt.

Obwohl das Stoppen der gesamten Linie teuer ist, geben die Weltniveau-Produzenten den Monteuren das Recht – und den Knopf – dazu. Dahinter steht die Idee, daß man den Monteuren Zeit geben muß, ihre Arbeit richtig zu tun und zu stoppen und Probleme zu lösen, die dem richtigen Tun im Wege stehen. Wir waren bisher darauf fixiert, die Linien am Laufen zu halten. Wir sahen über die fehlenden oder falsch installierten Teile hinweg, oder wir nahmen das Produkt mit enormen Kosten auf Nacharbeitungs-Linien auseinander und reparierten den Schaden.

Bei Kawasaki in Nebraska strebt man eine durchschnittliche Rotlicht- oder Stillstandzeit von 30 Minuten pro Tag an. Ist es weniger, dann arbeiten die Monteure zu schnell und machen zu viele Fehler, die die Nacharbeit am Ende des Bandes steigern. Außerdem ist jedes Aufleuchten der roten (oder gelben) Lampe kostbar, weil es ein Problem signalisiert, Gelegenheit gibt, die Ursache festzuhalten, und zu einer Lösung auf Dauer führt. (Ein Sprecher von General Motors sagte einmal über die Umstellungsprobleme der Montagearbeiter beim Joint-Venture von GM und Toyota in Fremont, Kalifornien, am schwierigsten zu akzeptieren sei die Tatsache gewesen, daß das Werk keinen Bereich für Ausschußteile hatte.)

Die meisten nordamerikanischen Auto- und Haushaltsgroßgeräte-Produzenten stellen ihre Fertigungslinien gerade auf die Arbeiterkontrolle um. Es gibt davon viele Spielarten, darunter auch die, daß eine Einheit vom Hauptfließband abgekoppelt und wieder angeschlossen wird, wenn sie wieder in Ordnung ist. In der Spülmaschinenfabrik von General

Electric in Kentucky haben die Leute am Montageband vier verschieden-farbige Griffe zum Ziehen. Einer davon, der grüne, bedeutet »Okay« und leitet das Werkstück weiter. Die anderen drei signalisieren drei Problemstufen. Die schlimmste, der rote Griff, bringt alles zum Stehen.

Es gibt eine Art von roten Lampen, die in westlichen Fabriken schon seit Jahren im Schwange ist. Diese Lampen hängen so hoch, daß alle sie sehen können, und sie gehen an, wenn eine Maschine oder ein Fließband steckenbleibt oder falsch funktioniert. Manchmal schaltet ein Arbeiter das Licht an und manchmal ist die Maschinerie so geschaltet, daß es automatisch angeht. Im Westen hat es den Zweck, schnell Hilfe vom Wartungspersonal herbeizurufen, um die Produktion wieder in Gang zu setzen.

Es ist eine Schande, die roten Lampen nur für diesen Zweck zu verwenden. Ich erinnere mich an vier Beratungsbesuche in Werken mit Rotlichtsystemen. Im einen waren die Lampen an die Reifenkonfektionier-Maschinen angeschlossen, im nächsten an Schaltplatinen-Testgeräte, im dritten an Konservenfüllanlagen und im vierten an Spritzgußmaschinen. Überall rief das rote Licht sofort das Wartungspersonal auf den Plan, aber ich konnte keinen Beleg dafür finden, daß die *Ursachen* der Pannenhilfe auf einer Karte verzeichnet wurden.

In einer Textilfirma hingegen, die ich einmal beriet, waren Hunderte von Webstühlen mit Lampen versehen, und hier wird jedesmal, wenn das Licht angeht, der Grund auf einem Kärtchen vermerkt. In der Regel ist es besser, ihn auf große Tafeln zu schreiben. In diesem Fall wurden so viele Webstühle von so wenigen Nothelfern betreut, daß eine große Tafel für jede Maschine wahrscheinlich nicht notwendig ist. So lange die Entstörer im Werk zuerst Gelegenheit haben, die Daten auf den Kärtchen zu analysieren, bevor die Wartungsingenieure sie bekommen, sind Karten in Ordnung.

Produktion auf Weltniveau erfordert Maschinen auf Weltniveau, und das heißt Maschinen, die nie ausfallen. Das bedeutet, daß man jede Ursache detailliert aufzeichnet, die Ursachen sortiert und Projektgruppen bildet, die wiederkehrende Probleme dauerhaft lösen.

Soll- und Ist-Werte

Eine weitere Methode, Problemdaten festzuhalten, besteht in der regelmäßigen, gewöhnlich stündlichen Erfassung. Die Stundendaten kann man auf einer Tafel wie der in Tabelle 2.1. gezeigten festhalten.

Tabelle 2.1.: Problemaufzeichnung in regelmäßigen Abständen

Stunde	Sollwert	Istwert	Problem
1	100	100	
2	100	100	
3	100	100	Unbrauchbare
4	100	84	Schrauben
5	100	100	(ganzer Kasten)
6	100	100	
7	100	100	
8	0	16	
Summe	700	700	

Die Tagesproduktion beträgt, wie die Tabelle zeigt, 700 Stück, was auf sieben Stunden mal 100 Stück pro Stunde herausläuft. In den ersten drei Stunden wurden je hundert gute Stücke hergestellt. In der vierten Stunde gab es Ärger – nur 84 gute Stücke wurden gefertigt. Wenn die stündliche Produktion sinkt, muß die Ursache erklärt werden. Der Montage- oder Maschinenarbeiter sagt, das Problem sei ein ganzer Kasten unbrauchbarer Schrauben gewesen, was auf der Karte festgehalten wird. An diesem Tag gibt es keine weiteren Rückstandsstunden. Die achte Stunde dient zum Teil dem Aufholen: Es werden 16 Stücke gefertigt, so daß die Tagesproduktion nach Plan erreicht wird.

*Daten der Prozeßkontrolle**

Nach der oben beschriebenen Methode ist es ein »Störfall« wie etwa ein Stillstand, der die Datenerfassung auslöst. Das Ziel ist natürlich, die Störfälle ausfindig zu machen und später zu eliminieren. Da viele Arten von Störfällen möglich sind, kann man das für den Schrotflinten-Ansatz der Datenerfassung halten. Die Schrotflinte braucht eine Ergänzung, nämlich eine Kugelflinte.

---

* Anm. d. Übers.: Im deutschsprachigen Schrifttum ist der Begriff »Qualitätskontrolle« üblich. »Prozeßkontrolle« ist insofern genauer, als das Wort impliziert, daß nicht nur die Produktqualität, also die Übereinstimmung von Soll- und Ist-Werten, sondern auch sämtliche Einflußfaktoren der Produktqualität, also der Herstellungsprozeß, (statistisch) kontrolliert und gesteuert werden. Im folgenden wird daher das Wort »Prozeßkontrolle« verwendet.

Den besten Kugelflinten-Ansatz nennt man statistische Prozeßkontrolle. Die statistische Prozeßkontrolle zielt auf einen oder einige wenige kritische Faktoren eines Prozesses ab. Die häufigste Art von kritischen Faktoren hat mit der Produktqualität zu tun: Durchmesser, Kapazitätswert, Härte, Schärfe, Dateneingabe-Fehler, falsch geschriebene Wörter, fehlende Teile oder Daten und anderes. Die statistische Prozeßkontrolle kann man auch verwenden, um die Pünktlichkeit von Lieferungen, die Nutzung von Materialien oder anderen Ressourcen oder fast jeden meßbaren Faktor zu überprüfen. Die Daten der statistischen Prozeßkontrolle geben an, wann man den Prozeß unterbrechen soll, während die vorigen Methoden eine Unterbrechung oder einen anderen Störfall als Signal zur Datenerfassung verwenden.

In den Händen der Fachleute der Qualitätssicherung ist die statistische Prozeßkontrolle bloß eine Technik wie viele andere. Setzt man sie aber so ein, wie sie eingesetzt werden soll – als Handwerkszeug des Arbeiters, wie ein Schraubenzieher oder eine Zange –, wird die statistische Prozeßkontrolle zum erstrangigen Instrument der Produktion auf Weltniveau.

Ohne ins Detail zu gehen, ist die Grundidee folgende: In regelmäßigen Abständen mißt der Arbeiter eine kleine Stichprobe des Prozeßausstoßes. Dann trägt er den Mittelwert der Ergebnisse auf einer Karte ein. Wenn der Mittelwert zwischen den vorgegebenen oberen und unteren Kontrollgrenzen liegt, tut er nichts. Liegt der Punkt außerhalb der Grenzen, unternimmt er etwas.

Selbst wenn der Arbeiter nichts weiter unternimmt, als den Prozeß zu stoppen und den Chef zu rufen, sind die Kräfte der statistischen Prozeßkontrolle freigesetzt: Das Wichtige ist der Zyklus von *Tun und überprüfen, Tun und überprüfen.* Handwerker, Künstler und Wissenschaftler folgen diesem Tu-und-Prüf-Zyklus. Wir werden die Fertigung erst dann nachhaltig verbessern können, wenn die Montage- und Maschinenarbeiter sich in ähnlicher Weise engagieren – oder besser wieder engagieren, wie im Zeitalter des Handwerks. Es ist tragisch, daß dem Werkspersonal so viel Kontrolle entzogen und dadurch der Zyklus unterbrochen wurde.

In einem Auftragsfertigungsbetrieb ist die statistische Prozeßkontrolle nicht besonders nützlich, weil die Auftragsquantitäten in der Regel zu klein sind, um Stichproben zu entnehmen. Es gibt noch andere Möglichkeiten, Prozesse unter Kontrolle zu halten:

– Dafür sorgen, daß die Werkzeuge sauber und scharf sind, Meßgeräte kalibriert, die Ausrüstung im Bestzustand, Blaupausen und Spezifikationen korrekt und die Verfahren auf dem neuesten Stand und öffentlich ausgehängt sind. Unordnung, Konfusion und Schlampigkeit sind für Auftragsfertigungsbetriebe typisch gewesen; sie können nicht geduldet werden, wenn der Betrieb zur Spitzenklasse gehören soll.

- Keine Halbfertigteile bauen und nicht zulassen, daß die Nacharbeit sich anhäuft. Diese Maßnahmen minimieren Wirrwarr, Konfusion und Verlust oder »Diebstahl« von Teilen und verhindern, daß Zwischenlager-Bestände beschädigt werden.
- Zur Kontrolle kleiner Lose verwende man Flußdiagramme und Vorkontroll-Karten.

Pflege von Meßgeräten, Werkzeugen und Maschinen

Auftragsfertigungsbetriebe neigen dazu, erfahrene Werkzeugmacher, Formenbauer und andere Facharbeiter einzustellen. Der erfahrene Arbeiter kann oft Zeichnungen lesen und sollte wissen, wie man den Ausstoß mißt und die Werkzeuge einstellt. Da in der westlichen Industrie viele Facharbeiter beschäftigt werden, sollten wir annehmen, daß die Prozeßkontrolle bei ihnen in guten Händen ist.

In manchen Fällen trifft das zu. Öfter jedoch hat sich Nachlässigkeit eingeschlichen. Meßgeräte sind oft ungenau und schlecht kalibriert, werden kaum je neu kalibriert und brutal in Werkzeugkästen geworfen, nicht sauber gehalten und verlegt. Hand- und Maschinenwerkzeuge sind in ähnlich schlechter Verfassung. Einstellhebel und Kurbeln sind abgebrochen, Wellen verbogen und Arbeitsflächen von tausend Hammerschlägen eingedellt. Ein Branchenwitz behauptet sogar, das meistgebrauchte Werkzeug sei die BHZ – die böhmische Hochgeschwindigkeitszange –, und die ist ein Hammer. (Die Nation, die da verspottet wird, variiert. Ich hätte auch »russisch«, »irisch« oder irgend etwas anderes sagen können, aber »böhmisch« kann ich mir eher erlauben, weil meine Vorfahren väterlicherseits größtenteils Böhmen waren.)

Ein starker Faden im Gewebe von Just-in-Time, umfassender Qualitätssicherung und Produktion auf Weltniveau ist die Ordnung. Halten Sie alles sauber, scharf, geschmiert, kalibriert, an leichtzugänglicher Stelle und gebrauchsfertig. Die Tennant Corp. ist in dieser Hinsicht vorbildlich. Dieses Unternehmen rangiert ganz oben bei den amerikanischen Unternehmen, die sich um Produktion auf Weltniveau bemühen. Die Montagewerkzeuge sind dort so säuberlich geordnet wie der Chemie- oder Mikroskopkasten eines Kindes, wenn es die Verpackung aufreißt.

Ich kenne kein gutes Beispiel aus Nordamerika für die besonders gute Pflege von Meßgeräten. Ein japanisches Beispiel allerdings ist mir im Gedächtnis geblieben. Bei meiner ersten Japan-Reise besichtigte ich eine Kühlschrankfabrik des Matsushita-Konzerns. Das Werk war ein Musterbeispiel für die Produktion auf Weltniveau und so angelegt, daß die herumgeführten Besucher beeindruckt waren. Während der Führung fielen vor allem die Glaskästen ins Auge, die Meßgeräte enthielten. Sie standen in Fertigungsstationen entlang der Besichtigungsroute. Das Glas war sauber, die Kästen verschlossen und verriegelt und die Meßgeräte zur Schau gestellt wie der Schmuck in einem Juwelierladen. Ein Arbeiter oder Meister hatte den Schlüssel und war dafür verantwortlich, alles in bester Ordnung zu halten.

Fachkräfte brauchen starkes Management

Unseren größten Fertigungsbetrieben wird endlich klar, daß Schlamperei böse Folgen hat. Für die Verbesserungswilligen ist die Frage: wie? Die Antwort liegt in der Aufsicht. Der Bataillonskommandeur, der Paradeinspektionen durchführt und die Mannschaft von den straff gezogenen Quartierpritschen scheucht, ist kein schlechtes Vorbild. Eine Fabrik ist aber weit komplexer als eine Kaserne. Die Werksmeister brauchen Methoden und Techniken, damit alle Kleinigkeiten systematisch richtig ausgeführt werden. Zwei Beispiele für solche Methoden folgen; das erste stammt aus Japan.

Wöchentliche Überprüfung

Auf meiner zweiten Japan-Reise besichtigte ich eine sehr kleine Fabrik, die auf den ersten Blick alles andere als erstklassig aussah. Diese Firma, Nihon Chukuko (Japan Hollow Steel Company), hatte damals nur fünfzig Arbeiter in der Fertigung. Sie hatte sich vertraglich mit Isuzu Motors verbunden; über 90 Prozent des Chukuko-Metallteile-Ausstoßes wurde in Isuzu-LKWs verwendet.

Vor dem Vertrag mit Isuzu war Chukuko nur eines von Japans vielen kleinen, unterdurchschnittlichen Unternehmen. Isuzu machte einen erstklassigen Lieferanten aus Chukuko, und einer der Hauptfaktoren war eindeutig die Art und Weise, wie Isuzu der Ordnung bei Chukuko auf die Sprünge half.

Werk und Ausrüstung sind alt, grau und häßlich. Doch kaum etwas im Betrieb bleibt sich selbst überlassen. An Mauern, Trennwänden, Säulen und Stützen hängen handgezeichnete Darstellungen. Maschinenarbeiter, Schweißer, Lackierer und andere Werksarbeiter fertigen sie im Rahmen ihrer normalen Tätigkeit an. Die Darstellungen geben an, wie man ein Teil herstellt, die Maschine oder das Werkzeug pflegt, wie man die Meßgeräte benutzt, wie man die Qualität aufzeichnet (auf einfache Karten, weil die Auftragsmengen zu klein für statistische Prozeßkontrolle sind), und wie man die Dinge dort aufbewahrt, wo sie hingehören.

Chukukos Belegschaft gehört nicht zur japanischen Elite – nicht diejenigen mit lebenslanger Arbeitsplatz-Sicherheit, mit den höchsten Eintrittsqualifikationen und -gehältern. Wie schafft es Chukuko dann, sie auf Trab zu bringen und die hohe Disziplin aufzubringen, die vonnöten ist, um die Anweisungen an den Wänden zu befolgen?

Ihr Vorgesetzter, der Werksleiter (das Werk ist zu klein für mehrere Führungsebenen), kümmert sich darum. Er braucht mehr dazu als bloß den persönlichen Kontakt und Beobachtungen. Man verlangt von ihm, daß er einmal in der Woche das einfache Isuzu-Schema zur Beurteilung der Ordnung und verwandter Faktoren anwendet. Dabei werden u.a. folgende sechs Hauptfaktoren bewertet:

1. Allgemeinzustand und Ordnung am Arbeitsplatz;
2. Arbeitsmaterialverwaltung;
3. Ausrüstung und Werkzeuge;
4. Prüfung;
5. Selbstkontrolle und Steuerung der Produktionsprozesse zur Qualitätssicherung;
6. Anfertigung der Handbücher und Wandnotizen.

Jeden Freitag macht der Werksleiter die Runde. Er stuft jeden Mitarbeiter gemäß den sechs Faktoren ein und notiert die Ergebnisse auf einer Karte, die bei dem Betreffenden verbleibt. Wie das Beispiel in Abb. 2.3. zeigt, sind die Beurteilungspunkte durch Striche verbunden, so daß die Gesamtbeurteilung wie ein Spinnennetz aussieht. Die Idee ist, daß die Größe des Netzes schrumpfen soll – damit man dem »Bullauge« der Perfektion näherkommt und sich weiter vom Wert 5 – dem schlechtestmöglichen – entfernt. Ist man perfekt, gibt es kein Netz, in dem man sich verfangen kann.

Die Beurteilungswerte für jeden der sechs Hauptfaktoren sind Mittelwerte von Unterfaktoren. Abb. 2.4. ist eine vollständige Liste der Unterfaktoren eines Hauptfaktors. Viele Unterfaktoren scheinen Kleinig-

Abbildung 2.3.: Sechs-Achsen-Diagramm der Chukuko Co. zur Verfahrensüberprüfung

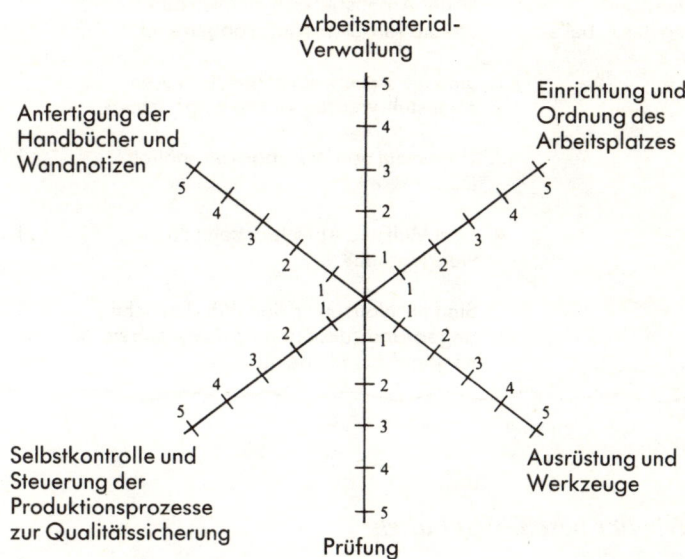

Arbeitsmaterial-
Verwaltung

Anfertigung der
Handbücher und
Wandnotizen

Einrichtung und
Ordnung des
Arbeitsplatzes

Selbstkontrolle und
Steuerung der
Produktionsprozesse
zur Qualitätssicherung

Ausrüstung und
Werkzeuge

Prüfung

keiten zu sein, insbesondere solche wie »Ist der Arbeitsbereich deutlich durch weiße Striche vom Durchgang abgetrennt?« und »Sind die Notizen an den Wänden ordentlich angebracht?« Zusammengenommen fügen sie sich jedoch zu einem System, das menschlichen Schlendrian und Fehler verhindert. Einfache Führungstechniken – durchschlagende Resultate.

Und wenn nun der Werksleiter selbst nachlässig wird oder zu beschäftigt ist, um sein freitägliches Bewertungsritual durchzuführen? Man würde es ihm nicht durchgehen lassen. Kontrollteams von Isuzu besuchen regelmäßig das Chukuko-Werk und andere Lieferantenwerke von Isuzu, um zu überprüfen, wie sorgfältig der Werksleiter ist.

Die wöchentliche Isuzu/Chukuko-Kontrolle hilft den Arbeitern, Versäumnisse zu vermeiden. Um die Leute beschäftigt zu halten, ist eine andere Art von Kontrolle erforderlich. Wenn die Mitarbeiter feststellen, daß es niemanden kümmert, vertrödeln sie natürlich ihre Zeit, verlassen ihren Platz und vertun Chancen, zur Verbesserung beizutragen. Die Hewlett-Packard-Division in Fort Collins, Colorado, hat einen Ansatz für die Lösung dieses Problems.

Abbildung 2.4.: Prüfliste für die Fertigungsvorgänge

Prüfbereich	Zu überprüfende Punkte	Punktzahl
Einrichtung und Ordnung des Arbeitsplatzes	1. Ist der Arbeitsbereich deutlich durch weiße Striche vom Durchgang abgetrennt?	1.2.3.4.5.
	2. Sind die Stellen, wo unfertige Waren abgestellt werden, richtig eingerichtet?	1.2.3.4.5.
	3. Liegen auf den Werkbänken unötige Dinge herum?	1.2.3.4.5.
	4. Sind Müll und Abfälle ordentlich weggeräumt?	1.2.3.4.5.
	5. Sind die Notizen an den Wänden richtig angeordnet (unabhängig davon, ob sie notwendig sind oder nicht)?	1.2.3.4.5.

Die Mitarbeiter beschäftigt halten

Ein Produkt von Hewlett-Packard in Fort Collins ist der Computer H-P 9000, der etwa 50 000 Dollar kostet und auf Bestellung gefertigt wird. Der Kunde kann viele Bauteilkombinationen bestellen. Bei derartiger Ungewißheit, welche Bauteile als nächstes gebraucht werden, müssen die Monteure manchmal auf die Arbeit der vorangehenden Stationen warten. Die Wartezeiten können recht lang werden – dreißig, vierzig oder sogar sechzig Minuten –, da jeder Maschinenarbeiter einer Spezifikationsliste folgen muß, die angibt, wie das betreffende Teil oder Modul hergestellt wird. Was soll derjenige tun, der auf ein Teil wartet?

In Fort Collins gibt es ein Verfahren, das sicherstellt, daß die Wartezeit gut genutzt wird. Bei jedem Stillstand schiebt der Arbeiter alternative Aufgaben ein – vor allem Sekundärarbeiten. Graphikdrucker erstellen farbige Diagramme, die die auf alternative Aufgaben verwendete Zeit zusammenfassen. Z.B. wies eine Arbeitsgruppe für eine Berichtsperiode 40,5 Stunden Stillstandszeit aus. Das Diagramm an der Wand schlüsselte die Stunden folgendermaßen auf:

22,25 Stunden für Saubermachen, Verwaltungs- und Schreibarbeit und Verschiedenes;

1,75 Stunden für Gruppentreffen;

1,75 Stunden für Nacharbeit;
8,50 Stunden für umfassende Qualitätssicherung;
3,25 Stunden für Verfahrensfragen.

Der letzte Punkt, »Verfahrensfragen«, nahm früher mehr Zeit in Anspruch. Die Arbeitsgruppe hatte mehrere Monate in den Stillstandszeiten mit den Ingenieuren Verfahren ausgearbeitet. Sie wandelten verbale Montageanleitungen der Ingenieure zu Explosionszeichnungen um. Statt Worte zu klauben, kann der Monteur nun nach einer in Augenhöhe angehefteten Zeichnung vorgehen. So wird Zeit gespart und werden Fehler vermieden.

Man beachte, daß die Tätigkeitsberichte im Arbeitsbereich an den Wänden hängen. Die Arbeitsgruppe und ihr Meister berichten sich selbst und bleiben für Gelegenheiten aufgeschlossen, sich mit Alternativaufgaben zu beschäftigen. Das ist eine weit bessere Verwendung von Berichten als das übliche westliche System, bei dem ein abseits gelegener Computer die Daten zu einem Bericht zusammenfaßt, der den durch zwei oder drei Stufen vom Ort des Geschehens getrennten Stabskräften zugeleitet wird. Bei diesem nicht besonders effizienten System delegieren die Denker das Handeln an die Ausführenden und halten sich im Normalfall vom Geschehen fern – bis ein zweiter Bericht Probleme bloßlegt.

Daten offenlegen

Sowohl Chukuko wie H-P in Fort Collins sind bemerkenswert, weil sie ihre Daten offenlegen – sie hängen sie an der Wand aus. Das hat – neben der sichtbaren Kontrollmöglichkeit – einen wesentlichen Vorteil: Für das Unternehmen wertvolle Informationen bleiben nicht in den Köpfen der Leute. Sie werden sichtbar und zugänglich für andere, die daraus lernen können.

Eines der besten nordamerikanischen Fertigungsunternehmen ist seit Jahren Gorman-Rupp Co., ein Pumpen- und Pumpenteile-Hersteller in Mansfield, Ohio. Vor ein paar Jahren beschlossen die Maschinenarbeiter von Gorman-Rupp, wichtige Betriebsdaten – z.B. die richtigen Lauf- und Vorschubgeschwindigkeiten und die Stückzahlen pro Schicht – zu »veröffentlichen«. Die Arbeiter entwickelten auch ein Formular, auf dem die Daten einzutragen waren. Die ausgefüllten Formulare hängen an den Maschinen und dienen der schnelleren Umrüstung bei Schichtwechsel und zur Schulung neuer Mitarbeiter. Schulungen werden ständig durchgeführt, denn Gorman-Rupp glaubt von jeher an die innerbetriebliche Rotationsschulung *(cross training)*. Diese qualifiziert die Mitarbeiter, dort zu arbeiten, wo Arbeit anfällt. Das Unternehmen hat in seiner zweiundfünfzigjährigen Geschichte noch niemanden entlassen. (Vgl. *Productivity Letter* 1985.)

Wie viele Fachkräfte hatten die Maschinenarbeiter bei Gorman-Rupp die Angewohnheit, Informationen für sich zu behalten. In einer informationsabhängigen Gesellschaft ist Wissen Macht, dachten sie, warum also sollen wir unser Wissen nicht hüten?

Andererseits möchten die meisten von uns tun, was unserer Firma nützt, und dazu gehört der Austausch von Wissen und Daten. Das Problem ist, daß die meisten Betriebe keine bequemen Wege des Informationsaustauschs haben. Um den Datenaustausch in Gang zu setzen, müssen Vorgesetzte Projektgruppen bilden und sie mit der Lösung des Problems beauftragen.

Das zweitbeste ist, Gruppen zu bilden und diesen einen allgemeinen Auftrag zu erteilen; das ist die westliche Spielart der Qualitätskontroll-Zirkel. Qualitätszirkel hatten andernorts nicht denselben durchschlagenden Erfolg wie in Japan. Ich glaube, das liegt daran, daß wir sie eingerichtet haben, ohne das Umfeld der Verschwendung und Komplexität zu verändern. Mittels Verschwendung in der Gestalt von zu großen Lagerbeständen werden Probleme umgangen. Diese Erscheinung plus umständliche Kontrollsysteme ersticken das Potential der Qualitätszirkel und anderer Ansätze der Mitarbeiterbeteiligung.

Das typische Vorschlagswesen ist sogar noch ineffektiver. Bei dem alten Gorman-Rupp-Programm wurden Vorschläge an den Vorschlags-Koordinator weitergeleitet, wahrscheinlich einen Ingenieur mit der Hauptaufgabe, Ideen zu haben und nicht, die Ideen anderer durchzusehen. (Einem Experten zufolge ergibt das westliche Vorschlagswesen normalerweise einen Vorschlag pro Jahr und pro sechs Mitarbeiter. Scanlon-Pläne, bei denen die Einsparungen in einen Topf kommen, der zwischen dem Unternehmen und den Mitarbeitern geteilt wird, sind besser: ein Vorschlag jährlich pro zwei Mitarbeiter. [Geare 1976] Diese miserablen Werte vergleiche man mit hundert oder mehr Vorschlägen pro Person und Jahr in japanischen Spitzenunternehmen wie Hitachi und Toyota.)

Gorman-Rupp schaffte das Vorschlagswesen ab und führte ein Qualitätszirkel-Programm ein. An diesem Punkt beschlossen die Maschinenarbeiter, die Betriebsdaten an den Maschinen auszuhängen. Die Förderung des Informationsaustausches – insbesondere bei Qualitätsfragen – war der ursprüngliche Zweck der Qualitätszirkel in Japan, und es ist wahrscheinlich immer noch die nützlichste Aufgabe dieser Zirkel.

Bei Chukuko, H-P in Fort Collins und Gorman-Rupp kommt das Engagement der Mitarbeiter durch aufmerksame, sorgfältige Anleitung zustande.

Delegieren im Übermaß

Vor ein paar Jahren hatte ich einen Nachbarn, der ein Außendienstbüro leitete. Nennen wir ihn Joe. Joe ging gewöhnlich spät ins Büro und kam früh nach Hause; oft kam er zum Mittagessen nach Hause und blieb da. Seine Vorgesetzten kamen bei Dienstreisen ab und zu in die Stadt, und in der Hälfte der Fälle mußten sie Joe zu Hause anrufen. Die Besucher vom Konzern lasen Joe nicht die Leviten wegen seiner Abwesenheit vom Büro. Er entwaffnete seine Bosse, indem er verschmitzt sagte: »Haben Sie *Ihr* Büro denn nicht so organisiert, daß Sie Dinge delegieren können, ohne dort zu sein?«

Die amerikanischen Wirtschaftsakademien haben uns überzeugt, daß das Delegieren zur guten Betriebsführung gehört, und das zu Recht. Wir sollten das Engagement und den Fleiß von Managern genauso hoch einstufen.

Der Fleiß der Manager ist angesichts der Veränderungen am Arbeitsplatz heutzutage wichtiger denn je. Schauen wir einmal kurz, wie die Zukunft der Fertigung aussieht, und kommen wir dann darauf zurück, wo sie heute steht.

UMWANDLUNG DER FABRIKARBEIT

Es ist ein Uhr mittags, mitten in der zweiten Schicht. Die Fabrikhalle ist still und kühl, helle Strahler in der Mitte werfen an den Ecken Schatten. Lautlos gleitet ein Roboter die Gänge zwischen zwei Reihen metallisch glänzender Maschinen hinab. Er hält an. Ein silberner Arm streckt sich aus und nimmt einen Metallklotz aus dem Kasten, den der Roboter hält. Der Roboter fährt weiter, während die Maschine den Klotz in drei verschiedene Formen zerschneidet. Ein zweiter Arm kommt hervor und nimmt ein Stück von einem Förderband, das die Maschine automatisch beschickt. Dann dreht sich die Maschine um ihre eigene Achse, schweißt eine der Formen an das neue Stück und legt alle drei Stücke auf eine Ablage. Ein Kran beugt sich herab, um sie aufzunehmen, transportiert sie durch die Halle und liefert sie bei einer zweiten Maschine ab. Diese Maschine kombiniert sie nun mit zwei Teilen, die sie selbst gemacht hat. Im Kontrollraum, einem Glaskasten, überwachen Techniker die Lichter und surrenden Platten der Computer, die die Wand säumen. Die Menschen schauen zu. Die Maschinen arbeiten. (Thompson und Paris 1982)

Diese Vision der Fabrik der Zukunft ist nur in einer Hinsicht extravagant. Es gibt bereits derartige Fabriken, und in den meisten anderen gibt es eine gewisse Automatisierung. Ist die Automatisierung abgeschlossen, gibt es keine Arbeiter im engeren Sinne mehr. Es gibt nur noch Aufseher und Verwaltungspersonal. Sie lesen Anzeigen ab, programmieren, räumen auf, führen die vorbeugende Wartung und die Pannenhilfe durch und bestücken die Maschinen mit Werkzeugen und Materialien.

In manchen Hewlett-Packard-Werken werden die direkten Lohneinzelkosten nicht mehr als separate Kategorie behandelt. Hier sind die direkten Lohnkosten nur ein winziger Bruchteil der gesamten Produktkosten – nicht wegen der Automatisierung, sondern weil die meisten Bauteile gekauft statt selbst gefertigt werden. Da die Monteure außerdem weit mehr tun, als nur zu montieren, wäre es irreführend, sie unter »Direkte Lohneinzelkosten« zu führen.

Der Rollenwandel in der Fabrikbelegschaft, der jeden Automatisierungsschritt begleitet, ist ebenso tiefgreifend wie die Automatisierung selbst. Wie viele Firmen haben Pläne und Programme vorbereitet, um diesen Wandel zu einer guten Erfahrung statt einer schlechten zu machen? Ich glaube, nur sehr wenige.

Keine Leistungszulage

Bei einigen Unternehmen steht dem glatten Übergang ein garstiges Problem im Wege. Ich meine die Firmen, die Leistungszulagen zahlen. In einem richtigen, ausgereiften Produktionsbetrieb auf Weltniveau ist kein Platz für Leistungszulagen. Ich sage »ausgereift«, weil man viele Verbesserungen einführen kann, bevor Leistungszulagen zu einem ernstlichen Hemmnis werden.

Leistungszulagen können bei der Serienfertigung gut oder zumindest nicht schlecht sein, wenn es heißt: »Möglichst viel produzieren«. Bei Just-in-Time und umfassender Qualitätssicherung, wo es heißt: »Produzieren, was und wenn es gebraucht wird«, sind sie schlecht.

Im allgemeinen lehren Wirtschaftshochschulen, daß Leistungszulagen immer schlecht sind, aber die Industrie weiß es besser. Lincoln Electric Co. stand 1984 auf der Liste der zehn besten Fertigungsunternehmen von *Fortune* und wird seit Jahren wegen des fortschrittlichen Managements und der starken Wettbewerbsposition gerühmt. Lincoln zahlt »schon immer« Leistungszulagen. Damit soll nicht gesagt sein, daß Lincoln keine

Probleme hätte. Das Lager wird nur vier- bis sechsmal im Jahr umge-schlagen. Wenn Lincoln die Losgrößen verringern und auf das Holsystem umstellen würde, gäbe es einen Grund, die persönlichen Leistungszu-lagen abzuschaffen.

Sie wären nicht leicht abzuschaffen. Vor ein paar Jahren betrug das Grundgehalt der Maschinenarbeiter von Lincoln im Durchschnitt 17 000 Dollar pro Jahr, die tatsächlichen Gehälter einschließlich der Leistungs-zulagen waren doppelt so hoch. Wenn Lincoln das Anreizsystem per Dekret abschaffen würde, stünde die Firma vor der Meuterei.

Vor nämlichem Problem stehen Hunderte anderer Unternehmen, deren Anreizsysteme zu weitaus dickeren Lohntüten führten. Eine Methode, die Umstellung vorzunehmen, besteht darin, allmählich für Wissen (die Anzahl der beherrschten Arbeiten) zu zahlen und nicht mehr für die produzierten Stückzahlen. Bei Lincoln Electric gibt es bereits z. T. ein System der Wissenszulagen, womit die Firma die Möglichkeit hat, das Verhältnis der Gehaltsquellen zu manipulieren. (General Motors und die Automobilarbeiter-Gewerkschaft haben sich darauf geeinigt, daß es im neuen Saturn-Werk nur *eine* Lohngruppe geben wird und daß Wissenszu-lagen die Lohnerhöhungen bestimmen; aber in diesem Fall führte die Umstellung weg von zu vielen Lohngruppen und von einem Dienstalter-System, nicht von einem Anreizsystem.)

Ein weiterer vielversprechender Ansatz ist, alle Lohnempfänger zu Gehaltsempfängern zu machen. Dadurch wird die Lohnstabilität erhöht, die Chance auf eine fette Lohntüte ab und zu jedoch geschmälert. Bei der wachsenden Anzahl von Firmen, die diesen Schritt unternommen haben, neigte die Belegschaft dazu, die Neuerung zu unterstützen.

Noch ein weiterer Ansatz besteht darin, Zellen zu bilden und eine Gruppen-Leistungszulage zu zahlen. Die beste Gruppenzulage ist dieje-nige mit dem Bonus für Qualität, Präzision und Erfüllung (nicht Über-schreitung) des Tagessolls.

Mitarbeiter von manchen Unternehmen erzählten mir, ihr größtes Hindernis seien Leistungszulagen, aber es gibt offenbar Möglichkeiten, diese zu umgehen. Bei den meisten Firmen ist die Umstellung der Beleg-schaft von größerer Bedeutung.

Nicht bloß Beteiligung

Wir brauchen eine einfache, natürliche Methode, die Fabrikbelegschaft von der reinen »direkten« Arbeit zu entwöhnen und an eine Mischung

»indirekter« und »direkter« Aufgaben zu gewöhnen. Dazu fängt man mit Karten und Diagrammen an.

Bedenken Sie den Wandel des Selbstverständnisses, wenn ein Mitarbeiter, der bislang immer am laufenden Band Teile produziert hat, Aufgaben der Datenerfassung übernimmt. Die Erfassung von Störfällen war etwas, was bislang immer die Manager und Techniker gemacht haben, denkt der Arbeiter, vielleicht gehöre ich jetzt zum Management und zur technischen Leitung dieses Betriebes. Zur Datenerfassung kommt die Zeit, in der die Arbeiter Meetings abhalten und die Resultate diskutieren, und schon haben Sie einen riesigen Schritt zur Änderung der unglückseligen Arbeitskultur des »Wir gegen die anderen« unternommen.

Seit Jahren ärgern wir uns über die schlechte Arbeitskultur. Zur Abhilfe haben wir uns mit einem Mitarbeiterprogramm nach dem anderen herumgeschlagen. Die allgemeine Bezeichnung für die Programme der Vergangenheit ist *Beteiligung*. Aus heutiger Sicht hat schon das Wort »Beteiligung« einen herablassenden, überheblichen Beiklang. Was das Fabrikpersonal heraushörte, war folgendes: »Wir, das Management der Acme Co., nehmen uns aus reinem Großmut und Rücksicht auf eure Gefühle die Zeit, euch zuzuhören und gestatten euch, Vorschläge zu machen und manchmal sogar Entscheidungen zu treffen.«

Diese Art der Beteiligung hat enge Grenzen. Acme sagt seinen Arbeitern, was der Koch den Restaurantgästen sagen könnte: »Sagt, wie ihr es haben wollt, aber bleibt aus der Küche.«

Beteiligung ist nicht mehr en vogue – die neue Parole heißt *Engagement (involvement)*. Verglichen mit anderen Parolen ist »Engagement« gar nicht schlecht.

Engagement

In den letzten zwei oder drei Jahren wurde Engagement der Mitarbeiter zu einem beliebten Begriff in der Großindustrie. Bestimmt wird es in vielen Fällen anders bezeichnet, aber der Grundgedanke ist derselbe.

Bei all den Firmen, deren Arbeiter statistische Prozeßkontrollen durchführen, ist Engagement Realität. Vor der statistischen Prozeßkontrolle waren die Prüfer für die Qualität zuständig, danach haben die Arbeiter die Verantwortung. Daß Arbeiter alle halbe Stunde Werte messen und die Ergebnisse auf Kontrollkarten eintragen, bedeutet, daß die Arbeiter den ganzen Tag mit Verbesserungen beschäftigt sind. Das gleiche gilt, wenn die Arbeiter das Recht haben, das Band zu verlangsamen oder zu stoppen, auf den Knopf für die rote oder gelbe Lampe zu drücken und Ursachen zu erörtern und Verbesserungsideen auszuarbeiten.

Ein Anzeichen für echtes Engagement ist die wachsende Zahl von Fabriken, die Belegschaftsmitglieder auf Besuch zu Lieferanten- oder Abnehmerwerken schicken. So schickte z.B. Omark Industries mehrere Fabrikarbeiter auf eine Studienreise nach Japan. Die Division Greeley von Hewlett-Packard schickte zwei Leute vom Just-in-Time-Pilotprojekt (dem Sparrow-Projekt) zur Besichtigung des Kawasaki-Werkes mit dem Flugzeug nach Lincoln, Nebraska. Die Ottumwa-Fabrik von John Deere schickte zahlreiche Leute aus der Fabrik zu Kawasaki und anderen Just-in-Time-Werken in anderen Städten.

Wie reagieren die Produktionsarbeiter? Begrüßen sie die Chance zum Engagement? Da es keine zwei Leute gibt, die genau gleich denken, variieren die Reaktionen natürlich.

Ein Artikel berichtete vom Engagement der Mitarbeiter bei der Aluminium Company of America, Westinghouse und Bethlehem Steel (*Wall Street Journal* 1984). Die Story zitiert die gemischten Gefühle eines Bethlehem-Arbeiters bei einem Kundenbesuch. Robert Felts, ein altgedienter Bandarbeiter vom Bethlehem-Werk in Osttexas, riß sich darum, ein Abnehmerwerk zu besichtigen, aber vom Fliegen war er nicht besonders angetan. »Das gefiel mir nicht«, meinte Felts, »und sie haben mich in vier Flugzeuge gesteckt, bis ich da war.«

Die Bandarbeiter eines anderen Bethlehem-Werks, die Kundenwerke besichtigten, wurden von den Kollegen verspottet. Die Kollegen nannten sie Überläufer, weil sie auf der Arbeitgeber- statt auf Arbeitnehmer-Seite stünden.

Die Besuche können auch den Stolz der Leute verletzen. Hüttenarbeiter vom Bethlehem-Werk in Sparrows Point, Maryland, besuchten einen Abnehmer aus der Konservenbranche. Der Vorarbeiter der Konservenfabrik sagte: »Ihr in Sparrows Point seid doch Müllkutscher.« Diese Beleidigung haben die Stahlarbeiter längst überwunden. Mittlerweile stehen Meister und Bandarbeiter in häufigem telefonischen Kontakt mit den Stahlwerkern von Bethlehem.

Manager, Einkäufer, Ingenieure und andere Stabskräfte hegen ebenfalls gemischte Gefühle bezüglich der Besuche bei anderen Firmen. Aber die Besuche sind nützlich und nötig. Sind Besuche von Produktionskräften weniger nützlich? Auf jeden Fall sind sie – in Anbetracht der geringeren Löhne der Bandarbeiter – nicht so teuer. Ich glaube, die Bandarbeiter sind als Emissäre tatsächlich wirkungsvoller als die Stabskräfte.

Ungeachtet der Reaktionen von Mitarbeitern ist ihr Engagement – statistische Prozeßkontrolle, Lösung von Problemen, Werksbesichtigungen und andere Sekundäraufgaben – ein notwendiges Element der Produktion auf Weltniveau. Ohne dieses Engagement werden die Probleme unter den Teppich gekehrt.

Facharbeit und Facharbeiter

Eine der wichtigeren Arten von Mitarbeiterengagement bei den Maschinenarbeitern ist die Senkung der Rüstzeiten. Ingenieure und Werkzeugmacher können erheblich zur Vereinfachung des Einrichtens beitragen, aber die erfolgreichsten Programme übergeben den Maschinenarbeitern die Verantwortung und die Leitung. Die Resultate sind folgende: Die Maschineneinrichtung, bisher Facharbeit, wird zur Arbeit für ungelernte Kräfte; vom Einrichter werden nicht mehr manuelle, sondern kognitive und Problemlösungs-Fähigkeiten verlangt.

Tabelle 2.2.: Entwicklung der Mitarbeiter-Fähigkeiten

Alt	Neu
Maschinenarbeit	
Das Können besteht in der Einrichtung.	Auf die Vereinfachung der Einrichtung kommt es an.
Manchmal sind Einrichtungstechniker oder -ingeneure erforderlich.	Die Arbeiter leiten Projekte, Techniker und Ingenieure helfen dabei.
Der Arbeiter sieht der Maschine beim Laufen zu.	Die Maschinenlaufzeit ist gut geplante Routine, während der der Arbeiter über die nächsten Verbesserungen nachdenkt.
Montage	
Montagearbeiten wurden so vereinfacht, daß ungelernte Kräfte sie ausführen konnten.	Montagearbeiter eignen sich an: – vielseitiges Können – Datenerfassungsverfahren – Diagnose- und Problemlösungsfertigkeiten

Tabelle 2.2. veranschaulicht diesen ironischen, aber zu begrüßenden Wandel der Rolle der Maschinenarbeiter. Außerdem faßt sie einige zuvor behandelte Punkte bezüglich der Montage und der Montagearbeiter zusammen. Das alte Arbeitsteilungskonzept bestand darin, daß man eine Arbeit in kleinste Elemente zerlegte; dann konnte man ungelernte Kräfte von der Straße anstellen, die fast ohne Training eine Montagearbeit lernen konnten. Das Konzept der Produktion auf Weltniveau erfordert, daß die Montagearbeiter vielfältiges *Können*, Datenerfassungs*verfahren* und diagnostische und Problemlösungs*fertigkeiten* erlernen.

Dieses Kapitel kann man vielleicht folgendermaßen zusammenfassen: *Die Arbeit vereinfachen und dafür die geistigen Fähigkeiten mehren.*

3. Stabskräfte als Feuerwehr

Kontinuierlich und schnell Probleme zu lösen ist jedermanns Aufgabe. Die Sammlung von Basisdaten hielt man bisher für Vorarbeit und für den routinemäßigen Teil des Problemlösens. Der ruhmreiche und alles entscheidende Part fiel der Analyse und Entscheidungsbildung zu, die die Talente hochbezahlter Stabsexperten erforderten.

Die Vernachlässigung der Vorarbeit war ein Hauptgrund, warum die westliche Industrie beim Problemlösen so schlecht abschneidet. Die Rot- und Gelblicht-Systeme, die Tafeln und Kontrollkarten können die Basisdaten liefern, die den Experten fehlten. Zudem reduzieren die Weltniveau-Produktionsmethoden den Bedarf an Stabsexperten und Hilfskräften. Der Bandarbeiter mißt und hält Problemdaten fest. Damit denkt er ganz von selbst über die Daten nach und versucht, Fehler zu diagnostizieren. Beim Grübeln kommen wir manchmal auf die naheliegenden, einfachen, vernünftigen Lösungen – die besten.

Partnerschaft von Arbeitern und Stabskräften

Manche Leute sagen, die japanischen Erfahrungen hätten gezeigt, daß die Arbeiter nur etwa auf 15 Prozent aller Probleme Einfluß nehmen können; der Rest bleibe Managern und Stabsexperten überlassen. Ursprünglich hatten derartige Behauptungen eine lobenswerte Absicht und Botschaft: Hören wir auf, den Arbeitern die Schuld an schlechten Leistungen zu geben.

Diese Ansicht wurde von führenden Produzenten so oft vorgebracht, daß sie zu einem Gemeinplatz der Industrie geworden ist. Leider hat sich dabei ein paternalistischer Beigeschmack eingeschlichen. Die abgewandelte Form klingt etwa so: Arbeiter sind keine Übermenschen, und es ist nicht fair, zu viel von ihnen zu erwarten; die Stabskräfte müssen die Hauptlast des Problemlösens auf sich nehmen.

Diese Denkweise führt geradewegs zurück zur Mittelmäßigkeit. Im vorigen Kapitel wurde erklärt, wieso: Die Produktion auf Weltniveau läßt Maschinen- und Montagearbeiter ans Steuer und setzt somit schlummernde Talente und Potentiale frei. Die Haupt- und nicht eine Nebenrolle der Stabskräfte besteht darin, auf Abruf bereit zu stehen.

Stabskräfte auf Abruf

Daß Angestellte (Ingenieure, Terminplaner, Einkäufer, Werksdirektoren – einfach alle) auf Abruf bereitstehen, ist in Japan durchaus üblich, und auch in den japanischen Tochtergesellschaften außerhalb Japans scheint dieses Konzept verwurzelt zu sein. Etwa 1981, als ich das erste Mal Just-in-Time-Aktivitäten untersuchte, war das Konzept bei Kawasaki in Nebraska verwirklicht. Doug Sutton, der Chefterminplaner, meinte zu mir: »Mann, bei Kawasaki ist es ein völlig anderes Arbeiten als bei ... Ich bin kaum in meinem Büro.«

Doug verbrachte einen Großteil seiner Arbeitszeit damit, Probleme vor Ort zu lösen. Die meisten Probleme waren wahrscheinlich keine Terminierungsprobleme. Es waren alle möglichen Probleme. Im Just-in-Time-Konzept bedeuten Stellenbezeichnungen wenig und Zuständigkeiten verschwimmen. Probleme müssen schnell gelöst werden, und alle müssen helfen – wie Mitglieder eines Gemeinwesens, das von einer Flut, einem Wirbelsturm, einem schweren Erdbeben oder einer anderen Katastrophe heimgesucht wird. Wenn die rote Lampe angeht, kommen die Leute herbeigerannt, um das Problem zu lösen, *bevor* eine Katastrophe daraus wird. Wenn man das oft genug getan hat, gibt man auf und stellt seinen Schreibtisch in die Fabrikhalle.

In einem amerikanischen Unternehmen, bei Hewlett-Packard, besteht die Tradition, die Schreibtische der Angestellten zwischen die Fertigungsstationen in die Werkshalle zu stellen. Das ist ein Teil der berühmten »H-P-Methode«. Meiner Meinung nach hat es Hewlett-Packard in der Praxis des Just-in-Time-Konzeptes weiter gebracht als jedes andere nicht-japanische Unternehmen außer vielleicht Omark Industries. Und warum auch nicht? H-P hatte einen Vorsprung, da die Problemlöser bereits an der richtigen Stelle waren: unmittelbar dort, wo die Produktionsprobleme auftreten.

1982 ergab eine Studie über dreizehn japanische Tochtergesellschaften in Australien, Neuseeland und Singapur ebenfalls, daß Manager und Ingenieure häufig in den Werkshallen angesiedelt sind (Yoshihara 1984). Die untersuchten Fabriken gehörten ganz oder teilweise zu Matsushita, Sanyo, Toyota, Nissan, Sharp und NEC.

Der Autor des Untersuchungsberichtes, Professor Hideki Yoshihara von der Universität Kobe, führt als Beispiel ein Kontrollzentrum von Australian Motors Industries an (Toyota ist einer der Hauptaktionäre), das in die Fabrik verlegt wurde, zuvor jedoch »in einem eigenen Gebäude untergebracht war. ... Wenn Probleme auftreten, eilen Manager und Ingenieure sofort an Ort und Stelle, um die Schwierigkeiten zu lösen. Die Betriebsleitung kümmert sich um die Diagnose und Beseitigung der Problemursachen.«

In einem anderen Beispiel schreibt Yoshihara, daß viele Hochschulabsolventen in Singapur »lieber in eigenen Büros arbeiten, wo sie korrekt gekleidet mit Schlips und Kragen arbeiten können.« »Solche Leute stellen wir nicht ein, weil wir sie nicht gebrauchen können«, sagt ein Manager von Matsushita Electronics, Singapur.

Die Hochschulabsolventen von Singapur sind kein Einzelfall. In den meisten Ländern ist es tatsächlich so, daß die Angestellten in einem anderen Gebäudeteil oder in einem eigenen Haus residieren. Das hat noch nie gut funktioniert.

Es dürfte nicht schwierig sein, Platz in der Fabrik für die Angestellten zu finden. Eine Just-in-Time-Kampagne schafft dort Platz, wo einst Regale standen. Dieser Platz ist am besten mit Ingenieuren und anderen Stabskräften und Managern ausgefüllt. Man könnte sogar den Computer (wenn es einen Fertigungsrechner gibt) und das EDV-Personal in die Fabrik verlegen. Machen Sie eine weitere Fertigungsstation daraus. IBM hat es im Schreibmaschinenwerk in Lexington, Kentucky, so gemacht. Es ist klug, die Stabskräfte schnell auf den freien Platz zu versetzen. Sonst füllt ihn wieder jemand mit Beständen, wenn gerade keiner hinschaut.

Die Hochschulrekruten mögen sich zwar auf ein ruhiges Büro freuen, aber ich glaube nicht, daß viele enttäuscht sind, wenn sie stattdessen in den Trubel der Fabrik gesteckt werden – nach dem vielen Sitzen in den Hörsälen.

Hebelwirkungen

Wenn ständig Stabskräfte in die Werkshallen abgezogen werden, könnte es scheinen, als würde man weitere Kräfte einstellen müssen, die »auf den Laden aufpassen«. Dem ist nicht so, weil die Produktion auf Weltniveau dafür sorgt, daß alles direkt und einfach bleibt. Einfachheit in der Produktion ist ansteckend und hat Hebelwirkungen auf die Stabskräfte. Abb. 3.1. faßt sie zusammen.

Abbildung 3.1.: Hebelwirkung auf Stabskräfte

VEREINFACHTE FERTIGUNG

↓

Hebelwirkung auf Stabskräfte:

● Bessere Unterstützung mit weniger Leuten:
  – Wartung
  – Buchhaltung
  – Qualitätssicherung
  – Fertigungssteuerung
  – Materialwirtschaft
  – Datenverarbeitung

● Stärkeres Engagement:
  – Industrial Engineering
  – Beschaffung
  – Fertigungstechnik
  – Konstruktion

Die ersten sechs Stabsfunktionen in Abb. 3.1. können dank der Hebelwirkungen die Fertigungsarbeiter besser unterstützen, und zwar mit weniger Personal *gemessen am Umsatz.*. Die unten erörterten Verbesserungen machen die Produkte leichter verkäuflich. Die Umsatzsteigerung wiederum kann die Gesamtbelegschaft stabil halten oder sogar wachsen lassen.

1. *Bessere Wartung mit weniger Personal in der Wartungsabteilung.* Die Arbeiter schmieren ihre Maschinen selbst und lernen, sie einzustellen und einfache Reparaturen vorzunehmen; sie fühlen sich allmählich als Besitzer der Ausrüstung. Die Arbeiter halten ihren Arbeitsplatz selbst penibel in Ordnung.

Eine Kette aufmerksamer, sachlich eingestellter Vorgesetzter – angefangen beim Meister – sorgt dafür, daß die Arbeiter sich diese Haltung aneignen und nicht nachlässig werden. Wenn Arbeiter und Meister sich der Sache annehmen, schrumpft der Personalbestand der Wartungsabteilung.

Obwohl die Arbeitszeit des Wartungspersonals durch die der Bandarbeiter ersetzt wird, sind die Wartungskosten geringer. Dafür gibt es zwei Gründe. Erstens können die Arbeiter einen Teil der vorbeugenden Wartung, der Reparaturen und des Aufräumens in die Warte- und Verzögerungszeiten legen, die immer wieder vorkommen. Zweitens macht der Arbeiter, der für das gefertigte Produkt verantwortlich ist, seine Sache – die Maschinen in Gang zu halten – besser als ein Hilfsmonteur, der nicht die Verantwortung trägt, so daß die Kosten für Stillstand und Ausschußproduktion geringer sind.

Mit geschrumpftem Personalbestand übernimmt die Wartungsabteilung folgende Rollen:

1. Schulung der Arbeiter über das Was und Wie der Wartung.
2. Datenanalyse (Bauteilmängeldaten können Informationen enthalten, die durch die statistische Analyse bloßgelegt werden, z.B. Ausfallhäufigkeitsverteilungen; derartige Analysen sind eine Aufgabe für Stabsexperten.)
3. Demontagen und Überholungen.

Diese reduzierte Aufgabenliste besteht aus Tätigkeiten, die zum Ausgleich ein höheres Prestige besitzen und höhere Bezahlung erheischen als zuvor. Zwar schrumpft die Wartungsabteilung zahlenmäßig, doch sie gewinnt an Bedeutung und Selbstgefühl.

2. Höhere Qualität mit weniger Personal in der Qualitätsabteilung. Während die arbeiterorientierte Wartung in der westlichen Industrie bislang noch nicht sehr weit vorgedrungen ist, trifft das für die arbeiterorientierte Qualitätssteuerung nicht zu. Anscheinend haben fast alle großen amerikanischen Fortune-500-Industrieunternehmen Programme zur Implementierung von »Qualität an der Quelle«. Das bedeutet, daß Arbeiter ihre eigene Arbeit oder die eines vorgeschalteten Arbeiters selbst überprüfen, Qualitätskontrollkarten zur Vermeidung von Ausschuß verwenden und Lösungen für Qualitätsprobleme diskutieren.

Die Resultate sind ähnlich wie bei der Wartung. Das Heer der Prüfer wird auf ein paar wenige reduziert. Einige wird man immer brauchen – z.B. für neue Bauteile und neue, noch nicht »anerkannte« Lieferanten. Die Qualitätskosten sinken erheblich, weil die Arbeiter einige Qualitätsaufgaben in den Arbeitsablauf einbinden oder während der Wartezeiten vornehmen können und dies mit größerer Sorgfalt tun als Stabskräfte mit sekundärer Verantwortung. Die Hauptrolle der Qualitätsabteilung verlagert sich auf Schulung, Überwachung und Laborprüfungen. Der Status der Abteilung wird erhöht.

3. *Bessere Buchhaltung mit weniger Buchhaltern.* Wenn die Fertigung kompliziert ist, sind es die Kostenbuchhaltung und die Buchhaltungskontrollen ebenfalls. Wenn bei einem Gutteil der Fertigungsarbeit Verschwendung anfällt, muß man die Kosten der Verschwendung und all der Leute, die sich darum kümmern, irgendwie verteilen. »Irgendwie« bedeutet eine Formel für die Gemeinkostenbelastung, die Mittelwerte verwendet. Ungefähr geschätzte Gemeinkosten bedeuten, daß die echten Produktkosten nicht bekannt sind. Somit bedienen wir uns bei der Preisbildung und bei Gut/Schlecht-Entscheidungen unsicherer Kostenschätzungen.

Wenn die Bandarbeiter Dinge wie einfache Wartungsarbeiten und Qualitätskontrolle übernehmen, werden die wesentlichen Kosten dieser Tätigkeiten zu *direkten* Kosten. Produkten Gemeinkosten zuzuordnen, ist unweigerlich mit Fehlern behaftet; die Zuordnung von direkten Kosten ist einfach.

Weiter vereinfacht wird die Buchhaltung durch einige Just-in-Time-Produktionsmethoden. Bei der Massenfertigung drängt das Just-in-Time-Konzept darauf, daß nach Fertigungsraten statt nach Serien terminiert und produziert wird. Die Serienfertigung erfordert eine Serien- oder Einzelauftrags-Buchhaltung. Die Produktion nach Fertigungsraten kommt mit einfacher Prozeßbuchhaltung aus: Man summiere einfach die Kosten für eine Periode und teile sie durch die produzierte Stückzahl.

Auftragsfertigungsbetriebe mit geringem Umsatz haben seit jeher große Buchhaltungsabteilungen. Studien über Auftragsfertigungsbetriebe zeigen, daß oft über 90 Prozent der Durchlaufzeit aus Wartezeiten besteht. Die Buchhaltung muß ihre Zeit damit verbringen, die Verschwendungs- und Verzögerungsfaktoren aufzuspüren und zu kategorisieren. Just-in-Time schafft einen Großteil der Wartezeiten in der Auftragsfertigung ab, was die Buchhaltung erheblich entlastet. Die Kosten werden stichhaltiger, weil mehr Kosten direkte und weniger Gemeinkosten sind.

4. *Bessere Fertigungssteuerung mit weniger Fertigungssteuerern.* Fertigungssteuerungs-Abteilungen beherbergen Planer, Terminplaner und Expedienten – die Leute, die den Arbeitsablauf in der Fabrik betreuen. Wenn die Fertigungsstationen einzeln und die Arbeit serienweise terminiert wird, gibt es viele Koordinatoren (vielleicht ebensoviele Betreuer wie Betreute.) Sind die Stationen eng verkettet – die Just-in-Time-Methode –, genügt ein Zeitplan für viele Stationen, und die visuelle Koordination kann ausreichen. Der Stab wird kleiner.

Bei Hewlett-Packard in Greeley führte die Just-in-Time-Terminplanung zu einem Überschuß an Terminplanern. Manche wurden in die Beschaffungsabteilung versetzt, die alle Hände voll zu tun hatte, die feindseligen Beziehungen zu den Lieferanten in Partnerschaften umzuwandeln.

5. *Bessere Materialwirtschaft mit weniger Material-Personal* (und außerdem weniger direkte Lohnkosten für das Heben, Schieben und Transportieren von Materialien). Die Leute von der Materialwirtschaft sollen die richtigen Mengen auf Lager halten und darüber Buch führen. Das ist kaum zu schaffen, wenn – wie üblich – von jedem Posten im Durchschnitt ein Monatsvorrat in der Fabrik ist.

Die Just-in-Time-Werke in den USA haben den Bestand auf einen Wochen- und manchmal Tage- oder Stundenvorrat gekürzt. Just-in-Time fördert auch eine strenge Transportdisziplin: genaue Standorte und genaue Mengen in jedem Behälter. Arbeiter und Materialkontrolleure können *sehen*, wo das Material ist und wann mehr gebraucht wird, und sie können es schnell und oft zählen, um sicherzugehen, daß keine Fehler gemacht wurden. Während die herkömmliche Bestandsaufnahme in der jährlichen Inventur bestand, die manchmal drei Tage dauerte, machen manche Just-in-Time-Werke jede Woche Inventur. Bei Hewlett-Packard in Vancouver, Washington, dauert es noch nicht einmal eine Stunde, bis alles gezählt ist.

In der Regel besteht die Materialwirtschaft zum Großteil aus Transport und Lagerung. Ein Durchbruch zur Produktion auf Weltniveau erfolgt oft dann, wenn die Maschinen oder die Montagearbeiter zellen- und fließbandweise so dicht aneinander gerückt werden, daß es praktisch keinen Materialtransport mehr gibt. Stanadyne Diesel Systems produziert nun über 80 Prozent der Bauteile (am Geldwert gemessen) in Zellen und reduzierte dadurch sein »Durchlaufinventar« um 20 Prozent – vor allem beim Materialtransport.

Die zweitbeste Möglichkeit – automatische Fördersysteme, um Entfernungen zu überbrücken – ist überhaupt nicht gut. Die Automatisierung der Fertigung kann vielerlei Früchte tragen, die Automatisierung und Verschwendung vor und nach der Fertigung macht wenig Sinn.

6. *Bessere Information mit weniger Datenverarbeitung.* Verglichen mit der restlichen Welt verwenden die amerikanischen Produzenten mehr Computer für die Organisation der Wartung, Qualität, Buchhaltung, Fertigungssteuerung und der Materialien. Wie wir gesehen haben, führt die Produktion auf Weltniveau dazu, daß jede einzelne dieser Funktionen vereinfacht und reduziert wird. Gleichzeitig wird die Datenverar-

beitung gestutzt. Immer mehr Fertigungsleiter haben – im Zuge ihrer Bemühungen um Just-in-Time und totale Qualitätskontrolle – ihre Fabriken von den Computerterminals befreit. Sie koppeln sie vom zentralen Fertigungsrechner-System ab, das weiterhin als planende, aber nicht mehr als kontrollierende Instanz fungiert. Es mutet recht ironisch an, daß ich von derartigen Aktionen meist in Unternehmen höre, die Computer herstellen und vertreiben.

Der Computer in der Fabrik hat trotzdem günstige Aussichten. Sie bestehen hauptsächlich in der *direkten Prozeßsteuerung* und nicht so sehr in Informationssystemen zur Unterstützung von Stabs- und Führungskräften.

Auswirkungen des Engagements

Viele Leute, insbesondere Stabs-, aber auch Linienkräfte, verdanken ihre derzeitige Stellung der Verschwendung und Bummelei in ihrer Fabrik. Andere Stabsgruppen haben eher direkt mit Materialien, Arbeit und Ausrüstung zu tun – den Wertschöpfungselementen der Produktkosten – als damit, sich mit Verschwendung und Bummelei herumzuschlagen. Dazu gehören die unteren vier Gruppen in Abb. 3.1.: Industrial Engineering, Beschaffung, Fertigungstechnik und Konstruktion. Die Produktion auf Weltniveau wird ihre Zahl nicht verringern. Die Hebelwirkung entsteht vielmehr daraus, daß die Stabskräfte mit den Produktivkräften am Band zusammengebracht werden und mit ihnen zusammenarbeiten statt allein.

1. Das *Industrial Engineering (IE)* ist für *Arbeitsstudien* zuständig. Auch jeder Fabrikarbeiter oder Meister kann und soll Arbeitsstudien durchführen. Flußdiagramm- und Timing-Techniken, gekoppelt mit einem Katalog von Prinzipien und Checklisten, sind der Fabrikbelegschaft leicht beizubringen. In den 50er Jahren waren in vielen Unternehmen *Arbeitsvereinfachungs*-Programme beliebt, die ansetzten, indem die Industrial Engineers den Fabrikarbeitern Arbeitsstudien-Techniken vermittelten. Manche dieser Programme laufen noch oder sind wiederbelebt worden, und meines Wissens bietet Allan Mogensen, der vor vielen Jahren das Arbeitsvereinfachungs-Training ins Leben rief, immer noch Kurse an.

Heutzutage handeln die wichtigsten Arbeitsstudien von Senkungen der Rüst- und Umrüstzeiten. Nur wenige Industrial Engineers haben damit Erfahrung, der erste Schritt ist also, welche zu sammeln: Fangen

Sie an mit der Lektüre von Shingos ausgezeichnetem Buch über den einminütigen Wechsel eines Schneideisens (Shingo 1985), dann nehmen Sie an ein paar Studien teil. Danach ziehen Sie sich zurück und konzentrieren Sie sich auf die Schulung von Maschinenarbeitern, damit diese ihre eigenen Rüstzeit-Projekte leiten.

Das Engagement der Belegschaft bedeutet, daß weit mehr an Industrial Engineering geleistet wird, als die IE-Abteilung alleine zuwege brächte. Außerdem gestattet es den diplomierten Industrial Engineers, sich stärker mit der Aufsicht sowie umfassenderen, komplexeren Studien zu befassen, da die Fabrikarbeiter sich auf die enger definierten Probleme konzentrieren.

Die Produktion auf Weltniveau weist allen die Aufgabe zu, Probleme und Prozeßabweichungen aufzuspüren, festzuhalten und dann zu versuchen, das Problem zu diagnostizieren und zu lösen. Arbeitsstudien – unter welchem Namen auch immer – sind ein natürlicher Bestandteil der Produktion auf Weltniveau.

2. Die *Beschaffung* sorgt für den Anfangswert – die Rohmaterialien, die der Wertschöpfung unterzogen werden. Die restliche Firma betrachtet die Beschaffung oft als Verzögerungsfaktor: Diesen Anfangswert zu besorgen, erfordert zu viel Zeit, im Einkauf der *richtigen* Materialien steckt zuviel Bürokratie, und allzu oft erweisen sich die Materialien als fehlerhaft.

Die Einkäufer haben diesen Vorwurf nie hingenommen, und die Produktion auf Weltniveau ändert die Beschaffung, so daß die Einkäufer nicht mehr in der Defensive bleiben müssen. Vor allem verwandelt die Produktion auf Weltniveau die Beschaffung in Teamarbeit. Zum Team gehören Produktdesigner, Qualitätsingenieure, Fertigungsleiter und sogar Fabrikarbeiter. Es ist eine gute Sache, daß sie alle die Leute in den Lieferantenfirmen kennenlernen. Und warum auch nicht? Schließlich schrumpft die Menge der Lieferanten auf ein paar gute zusammen und verändert sich nicht mehr.

Der kleine, stabile Lieferantenstamm befreit die Einkäufer zudem von beträchtlicher Verwaltungsarbeit: neue Angebote einholen und Lieferanten wechseln, Tausende einzelner kleiner Aufträge schreiben, Tausende von Lieferungen expedieren, Tausende von Paketen mit Frachtpapieren abzeichnen und die Korrekturen regeln, wenn Menge und Qualität nicht stimmen. Langfristige Kontakte und Lieferungen nach dem Kanban-Prinzip eliminieren einen Großteil der Routinearbeit, so daß die Beschaffungsabteilung sich auf die Lieferantenentwicklung konzentrieren kann.

Die Anzahl von Verwaltungsangestellten in der Beschaffungsabteilung sinkt (aber nicht plötzlich). Sogar die Zahl der Einkäufer kann schließlich schrumpfen. Die Zahl der Leute, die mit den Lieferanten verhandeln, und die Zahl der damit verbrachten Stunden sinkt jedoch nicht. Wenn andere Stabsabteilungen wie die Fertigungssteuerung und Lagerwirtschaft feststellen, daß sie mit weniger Personal auskommen, gibt es den perfekten Platz für sie: in Teams, die für die Lieferanten überwachen und ihnen helfen. Wenn die »Beschaffungs«-Funktion ihren Tätigkeitsbereich erweitert, wird sie für die Firma zu einem besseren Geldverdiener.

3. *Fertigungstechnik.* Fertigungs- oder Verfahrenstechniker sind die Ausrüstungsexperten. Sie sollen Maschinen finden, die herstellen können, was die Konstrukteure entwerfen – und zwar schnell. Heutzutage mag man schnelle Maschinen schätzen oder auch nicht, die Qualität jedoch muß man stets würdigen. Daher arbeitet der Fertigungstechniker mit Qualitätsspezialisten und -ingenieuren zusammen und bekommt eine Menge Hilfe von ihnen.

Bei der Produktion auf Weltniveau müssen die Fertigungstechniker immer eng mit dem Marketing zusammenarbeiten, um sich Geschick bei der Anpassung der Ausrüstung an die Umsatzschwankungen zu erwerben.

Fertigungstechniker müssen sich an die Idee gewöhnen, daß man die wichtigsten Neuerungen in der Fabrik findet und nicht in den Katalogen der Maschinenfabriken. Das ist vielleicht die bedeutendste Umstellung für sie. Der Fertigungstechniker muß sich natürlich mit den Vertretern der Ausrüstungsfirmen zusammensetzen, aber mehr Zeit sollte er bei den Maschinenarbeitern, Einrichterteams, Wartungstechnikern und Meistern verbringen. Die meisten materiellen Aktiva der Industrie bestehen aus alten Anlagen, die schnell auseinanderfallen. Die meisten sind es wert, gerettet zu werden.

4. *Konstrukteure.* Die Ingenieure, die in den F&E-Labors Produkte entwerfen, waren bisher Außenseiter. Nun werden sie mit einbezogen, und der Hauptgrund dafür ist die gesteigerte Sorge der Führung um Kunden und Qualität. Qualität ist Gebrauchstüchtigkeit, sagt man uns, und das bedeutet, daß man sich an den Kunden wendet, um zu schauen, was ihm vorschwebt. Produzenten auf Weltniveau müssen dafür sorgen, daß die Kunden die Möglichkeit haben, den Konstrukteuren bei der richtigen Konstruktion des Produktes zu helfen. Die Schnittstelle ist das Marketing, daher verbringen die Konstrukteure mehr Zeit mit den Vertretern. Ebenso wichtig ist es, daß der Konstrukteur sich mit der Belegschaft

und den Fertigungsprozessen auseinandersetzt, um zu erfahren, was das Werk herstellen kann und was nicht.

Vor ein paar Jahren hätten sich die Konstrukteure solcher Beeinträchtigungen des Schaffensprozesses widersetzt. Heute denken Elektroingenieure, Chemiker und andere Produktdesigner anders. In den meisten Fällen liegt das daran, daß ihre Firmen ihnen gezeigt haben, daß sie sowohl auf der Abnehmer- wie auf der Fertigungsseite des Geschäfts *gebraucht* werden.

Den Stabsexperten das Gefühl zu geben, daß sie gebraucht werden, ist ein Schlüssel, der Chancen eröffnet – nämlich Möglichkeiten, den Wert und nicht bloß die Kosten zu steigern.

Management als Wertschöpfung

Die Idee der Stabskräfte auf Abruf wird klarer, wenn wir folgendes grundlegende Fertigungsprinzip bedenken: *Der eigentliche Wertmaßstab ist die Wertschöpfung für das Produkt.*

Anders gesagt: Wenn ein Ingenieur oder Material-Spezialist herbeigerufen wird, um Hindernisse und Verzögerungen zu beseitigen, damit der Produktwert gesteigert werden kann, ist die Zeit gut genutzt. Zur Zeit ist ein Großteil, vielleicht sogar das meiste der Begleitarbeiten *nicht* von

Abbildung 3.2: »*Management als Wertschöpfung … und zur Vermeidung von Verschwendung*«

Just-in-Time-Ziel: *Werte* schaffen und nicht *Kosten*

Wertschöpfung oder Verschwendung (Kosten)?

- etwas zählen
- etwas transportieren
- etwas lagern
- etwas expedieren
- etwas (Teile oder Werkzeuge) suchen
- etwas aus einem Behälter nehmen und in einen anderen legen
- etwas zu größeren Fertigungs-/Transportlosen zusammenfassen
- etwas prüfen

dieser Art. Abb. 3.2 führt Tätigkeiten auf, auf die westliche Hersteller viel Zeit verwenden. Fragen Sie sich bei jeder: Dient diese Tätigkeit der Wertschöpfung?

Zählen, transportieren, lagern, expedieren

Materialien zählen, transportieren, lagern, expedieren – die vier oberen Punkte in Abb. 3.2. – beschäftigen in der Industie ganze Armeen. Lagerbuchhalter müssen aufgrund gesetzlicher Bilanzierungsvorschriften Buch über die Bestände führen. Außerdem ist ihre Aufgabe – und auch die der Materialtransporteure, Lagerhalter, Materialverwalter, Expedienten und der EDV-Leute – eine negative. Es ist die Verwaltung von Verschwendung, Verzögerung und Fehlern des Systems; sie entsteht dadurch, daß man nicht pünktlich fertigen kann, was gebraucht wird. Diese Tätigkeiten steigern natürlich die Kosten, aber nicht den Wert.

Bis auf die Fließfertigungsindustrien betrifft der Löwenanteil des Zählens, Transportierens, Lagerns und Expedierens Halbfertigerzeugnisse. Der gängige Ausdruck dafür ist »WIP tracking« (Überwachung des Umlaufmaterials). Die Überwachung des Umlaufmaterials hängt eng mit der Fertigungsdurchlaufzeit zusammen. Wenn man vierzig Tage braucht, um das Rohmaterial zur fertigen Ware umzuwandeln, überprüft man seinen Weg besser vierzigmal. Anders gesagt, füttere man den Computer etwa einmal täglich mit einer Bestandstransaktion (bei etwa hundert Aufträgen pro Tag).

Ein Ansatz ist, jeden *Transport* mit einer Computereingabe zu koppeln, so daß der Bestand aus der Absender- in die Empfängerdatei übertragen wird. In einem Rockwell-Werk bei Dallas senkte die Umstellung auf Maschinenzellen die Durchlaufzeiten so sehr, daß der Computer nicht mehr mitkam. Wie Wayne Robinson, ein Ingenieur von Rockwell, es ausdrückte: »Wenn man jetzt nach einem Auftrag sucht, ist er drei Stationen weiter, als der Computer sagt.« (Robinson 1984)

Manche Werke versuchen, das Umlaufmaterial zu kontrollieren, indem sie es in abschließbare Lager verstauen. Nach jedem Arbeitsgang wird das Material in den Lagerraum gebracht – und wieder heraus, wenn es zur nächsten Operation kommt. (Wenn sich zwischen den beiden Arbeitszentren nur ein Regal und kein echtes Lager befindet, betrachtet der Computer einfach das Regal als Lager). Zwischen alle Produktionsschritte eine Lager-Transaktion einzuschieben, verdoppelt die Zahl der Datenvorbereitungs- und -eingabeschritte.

All das haben wir getan, um das greuliche Problem zu vermeiden, das entsteht, wenn ein Auftrag verloren geht oder verlegt wird, was in Werken ohne disziplinierte Fertigungssteuerung ständig passiert. Außerdem vermuten wir, daß das System alle unter Druck setzt, das Material weiterzuschicken – da es jedesmal aus der Datei des betreffenden Arbeitsganges getilgt wird, wenn es weiterläuft. In einigen Fabriken funktioniert das System so gut, daß nichts mehr verloren geht. Allerdings steigert das ausgeklügelte System nicht den Wert des Produktes, und es ist ein System, das das Chaos dadurch vermeidet, daß viele die Löcher im Deich mit den Fingern verstopfen.

Bei einigen Werken (z.B. manchen Hewlett-Packard- und IBM-Fabriken) wurde die Überwachung des Umlaufmaterials zur hohen Kunst entwickelt – doch dann beschloß man infolge der Implementierung der Konzepte zur Produktion auf Weltniveau, das System zu demontieren und die betreffenden Mitarbeiter zu versetzen. Die Überwachung des Umlaufmaterials wurde überflüssig, als die Durchlaufzeiten von zwanzig, vierzig oder sechzig Tagen auf ein bis drei Tage gekürzt wurden. Wenn ein Produkt für seine Reise durch die Fabrik nur zwei Tage braucht, muß man nicht vierzig- oder zwanzig- oder zehn- oder fünfmal Daten über seinen Weg in den Computer eingeben; zweimal ist oft genug – einmal, wenn das Rohmaterial in die Fabrik kommt, und ein zweites Mal, wenn die fertigen Güter sie verlassen. Die Produktion ist unter Kontrolle, weil die Werkstücke nicht so lange in Bearbeitung sind, um außer Kontrolle zu kommen, und es gibt so wenig Umlaufmaterial, daß es visuell zu kontrollieren und wahrscheinlich in Minutenschnelle zu zählen ist.

Taiichi Ohno, einer der Meisterdenker des Just-in-Time-Prinzips bei Toyota, erklärt es so: »Wenn man die Bedeutung der Fertigungssteuerung wirklich verstanden hat, wird die Bestandskontrolle unnötig.« (Ohno und Kumagai 1980)

Förderleitungen und Hochgeschwindigkeits-Bänder

Bei den Fließfertigungsindustrien – Pulver, Tabletten, Flüssigkeiten und Gase, aber auch Flaschen, Pillen, Konserven und Beutel – gibt es so wenig Umlaufmaterial, daß sie sich nie mit seiner Überwachung beschäftigt haben. Ihre Produkte durchlaufen in ein oder zwei Stunden oder Minuten die Hochgeschwindigkeits-Förderanlagen. In diesen Industrien betreffen die Zähl-Transport-Lager-Expedier-Aufgaben die Rohmaterialien, die zu früh oder zu spät eintreffen; die Aufgaben zielen auch auf die riesigen Mengen von fertigen Waren, die in großen, nicht mit dem täglichen Abnehmerbedarf »synchronisierten« Portionen aus dem Produktionsprozeß hervorströmen.

Bei manchen Flüssigkeits- und Gasverarbeitern gibt es einfach deswegen beträchtliche Mengen an Umlaufmaterial, weil ihre Reaktoren und Tanks überdimensioniert sind. Der Materialfluß durch Rohrleitungen zwischen den Tanks erfolgt schnell und automatisch, so daß der Produkttransport kein Thema ist.

Obwohl die Flaschen- und Konservenabfüller und Verpacker sich zuweilen als Fließfertigungsbetriebe betrachten, unterscheiden sich ihre Probleme von denen der Flüssigkeits- und Gasverarbeiter. Die Fließbandförderung ist langsam und – verglichen mit Rohrleitungen – unkontrolliert. Es ist ziemlich egal, ob eine Rohrleitung zwischen zwei Produktionsprozessen 50 oder 100 m lang ist. Die Länge des Förderbandes einer Füll-und-Pack-Straße hingegen macht einen Unterschied.

Wenn ich an die Füll-und-Pack-Straßen denke, die ich im Lauf der Jahre besichtigt habe (Montagebänder sind ein wenig anders), könnte ich zum Schluß kommen, daß in fast jedem Fall die Bänder doppelt so *lang* sind, wie sie sein sollten. Zwischen zwei Arbeitsstationen befinden sich vielleicht hundert Stück (Tabletts, Beutel, Flaschen, Büchsen). Warum rückt man die Stationen nicht dichter aneinander, so daß nur noch zehn Stück dazwischen sind? Das im Transport befindliche Umlaufmaterial könnte von einem Stundendurchsatz auf den einiger Minuten gesenkt werden.

Der Wert der eingesparten Ausrüstung mag weniger von Belang sein. Es gibt andere, schwerwiegendere Verschwendung: Konserven auf einem Konservenfließband nehmen Schaden, wenn sie aneinander und an den Seitenführungen scheuern. Kartons und Pakete werden auf Förderbändern zerrissen und geknickt und bleiben hängen. Die Verkürzung der Bänder reduziert diese Verschwendung.

Ein großer Teil des Wartungspersonals von automatischen Füll-und-Pack-Straßen fungiert als Pannenhelfer: Sie werfen beschädigte Pakete weg, wischen Pfützen auf, rüsten auf andere Produkte um und überwachen die Fertigungsschritte. Manche dieser Hilfskräfte wären überflüssig, wenn die Förderbänder kürzer wären. Wenn zum Beispiel die Bandlänge halbiert wird, reduziert sich die Gesamtgrundfläche der Fertigungsstraße um vielleicht ein Drittel. Das ist ein Drittel weniger sauberzumachen, und wenn Nahrungsmittel oder Medikamente produziert werden, geschieht das Saubermachen häufig und ist teuer. Ein weiterer

Pluspunkt ist, daß jeder Bandarbeiter, wenn die Füll- und Packstationen näher aneinander rücken, mehr Terrain betreuen kann; d.h. jeder kann sich um einen größeren Anteil an Transportschwierigkeiten kümmern und vielleicht mehr als eine Station überwachen.

Langsame Montagebänder

Die meisten dieser Punkte treffen ebenso auf Montagebänder wie auf Hochgeschwindigkeits-Füll-und-Pack-Straßen zu. Z.B. führte im Kawasaki-Motorradwerk in Nebraska ursprünglich ein Rollenförderband der Tank-Fertigungsstraße das halbe Gebäude entlang. 1983 wurde die Förderlänge halbiert und die Stanzen, Schweißautomaten, Schleif- und andere Maschinen rückten dichter zusammen. Die Verkürzung ermöglichte es, mit weniger Arbeitskräften am Band auszukommen, wenn die Nachfrage sinkt. Bei dem längeren Förderband verbrachte der Arbeiter, der mehr als eine Station betreute, ebensoviel Zeit mit dem Umherlaufen und Zurechtrücken von Tankeinzelteilen wie mit der Maschinenbetreuung.

Bei einem anderen Unternehmen beobachtete ich eine Just-in-Time-Linie, die Mikrocomputer-Module herstellte und die – aus einem anderen Grund – zu lange Bänder und zu viele Einheiten darauf hatte. Etwa zehn Roboter erledigten die Montage, aber das waren keine kleinen Montageroboter. Es waren große Industrieroboter, die man normalerweise für Arbeiten wie Schweißen oder den Transport schwerer Metallteile oder zur Werkzeugbestückung verwendet. Die großen Roboter brauchten 5 bis 7 m »Ellbogenfreiheit«. Daher waren die Montagestationen durch Förderstrecken von 5 bis 7 m voneinander getrennt.

Die richtige Stückzahl und Entfernung zwischen den Arbeitsgängen ist nicht unbedingt Null. Ein kleines bißchen »Spielraum« im System kann die folgenden Arbeitsgänge im Fluß halten, wenn die Maschine steckenbleibt, der Roboter ins Leere greift oder der Monteur sich vertut. In der Regel ist das Ziel die progressive Bandverkürzung und nicht die plötzliche Abschaffung des Bandes.

Unsichtbare Bestände

Der Fertigungszyklus zieht mehr nach sich als die bloße Herstellung des Produkts: Die Konstruktionsabteilung produziert Papiere, die an die

Fertigung verkauft werden, die Fertigung stellt Produkte her und verkauft sie an die Abteilung Forderungen, die Buchhaltung tauscht Rechnungen gegen Geld. Alle sind Produzenten und Verkäufer. Alle haben die gleichen Verzögerungsprobleme.

Manche Firmen nennen Vorgänge vor der Fertigung (Auftragsverbuchung, Konstruktion und Bestellungen) und danach (Fakturierung) *unsichtbare Bestände*. Ein diversifizierter Hersteller sah sich seine unsichtbaren Bestände einmal genau an und war entsetzt, daß in jeder der drei Fertigungskomponenten etwa gleichviel Betriebskapital gebunden war, also ein Drittel in der Vorlaufphase, ein Drittel in der Güterfertigung und ein Drittel in Forderungen. Seither habe ich erfahren, daß andere Unternehmen so ungefähr dasselbe festgestellt haben.

In Betrieben, die die Fertigungsdurchlaufzeit bis auf das etwa Zwei- bis Dreifache der Auftragsbearbeitungs-Zeit gekürzt hatten, war der Schock noch größer.

Leerung der Auftragseingangs-Körbe

Es ist noch nicht weitverbreitet, aber es gibt ein paar Firmen, die Just-in-Time-Techniken in den Bereich der unsichtbaren Bestände ausgedehnt haben. In einem Unternehmen bestand das erste Großprojekt darin, die Auftragsbearbeitungs- und Konstruktionszeit von bisher dreiundzwanzig Tagen zu senken. Studien ergaben nur dreizehn Stunden »berechnete« Arbeit. Durch Eliminierung der unnötigen Schritte und Veränderung der Methoden konnte der Arbeitsgehalt auf sechs Stunden reduziert werden. Bis zum Jahresende 1985 war geplant, die Vorlaufzeit für Auftragsbearbeitung und Konstruktion auf nur einen Tag (statt zweiundzwanzig) zu senken.

Ein todsicheres Anzeichen für lange Durchlaufzeiten in den Büros sind überquellende Eingangskörbe – genau wie Regale und Förderanlagen voller Werkstücke in den Fabriken. Anders als in Fabriken entstehen die Stapel im Wartemodus vor und nach der Fertigung nicht aus der Serienfabrikation. Jeder Auftrag, jede Konstruktion und jede Arbeitsvorbereitung oder Fakturierung ist eine Aufgabe für sich. Lange Durchlaufzeiten resultieren aus Rückständen, schlechten Methoden, »Rosinenpicken« und »Zerstreuungen«. Diese Punkte werden nun kurz erörtert.

– Rückstände sind die Aufträge in den Eingangskörben. Rückstände bedeuten, daß für die Auftragsbearbeiter zu viele Aufträge im System sind.

- Fabriken haben kein Monopol auf schlechte Methoden; in den Büros sind sie mindestens ebenso dürftig. Beispielsweise werden Dokumente oft erst nach statt während der Bearbeitung geprüft. Die Fehlerraten im Büro sind hoch, die Nacharbeit reichlich.
- »Rosinenpicken« heißt, daß man den Eingangskorb nach den »angenehmsten« Arbeiten durchsucht. Die unangenehmen sinken tiefer im Stapel. Das Resultat: Dringende Arbeiten werden oft zugunsten nicht dringender Arbeiten, z.B. solcher mit langen Abnehmerfristen oder zur Lageraufüllung, aufgeschoben.
- Büroangestellte sind zudem Experten darin, Zerstreuungen zu finden: persönliche Briefe schreiben, in der Arbeitszeit Kreuzworträtsel lösen, ein Nickerchen machen. Verglichen mit Fabrikarbeitern ist es für Büroangestellte leicht, Zerstreuungen nachzugehen, weil ihre Arbeit und ihre Bestände – ein Stück Papier oder ein Eintrag in eine Computerdatei – nicht besonders sichtbar sind.

Fabriktechniken eignen sich auch zur Leerung der Eingangskörbe und zur Verkürzung der Durchlaufzeiten: Richten Sie ein Fließband ein. Verwenden Sie Kanban-Felder, und lassen Sie nicht mehr als ein Dokument in das Feld zwischen den Bearbeitungsphasen. Planen Sie Termine unterhalb der Kapazitäten, und lassen Sie den Arbeitstag erst enden, wenn jede Aufgabe zur Ende gebracht wurde. Schulen Sie die Mitarbeiter durch Rotation, so daß es einfach ist, Personal von dort, wo die Rückstände verschwunden sind, dorthin zu transferieren, wo sie Kopfschmerzen bereiten. Setzen Sie Aushilfskräfte und Aufseher, Manager und Personal aus anderen Abteilungen ein, wenn das Tagessoll nicht zu erfüllen ist. Reduzieren Sie die Fehlerquote mittels statistischer Prozeßkontrolle. Halten Sie alle Werkzeuge und Materialien genau an ihrem Platz oder Archiv und absolut gebrauchsfertig.

Die Liste wäre noch fortzusetzen. Nicht alles davon ist in jedem Fall anwendbar, aber in jedem Fall sind einige dieser Vorschläge nützlich. Manchmal muß man spezielle Techniken zur Senkung der Durchlaufzeit entwickeln. Für die Konstruktionsarbeit gibt es z.B, die »Carry-on-ban«-Technik.

Carry-on-ban

Angenommen, es seien zehn F&E-Projekte in Arbeit. Sie beschäftigen Konstrukteure und Verfahrenstechniker, Maschinisten, Labortechniker, Einkäufer und andere. Für jedes der zehn Projekte gibt es einen Plan in

Form eines Pfeildiagrammes, das nicht alle kleinen Koordinations-schritte zeigt, die die Projekte beschleunigen können. Um sicherzu-gehen, daß es keine Verzögerungen gibt, hat jeder einen Vorrat an Koor-dinationskarten, die sogenannten »Carry-on-bans«; die Karten weisen die Betreffenden an, die Skizzen oder fertigen Arbeiten demjenigen zu bringen, der den nächsten Schritt durchführt.

So kann beispielsweise der Plan verlangen, daß ein Ingenieur ein Design für einen Radiotuner skizziert und die Skizze dann zum Gehäuse-designer und zu der Prototypwerkstatt bringt, die ein Modell anfertigen soll. Der Ingenieur liefert die Skizze unverzüglich und persönlich ab – weil zwei Carry-on-ban-Karten ihm das befehlen. Dann geht er wieder daran, die Skizze auszuarbeiten, und der Gehäusedesigner und die Modellwerkstatt arbeiten ebenfalls mit voller Kraft. Letztere hat viel-leicht die Carry-on-ban-Anweisung, das Resultat sofort wieder zum Tunerkonstrukteur zu bringen. Abb. 3.3 zeigt, wie das geplant ist.

Abbildung 3.3: Koordinierung durch Carry-on-ban

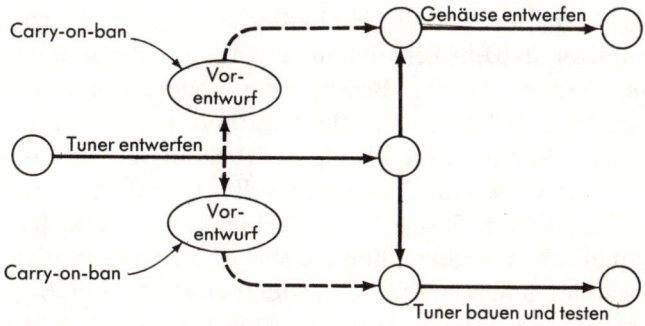

Der Ausdruck »Carry-on-ban« ist ein Wortspiel mit dem japanischen Wort *kanban* und dem englischen *carry on* (weitertragen). Kanban ist die von Toyota entwickelte Karte, die einen Produzenten anweist, mehr von einem bestimmten Material zu fertigen und an den Weiterverwender zu liefern. Da die Konstrukteure einmalige Dokumente produzieren und nicht mehr vom gleichen Material, kann man das Kanban-Verfahren nicht verwenden, wohl aber Carry-on-ban-Karten.*

---

* Die Mitsubishi Electric Co. soll die Carry-on-ban-Technik erfunden haben.

Carry-on-ban ist nur *eine* Technik, die darauf abzielt, Projekte schnell zu erledigen. Sie trägt dazu bei, die Stapel in den Eingangskörben niedrig und Wartezeiten kurz zu halten; außerdem reduziert sie die Möglichkeiten zum Rosinenpicken. Es gibt viele Carry-on-ban-Variationen. So kann man z.B. die Karten nur für dringende Schritte oder Projekte verwenden; in diesem Fall dienen sie als Prioritätensystem.

Weitsicht

Diejenigen, die mit unsichtbaren Beständen arbeiten – die untergeordneten Stabskräfte –, neigen zur Kurzsichtigkeit, eine Neigung, die ein Produzent auf Weltniveau stets bekämpfen muß. Ein Teil des Waffenarsenals gegen die Überspezialisierung wurde bereits erwähnt: die Ursachen von Wartezeiten beseitigen, so daß die Angestellten keine sekundären Arbeiten zu tun haben, sondern nur mit Kunden und Produkten umgehen. In der Schlacht werden jedoch noch mehr Waffen gebraucht, nämlich ein ganzes Programm, das die Leute in einem Fach nach dem anderen zu Spezialisten macht.

Es ist ein Jammer, daß ein Einkäufer seine ganze Karriere als Einkäufer bestreitet, daß ein Terminplaner stets ein Terminplaner bleibt und daß ein Buchhalter ein ganzes Leben in der Steuerbuchhaltung verbringt. Wenn man das zuläßt, werden die Mitarbeiter kurzsichtig. Am Ende ihrer Laufbahn drängt sie die Firma zur frühzeitigen Pensionierung. Mit mehr Erfahrung sollten die Leute wertvoller für ihre Unternehmen sein und nicht hinderlicher. Fast jedes Buch über Japan läßt sich zustimmend über die japanische Gepflogenheit aus, die Mitarbeiter in allen Spezialgebieten zu schulen und somit Generalisten heranzubilden. Sogar Computerprogrammierer bleiben in Japan im Durchschnitt nur sieben Jahre in ihrem Fach. (Friedman und Greenbaum 1985) Dann heißt es: zurück in die Fabrik oder vielleicht in den Vertrieb.

Liegt es an unserer geizigen Einstellung zur Schulung, daß wir diese Weitsicht nicht entwickelt haben? Oder liegt es an unserem mangelnden Bewußtsein für die Konseqenzen? Woran auch immer – wir wissen, daß es Zeit für eine Änderung ist.

Die Förderung von Allround-Talenten in der Fabrik und im Büro war das Thema dieses und des vorigen Kapitels. Der Generalist kommt dank seines Überblicks über die Zwecke mit den vorhandenen Mitteln – Zeit, Methoden, Werkzeuge, Ausrüstung, Arbeitsplatz und Information –

aus. Aber die Gleichung ist umkehrbar: Zeit, Methoden, Werkzeuge, Ausrüstung, Platz und Information prägen auch ihrerseits das Verhalten der Mitarbeiter. Die nächsten drei Kapitel zeigen, wie die unbelebten Ressourcen ihre Meister beherrschen – mit guten oder schlechten Resultaten.

4. Die überschätzte Rolle des Kapitals (Automatisierung im Zeitlupentempo)

»Als ich vor zwanzig Jahren hier anfing, waren wir die Besten unserer Branche. Seither nehmen wir – damit meine ich den Konzern – ständig Geld aus dem Geschäft. Wir haben uns der Ingenieure entledigt – wir haben keine Verfahrenstechniker mehr; und wir haben das Budget der Anlagenwartung gestutzt. Unsere Fabriken sind alt und heruntergekommen. Aber endlich sind wir zur Besinnung gekommen. Wir haben grünes Licht dafür, 50 Millionen Dollar für Ausrüstung auszugeben.«

Der Sprecher ist der Fertigungsdirektor eines großen US-Chemieunternehmens. Die Details mögen sich ändern, aber Vernachlässigung als Kern der Geschichte ist in der westlichen Industrie verbreitet und vielleicht sogar die Regel.

Vernachlässigung kennt viele Formen – z.B. die Verfahrenstechnik und Anlagenwartung. Die meisten unserer Kapitäne in Wirtschaft und Politik sehen in dem Problem einen Mangel an Investitionen in neue Ausrüstung. Automatisierung und Robotertechnologie zur Senkung der hohen Lohnkosten stehen bei den meisten Leuten an der Spitze der Liste.

Und das sind nicht bloß Wunschzettel. Die amerikanische Industrie gab 1984 mehr für Anlagegüter aus als in den achtundzwanzig Jahren davor. Nachdem wir zwei Jahrzehnte zugeschaut haben, wie Japan den Rest der industriellen Welt bei den Anlageinvestitionen um etwa das Doppelte übertrumpft hat, ist es auch höchste Zeit. Japan hat sich von einem primitiven Status etwa auf gleiche Stufe mit anderen Ländern erhoben (in manchen Branchen sind die Anlagen moderner, in anderen nicht).

Ob unsere kürzlichen und künftigen Investitionssteigerungen die Produktivitätslücke, wo sie existiert, wohl schließen können? Wenn wir nicht einiges darüber lernen, wie man die Gelder sinnvoll investiert, ist die

Antwort nein. *Kostensenkungen durch Geldausgaben zu erzielen ist die falsche Lösung.*

Vom Kapital erdrückt

Wenn große Kapitalmengen zu niedrigem Zins zur Verfügung ständen, wofür würde die Industrie sie ausgeben? Zu den wahrscheinlichen Kandidaten gehören Computersysteme, um Werksdaten an die Planer, die Kontrolleure und das mittlere Management zu übermitteln, automatische Lagersysteme und riesige Behälter für die Lagerung von Material zwischen den Fertigungsphasen, und Förderanlagen zum schnelleren Materialtransport.

Dem Produzenten auf Weltniveau müssen diese Lösungen fragwürdig vorkommen. Kapitel 2 und 3 besagen unter anderem, daß Karten und Tafeln in der Fabrik ein gutes Informationssystem ergeben. Automatische Inspektionen schieben die richtige Lösung – den Prozeß zu verbessern – vielleicht nur auf. Automatische Lagersysteme und entfernungsüberbrückende Förderanlagen taugen nichts (außer in Verteilungszentren für fertige Güter), weil sie die Kosten, nicht aber den Wert des Produktes erhöhen.

Wenn Informationsverarbeitung, Lagerung und Transport nicht automatisiert werden sollen, wie steht es dann mit der Fertigung selbst, bei der tatsächlich Werte geschaffen werden? Zur Prozeßautomatisierung gehören Roboter, automatische Transportbänder und computer- bzw. numerisch gesteuerte Maschinen. Auch ein größeres, schnelleres Modell einer vorhandenen Maschine mit dem neuesten Schnickschnack kann dazugehören.

Prozeßautomatisierung

Automatisierung lohnt sich, wenn sie die Leistung steigert oder die Personalkosten senkt. Aber der Vergleich zwischen Mensch und Maschine ist kompliziert. In der komplexen konventionellen Fabrik haben punktuelle Veränderungen schwer vorherzusagende globale Auswirkungen. Durchführbarkeitsstudien verwenden nur die eindeutigen Zahlen und berücksichtigen kaum je die vielen Möglichkeiten, mit den vorhandenen Leuten und Anlagen besser zu wirtschaften.

Maschinenstürmerei hat keinen Sinn, und wir werden noch untersuchen, warum die Produzenten, die sich schnell verbessern können, schließlich am stärksten automatisiert sind. Aber zuvor wollen wir besser verstehen, wie man aus der bereits angeschafften Ausrüstung das beste macht. Das Toyota-Motorenwerk Nr. 9 in Kamigo ist ein Beispiel dafür. John McElroy, der Herausgeber der Zeitschrift *Automotive Industries,* sagt, daß es »wahrscheinlich die effizienteste Motorenfabrik der Welt« ist. (McElroy 1984)

Motorenfabrik Nr. 9

Das Werk Nr. 9 in Kamigo ist mit zwanzig Jahre alten Maschinen aus den USA ausgerüstet: Werkzeugmaschinen von Cincinnati Milacron und Transferstraßen von Ex-Cell-O und Cross.

Im Laufe der Jahre wurden die Maschinen überarbeitet, so daß sie keinen Taktschlag falsch gehen. Grenztaster und Lichtschranken prüfen, zählen und sortieren. Wenn eine Maschine ein Ausschußteil herstellt oder ausfällt, leuchtet die riesige elektrische Tafel darüber auf und fordert Hilfe an, damit das Problem sofort beseitigt wird. Qualitätsprobleme werden im Keim erstickt, so daß es kaum Nacharbeit gibt und selten nötig ist, Pufferbestände zum Schutz gegen Qualitätsmängel aufzubauen.

Wie fast überall sonst in Japan wird das Werk nur in zwei Schichten gefahren, und zwischen den Schichten und während der einstündigen Mittagspause findet vorbeugende Wartung statt. Wenn ein Maschinenlauf geplant ist, läuft die Maschine richtig.

Die meisten Maschinen können in wenigen Minuten eingerichtet werden, so daß es keinen Grund gibt, Großserien zu fertigen. Das Werk stellt eine Vielfalt von Motoren her und liefert sie stündlich an das nahegelegene Montagewerk.

Ohne Großserien gibt es auch keine großen Lagerbereiche oder kapazitätsstarke Lager- und Transportsysteme. Deswegen können Maschinen und Arbeitsgänge auf engstem Raum zusammengepackt werden. Ein Arbeiter kann mehrere Maschinen betreuen, ohne viel Zeit mit Gehen zu verschwenden, und wegen all der Maschinenverbesserungen wie automatischen Bestückern und Prüfinstrumenten hat er an jeder Maschine nur kurz zu tun. Warum sollte man also Roboter installieren? Im Werk Nr. 9 gibt es keine.

In Tabelle 4.1 wird Kamigo Nr. 9 mit Chrysler- und Ford-Motorenwerken verglichen. Im Verhältnis zum Umsatz sind die amerikanischen

Werke mehr als dreimal so groß, haben sechsmal so viel Material und brauchen etwa sechsmal soviel Arbeitszeit pro Motor wie das Toyota-Werk.

Tabelle 4.1: Vergleich von Motorenwerken

	Toyota Kamigo Nr. 9	Chrysler Trenton	Ford Dearborn
Produkte	2,4 l 4-Zyl. 2,0 l 4-Zyl.	2,2 l 4-Zyl. incl. Turbo	1,6 l 4-Zyl. HO, Turbo, EFI
Werksgröße (qm)	29 000	204 000	204 000
Belegschaft	180	2 250	1 360
Stückzahl pro Tag	1 500	3 200	1 960
Arbeitsstunden/Motor	0,96	5,6	5,55
Schichten	2	2	1 Montage 2 Teilefertigung
Bestände (Durchschnitt)	4 – 5 Std.	2,5 – 5 Tage	9,3 Tage
Löhne	11,35 $/Std.	k.A.*	k.A.*
Roboter	Keine	5	k.A.

* Der Branchendurchschnitt liegt bei 12,50 Dollar/Stunde ohne Lohnnebenleistungen.
QUELLE: Nach McElroy (1984) S. 52

Die Toyota-Methoden sind in der Autoindustrie und auch in vielen anderen Branchen weltbekannt. Der Bericht über das Kamigo-Werk Nr. 9 überrascht nicht, bis auf die Tatsache, daß das Werk eines der ältesten von Toyota ist. Wenn man einen Kamigo-Manager fragte, wie solch alte Anlagen so gute Resultate liefern können, würde er vielleicht sagen: »Sollten wir nach zwanzig Jahren nicht wissen, wie man die Maschinen richtig benutzt?«

Ja, können Sie erwidern, aber meine Fabrik ist durch jahrelange Vernachlässigung bereits so hoffnungslos heruntergekommen, daß wir besser in die Tasche greifen und neue Ausrüstung anschaffen. Warum sollen wir nicht die am stärksten automatisierte kaufen, wenn wir schon dabei sind?

Das restliche Kapitel handelt von dieser und ein paar anderen Fragen. Fangen wir mit den Robotern an, weil diese die Phantasie der Öffentlichkeit und das Interesse der Industrie geweckt haben.

Roboter

Die Menschen pflegten bisher emotional auf Roboter zu reagieren. Die Technologen konnten sie nicht abwarten; die Humanisten und Gewerkschaftsführer machten sie aus Zorn oder Angst verächtlich. Mittlerweile werden Roboter mit stetigem Schritt installiert, und im Moment hört man kaum warnende Stimmen.

Manche Firmen versuchen angestrengt sicherzustellen, daß ihre Roboterverwendung zu so starken Umsatzsteigerungen führt, daß Neueinstellungen statt Entlassungen die Folge sind. IBM ist solch eine Firma. Der IBM-Personal Computer ist ein Produkt, das mit Roboterhilfe zusammengebaut wird und zu Einstellungen und nicht zu Entlassungen geführt hat. Aber der PC ist ein Marketingphänomen – in knapp vier Jahren von Null auf 5 Milliarden Dollar Umsatz. Wer kann da sagen, wie viel die Roboter dazugetan haben? Die gleiche Frage kann man bei der stark robotorisierten Apple-Fabrik stellen, die den Macintosh produziert, der ein Wunderwerk des Designs, wenn nicht gar ebenfalls ein Marketingphänomen ist.

Umsatzstark und kostengünstig

IBM scheint andere Produkte dem PC-Erfolg nachzubilden. Wie viele Unternehmen gibt IBM Betriebsinformationen nur zögernd frei, aber eines der neueren Produkte hat die Firma der öffentlichen Kritik anheimgegeben. Das ist der Logik-Chip 3178, ein Modul, das mit verschiedenen Tastaturen, Bildschirmen und anderen Peripheriegeräten gekoppelt werden kann.*

Der 3178 wird in Raleigh, North Carolina, in einem sogenannten »Projektmanagement-Zentrum« hergestellt. Dieses Zentrum hat völlige Autorität, und die Managementgruppe entschied sich für das Just-in-Time-Prinzip, wobei IBM sie »kontinuierliche Fließfertigung« statt Just-in-Time nennt.

Als Ergebnis der kontinuierlichen Fließfertigung war ein umsatzstarkes, kostengünstiges Produkt gewünscht. Das hört sich nach Automatisierung an. Genauer gesagt, hört es sich nach Robotermontage an, und das ist genau der Fertigungsansatz, für den IBM sich entschied. Der größte Teil der Montage-, Test- und Verpackungsarbeiten wird von

---

* Ein Großteil der Informationen über den IBM 3178 ist Huge (1984) entnommen.

einigen Robotern erledigt, die in einem kompakten Areal aufgestellt sind, das größtenteils von Beständen und Verzögerungsfaktoren frei ist.

Jeder erfahrene Besucher erkennt, daß der 3178 wirklich ein umsatzstarkes, kostengünstiges Produkt ist. Die meisten Besucher gehen wahrscheinlich im Glauben, die Roboter seien der Schlüssel zum Umsatz- und Kostenerfolg. Aber sind sie das?

Meiner Meinung nach sind folgendes die Hauptgründe dafür, daß der 3178 ein kostengünstiges Produkt ist:

1. *Design.* Der Vorgänger des 3178 wurde »ganz nach Wunsch« gefertigt, eine Produktstrategie, die in der Fertigung und bei den externen Bauteillieferanten zum Chaos führt. Das Chaos wurde abgewendet, indem man den 3178 zum Einheitsprodukt machte – ohne Besonderheiten oder Optionen. Das ist noch nicht alles. Die Konstrukteure im Labor konzipierten den 3178 für eine einfache Fertigung. Verglichen mit seinem Vorgänger hat er nur sehr wenige Bauteile und kaum Schrauben. Die Montage besteht größtenteils im Zusammenstecken.

2. *Qualität an der Quelle.* Die meisten Bauteile werden gekauft und nicht in IBM-Fabriken und Vormontage-Werken gefertigt. Die gekauften Teile müssen (bis auf Stichproben) beim Eingang nicht geprüft werden, weil IBM die nötige Vorbereitungszeit aufgewendet hat, um sich der Qualitätskapazität der Lieferanten zu vergewissern. Es gibt nur wenige Lieferanten – die meisten scheinen Alleinlieferanten zu sein –, so daß es nicht unmöglich war, sie aufzusuchen, um ihre Erfordernisse zu beurteilen und ihnen bei der Qualitätssicherung zu helfen.

Kurz gesagt: Die Produktionsplanung war hervorragend. Hätte das Produkt bei solchen Vorgaben anders sein können als umsatzstark und kostengünstig? Aber sicher. Würde es auf die alte Weise gefertigt, der die Raleigh-Fabrik einst folgte, würde das Zusammenbauen, Prüfen und Packen Wochen dauern. Jedes Produkt, dessen Fertigung lange dauert, zieht erhebliche indirekte und Gemeinkosten auf sich und ist am Ende teuer.

Statt der herkömmlichen Methode, bei der das Produkt die im Werk verteilten Arbeitszentren durchläuft, wird alle Arbeit in einer kompakten Zelle getan. Statt Wochen braucht es nur Stunden, die Rohmaterialien in fertig verpackte Waren zu verwandeln. Bei so kurzen Durchlaufzeiten sind geringe Kosten praktisch garantiert.

Die Fertigungsmethode hat vielleicht keinen großen Einfluß auf die Produktkosten. Roboter bekommen keinen Lohn, aber sie kosten Hunderttausende von Dollars. Die Roboter selbst sind nicht so teuer, wohl aber die große Gruppe von Fertigungstechnikern, die man einstellen mußte, um alles zu planen, und eine große Gruppe von Ausrüstungstechnikern mußte lange an der Installierung und Störungssuche arbeiten.

Und wenn nun alle Roboter durch Menschen ersetzt würden? Roboter haben zuweilen die Fähigkeit, kontinuierlich gute Produkte herzustellen, wie Menschen es nicht können. Bei der Produktion des 3178 allerdings scheint es keine anspruchsvollen Aufgaben zu geben, die Menschen nicht wiederholt richtig erledigen könnten. Von den Arbeitsteams entwickelte Failsafe-Geräte könnten die kleinen Fehler auffangen, die Menschen unweigerlich machen.

Mit Robotern stellten sich die Produktkosten als gering heraus, weil die hohen Anlaufkosten durch das große Umsatzvolumen amortisiert wurden. Wenn Menschen die Montage machten, wären die variablen Kosten höher und die fixen Kosten geringer. Die gesamten Stückkosten wären vielleicht höher – aber wer weiß?

Eines ist sicher: Wenn Menschen das Produkt bauten, könnten sie Probleme diagnostizieren und lösen. Würde der 3178-Umsatz nachlassen oder stark fluktuieren, könnte man sie leicht an andere Arbeiten setzen. Wenn ein größerer Ausstoß erforderlich wäre, könnte man weitere Menschen einsetzen. Eine menschliche Belegschaft könnte sich ohne weiteres auf ein neues Produkt umstellen, wenn der 3178-Absatz versiegte. *Roboter sind um einiges weniger flexibel als Menschen.*

Kleine, kostengünstige Mengen

Unternehmen, die nicht die gewaltigen Mengen absetzen wie IBM, dürfen an Automatisierung nicht einmal denken. Ich nehme das zurück. Sie dürfen und sollen daran *denken*, aber sie können sich nicht viel davon leisten.

Folgendes Beispiel stammt von der Büro-Personal Computer-Division von Hewlett-Packard in Sunnyvale, Kalifornien. 1983 bis 1985 wurde hier der Personal Computer HP-150 produziert. H-P hatte nicht viel Erfahrung auf dem Massenmarkt; der HP-150 war also ein Produkt, das das Terrain sondieren und vielleicht sogar erobern sollte. Wir werden sehen, wie der 150 und sein Nachfolger sogar mit schwachen Umsätzen vielleicht Geld abwerfen konnten. Ein wenig Hintergrundinformation wird zeigen, wie die Division durch vorsichtige Automatisierung ihren Break-Even-Point senkte und niedrig zu halten plante.

Der HP-150 ist der mit dem berührungssensitiven Bildschirm. Sein Vorgänger war zusammen mit neunzehn weiteren Tischcomputern der Personal Computer HP-120.

Der HP-150 wurde für die Just-in-Time-Produktion geplant. Die bisherigen Produkte erforderten 2 800 qm Werksfläche, der HP 150 hingegen nur 700 qm (ein Gebäude wurde leergeräumt). Bislang hatte es um die 2 000 Lieferanten gegeben, für den HP-150 sollten es 200 sein. Die Zahl der Bauteile wurde von 20 000 auf 450 gesenkt.

Zur Arbeitsvorbereitung bediente man sich der Materialbedarfsplanung, und es wurden Losgrößen von 500 Stück für Endgeräte und 100 bis 500 Stück für gedruckte Schaltplatinen festgesetzt. Beim Just-in-Time-Verfahren warf der Computer pro Monat einen einzigen Arbeitsauftrag aus; mit der Materialbedarfsplanung wurden die Liefertermine festgelegt und sonst fast nichts. Arbeitsaufträge wurden nicht gebraucht, weil die Fertigungsstationen in einer langen, gewundenen Linie angelegt wurden, so daß ein visuelles (Kanban-)System die Werkstücke genau rechtzeitig vom vorangehenden Arbeitszentrum heranholen konnte.

Der Nachfolger des HP-150 wurde 1985 vorgestellt. Dies war ein noch besseres Just-in-Time-Produkt, weil die leichte Fertigung *hineinkonstruiert* war. Die Bauteilanzahl betrug nur 150 (statt 450), und es sollte nur dreißig (statt bisher 200) Lieferanten geben. Man erwartete, daß die Menge des Umlaufmaterials nur eine Tagesproduktion betragen werde.

Die Produktdesigner beschäftigten sich in der Fabrik mit einem Sechs-Achsen-Roboter von IBM, der experimentell eingesetzt wurde. Man wollte herausfinden, was der Roboter tun konnte – was er heben, wie weit und mit welchen Drehwinkeln er greifen konnte, mit was für Greifern er arbeiten konnte usw. Dann machten sich die Konstrukteure daran, den neuen Computer so zu konstruieren, daß er von Robotern montiert werden konnte.

Wie viele Roboter für die neue Fertigungslinie gebraucht wurden? Gar keine. Die Konstrukteure taten das Nötige, um den Robotereinsatz zu ermöglichen. Die Idee dahinter: Man setzt keine Roboter ein und gibt das Geld nicht aus, bis die Erfahrung zeigt, wo sie sich wirklich lohnen. Die Erfahrung legt bloß, welche Arbeitsgänge Menschen nicht mit zuverlässig hoher Qualität den ganzen Tag lang immer genauso und immer mit derselben Taktzeit durchführen können. (Die meisten Roboter finden sich bislang beim Lackieren und Schweißen, also Arbeiten, die immer wieder auf gleiche Weise zu tun für Menschen schwierig ist.)

Prä-Automatisierung

Die Konstrukteure leisteten ihren Beitrag zu dem, was wir *Prä-Automatisierung* nennen: einer hirnlosen Maschine, einem Roboter oder dergleichen zu ermöglichen, die Arbeit zu tun. Weitere Aspekte der Prä-Automatisierung sind den Fertigungs- und Verfahrenstechnikern überlassen. Diese müssen folgendes tun:

1. Die Zugriffsentfernungen verkürzen.
2. Die Transportstrecken verkürzen.
3. Alle Werkzeuge und Teile in die Nähe an eine genau definierte Stelle bringen.
4. Pakete, Behälter, Regale und Haltevorrichtungen so konzipieren, daß jedes Werkzeug richtig ausgerichtet und leicht zu greifen ist.
5. Einfache automatische Prüfgeräte – auch Failsafe-Geräte oder in Japan *pokayoke* genannt – entwickeln, die häufig auftretende Fehler herausfiltern.

Die Prä-Automatisierung hat viele Vorteile. Der Fertigungsleiter Lee Rhodes weist darauf hin, daß ein Produkt, wenn es so konstruiert ist, daß Roboter es leicht zusammenbauen können, auch von Menschen viel leichter zusammenzubauen ist.

Während der Werksbesichtigung schlug ich vor, diese vernünftige Idee noch einen Schritt weiter zu führen: Vielleicht hätte man ein einfaches Greif-und-Stell-Gerät (einen Drei-Achsen-Roboter) statt des multifunktionalen Sechs-Achsen-Roboters verwenden sollen. Wenn die Konstrukteure das Produkt für die eingeschränkte Bewegungsfähigkeit des Greif-und-Stell-Roboters konzipieren könnten, meinte ich zu Lee, wäre das Produkt für Menschen *wirklich* leicht zusammenzubauen.

Vielleicht hätten die Ingenieure von H-P/Sunnyvale ein überzeugendes Roboterprojekt zum Abbau von Lohnkosten vortragen können. Dazu hätten sie die *derzeitigen* Lohnkosten mit Robotern vergleichen und die Senkung der Lohnkosten und der Variabilität durch die Prä-Automatisierung ignorieren können. Wie Hayes und Wheelwright es ausdrücken: »Jedes Projekt kann attraktiv aussehen, wenn man es mit etwas hinreichend Unattraktivem vergleicht«. (Hayes und Wheelwright 1984 : 133)

Normalerweise rechtfertigen wir Ausrüstungsinvestitionen – einschließlich Roboter – durch irgendeine Spielart der ROI-Analyse mit derartigen Formeln:

$$\text{ROI}\,(1) = \frac{\text{Lohnkosteneinsparungen}}{\text{Kosten der installierten Ausrüstung}}$$

Diese Art der Analyse reicht nicht einmal annähernd aus. Ebenso wichtig, aber nicht so leicht in Zahlen zu messen, sind die Vorteile und Kosten bei dieser Abwandlung der ROI-Formel:

$$\text{ROI (2)} = \frac{\text{Vorteile der reduzierten Variabilität}}{\text{Kosten der reduzierten Variabilität und der geistigen Leistung}}$$

Die Manager und Ingenieure der Sunnyvale-Fabrik trafen Entscheidungen, die zu dieser Art der Rechtfertigung von Ausrüstungsinvestitionen zu passen scheinen. Das Ergebnis wird, wie ich erwarte, ein niedriger Break-Even-Point für den H-P-Personal Computer sein, weil (1) für das Fabrikgelände und die Ausrüstung nur wenig Kapital gebraucht wurde, (2) die Arbeiten so vereinfacht wurden, daß die Lohnkosten pro Stück gesenkt wurden, und (3) immer noch geistige Fähigkeiten am Band verfügbar sind und die Umgebung die Bandarbeiter dazu anregt, weiterhin Verbesserungsvorschläge zu machen.

Sehfähige Maschinen

Auf den Nutzen der Roboter bei der Senkung der Variabilität habe ich hingewiesen. Moderne Roboter haben eine Besonderheit, die die Variabilität nicht reduziert, sondern darauf reagiert. Das ist der Zweck von sehfähigen Maschinen oder Robotern mit Augen. Welche Rolle kommt ihnen zu?

Meine eigene Faustregel für sehfähige Roboter ist, daß sie sich dort für die Prozeßkontrolle eignen, wo menschliche Augen nicht ausreichen. Die Besucher in der Macintosh-Fabrik von Apple in Kalifornien sind immer wieder von einem derartigen Gerät fasziniert. Ein Roboter setzt ein 256-K-Speicherchip in eine Schaltplatine ein, und ein Sichtgerät unter der Platine überprüft alle Anschlüsse darauf, ob sie im richtigen Winkel abgebogen sind. Diese Prüfung ist kompliziert, und Menschen könnten sie nicht gut durchführen. Die sehfähigen Systeme in einigen GM-Werken, die Schweißverbindungen überprüfen und darauf achten, daß keine Teile fehlen, sind ebenfalls vernünftig.

In der Robotertechnologie beschlagene Fabriken, wie z.B. das Macintosh-Werk, die Schreibmaschinenfabrik von IBM in Kentucky und ein paar von GMs Montagewerken drängen voller Eifer weiter. Wir hören von Plänen, sehfähige Systeme einzusetzen, die ein Teil inmitten von Unordnung finden und es in die richtige Montageposition drehen können. Das kann zwar jedes Kind, aber ein Enthusiast würde argumentieren, daß der sehfähige Roboter es billiger kann. Das mag sein, wenn wir uns mit dem Problem unordentlicher Teile-Behälter herumschlagen. Das tun wir aber nicht. Es gelten die Konzepte der Prä-Automatisierung: Man lasse die Teile so abpacken, daß eine normale Maschine, ein Roboter oder ein Mensch das nächste Teil mühelos findet. (Wenn es keinen technologischen Durchbruch gibt, der die Kosten für sehfähige Maschinen purzeln läßt, wird der Haushaltsroboter eine nette Idee bleiben – denn wessen Haushalt ist so ordentlich, daß der Roboter sich darin orientieren oder etwas finden könnte?)

So neu, wie Roboter für die Welt der Fertigung sind, gibt es noch viel über sie zu lernen. IBM und Apple mußten eine explodierende Nachfrage befriedigen und waren bereit, Geld für den schnellen Kapazitätsaufbau auszugeben und die Robotertechnologie zu erlernen. Die H-P-Division in Sunnyvale hatte mit Sicherheit geringere Erträge und wählte einen vorsichtigeren Ansatz.

Am anderen Ende des Spektrums steht eine ältere Art der Automatisierung, bei der verschiedene Ausrüstungsarten zu einem verketteten Fertigungsprozeß gebündelt werden. Die Just-in-Time-Theorie räumt mit einigen Ansichten der Vergangenheit über derlei Ausrüstung auf.

Verkettete Fertigung

Was würde passieren, wenn Sie eine Haushaltsmaschine kaufen würden, die Kartoffeln schält? Sie kaufen noch eine, die die Kartoffeln in Pommes-frites-Form schnetzelt. Eine dritte Maschine – eine Fritteuse – frittiert sie. Sie machen die Sache so gut, daß Sie anfangen, frittierte und tiefgefrorene Pommes frites zu verkaufen. Jetzt möchten Sie, daß die Schälmaschine, die Schnetzelmaschine und die Fritteuse nebeneinander stehen. Vielleicht konstruieren Sie ein paar Geräte, die eine geschälte Kartoffel greifen und in den Schnetzler stecken und die Stückchen nehmen und sie in die Fritteuse werfen.

Was Sie geschaffen haben, ist eine Form der Automatisierung. Es ist eine Fertigungslinie, die Werkzeugmaschinen aneinander reiht; die Autoindustrie nennt das eine Transferstraße. Transferstraßen gibt es schon seit Jahren, insbesondere für Getriebe und Motoren.

Heute schaffen viele Branchen, die Metallplatten herstellen, ihre eigene Version von Transferstraßen an. Die Platten verwendet man für Stahltüren, Aktenschränke, Schreibtische, Trennwände usw.

Das fängt gewöhnlich mit einer Walzmaschine an, die Stahl- oder Aluminiumcoils glättet. Dann werden die geglätteten Bleche in Platten zerschnitten. Biegen, Putzen, Schleifen, Füllen, Schweißen, Bohren, Stanzen und andere Arbeitsgänge können folgen. Die alte Methode sah so aus, daß man alle Arbeitsgänge voneinander trennte und die Materialien hin und her transportierte. Bestände, Durchlaufzeiten und Platzbedarf waren groß – bestimmt kein Just-in-Time-Verfahren. Die neue Methode ist der Ansatz der Transferstraßen, der einige Just-in-Time-Resultate ergibt. Manche Transferstraßen sind sogar dafür eingerichtet, daß schnell neue Coils eingelegt und Schnittbreiten und -längen eingestellt werden können. Es gibt aber auch Probleme, die den Just-in-Time-Zielen entgegenwirken:

1. Die Straßen kosten sehr viel.
2. Man braucht sechs bis zwölf Monate, um sie zu installieren und auszutesten.
3. Sie sind unbeweglich: Die verschiedenen Stationen müssen sorgfältig ausgerichtet und dann im Boden verankert werden.
4. Wenn (falls) man sie richtig zum Funktionieren bringt, können wir bestenfalls eine mittlere Betriebszeit von 80 Prozent erwarten, und die tägliche Variabilität der Betriebszeit ist hoch: Vielleicht ist die Linie in einer Schicht nur 15 Minuten nicht in Betrieb und bleibt in der nächsten stehen – für fünf Tage.

Unzuverlässiger, höchst variabler Ausstoß ist für eine Just-in-Time-Kampagne vernichtend.

Wenn die Transferstraße gut läuft, und das kann sie mehrere Tage ununterbrochen tun, spuckt sie wirklich Produkte aus. In den Zeiten der konventionellen Fertigung brachte solch eine Folge produktiver Tage alle zum Lächeln. Die Belegschaft, die Wartungsleute und die Vorgesetzten mochten das Ereignis wohl mit ein paar Drinks nach der Arbeit feiern.

Im Just-in-Time-Modus sind solche Tage mit hohem Ausstoß schlecht und unzulässig. Das Ziel ist, jeden Tag nur so viel herzustellen, wie für den nächsten Arbeitsschritt erforderlich ist. Wenn das Tagessoll frühzeitig erfüllt ist, wird das Band angehalten; die freiwerdende Zeit nutzt man für Problemlösungs-Meetings und für vorbeugende Wartung, die darauf abzielt, die Folge der Tage ohne Stillstand zu verlängern.

»Vielleicht produzieren wir mit dieser neuen Maschine in der Hälfte der Zeit, Mr. Braun, aber das müssen wir auch. In der anderen Hälfte funktioniert sie nicht.«
American Machinist, Februar 1983

Die meisten Unternehmen, die diese Fertigungsstraßen aus verketteten Maschinen in Betrieb nehmen, gehören zu schnell wachsenden Branchen oder Konzernen; sie werfen Gewinne ab, die sie rückinvestieren können, und sie brauchen mehr Kapazität. Die Büromöbel-Industrie wuchs in den letzten Jahren so schnell, daß die meisten, vielleicht sogar alle führenden Unternehmen dieser Branche – Steelcase, Herman Miller, Haworth, Houseman und andere – kapazitätsstarke verkettete Fertigungsstraßen installiert haben. Es gibt noch eine Möglichkeit, mehr Kapazität zu bekommen, eine, die Just-in-Time-Ziele eher fördert als mit ihnen zusammenzuprallen.

Die andere, in der Regel bessere Methode ist, zwei oder mehr kapazitätsschwache, kaum verkettete Straßen aus bekanntermaßen zuverlässigen Maschinen zusammenzustellen. Zu jeder Straße kann eine Walzpresse gehören, eine Abkantpresse zum Ablängen der Bleche, halbautomatische Schweißgeräte, manuelle Entgratung und andere Arbeitsschritte. Bei mehr als einer Straße kann jede eine andere Größe oder ein anderes Modell herstellen. Wenn eine stehenbleibt, produzieren die anderen weiter und können vielleicht sogar Sonderschichten einlegen, damit keine Lieferung verspätet erfolgt. Innerhalb einer Straße ist es unbedenklich, je zwei Arbeitsschritte miteinander zu verknüpfen, *wenn der erste ohne Unterbrechung laufen kann.*

Die Schildkröte und der Hase fallen einem ein. Die kapazitätsstarke Transferstraße ist der Hase. Er kann fürchterlich schnell hüpfen, aber immer bleibt er stehen, um auf ein Bierchen mit den Vertreterinnen des anderen Geschlechts zu plaudern. Zwei oder mehr nicht verkettete Transferstraßen sind wie zwei oder mehr Schildkröten. Sie kriechen dahin, aber sie sind zuverlässig.

Keine Gnade für Ausfallzeiten

Bei der herkömmlichen Fertigung sind Stillstandzeiten nur bei Engpaß-Maschinen ein ernstes Problem. Eine Engpaß-Maschine läuft mit voller Kraft und gibt genau rechtzeitig Werkstücke an den nächsten Arbeitsgang weiter. Wenn sie kaputtgeht, ist es genau zu spät.

Nur ein kleiner Bruchteil der Fertigungsstationen einer Fabrik sind Engpässe. Die Engpaßstationen beanspruchen die Zeit und Kraft von Ingenieuren, Technikern und Aufsehern. Ein Effekt der Puffereliminierung, einer Just-in-Time-Technik, besteht darin, daß *alle* Stationen zu Engpässen verwandelt werden, so daß man sich um entsprechende Problemlösungen kümmert. So werden die Stabsexperten dünn verteilt; die Arbeiter müssen die vorderste Schlachtlinie gegen die Probleme bilden, die auftauchen, wenn ein leerer Puffer einen Stillstand herbeiführt.

Arbeiterorientierte vorbeugende Wartung

Viele Probleme sind Fehlfunktionen und Ausfälle der Maschinen. Arbeiter können lernen, Maschinen einzustellen, aber wir dürfen nicht von ihnen erwarten, daß sie plötzlich die Fachkenntnisse besitzen, um sie zu reparieren, wenn sie ausfallen. Daher müssen die Arbeiter alle Fertigungsstationen als potentielle Brennpunkte mit einem täglichen vorbeugenden Wartungsprogramm abkühlen – einfache Dinge wie Schmiermittel nachfüllen, auf Abnutzung prüfen, auf das verräterische Heulen oder Knacken lauschen, das auf ein ernstes Problem hinweist.

Ein Beispiel für diesen Ansatz ist die Fabrik von Detroit Diesel Allison, einer Division von General Motors in Indianapolis. Die Fabrik stellt Dieselmotoren, Power-Shift-Getriebe und verwandte Produkte her. Die Fabrik beschäftigt etwa 7000 Arbeitskräfte, die von der Gewerkschaft United Auto Workers vertreten werden. Detroit Diesel war eines der ersten Werke in der US-Autoindustrie, dem beeindruckende werksinterne Just-in-Time-Resultate gelangen, nämlich drastische Senkungen der Durchlaufzeit.

1982 wurde Joe Gossman zum Koordinator der Materialbedarfsgruppe (MAN – *material as needed*) ernannt. Eine erste Aktion der MAN-Gruppe war, Fragebögen an die Fertigungsarbeiter zu verteilen. Darin wurde gefragt: »Was ist nach Ihrer Meinung der Hauptgrund für Maschinenausfallzeiten?« Etwa 70 Prozent antworteten: Unzureichende Schmierung.

Die Antwort lieferte Gossmans Gruppe den Anlaß dafür, sich wieder an die Arbeiter zu wenden und sinngemäß zu sagen: Ihr beschwert euch über die schlechte Arbeit der Wartungsabteilung beim Schmieren der Maschinen. Wir werden diese Arbeit denjenigen zurückgeben, von denen wir *wissen*, daß sie sie richtig tun – *euch*, den Maschinenarbeitern.

Etwa das nächste Jahr lang hatte die Wartungsabteilung eine neue Aufgabe: den Arbeitern zu zeigen, wie man die Maschinen richtig schmiert. In der Fabrik wurden Fässer mit Schmiermittel aufgestellt, so daß die Arbeiter ungehinderten Zugang dazu hatten.

Danach hatte die Wartungsabteilung noch eine neue Aufgabe: die Arbeiter in einfachen Reparaturen zu unterweisen. Dazu konnte das Auswechseln und Nachspannen von Treibriemen gehören, das Ersetzen von Öldichtungen und vielleicht sogar Motoren- oder Lagerwechsel.

Das Motoren- und Getriebewerk von Harley-Davidson in Milwaukee hat einen ähnlichen Prozeß durchgemacht. Bei Harley entdeckten die Maschinenarbeiter, als sie die Schmierung übernahmen, daß manche Nippel *nie* abgeschmiert worden waren. Zuerst gingen die Wartungsleute herum, um zu sehen, ob man richtig abgeschmiert hatte. Die Arbeiter beschwerten sich, bis die Wartungsleute sich zurückzogen. Damit waren die Arbeiter auf sich gestellt, nur mußten sie noch Schmierpläne an ihre Vorgesetzten weitergeben. Abermals protestierten die Arbeiter: »Was ist los? Traut ihr uns nicht?« Heute überprüfen die Arbeiter die Schmierpläne und zeichnen sie ab, hängen sie aber selbst öffentlich aus, statt sie abzugeben.

Das bei Detroit Diesel und Harley praktizierte Konzept ist, daß der Maschinenarbeiter sich als Besitzer fühlen soll: Die Maschine gehört mir. Wenn etwas damit schief geht, fühle ich mich persönlich verantwortlich.

Ich schiebe die Schuld nicht auf die Wartungsabteilung. Ich muß die Maschine nicht nur abschmieren, sondern auch mehrmals täglich abwischen, damit, wenn irgendwo ein Leck ist, die austretende Flüssigkeit nicht in einer Pfütze verschwindet, sondern zutage tritt; dann repariere ich die Dichtung oder den Simmering oder ein anderes Problem, *bevor* es zu einem Arbeitsstillstand kommt.

Von hier aus ist es naheliegend, daß der Arbeiter seinen Bereich ebenso wie die Maschine ordentlich und sauber hält – ohne externe Aufpasser. Spezielle Maschineneinrichtungs-Teams werden überflüssig, wenn der Arbeiter alles über die Maschine weiß. Gleichzeitig kommen die Produzenten auf Weltniveau sehr schnell von Qualtitätsprüfungen durch spezielle Prüfer ab; die Arbeiter überprüfen die Arbeitsschritte und führen alle notwendigen Inspektionen selbst durch. Routinemäßige Maschinenwartung, Sauberhalten und Aufräumen des Arbeitsbereiches, Qualitätskontrolle, Werkzeugwechsel und -pflege und Maschinenbestückung – das alles werden Aufgaben des Arbeiters. Man betrachtet sie nicht als unterschiedliche Aufgaben. Die Unterschiede verschwimmen und verschmelzen in einer einzigen Aufgabe.

Zeit für die Wartung gewinnen

Bei all dieser liebevollen Pflege durch den Arbeiter läuft die Maschine besser und hält länger. Das nähert sich immer mehr der *umfassenden vorbeugenden Wartung*. Die Maschine braucht immer noch das Augenmerk talentierter Experten aus der Wartungsabteilung. Sie müssen die qualifiziertere Wartung durchführen, und zwar oft. Das Problem besteht darin, freie Zeiten zu finden, in denen die Maschine nicht läuft.

In Schonberger (1982) berichtete ich vom Zwei-Schichten-Betrieb. Der Plan erlaubt höchstens zwei Schichten pro Tag und dazwischen zwei Wartungsschichten. Obwohl viele japanische Techniken zur Abschaffung der Verschwendung und Eliminierung von Fehlerquellen in der US-Industrie starkes Echo gefunden haben, hat der Zwei-Schichten-Betrieb nur eine schwache Basis. Die US-Autoindustrie ist so ungefähr die einzige, die die Tradition der drei Schichten im hohen Maße aufgegeben hat. (In manchen europäischen Ländern gibt es die Drei-Schichten-Tradition nicht. Es gibt eine Sozialpolitik und sogar Gesetze, die drei Schichten im wesentlichen ausschließen. So gibt es z.B. in der Bundesrepublik Deutschland – wie in Japan – Gesetze dagegen, daß Frauen nach einer bestimmten Uhrzeit in Fabriken arbeiten.)

In den USA gehören zu den Branchen, die sich (in Zeiten starker Nachfrage) am stärksten an die Drei-Schichten-Planung klammern, die chemische Industrie, Gummi, Lebensmittel, Webereien, Papier, Schmelz- und Walzwerke und die meisten Metallhersteller. Diese Branchen sind kapitalintensiv. Arbeitsintensive Branchen wie die Leichtmontage von Elektro- und Elektronikprodukten können sich ohne weiteres mit zwei Schichten anfreunden, weil sie durch die fehlende dritte Schicht ebensoviel an Lohnkosten sparen. Anders als Arbeitskräfte muß man Ausrüstung bezahlen, ob sie in Betrieb ist oder nicht. Haben diejenigen, die auf den Ertrag schauen, also nicht recht damit, daß man in Fabriken, die voller Ausrüstung stecken, drei Schichten fahren muß?

Betriebsbereitschaft

Die Antwort lautet nein. Teure Ausrüstung verdient unsere beste Pflege, nicht unsere schlechteste. Man könnte mittels einer Kostenanalyse beweisen, daß der Drei-Schichten-Betrieb Geld spart, aber man käme nur mit Daten über die *durchschnittliche* Ausfallzeit zu diesem Ergebnis, und dadurch, daß man die Zeit ignoriert, in der fehlerhafte Produkte produziert werden. Lange durchschnittliche Ausfallzeiten sind kostspielig, doch hohe Variabilität der Ausfallzeit und geringe Qualität können tödlich sein. Abb. 4.1 führt das vor Augen.

Teil A der Abbildung zeigt, was vielen Fabriken mit drei Schichten widerfährt. In vierundzwanzig Stunden ist die Maschine (oder Fertigungsstraße) sechzehn Stunden in Betrieb und steht acht Stunden still. Einige dieser acht Sunden können Zeiten sein, in denen die Maschine zwar läuft, aber schlechte Ware produziert, die unakzeptabel ist und verschrottet werden muß – was noch schlimmer ist, als wenn die Maschine gar nicht liefe. Die *effektive* Nettoauslastung der Maschine beträgt 67 Prozent, ebensoviel die Betriebsbereitschaft für die Produktion guter Ware.

Wir sehen, daß die längste Ausfall-/Ausschußzeit in den vierundzwanzig Stunden zwischen Betriebsstunde 18 und 21 lag. Das bedeutet, daß vor dem nächsten Arbeitsgang Y ein Drei-Stunden-Puffer sein muß. Die Ausfall-/Ausschußdauer von Y bestimmt wiederum den Puffer vor Z. Tatsächlich muß der Pufferbestand der längsten Ausfall-/Ausschußzeit der letzten Zeit entsprechen – und das können Wochen sein!

Teil B der Abb. 4.1 zeigt, wie die Probleme beim Zwei-Schichten-Betrieb verschwinden. Täglich von Betriebsstunde 8 bis 12 und von

Abbildung 4.1: Drei-Schichten- kontra Zwei-Schichten-Betrieb

A. Drei Schichten, Fertigungsstation X: 67 % Betriebszeit, 67 % Betriebsbereitschaft

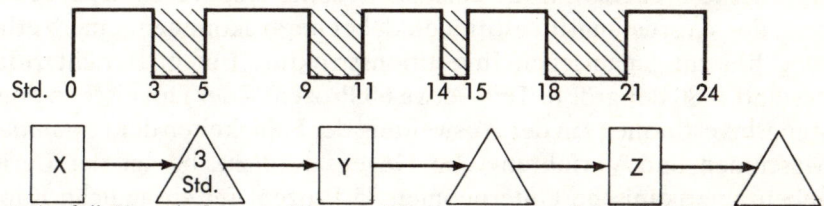

Längste Ausfall-/Ausschußzeit von X beträgt 3 Stunden, vor Y muß also ein 3-Stunden-Puffer sein.

B. Zwei Schichten, Fertigungsstation X: 67 % Betriebszeit, 100 % Betriebsbereitschaft

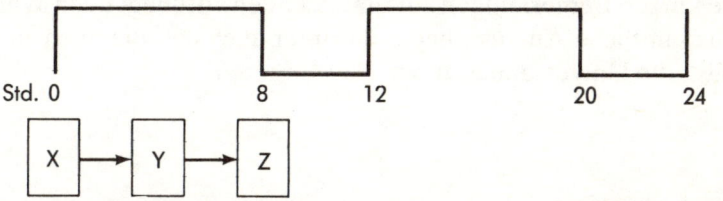

Keine Ausfall-/Ausschußzeit von X, daher kein Puffer vor Y. Kein Pufferbestand, daher keine Regale und kein Platzbedarf, die Arbeitsgänge sind unmittelbar nebeneinander. Anm.: Die schraffierten Felder bezeichnen Reparatur- oder Ausschußzeiten.

Stunde 20 bis 24 gibt es eine reichliche Dosis vorbeugender Wartung. (Außer zur vorbeugenden Wartung kann man die geplante Stillstandzeit für solche Dinge wie Schulung, Überstunden, Prototypen-Fertigung, Warmlaufenlassen der Maschinen und komplizierte Einrichtungen verwenden.) Die Maschine verursacht keine Störungen mehr. Ihre Betriebszeit ist dieselbe wie in Fall A, nämlich 67 Prozent, aber ihre Betriebsbereitschaft beträgt jetzt 100 Prozent. Ohne Ausfälle sind auch keine Pufferbestände nötig. Ohne Pufferbestände müssen die Maschinen nicht durch Regale oder Paletten voller Material und tonnenschwere Transportgeräte getrennt sein. Die Maschinen stehen unmittelbar aneinander.

Wenn »umfassende vorbeugende Wartung« wie der alte Ausdruck »Lebenszyklusmanagement von Anlagen und Ausrüstung« klingt, ist das kein Zufall. Unsere Vorstellung vom Lebenszyklusmanagement drehte sich allerdings darum, Ausrüstung anzuschaffen und zu ersetzen, wenn die Wartungskosten zu hoch und die Leistung zu schlecht werden. Der Produzent auf Weltniveau muß sicherstellen, daß die Wartungskosten gar nicht erst hoch werden und die Leistung gar nicht erst schlecht wird.

Die Instrumente dafür sind die umfassende vorbeugende Wartung und die statistische Prozeßkontrolle.

Wenn Unternehmen in die umfassende vorbeugende Wartung und statistische Prozeßkontrolle einsteigen, sollte eine wesentliche Verlagerung der Ausrüstungsinvestitionen dabei herauskommen, eine Verlagerung hin zur japanischen Investitionsstruktur. Einem Bericht zufolge bestand 1980 der größte Teil – etwa 60 Prozent – der japanischen Ausrüstungsinvestitionen »in der Ausweitung der Fähigkeiten der *vorhandenen* Maschinen und Verfahren«. Im Gegensatz dazu, besagt der Bericht, geben amerikanische Unternehmen 75 Prozent für zusätzliche Kapazitäten und die Ersetzung alter Maschinen aus. (Hayes und Wheelwright 1984: 357) Wir würden uns viel eher mit der Modernisierung der alten Maschinen begnügen, wenn wir nicht zuließen, daß sie herunterkommen.

Diese kurzen Bemerkungen zur umfassenden vorbeugenden Wartung gelten für sämtliche Ausrüstungen, darunter auch die, die noch zu erörtern bleibt: die Universalmaschine.

Universalmaschinen

Man kann Maschinen aus weit auseinander liegenden Werkstätten zu locker verknüpften Zellen oder eng verketteten Transferstraßen zusammenfassen. Und wenn man einen Schritt weiterginge? Wie wäre es mit einer Universalmaschine, die alles tut?

Im Büro ist der Personal Computer solch eine Maschine. In der Fabrik ist die bekannteste Universalmaschine die numerisch gesteuerte (NC-) Maschine. Wann hat es Sinn, sich auf Universalmaschinen umzustellen? Zwei Beispiele, eines aus dem Büro und eines aus der Fabrik, werfen ein Licht auf diese Frage.

Hinterzimmer-Effizienz

Citibank mit dem Hauptsitz in Manhattan wuchs in den 60er Jahren schnell – so schnell, daß bei den Verwaltungsarbeiten eine Katastrophe ins Haus stand. Riesige Computer und ein Verwaltungspersonal von 10 000 Leuten (1970) konnten die Bombe nicht entschärfen. Die Kunden ärgerten sich über Irrtümer und Verzögerungen, und die Datenverarbeitungs-Kosten stiegen jährlich um 15 Prozent.

Citibank stellte Robert B. White an, dessen Erfahrungen aus der Autoindustrie stammten, um dem Umstand abzuhelfen. White verkündete, er verstehe nichts vom Bankwesen, aber einiges von Fließbändern. »Zeigt mir die Fließbänder«, befahl er seinem Stab.

Man machte sich auf die Suche, um herauszufinden, wie Dokumente bearbeitet wurden, von wo nach wo sie kamen – und warum. White fand keine Fließbänder. Stattdessen stellte er fest, daß jeder Vorgang »… durch viele Hände ging. Die Buchhaltung war nach Funktionen organisiert. Alle Schecks wurden in einem Raum bearbeitet, alle Computereingaben in einem anderen. Die Verantwortlichkeit ging verloren, Fehler konnten nicht korrigiert werden.«*

Die vielen Hände, die die Vorgänge berührten, mußten miteinander verbunden werden. Whites Team richtete den Kundentypen entsprechende Fließbänder ein: eines für das lokale Geschäft, eines für Großunternehmen, eines für andere Banken usw. Die Organisationsstruktur wurde um 90 Grad gekippt. Für jedes Band war ein Manager zuständig.

Diese Veränderungen führten zu Vereinfachungen und Lohnkosteneinsparungen, aber ein Problem entstand: Verschiedene Kunden hatten mit verschiedenen Linien zu tun.

Die Lösung war, jeden Kunden einer einzigen Person zuzuteilen. Die IBM-Großrechner waren dafür nicht gut geeignet. Sie flogen hinaus, und die EDV wurde dezentralisiert. Citibank schaffte Hunderte Bildschirmterminals für die Leute an, die nun voll und ganz für bestimmte Kundenkonten verantwortlich waren.

Alles in allem begnügte sich Citibank nicht mit den gewaltigen Effizienz- und Qualitätsverbesserungen, die aus der Organisation in Fertigungsstraßen oder -zellen entstanden. Sie taten den letzten Schritt – Universalmaschinen und -arbeitsplätze –, der erlaubte, daß ein breites Spektrum von Vorgängen von einem Platz aus bearbeitet wurde.

Zu Citibank und der Datenverarbeitung mag der Ansatz der Universalmaschine zwar passen, aber wie steht es mit der Fabrikarbeit?

Rädergetriebe

Die Cushman-Division von Outboard Marine betreibt ein großes Werk in Nebraska. Das Golfwagen-Geschäft, für das Cushman einst berühmt

---

* Main (1981). Außer aus dem *Fortune*-Artikel habe ich die Informationen aus einem Gespräch mit Joe Nevin, dem einstigen Assistenten von White bei Citibank.

war, ging vor Jahren an die japanischen Konkurrenten verloren. Cushman hat noch eine vollständige Produktlinie mit Golfplatz-Pflegegeräten, die rentabel geblieben ist. Das Unternehmen plant, die künftige Gesundheit der Produktlinie dadurch zu sichern, daß es Kapital in das Geschäft steckt. Z.B. wurden einige NC-Maschinen zu Preisen von 350 000 bis 400 000 Dollar pro Stück installiert. Mit NC-Maschinen sinkt der Bestand an Umlaufmaterial und die Durchlaufzeiten rapide. Das Beispiel eines Rädergetriebes zeigt, warum.

Die Herstellung eines Rädergetriebes dauerte gewöhnlich einen Monat. Ein typischer erster Arbeitsgang war das Abfräsen der Oberflächen des Gußgehäuses; mehr als ein Fräsdurchgang bedeutete mehr als eine Maschineneinrichtung und manchmal einen Transport von einer Fräse zu einer anderen.

Dann kam das Werkstück quer durch die ganze Fabrik zum Bohren und Gewindeschneiden. Nachdem es eine Zeitlang in der Warteschlange verbracht hatte, wurde es auf eine Vorrichtung zum Einlegen in die Bohrmaschine gespannt und dann zum Gewindeschneiden in eine andere Maschine. Alternativ dazu konnte man mit einer Radialbohrmaschine mit einem Schnellspannfutter für den raschen Werkzeugwechsel in einem Arbeitsgang bohren und schneiden.

Der dritte Schritt bedeutete eine Rückreise quer durch das Werk zur Dreherei und wahrscheinlich abermals eine Wartezeit hinter anderen Aufträgen, die sich angesammelt hatten. Für kleinere Getriebe reichte eine Ex-Cell-O-Drehbank, für größere verwendete man eine Waagerechtbohrmaschine. Mehrere Bohrvorgänge erforderten mehrere Einrichtungen.

Um es zusammenzufassen, die Herstellung eines Rädergetriebes erforderte viele Einrichtungen sowie zwei weite Transporte durch die ganze Fabrik. Es hatte keinen Sinn, nur ein Teil herzustellen und zu transportieren. Losgrößen, die ganze Drahtbundkisten füllten, waren näherliegend.

Heute kann eine NC-Maschine im Cushman-Werk in einer Stunde ein Rädergetriebe herstellen, und die Losgröße beträgt nur ein Stück. Bei derartigen Mengen in der Universalmaschine besteht kein Bedarf an Drahtkisten, Transitbeständen, Gabelstaplern, die sie durch die Hallen transportieren, und Warteschlangen vor verschiedenen Fertigungsstationen. Die Universalmaschine scheint die Antwort auf ein Just-in-Time-Gebot zu sein.

Bevor uns die Begeisterung für NC-Ausrüstung überwältigt, sollten wir uns fragen, ob es noch eine andere Möglichkeit gibt, die Durchlauf-

zeiten zu kürzen. Es gibt sie: Man bilde Zellen, indem man die weit ver-
streuten Maschinen zusammenbringt. In Zelle A für kleine Getriebegehäuse können ein oder zwei Fräsen, eine Bohrmaschine, ein Gewinde-
schneider und eine Ex-Cell-O-Bohrmaschine stehen. In Zelle B für
große Getriebegehäuse steht das gleiche und zusätzlich eine Waagerechtbohrmaschine. Die Kosten für den Transport der vorhandenen
Ausrüstung betragen einen Bruchteil der 350 000 Dollar für eine NC-
Maschine.

Natürlich wird es jedesmal, wenn ein bestimmtes Gehäusemodell
gefertigt wird, Einrichtungsverzögerungen geben, und die Rüstzeit
schreibt vor, daß die Lose größer als ein Stück sind – vielleicht ein Dutzend. Die alten, herkömmlichen Maschinen mit den neuen NC-
Maschinen zu vergleichen, ist, als würde man eine Schulvorstellung von
»Anatevka« mit der Broadway-Version vergleichen. Wir wissen, daß die
Kleinen sich ins Zeug legen, und wir bewundern ihre Anstrengungen,
aber sie sind nicht in derselben Klasse wie die Broadway-Truppe.

Die Entscheidung »NC oder nicht NC« läuft auf die Frage der Modellvielfalt und der Stückzahlen heraus. Bei hoher Modellvielfalt und
geringen Stückzahlen ist die NC-Maschine die naheliegende Entscheidung. Wenn es bei jedem Getriebegehäuse ein paar Hauptmodelle gibt,
ist wahrscheinlich eine Zelle aus locker verknüpften, älteren Maschinen
das beste: Man richte die Zelle für einen Produktionslauf von acht Stück
eines Modells ein, dann für fünfzehn vom nächsten Modell, dann drei
vom nächsten. Beide Methoden – die Universalmaschine für geringe
Stückzahlen und die Zelle für höhere Stückzahlen – ergeben, verglichen
mit herkömmlichen Verfahren, ausgezeichnete Just-in-Time-Resultate.

Die Vorzüge der Automatisierung

Wir haben an ein paar Beispielen gesehen, wie die Ausrüstungspolitik die
Bemühungen um Just-in-Time und Produktion auf Weltniveau behindern oder verstärken kann. Daraus erwachsen einige allgemeine Prinzipien.

Prinzip Nr. 1. Man schaffe Ausrüstung nicht nur an, um Lohnkosten
zu senken. Maschinen können weder denken noch Probleme lösen, Menschen können es. Unser bisheriges Unvermögen, Fabrikarbeiter als Problemlöser einzusetzen, hat zu der Ansicht geführt, daß menschliche

Arbeitskräfte ein Problem sind. Nach Ansicht der Produzenten auf Weltniveau ist die Ausrüstung ein Problem, während die Arbeiter eine Lösungschance sind.

Prinzip Nr. 2. Der Hauptvorteil der Ausrüstung gegenüber Menschen ist die Senkung der Variabilität: gleichförmige Bewegungen, gleiche Taktzeiten, gleichbleibende Qualität.

Korollar Nr. 1. Man betreibe umfassende vorbeugende Wartung, um die vorhandene Ausrüstung völlig zuverlässig zu machen, so daß sie Arbeiten mit gleichbleibender, vorhersagbarer Taktzeit durchführen kann, ohne daß die Qualität ein Problem darstellt.

Korollar Nr. 2. Man bediene sich der Prä-Automatisierung, um Suchzeiten zu eliminieren und damit die Arbeitstaktzeiten zu verkürzen und gleichmäßiger zu machen.

Korollar Nr. 3. Man verkette Maschinen nur dann miteinander, wenn die liefernde Maschine zuverlässig ist.

Korollar Nr. 4. Man schaffe bei steigender Nachfrage Stück für Stück kleine, einfache Maschinen an statt großer, komplizierter. Kleinere Maschinen sind einfacher zu warten, und mehrere Maschinen statt einer schützen vor katastrophalen Ausfällen. Weitere Gründe für kleine, mehrfach vorhandene Maschinen haben mit Verfeinerungen des alten Konzeptes der Betriebsgrößeneinsparungen zu tun, einem Thema des folgenden Kapitels.

Wenn die beiden Prinzipien und vier Korollare gegen die Ausrüstung sprechen, liegt das daran, daß sie so viele Jahre lang vernachlässigt wurde und daß so viele Fehler wiedergutzumachen sind. In der Vergangenheit verlangte man von den Herstellern von Werkzeugmaschinen nicht, völlig zuverlässige Maschinen zu bauen; hätten sie es trotzdem getan, wären die Ausrüstungsbenutzer nicht bereit gewesen, dafür zu bezahlen.

Wir verlangen, daß Flugzeuge völlig zuverlässig sind und nicht abstürzen. Im großen und ganzen kann die Flugzeugindustrie im Verein mit dem Wartungspersonal der Fluggesellschaften und den Vor-Flug-Kontrollen der Piloten unsere Anforderungen erfüllen. Fertigungsmaschinen zu bauen, die richtig laufen, ist bei weitem nicht so schwierig. In der heutigen, konkurrenzintensiven Welt der Fertigung ist zuverlässige Ausrüstung eine Notwendigkeit und nicht nur ein nettes Extra.

Daß man Maschinen verkommen läßt, gehört zu einem breiteren Problemkreis: daß die Gesellschaft sich vornehmlich um finanzielle Dinge kümmert und technische Dinge delegiert. Die westlichen Industrieführer waren einst gute Ausrüstungsmanager. Von Unternehmen, deren Manager sich diese Fähigkeit wieder aneignen, dürfen wir erwarten, mehr von der problemgesteuerten Automatisierung und weniger von der geld- oder technologiebestimmten Spielart zu sehen. Wenn die Fähigkeit zum Umgang mit der Ausrüstung vorhanden ist, gibt es Anlaß dazu, auf schnellere Automatisierung zu drängen, weil die Produktion auf Weltniveau der Fähigkeiten von Maschinen und der Automatisierung bedarf, um die Variabilität zu reduzieren.

5. Ökonomie des Mehrfachen

Das Konzept der Produktion auf Weltniveau bietet nicht nur zu den Ausrüstungsarten, sondern auch zu den Ausrüstungsgrößen neue Gedanken – seien es nun Roboter, Transferstraßen, Universalmaschinen oder gewöhnliche Werkzeugmaschinen. Die Frage der Größe ließ sich bisher sehr hübsch mit Betriebsgrößeneinsparungen lösen: Man wählte die größte Maschine aus dem Katalog. Die Ingenieure nennen dies die Sechs-Zehntel-Regel: Eine Maschine mit doppelter Kapazität produziert zu sechs Zehnteln der bisherigen Stückkosten.

Diese Regel wird durch Beweise untermauert. Diese Beweise mögen für die herkömmliche Produktion gültig sein, aber sie sind es mit Sicherheit nicht für die Produktion auf Weltniveau. Die offensichtlichen Kosten – die Amortisationskosten der Maschine und die Lohnkosten, um sie zu betreiben – berühren nur die Oberfläche. Produktion auf Weltniveau erfordert, daß man noch auf einige andere Fähigkeiten der Maschine achtet, die alle zusammen die oberflächlichen Kosten in den Schatten stellen, nämlich:

– wie schnell die Maschine eingerichtet werden kann;
– wie leicht es ist, die Maschine zu warten und sie gute Produkte fertigen zu lassen;
– wie einfach die Maschine zu transportieren ist;
– ob man die Maschinengeschwindigkeit auf die schwankenden Bedarfsraten der nachfolgenden Arbeitsschritte und den schwankenden Endabnehmerbedarf einstellen kann;
– ob der Preis der Maschine so niedrig ist, daß man sie im Lauf der Zeit entsprechend der Nachfragesteigerung in mehrfacher Ausführung anschaffen kann.

Maschinen, die die Politik diktieren

Der letzte Punkt, die Anpassung der Kapazitätssteigerung an die Nachfragesteigerung, ist für den Produzenten auf Weltniveau ein Schlüsselkonzept für Anlageinvestitionen, und es paßt gut zum Just-in-Time-Ideal, nur so viel zu produzieren, wie täglich verkauft wird. Während die Industrie immer versucht hat, Nachfragesteigerungen mit zusätzlicher Ausrüstung zu begegnen, kommen die Aufstockungen gewöhnlich in dicken Brocken, die, wie sich gezeigt hat, schwierig zu verdauen sind. Ein typischer Ausrüstungszyklus – wir könnten ihn den *Supermaschinen-Zyklus* nennen – verläuft folgendermaßen:

1. Das Marketing prognostiziert eine Nachfragesteigerung.
2. Man trifft die Entscheidung, die Kapazitäten zu erweitern.
3. Die Konstrukteure wälzen Werkzeugmaschinen-Kataloge und wählen eine große Maschine aus – genügend Kapazität für die drei bis fünf Jahre der vorhergesagten Nachfragesteigerung. Im Namen der Sechs-Zehntel-Regel werden zwei oder mehr kleinere Maschinen der gleichen Bauart zugunsten der größeren verschmäht.
4. Die Maschine wird installiert und getestet, was Wochen bis Monate dauert – je nachdem, wie kompliziert die große Maschine ist und ob besondere Zusatzgeräte und vielleicht ein verstärkter Betonsockel erforderlich sind.
5. In den ersten zwei bis drei Jahren wird die Maschine meist nicht voll ausgelastet.
6. Die Nachfrage steigt und erreicht die Maschinenkapazität. Im vierten Jahr endlich wird die Maschine – mit drei Schichten täglich – voll ausgelastet.
7. Der Drei-Schichten-Betrieb läßt kaum Zeit zur Wartung; die Vernachlässigung hat zur Folge, daß nur etwa in zwei Schichten gute Produkte gefertigt werden.
8. Die Kapazität und Zuverlässigkeit der Maschine reichen nicht aus; es wird Zeit, eine neue Supermaschine zu kaufen – und den Zyklus zu wiederholen.

In Zeiten schneller Nachfragesteigerung ist der Zyklus viel kürzer. Ob kurz oder lang, die Nachfrageprognosen sind oft falsch, was die Probleme während des Maschinenlebenszyklus verstärkt.

Nehmen wir beispielsweise an, daß für Maschinenzentrum X eine Kapazitätsverknappung unmittelbar bevorsteht, und das Finanzkomitee gibt grünes Licht für eine Kapazitätserweiterung. Kaum ist eine Supermaschine für 400 000 Dollar angeschafft und installiert, da geht die Nachfrage in den Keller. Der Auslastungsgrad der Maschine sinkt. Alle werden nervös, weil die Maschine, für die gerade 400 000 Dollar bezahlt wurden, stillsteht. Jetzt sind Überkapazitäten das Problem. Außerdem sind 400 000 Dollar in Technologie von gestern gebunden, und es fallen keine Gewinne an, mit denen man die moderne Ausrüstung von morgen bezahlen könnte. Das Marketing steht unter dem Druck, eine Anzeigenkampagne zu starten, die Preise zu senken und irgendetwas zu verkaufen, damit die Maschine am Laufen bleibt. Die Maschine ist zum Herrn geworden, der die Politik diktiert.

Maschinen zähmen

Die Supermaschine ist wie der Löwe im Zoo. Sie muß regelmäßig gefüttert werden, und sie verschlingt eine Menge. Der Löwe muß gezähmt werden.

Im Sommer 1983 hatte ich das Vergnügen, einige Zeit mit Randy Thom und Jane Peterson, Fertigungstechniker bei Tektronix in Oregon, zu verbringen. Thom und Peterson schafften gerade Ausrüstung für das »*Color-Shutter*-Projekt« an, ein neues Produkt, und sie entwickelten eine Ausrüstungsstrategie, die den deprimierenden Supermaschinen-Zyklus vermeidet.

Risikoreiche Strategien

Um die Szenerie richtig darzustellen, möchte ich ein früheres Tektronix-Produkt beschreiben, das nicht mehr auf dem Markt ist. Dies war ein Präzisions-Videobildschirmprodukt, das für Oszilloskope gebraucht wurde. Marktforschungen kamen zum Ergebnis, daß das Produkt wahrscheinlich ein Renner würde. Aufgrund dessen machte sich Tektronix mit fliegenden Fahnen daran, das Produkt massenweise zu fertigen. Da mangelhafte Qualität die Nachfrage abwürgen kann, wurde an den besten Bauteilen und der besten Ausrüstung nicht gespart. Z.B. wurden mit gewaltigen Kosten einige große Clean-Rooms eingerichtet.

Die hohen Ausrüstungskosten wurden zum Teil dadurch ausgeglichen, daß es zwischen den Fertigungsschritten nicht zu Verzögerungen und Pufferbeständen kam. Die Produktion wurde in einer serpentinenförmigen Fertigungslinie mit kurzen Entfernungen angelegt, und es war kaum Platz, wo sich Pufferbestände zwischen den Arbeitsgängen hätten ansammeln können. Kurze Förderbänder transportierten das Produkt in dem großen, zweigeschossigen Werk von Maschine zu Maschine. Die Fertigungsingenieure hatten das ihre dazu getan, um die Chancen für die Erfüllung der feurigen Marktprognosen zu erhöhen. Die Zeiten für Reaktionen auf den Markt (Durchlaufzeiten) würden kurz und die Qualität hoch sein. Obwohl die Ausrüstung teuer war, würden die Stückkosten gering sein, wenn sich das Produkt so gut verkaufte wie erwartet.

Das tat es nicht. Hätte der Umsatz die Prognosen erreicht, wäre das Werk ab Mitte 1983 in drei Schichten betrieben worden. Es lief nicht einmal mit einer halben Schicht. Das Produkt war eine Niete, und obendrein eine teure. Einiges von der Ausrüstung konnte man anderswo gebrauchen, aber den größten Teil nicht, und die Clean-Rooms waren nicht zu versetzen – sie waren Gebäudeteile.

Derartige Katastrophen kommen in jedem Unternehmen vor (und damit soll nichts Böses über Tektronix gesagt sein, ein in der Produktion auf Weltniveau führendes Unternehmen). Experten auf diesem Gebiet sagen uns, daß zwei von drei Produkteinführungen Fehlschläge sind. Im High-Tech-Sektor liegt die Quote wahrscheinlich noch höher. Schauen wir uns einmal an, wie Thom und Peterson dafür sorgten, daß das *Color-Shutter*-Produkt im Falle eines Fehlschlages nicht zu einer finanziellen Katastrophe ausartete.

Risikoarme Strategien

Thom und Peterson planten, die Kapazitäten in kleinen Schritten anzuschaffen, also mit steigender Nachfrage weitere Ausbaustufen hinzuzufügen. Ein repräsentatives Beispiel (nicht die tatsächlichen Werte): Als erste Ausbaustufe schafft man ausreichend Kapazität für acht bis zwölf Monate an. Man installiert sie, startet die Produktion und gibt die zweite Ausbaustufe in Auftrag. Wenn die Nachfrage hinter den Erwartungen zurückbleibt, läßt man die Ausrüstung später liefern; wenn das Produkt eine Niete ist, storniert man die Ausrüstungs-Aufträge und stellt das Projekt ein.

Wenn sich das Produkt mehrere Jahre lang gut verkauft, kommen alle acht bis zwölf Monate neue Maschinen und gehen in die Produktion. Jede neue Ausbaustufe wird eine eigene Fertigungslinie innerhalb der Fabrik.

Wenn eine wichtige Maschine in einer der Linien ausfällt, stellt nur diese Linie die Produktion ein. Die Arbeitskräfte, rotationsgeschult und flexibel, können an anderer Stelle aushelfen, möglicherweise an den anderen Linien, die weiterlaufen. Die anderen Linien können Überstunden oder an Wochenenden fahren, um den Produktionsrückstand der ausgefallenen Linie aufzuholen, damit nichts verspätet geliefert wird und kein Umsatz verloren geht. Abb. 5.1 faßt das Kapazitätskonzept (das

Abbildung 5.1: Schrittweise Kapazitätserweiterung bei Tektronix

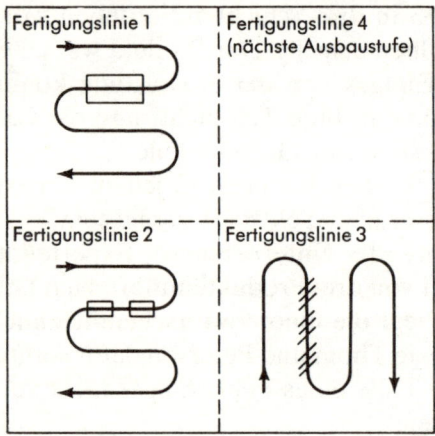

Anmerkungen:

Fertigungslinie 1 hat genug Kapazität für die 8 bis 12 Monate der prognostizierten Nachfragesteigerung. Die Maschinen sind die kleinsten aus dem Katalog – vorausgesetzt, die kleinen haben eine hohe Qualitäts- und Ausstoßkapazität. Die Ingenieure sehen keine Möglichkeit, einen großen, teuren, unflexiblen Clean-Room zu vermeiden. Die serpentinenförmige Anordnung macht den Fertigungsbereich kompakter. Arbeitsgänge, Arbeiter und sogar der Wareneingang und -ausgang liegen dicht beieinander. Die Fertigungslinie ist zum größten Teil durch Beobachtung zu leiten.

Fertigungslinie 2, die später dazukommt, ist wie Linie 1, nur besser. Es sind einige Maschinen herausgekommen, die billiger, zuverlässiger und leichter zu transportieren und einzurichten sind als ihre Vorgänger. Aufgrund besserer Verfahren und Komponenten ist kein Clean-Room mehr erforderlich; modulare Clean-Tunnels reichen aus.

Die noch später dazukommende Fertigungslinie 3 ist noch besser, billiger und flexibler. Die Qualitätsverbesserungen gestatten die Verwendung von lamellengeschützten Werkbänken statt modularer Clean-Tunnels.

Fertigungslinie 4, die hinzukommt, wenn das Produkt ein Renner wird, ist noch besser und sogar noch billiger und flexibler. Die Leistung von Linie 1 ist nicht mehr adäquat; diese wird möglicherweise demontiert.

Wahrscheinlich kosten manche Maschinentypen zu viel und besitzen zu große Kapazität, als daß man sie mehrfach anschaffen könnte. Darauf muß man sich einrichten. Man kaufe eine und stelle sie zwecks gemeinsamer Benutzung in die Mitte. Dadurch muß das Produkt zwar aus den Fertigungslinien heraus, was große Transport- und Serienfertigungskosten nach sich zieht, aber zuweilen gibt es keine vernünftige Alternative – zumindest auf kurze Sicht.

Konzept, aber nicht die genauen Details) zusammen, auf das Thom und Peterson anfänglich kamen.

Das *Color-Shutter*-Produkt gibt es in mehreren Modellen. Wenn die Umrüstzeit von Modell zu Modell sehr kurz ist, ist jede Fertigungslinie flexibel genug, um einen Modellmix zu produzieren. Wenn sich eine Maschine hingegen einer schnellen Umrüstung widersetzt, kann sich Linie 1 auf Modell A spezialisieren, Linie 2 auf Modell B und Linie 3 auf Modell C. Bei beiden Methoden – Modellmix oder spezialisierte Fertigungslinien – werden jeden Tag alle Modelle in gewissen Mengen produziert und stehen zum Verkauf zur Verfügung. Damit ist dem Marketing eine Last abgenommen; es muß nicht genau den Modellmix erraten, den die Kunden kaufen werden.

Hätten Thom und Peterson die Ausrüstung für das *Color-Shutter*-Produkt auf herkömmliche Weise geplant, gäbe es eine einzige, große, teure, kapazitätsstarke Fertigungsstraße. Modellumstellungen würden Stunden, wenn nicht Tage dauern. Das würde einen langen Produktionszyklus vorschreiben: in der einen Woche Modell A, in der nächsten Modell B, in der dritten C und in der vierten D. Die Marketingleute müßten versuchen, die Verkaufszahlen auf Wochen oder Monate – bis zum Ende des Produktionszyklus – vorauszusagen. Als Vorkehrung gegen zu geringe Schätzungen wären große Fertigwarenbestände nötig. Zum Schutz gegen Produktionsausfälle – die bei einer großen, komplizierten Fertigungsstraße statt mehreren kleinen, einfachen mit Sicherheit zu erwarten sind – würden sich in den Vertriebszentren weitere Fertigwaren anhäufen, und zwar eine ganze Menge mehr.

Erweitern wir die Kapazitäten genauso wie die Belegschaft

Das von Thom und Peterson befolgte Ausrüstungskonzept war weder ihres, noch ist es meines. In den meisten Ländern, in denen Grundstücke sehr teuer sind (Japan und Singapur) oder das Kapital sehr knapp (Entwicklungsländer), ist es recht verbreitet. Wenn die Kapitalbeschaffung schwierig ist, *kann* ein Unternehmen sich nicht in großen Schritten erweitern; hohe Bodenpreise haben denselben Effekt.

In den USA ist Land noch billig, und das Kapital war auf diesem Kontinent relativ reichlich vorhanden (obwohl wir in den letzten Jahren nicht viel für unsere Fabriken ausgegeben haben). Wegen dieser »Vorteile« haben wir nicht gelernt, bei der Anschaffung von Ausrüstung bescheiden und vorsichtig zu sein. Außerdem gibt es, wie in Kapitel 4 angemerkt wurde, in den USA nicht die Sozialpolitik, die es schwierig macht, eine dritte Schicht einzustellen, wie es in Japan und einigen europäischen Ländern der Fall ist. Daher können wir, wenn wir eine große Kapazitätssteigerung anschaffen, sie im ersten Jahr mit einer Schicht betreiben, im nächsten mit zwei Schichten und im dritten mit drei; in der Drei-Schichten-Phase bleibt keine Zeit für die Wartung und wir lassen die Ausrüstung zu Tode laufen. Wir gebrauchen – oder mißbrauchen – die höchst flexiblen Arbeitskräfte, um die Inflexibilität der Ausrüstung auszugleichen, die daher rührt, daß man eine einzige kapazitätsstarke Produktionsanlage installiert statt mehrerer kleiner.

Aus dieser Erörterung kann man zweierlei lernen:

1. *Mehr als eine Arbeitsgruppe, Zelle, Fertigungslinie oder Maschine ist besser als eine einzige.* Zwei Teams und Ausrüstungssets, die das gleiche Produkt oder die gleiche Produktfamilie herstellen, stehen in freundlichem Leistungswettbewerb, wenn alles gut läuft. Sie unterstützen einander, so daß kein Umsatz eingebüßt wird, wenn es nicht so gut läuft.

2. *Erweitern wir die Kapazitäten genauso wie die Belegschaft: in kleinen Schritten je nach Wachstum der Nachfrage.* Dies gilt nicht nur für einzelne Maschinentypen und -zellen, sondern auch für ganze Produktfertigungslinien – manuell oder automatisch – und sogar für ganze Fabriken.

Ganze Fabriken

Die Toyota-Motorenfabrik Kamigo Nr. 9, von der in Kapitel 4 geschwärmt wurde, ist ein Beispiel dafür, wie man ganze Fabriken in kleinen Schritten erweitert. Nr. 9 ist eine von mehreren Motorenfabriken, die Toyota nebeneinander gebaut hat, als die Nachfrage im Lauf der Jahre stieg. Toyota hätte einfach das ursprüngliche Werk erweitern und die kapazitätsschwachen Transferstraßen durch kapazitätsstarke ersetzen können. Dies nicht zu tun, erspart Toyota den Wirrwarr und das Risiko, alles auf eine Karte gesetzt zu haben.

Härten

Das Konzept der kleinen Schritte gilt fast für jede Art der Ausrüstung. Härte-Anlagen sind ein verbreitetes Beispiel, und die Erfahrungen von Omark dienen zur Illustration.

Omarks Werk in Guelph, Ontario, das Sägeketten herstellt, ist eine der modernsten Fabriken in Nordamerika. Im November 1982 betrug die Durchlaufzeit für ein Los Sägeketten einundzwanzig Tage und die Transferstrecke 800 m. Etwa sechs Monate später betrug die Durchlaufzeit drei Tage und die Transferstrecke 250 m. Fast ein Jahr lang gab es keine weiteren Reduzierungen.

Das Problem war das Härten. Nach der Herstellung der Sägeblätter – in kleinen Mengen durch Zellen und Transferlinien – mußten sie in einen zentralen Härteofen, der mit Großserien von Blättern bestückt wurde. Wenn ein großer Ofen tausend Sägeblätter auf einmal härtet, kommen tausend auf einmal heraus. Dann müssen 999 davon darauf warten, daß eines nach dem anderen für die Montage abgekühlt wird. Das erhöht die Fertigungs-Durchlaufzeit, die Transportkosten, den potentiellen Ausschuß und die Nacharbeit und all die anderen kleinen Übel der Bestandshaltung und der Verfahrensdurchlaufzeit.

Der erste Plan war, in den Produktionslinien im ganzen Werk kleine Laser-Wärmebehandlungsstationen zu installieren. Dieser Plan fiel flach. Der nächste Vorschlag war, den großen, zentralen Ofen abzuschaffen und etwa zwanzig kleine zu kaufen, die über die Fabrik verteilt werden sollten.

Hier könnte die Geschichte aufhören und das Konzept mehrerer kleiner Maschinen sehr hübsch illustrieren – aber das Werk in Guelph ging noch einen Schritt weiter. Die Beschaffungsabteilung fand einen vorvergüteten Stahl, der nicht gehärtet werden mußte. Dadurch, daß überhaupt nicht gehärtet wurde, sank die Durchlaufzeit von drei Tagen auf einen und die Transferstrecke von 250 m auf 51 m.

Während das Just-in-Time-Prinzip vor allem darauf abzielt, Verzögerungen zu kürzen (also die Nicht-Wertschöpfungs-Zeit), hat die Senkung der Verfahrens- (also Wertschöpfungs-) Zeit dieselben guten Resultate. Die gesamte Durchlaufzeit wird kürzer, Probleme werden gelöst, um die Kürzungen abzusichern, und die Konkurrenzfähigkeit steigt. Omark in Guelph kürzte den Härteprozeß nicht nur, sondern schaffte ihn ab.

Exkurs: Werkzeugherstellung und Werkzeugmaschinen

Hier schient eine Randbemerkung zu Omark angebracht. Warum hatte die Firma bei ihren Bemühungen um Produktion auf Weltniveau solch einen Erfolg? Ich meine, ein Grund ist Omarks Stärke bei der Werkzeugherstellung. Die Leute aus der Firma sagen, sie glauben, daß sie den besten Werkzeugmacher im ganzen Land haben, einen Menschen, der andern die Kunst des Werkzeugmachens beibringt. Als Omark vor Jahren mit der Herstellung von Sägeketten anfing, mußte es diesen Pluspunkt haben; man hätte nicht einfach Werkzeugmaschinen für die Herstellung von Sägeketten kaufen können. Omark behielt diesen Vorteil. Er kam wie gerufen, als das Unternehmen seinen ersten bedeutenden Just-in-Time-Schub vollzog, der aus Projekten zur schnellen Maschineneinrichtung bestand. Die Werkzeugmacher konnten schnell jede Maschinenmodifikation anfertigen, die die Ingenieure oder Arbeiter sich vorstellen konnten. Im Rahmen der Produktion auf Weltniveau werden die erfindungsreichsten Maschinenarbeiter in die Werkzeugherstellung versetzt – mit höherem Lohn und Prestige.

Omark ist in Nordamerika eine Ausnahme, weil es seine Stärke in der Werkzeugherstellung nicht hat versiegen lassen. In den amerikanischen Industriefirmen der 60er Jahre wurde typischerweise so argumentiert: Warum stutzen wir nicht die teure Werkzeugherstellung und kaufen von den Experten, der überaus fähigen Werkzeugmaschinen-Industrie der USA? Heute ist die Werkzeugmaschinen-Industrie der USA nicht mehr so stark. Hayes und Wheelwright vermuten, daß ihr durch mangelnden Innovationsdruck seitens der industriellen Abnehmer die Ideen ausgingen. In Deutschland hingegen » ...scheint das Interesse der Produzenten daran, ihre Ausrüstung selbst herzustellen, die deutsche Werkzeugmaschinen-Industrie *gestärkt* zu haben.« (Hayes und Wheelwright 1984: 19.)

Die beste Politik ist etwa folgende: Stellen Sie Ihre Ausrüstung, wann immer möglich, selbst her, denn erstens senkt das die Durchlaufzeit, zweitens können Sie Maschinen mit kleinen Kapazitäten herstellen und bei steigender Nachfrage aufstocken, drittens können Sie für Ihren eigenen beschränkten Bedarf konstruieren und vielleicht die Kosten geringer halten, und viertens bleiben die Spezialkenntnisse im Haus, so daß Sie die Ausrüstung weiterhin verbessern und »narrensicher« machen können. Kaufen Sie von außerhalb, wenn Sie moderne, dem neuesten Stand der Technik entsprechende Ausrüstung brauchen – die die Werkzeugmaschinen-Industrie wohl zu liefern imstande sein müßte.

Schwallöten

Um auf die schrittweise Hinzufügung von Maschinen zurückzukommen, hier ein Beispiel eines verbreiteten Ausrüstungsgegenstandes in der

Elektronik. Heute ist in den meisten Städten mit über 10 000 Einwohnern in Nordamerika mindestens ein Schaltplatinen-Montagewerk. Die meisten dieser Werke besitzen eine Maschine zum Anlöten der Kontakte unter den Platinen. Eine gute Schwallötmaschine kostet über 100 000 Dollar. Bis auf ein paar Anlagen mit hohem Durchsatz ist die Kapazität der Maschine in der Regel weit größer als erforderlich.

1984 wurde ich auf eine Firma aufmerksam, die kleine, preiswerte Schwallötmaschinen herstellt, die (bei bestimmten Platinentypen, wie man mir sagte) hochwertige Arbeit leisten. In letzter Zeit habe ich diese kleinen Maschinen als Bestandteil des Just-in-Time-Betriebes in immer mehr Platinenfabriken gesehen.

Zum Beispiel wird der kleine Schwallöter verwendet für den Großrechner UNIVAC 1170, der mittlerweile in einem beeindruckenden Just-in-Time-Werk hergestellt wird (vgl. Kapitel 4). Neben dem Schwallöter steht – auf Rädern – ein sogar noch kleinerer Entfettungsautomat. Der 1170 ist eines der vielen Elektronikprodukte, die Sperry in einem einzigen großen Gebäude herstellt. Mittlerweile ist es möglich, für jedes Produkt einen eigenen Schwallöter aufzustellen, was die Wartezeiten in jedem Fall verkürzt.

Zwar ist der kleine Schwallöter ein ausgezeichnetes Beispiel für eine »Just-in-Time-Maschine«, doch viele der im Anhang aufgeführten »5er-10er-20er«-Elektronikproduzenten haben noch keinen. Sie besitzen bereits einen großen, der gut funktioniert, und die »verlorenen Kosten« der großen Maschine verhindern Umstellungen. Vielleicht ist der beste Ansatz für diese Firmen, sie noch eine Zeitlang zu behalten und sie auf eine Produktfamilie in einer Werksabteilung zu spezialisieren, sowie eine kleine Maschine zu kaufen und sie in einer anderen Abteilung einer zweiten Produktfamilie zu widmen. Man füge weiterhin im Lauf der Zeit kleine Maschinen hinzu. Ein Vorzug dieser Strategie ist, daß sie »Fabriken in Fabriken« schafft, die das Thema des folgenden Kapitels bilden.

Vielleicht wird der Markt für gebrauchte Ausrüstungen in ein paar Jahren von kapazitätsstarken Härte- und Einbrennöfen, Schwallötern, Reinigungs- und Säuretanks, Vorratstanks, Mischtanks, Großkochtöpfen, Karussell-Lagersystemen, motorisierten Förderanlagen und Gabelstaplern überschwemmt – um nur ein paar von der Just-in-Time-Technik betroffene Geräte zu nennen.

Lernen

Widerlegen diese Praxiserfahrungen das Konzept der Betriebsgrößeneinsparungen? Nein. Es stimmt immer noch, daß die Stückkosten fallen,
wenn der Produktabsatz steigt. Deswegen ist die Qualität so wichtig. Sie
gibt mehr Verbrauchern einen Grund, das Produkt zu kaufen.

Damit startet der Motor. Man muß Treibstoff nachfüllen, damit er
schneller läuft und sich nicht verschluckt. Nicht größere Maschinen und
Anlagen sind der Treibstoff, sondern das *Lernen*, und die *Lernkurve* wird
nie veralten. Die Gewinne aus den Anfangserfolgen eines neuen Produktes kann man in menschliches Talent und in Produkt- und Verfah-
rensverbesserungen investieren: Immer mehr begabte Kräfte beschäftigen sich damit, das Produktdesign zu verbessern, die Verfahren
genauer und zuverlässiger zu machen, bessere Materialquellen zu finden,
mit Lieferanten zusammenzuarbeiten, um deren Leistungsniveau zu
heben, und den Puls der Verbraucher zu fühlen, damit das Produkt verbessert und seine Lebensdauer verlängert werden kann.

Das Lernen, das einem derartigen Verbesserungszyklus entspringt,
kann man nirgendwo kaufen. Die Konkurrenz kann nicht siegen, wenn
sie den Lern-Verbesserungs-Zyklus nicht selbst durchläuft.

Zusammenfassend zeigt das Konzept der Betriebsgrößeneinsparungen durchaus zutreffend die Chancen, die ein gesteigerter Absatz
bietet. Das Lernen im großen Maßstab und nicht Ausrüstung und
Anlagen im großen Stil sind der Grund dafür, daß es funktioniert.

Die Maschine bremsen

Das Prinzip, Investitionsgüter in kleinen Schritten hinzuzufügen, ist
leicht in die Praxis umzusetzen. Doch meistens wächst der Absatz nicht,
sondern steigt und fällt. Die Produktion ist erst dann auf Weltniveau,
wenn sie gut auf die Absatzschwankungen reagieren kann, und das
bedeutet flexible Produktionsraten. Man passe die Produktionsraten
dem schwankenden Bedarf der folgenden Arbeitsgänge und den Schwankungen des Endbedarfs an. Dieses Konzept – nach der Bedarfsrate zu
produzieren – gilt für die wöchentlichen, täglichen, stündlichen und
minütlichen Schwankungen.

Diese Idee ist neu für uns. Die westliche Methode bestand stattdessen
darin, mit Volldampf loszulegen, bis die Maschine qualmt und Funken

sprüht und bis kein Rohmaterial oder kein Platz mehr da ist, um die Überschußproduktion zu lagern. So ausgedrückt, klingt es wahnsinnig. In einer vergangenen Epoche scheint diese Betriebsweise tatsächlich sinnvoll gewesen zu sein. Bevor wir auf die Gründe eingehen, schauen wir uns ein Beispiel an, wie man eine Maschine entsprechend der Absatzrate verlangsamt.

Kleiner stellen

Bei einem Seminar, das ich in einer großen Pharmafirma abhielt, sprach ich von der Ausrüstung und entwickelte detailliert jedes Konzept. Ein Zuhörer konnte nicht abwarten, bis ich zu seinem Lieblingsthema kam und fragte: »Meinen Sie nicht auch, daß wir in den USA unsere Ausrüstung zu schnell fahren – beispielsweise unsere Hochgeschwindigkeits-Packstraßen?«

»Alle fahren ihre Packstraßen zu schnell und mit zu hoher Last«, stimmte ich zu. Ich erzählte von einer Füll-und-Pack-Straße in einer Tiefkühlkost-Fabrik, die ich studiert hatte. Jahrelang war sie mit der vom Hersteller angegebenen Höchstgeschwindigkeit gefahren worden, und im Lauf der Jahre war die Zahl der Wartungsmonteure und der planmäßigen Inspektionen irgendwie geschrumpft. Mehrmals pro Schicht blieb die Straße stecken und wurde kurz angehalten, und die durchschnittliche Ausfallzeit betrug ein bis drei Stunden pro Schicht.

Mittlerweile grinsten die Leute im Publikum und stießen einander an, weil sich das, wie sie erklärten, nach ihren eigenen Straßen anhörte, die Tabletten und Kapseln in Flaschen oder Päckchen abfüllten.

Die Leute vor Ort *wissen*, wie närrisch es ist, schnell zu produzieren, nur damit weitere Stillstandzeiten die Folge sind. Endlich erreicht diese Botschaft auch die Entscheidungsinstanzen, so daß etwas daran geändert werden kann.

In den meisten Fließfertigungsbranchen, in denen es oft akute Startprobleme gibt, widersetzt man sich der Verlangsamung der Maschinen. Als Beispiel fällt mir eine Fabrik ein, die ein Bimetall-Material für Thermostaten herstellt. Das Produkt wird auf einer großen »Klebe-Fräse« hergestellt, die zwei verschiedene Metalle entrollt, sie unter Druck verklebt und den Verbundwerkstoff auf die richtige Dicke abfräst. Diese Maschine konnte man wegen der hohen Aufheiz- und Startkosten wirtschaftlich gesehen nicht weniger als vierundzwanzig Stunden am Tag laufen lassen. In den letzten Monaten war die Nachfrage schwach, und die Maschine lief jeden Monat zehn Tage und war zwanzig Tage abgeschaltet.

Die monatliche Bestandsbildung von Rohmaterialien und fertigen Bimetall-Coils war gewaltig, und man suchte nach Just-in-Time-Lösungen. Konnte man die Maschine langsamer fahren – genauer gesagt, ein Drittel so schnell? Die Antwort war: ja. Würde sie besser laufen – qualitativ bessere Produkte herstellen –, wenn sie ein Drittel so schnell liefe? Die Antwort war: wahrscheinlich. Wäre sie einfacher während des Betriebs zu warten, wenn sie langsamer liefe? Die Antwort war: ja. Gab es irgendwelche Gründe, sie nicht langsamer zu fahren? Eigentlich nicht. Der Maschinenbediener, ein vielseitiger Bursche, konnte sich auf eine andere Arbeitsstruktur einstellen: Er überwacht nun gleichzeitig mehrere Ausrüstungsteile, statt sich zehn Tage damit abzumühen, die Klebe-Fräse in Gang zu halten und dann eine ähnliche Plackerei an einer anderen Maschine durchzumachen.

Arbeitsvorschriften

Der Arbeiter, der die Klebe-Fräse bediente, war nicht in der Gewerkschaft, und es gab keine restriktiven Arbeitsvorschriften. Die Division Konsumgüter von Honeywell in Minneapolis hingegen ist gewerkschaftlich organisiert. Zum ersten Hochleistungs-Just-in-Time-Projekt der Division gehörte ein Luftfilter für den Einbau in Hausfeuerungsanlagen. Viele Fertigungsschritte waren in einer serpentinenförmigen Linie angeordnet, und die Linie war im Oktober »durchforstet« worden, so daß sie nach dem Holsystem arbeitete. Die Verpacker am Ende des Bandes gaben die ersten Holsignale, und die vorangehenden Phasen reagierten darauf. Zwischen den Phasen gab es kaum Umlaufmaterial oder Wartezeiten – bis auf die erste Phase, in der aus Coils Bleche ausgeschnitten wurden.

Die einzige große Maschine in dem Verfahren ist eine Profilwalze, die die Stahlcoils auswalzt und sie dann auf die richtige Länge und Breite der fertigen Bleche zuschneidet. Die Profilwalze stand vor der Just-in-Time-Linie, gehörte aber nicht dazu. Zwischen der Profilwalze und der Luftfilter-Fertigungslinie wurden viele Karren voller zugeschnittener Stahlbleche aufgestellt.

Fragen wurden laut: Warum all die Karren voller zugeschnittener Bleche? Ist die Maschine unzuverlässig? Wird sie oft repariert? Nein, sie funktionierte sehr gut, so daß die Karren mit Blechen nicht als Puffer benötigt wurden. Die Antwort schien den Facharbeiter an der Profilwalze zu betreffen. Bisher hatte der Arbeiter einfach die Maschine bedient und in einer Schicht so viel wie möglich produziert. Jetzt – im Just-in-Time-System – sollte die Profilwalze an- und ausgestellt werden, um von Stunde zu Stunde und von Tag zu Tag nur so viele Bleche herzustellen, wie gebraucht wurden. Es ist sinnlos, pro Schicht so viel wie möglich herzustellen, damit der Maschinenbediener beschäftigt ist, insbesondere da die Karren voller Material den Gegenwert von mehr als dem Monats- oder sogar Jahreslohn des Arbeiters enthielten.

Tony Lipari, Just-in-Time-Manager für den Luftfilter, und sein Stab kamen zu dem Schluß, daß die Materialkarren nicht benötigt wurden. Die Überschüsse wurden aufgebraucht und die Profilwalze in das Hol-System integriert.

Und der Maschinenbediener? Honeywells Tarifvertrag mit den Gewerkschaften enthält einige Normvorschriften, die die Versetzung von Arbeitskräften einschränkt. Derartige Regeln waren dem Just-in-Time-System nicht so hinderlich wie erwartet. In vielen gewerkschaftlich organisierten Fabriken wie der Konsumgüter-Division von Honeywell bröckeln die Arbeitsvorschriften ab (oder werden umgangen), wenn es gute Gründe dafür zu geben scheint. Der Ansatz der Vergangenheit – bleib an der Maschine und produziere, selbst wenn die Lager schon voll mit Teilen von deiner Maschine sind – war verschwenderisch.

Heute sehen wir, und die aufgeschlossenen Gewerkschaftler sehen es auch, daß diese verschwenderischen Praktiken schlechtes Management bedeuten. Da schlechtes Management zu Werksschließungen und Arbeitsplatzverlusten führt, schmilzt die Opposition der Gewerkschaft gegen lockerere Arbeitsvorschriften. Natürlich gibt es die normale Angst vor Veränderungen und vor der Umstellung auf neue Tätigkeiten. Am besten überwindet man diese Ängste durch Schulung: Alle Beteiligten müssen heute in einer Zeit des rapide besser werdenden Fertigungsmanagements und härteren Wettbewerbs die Vorteile und die Notwendigkeit flexibler Arbeitskräfte begreifen.

Häufige Geschwindigkeitswechsel

Nun wollen wir untersuchen, warum wir in der Vergangenheit Maschinen am liebsten mit Höchstgeschwindigkeit betrieben. Häufige Geschwindigkeitswechsel hätten vier Fragen aufgeworfen:

1. Womit soll man den Maschinenbediener beschäftigen, wenn die Maschine angehalten oder verlangsamt wird? Die Produktion auf Weltniveau verlangt vom Arbeiter Vielseitigkeit, damit er dorthin gehen kann, wo Arbeit anliegt. Auf kurze Sicht, von Stunde zu Stunde, gibt es oft genug Arbeit außer der Teilefertigung unmittelbar am Arbeitsplatz. Kapitel 2 erläuterte diesen Punkt: Der Arbeiter ist mehr als ein Teilefertiger. Seine geistige Leistung ist potentiell wertvoller. Außerdem gibt es bei der Schulung, Maschinenwartung und -reinigung und anderen Sekundärarbeiten genug zu tun. Geplanter Maschinenstillstand ist insofern begrüßenswert, als er den Mitarbeitern die nötige Zeit gibt, sich mit solchen Dingen zu beschäftigen.

2. Wie kann man dem Produzenten Schwankungen der Bedarfsraten rückmelden? Just-in-Time empfiehlt das Holsystem: Man melde den Bedarf durch Kanbanfelder, Karten, leere Behälter, leeren Platz im Regal. Das ist Management nach Beobachtung, und es wird dann sehr praktikabel, wenn die Liefermaschine und die weiterverarbeitende Station unmittelbar hintereinander stehen.

3. *Kann* man die Maschine langsamer fahren? Bei den üblichen Werkzeugmaschinen, die einzelne Teile herstellen oder testen – Dreh- und Fräsautomaten, Testgeräte und dergleichen – ist das kein Problem. Sie können ein Teil herstellen, anhalten, noch ein Teil herstellen, anhalten usw. Walzstraßen, chemische Reaktoren, Fließfertigungsmühlen, Dosenfüllgeräte und Hunderte von anderen stärker automatisierten Maschinen sind etwas anderes. Die Leute zweifeln oft daran, daß man sie langsamer fahren kann. In einigen Fällen wären Modifikationen an den Maschinen nötig, was in der Regel ein kleineres Problem ist. In ein paar Fällen scheint es aus Qualitätsgründen eine Idealgeschwindigkeit zu geben. Der beste Ansatz zu diesem Hindernis ist eine eingehende Studie der Gründe. Insgesamt gibt es nur wenige Fälle, in denen variablen Ausstoßraten der Maschine ernste Hindernisse entgegenstehen. Wenn es ernste Hindernisse gibt, teilen Sie dem Hersteller der Maschine mit, daß die nächste Maschine, die Sie kaufen, flexibler sein muß.

Auslastung

Die strikte Beschränkung der Ausstoßraten, die für den Produzenten auf Weltniveau nötig wird, lassen den Auslastungsgrad der Maschine als nutzlosen und sogar schädlichen Maßstab erscheinen. So schlimm ist es nicht. Die Auslastung war immer ein Signal dafür, wenn man mehr Kapazität anschaffen oder überflüssige Ausrüstung abstoßen soll.

Als Maßstab für die Managementleistung war die Auslastung noch nie sinnvoll. Und doch ist sie als solcher in Gebrauch gekommen, was zu schlechten Entscheidungen führt.

Eine dieser schlechten Entscheidungen ist die Überproduktion, damit die Auslastungsstatistik des laufenden Quartals gut aussieht. Im nächsten Quartal wird man den Ausstoß senken müssen, aber so weit schauen wir oft nicht. Wir *hoffen* auf einen Umsatzaufschwung, der die überschüssigen Bestände abbaut und die Kapazitäten im nächsten Quartal in Gang hält.

Eine noch schlechtere Entscheidung ist, Arbeitsaufträge auf den schnellsten Maschinen zu fahren. Dann stellen wir die langsameren weg und versuchen, sie als Überschuß zu deklarieren. Wir verkaufen sie, so daß die Gesamtkapazität sinkt und der gesamte Maschinen-Auslastungsgrad steigt. Die Umsatzrendite der Maschine, die Abschreibungen und der gesparte Platz tragen zu dem Gefühl bei, daß die richtige Entscheidung getroffen wurde.

Diese Überlegung ist unvernünftig. Kleine, langsame Maschinen – in mehrfacher Ausführung – sind, wenn sie gut funktionieren, Just-in-Time-Maschinen der Spitzenklasse. Eine große, schnelle ist es nicht. Ich glaube nicht, daß ich alle Gründe dafür wiederholen muß. Schauen wir stattdessen, welche Auswirkungen Just-in-Time-Verfahren auf die Kapazitätsauslastung haben.

Maschinenstunden

Tabelle 5.1 vergleicht die Kapazitätsauslastung bei herkömmlicher und Just-in-Time-Produktion. Aus den gerade erörterten Gründen – große Maschinen mit Höchstgeschwindigkeit fahren und überschüssige Ausrüstung abstoßen – kann die herkömmliche Fertigung einen hohen Auslastungsgrad hinsichtlich der Maschinen*stunden* (Sollkapazität) aufweisen. Die Just-in-Time-Produktion hat möglicherweise einen geringen Auslastungsgrad, da das Just-in-Time-Konzept verlangt, daß man besser anhält, statt Produkte herzustellen, bevor sie gebraucht werden oder bevor man Defekte verursacht.

Die Auslastung in Stunden oder die Sollkapazität sind aber nicht von Belang. Das eigentliche Problem ist der Nutzungsgrad der Ausrüstungs*investitionen*. Daran gemessen erstrahlt die Just-in-Time-Politik im hellen Glanz.

Tabelle 5.1: Kapazitätsauslastung

	Nach Maschinen-stunden	Nach Maschinen-kosten
Herkömmliche Fertigung Produktion in großen Losen Allzweckmaschinen mit großen Kapazitäten	Hoch	Gering Teure Ausrüstung, eine Stunde ist teuer. Komplizierte Ausrüstung, daher viel Installations- und Ausfallzeiten. Große Maschinen sind am Anfang des Produktlebens- zyklus nicht voll ausge- lastet. Warteschlangen-Effekte; Überstunden- und Still- standzyklen.
Just-in-Time Produktion in kleinen Losen Spezialmaschinen mit kleinen Kapazitäten	Gering	Hoch Billige Ausrüstung; eine verlorene Stunde kostet nicht so viel. Einfache Ausrüstung, daher wenig Installations- und Ausfallzeiten. Mit steigendem Absatz werden stückweise kleine Maschinen angeschafft. Regelmäßiger Zeitplan, konstante Kapazitätsaus- lastung.

Maschinenkosten

Zur Illustration betrachten wir eines der im Anhang der 5er-10er-20er aufgeführten Just-in-Time-Projekte (die Firma nenne ich nicht). Ein Teil des Projektes bestand darin, daß man einen großen Schwallöt-Automaten für 130 000 Dollar (zum Löten von Schaltplatinen) durch zwei kleinere ersetzte, die 10 000 Dollar pro Stück kosteten. Diese beiden stellten ebensoviel her, jedoch in zwei flexiblen Just-in-Time-Linien statt in Serienfertigung.

Wenn die große Maschine in einer Acht-Stunden-Schicht sechs Stunden lief, betrug die Auslastung 80 Prozent. Die beiden kleinen liefen nur drei von acht Stunden, was eine Auslastung von nur 37,5 Prozent bedeutete. Wie vergleicht man den Nutzungsgrad der Ausrüstungsinvestitionen? Dazu können wir die Betriebszeit durch den Ausrüstungswert dividieren. Im Zähler verwenden wir als Einheit Minuten und im Nenner 1 000-Dollar-Einheiten.

$$\text{Großer Schwallöt-Automat:} \quad \frac{6 \text{ Std. x } 60 \text{ Min.}}{130} = 2,8$$

$$\text{Kleiner Schwallöt-Automat:} \quad \frac{3 \text{ Std. x } 60 \text{ Min.}}{10} = 18,0$$

Die Indizes 2,8 und 18,0 haben keine besondere Bedeutung, und ich möchte ihre Verwendung nicht empfehlen. Aber sie zeigen die Größenordnung des Vorteils der kleinen Just-in-Time-Maschine gegenüber der großen. (Es gibt sogar verbindliche Maßstäbe für die Vorteile, die man statt des gerade ersonnenen, künstlichen verwenden kann. Einer davon ist der Kapitalumschlag: die jährlichen Kosten der verkauften Waren geteilt durch die auf Jahresbasis umgerechneten Kapitalkosten. Ein weiterer ist der Return on Investment.)

Die Lehre ist eindeutig: Die Kapazitätsauslastung sollte man nicht als Maßstab für die Leistung der Werksleitung verwenden. Sie ist irreführend und destruktiv.

Der letzte Grund für die plötzliche Unbeliebtheit der größeren Maschinen ist, daß sie nicht ohne weiteres bewegbar sind. Warum hat der Produzent auf Weltniveau besonderen Bedarf an bewegbarer Ausrüstung? Das wollen wir nun sehen.

Bewegbarkeit

Stereo-Geräte – das stand auf dem letzten Geburtstags-Wunschzettel meines Sohns Clay. Sonst nichts. Meine Frau und ich gingen mit Clay zum HiFi-Laden, der die neueste Technologie auf Lager hatte. Clay war fast mehr daran interessiert, uns einen sensationellen Plattenwechsler von Bang & Olufsen vorzuführen, als daran, uns das Soundsystem der mittleren Preisklasse bezahlen zu lassen, das er sich ausgesucht hatte. Der Bang & Olufsen-Plattenwechsler ist auf einer stoßfesten Grundplatte montiert. Der Verkäufer machte sich einen Spaß daraus, auf das

Gehäuse zu schlagen, während die Platte spielte, und zu bemerken, daß die Nadel weder hüpfte noch verrutschte.

Solche Geräte braucht die Industrie. Fertigungswerke haben immer häufiger mindestens eine so temperamentvolle Maschine, daß sie auf einen besonderen, stoßabsorbierenden Sockel montiert werden muß. Ihr Standort ist sorgfältig zu wählen, weil die Maschine wahrscheinlich dort bleibt.

Lebenszyklen und Umsatzvolumina

Der Wunsch nach bewegbarer Ausrüstung ist nicht neu. Unbewegbarkeit haben wir noch nie geschätzt. Der Hersteller von unabhängigen, stoßabsorbierenden Werkzeugmaschinen hatte immer einen Wettbewerbsvorteil.

Die Bewegbarkeit ist heute viel wichtiger geworden. Wie man uns sagt, werden die Produktlebenszyklen immer kürzer. Daher bringen wir neue Produkte heraus, was bedeutet, daß wir die Ausrüstung umstellen, und das öfter denn je zuvor. Doch die Naisbitts und Tofflers, die uns sagen, daß derartige Produkte oft durchfallen, weisen nicht darauf hin, daß das Umsatzvolumen jedes einzelnen Produktes enorm sein kann – zwar nur kurz, aber mit sehr hohen Stückzahlen. Sanyo-Bildschirme, Toyota-Celicas, Chrysler-Minivans, Exemplare von *Auf der Suche nach Spitzenleistungen*, IBM PCs, Pampers, Campbell's Tomatensuppe, Post-It von 3M – die Liste von Massenwaren ist endlos. Macht es bei derartig erfolgreichen Produkten etwas aus, ob die Fabriken, die sie herstellen, inflexibel sind? Steven Jobs, Mitgründer von Apple Computer, meint über die Macintosh-Fabrik: »Weil sie nur auf dreißig Monate Betriebszeit geplant ist, können wir die Fertigungslinie abreißen, das Metall als Schrott verkaufen und eine bessere bauen.« (Sepehri 1985)

Besser werden durch Bewegung

Nein, die Verkürzung der Produktlebenszyklen ist nicht der Grund, warum die Bewegbarkeit für den Produzenten auf Weltniveau so wichtig ist. Der Grund ist, daß eine Fabrik nicht zur Spitzenklasse gehören kann, wenn sie nicht *kontinuierliche und schnelle Verbesserungen* erzielt. Schnelle Verbesserungen gehören laut Definition zur Produktion auf Weltniveau und schnelle Verbesserungen bedeuten häufige Veränderungen – auch Standortveränderungen der Ausrüstung.

In den letzten zwei Jahrzehnten der Vernachlässigung in der westlichen Industrie hielt man eine Fabrik für erfolgreich, wenn sie im Geschäft blieb. Diese Erfolgsdefinition können wir vergessen. Gehen wir noch etwas weiter zurück. In den 50er Jahren bestand der Erfolg in der Reduzierung von Kosten und Abweichungen (Ausschuß) um, sagen wir, 2 bis 3 Prozent im Jahr. In Abb. 5.2 setze ich diese Rate der Kostenverbesserungen in die Terminologie der Just-in-Time-Produktion und der umfassenden Qualitätssicherung um: Reduzierung der Abweichungen, der Durchlaufzeit und des Umlaufmaterials (was zu einer weit umfassenderen Kostensenkung als nur bei den direkten Lohneinzelkosten führt).

Abbildung 5.2: Wozu bewegbare Ausrüstung?

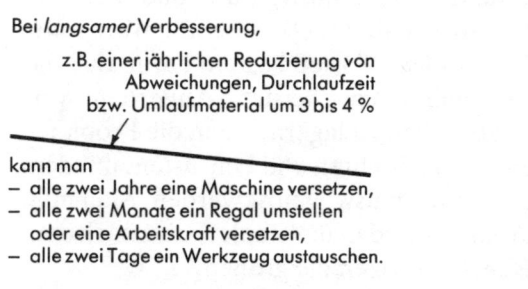

Bei *langsamer* Verbesserung,
z.B. einer jährlichen Reduzierung von Abweichungen, Durchlaufzeit bzw. Umlaufmaterial um 3 bis 4 %

kann man
– alle zwei Jahre eine Maschine versetzen,
– alle zwei Monate ein Regal umstellen oder eine Arbeitskraft versetzen,
– alle zwei Tage ein Werkzeug austauschen.

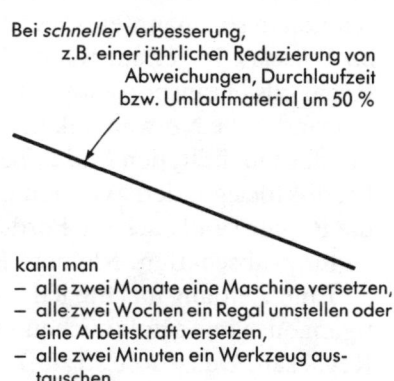

Bei *schneller* Verbesserung,
z.B. einer jährlichen Reduzierung von Abweichungen, Durchlaufzeit bzw. Umlaufmaterial um 50 %

kann man
– alle zwei Monate eine Maschine versetzen,
– alle zwei Wochen ein Regal umstellen oder eine Arbeitskraft versetzen,
– alle zwei Minuten ein Werkzeug austauschen.

An den Normen der Weltniveau-Produktion gemessen, ist eine 2- bis 3-prozentige jährliche Verbesserung wenig. Eine Fabrik mit derartig bescheidener Leistung wird durch ihren Konkurrenten auf Weltniveau, der sich jährlich vielleicht um 50 Prozent verbessert, aus dem Geschäft gedrängt. Bedenken Sie: Die im Anhang aufgeführten 5er-10er-20er-Unternehmen kürzten ihre Durchlaufzeiten in der Regel binnen ein bis zwei Jahren auf mindestens ein Fünftel. Bei vielen dieser und anderer Werke sind die Qualitätsverbesserungen ebenso beeindruckend. Da unsere japanischen Konkurrenten es geschafft haben, viele Jahre lang hohe Verbesserungsgeschwindigkeiten beizubehalten, gibt es keinen Grund zur Annahme, daß es uns mit fast denselben Konzepten und Techniken nicht ebenso gut gelingt.

Abb. 5.2 zeigt die Auswirkungen auf bewegbare Ressourcen. Bei langsamer Verbesserung müssen wir vielleicht alle zwei Jahre eine

Maschine versetzen, alle zwei Monate eine Arbeitskraft oder ein Regal und alle zwei Tage ein Werkzeug. Bei schneller Verbesserung müssen wir derartige Veränderungen möglicherweise alle zwei Monate, Wochen und Minuten vornehmen.

Bewegbare Regale

Unsere Werkzeugregale – und unsere Regale für Formen, Grundplatten, Vorrichtungen und Einsätze – waren in der Regel fest montiert; in Fabriken auf Weltniveau sind heutzutage viele fahrbar. Toyota führte in den 50er Jahren Werkzeugkarren ein.

Auch Bauteil-Regale sind zuweilen fahrbar. Die Tennant Co. in Minneapolis bewahrt heute viele Teile für ihre Industrieputz- und -kehrmaschinen in sogenannten »WOW-Karren« auf (*WOW* steht für *Warehouse on Wheels* – Lager auf Rädern). Der klare Vorteil besteht darin, daß das Regal als Transportgerät zweifachen Dienst leistet. Außerdem verschwindet die Notwendigkeit, Materialien zu lagern, wenn die Probleme mit der Qualität, den Maschinen, mit Einrichten und Umrüsten, mit dem Produktdesign, den externen Lieferungen usw. gelöst werden. Man muß die Regale (und auch die Förderbänder und Gabelstapler) eins nach dem anderen abschaffen. Kleinere Regale ersetzen die großen.

Eine Zeitlang machte ich immer Photos, wenn ich bei meinen Besichtigungen von erfolgreichen Just-in-Time-Werken ein leergeräumtes Regal sah. Das wurde so zur Routine, daß ich damit aufhörte. Die besten Geschichten – leider ohne Photos – sind diejenigen über die Demontage oder die Stornierung eines Auftrages für ein automatisches Lagersystem für 2 oder 5 oder 10 Millionen Dollar. Z.B. demontierte Oldsmobile in einem seiner Montagewerke für 60 Arbeitsaufträge pro Stunde ein Lagersystem mit 3 300 Lagerplätzen. FMC Corp. ließ zwei Lagersysteme stornieren, bevor sie gebaut wurden – eines für die Waffenfabrik in San José und das andere für das Werk in Stephensville, Texas, das Flüssigkeitssteuerungs-Geräte für die petrochemische Industrie herstellt.

Der ursprüngliche Plan für die Macintosh-Fabrik von Apple sah vor, daß ziemlich große Mengen eingekaufter Bauteile gelagert werden sollten. Die Einkäufer und Konstrukteure des Macintosh haben ihre Bemühungen um Lieferantenentwicklung seither vorangetrieben und arbeiten mit diesen zusammen, um ihre Zuverlässigkeit zu erhöhen. Jede Steigerung der Lieferantenleistungen senkt die Menge der Rohmaterialien, die vorsorglich gelagert werden müssen. Bei erstklassigen Lieferanten wird oft ein direkter Materialfluß von der Rampe ans Band möglich. Bei der Macintosh-Fabrik allerdings steht der Reduzierung der Rohmaterialien und des Lagerplatzes und der Glättung des Rampe-Band-Flusses ein Hindernis im Wege: Mitten in der Fabrik steht ein langes, hohes Transportbox-Regal (siehe Abb. 5.3).

Abbildung 5.3: Transportbox-Hochregal in der Macintosh-Fabrik

Hochregale

Das Hochregal bei Macintosh ist keineswegs einmalig. Eine Reihe umsatzstarker Montagewerke verwenden Hochregale, insbesondere in der Schaltplatinenbranche.

In einem Schaltplatinen-Montagewerk gibt es *drei* Hochregale. Die Just-in-Time-Arbeitsgruppe hat mit sich gerungen, was genau damit zu tun sei. Hier folgen einige Möglichkeiten, die debattiert wurden.

1. Keine Änderung. Die Regale als großes Lager- und Transportsystem verwenden. Diese Möglichkeit ist keine, da Lagerung und Transport Kosten und Wartezeiten erhöhen, nicht aber den Wert.

2. Leer laufen lassen, aber als Fördermittel zum Transport der Schaltplatinen von einem Bestückungsautomaten zum nächsten verwenden. Das Hochregal könnte Bauteile nur aufgrund eines Holsignals von einer Maschine weiterbefördern. Es gibt mehrere Platinentypen, zahlreiche Bauteile, und jedes Ausrüstungsstück ist mehrfach vorhanden (z.B. Einsetzautomaten für DIP-Schalter* und Axialkontakte), und man kann das Hochregal so programmieren, daß es Materialien von einer Stelle nimmt und sie an eine beliebige andere schickt.

3. Maschinenzellen entlang des Regals aufstellen, wie die Skizze in Abb. 5.4 zeigt. Zelle A verarbeitet mit drei Maschinentypen eine Platinenart; die »rechteckigen« Maschinen sind langsamer, so daß zum Ausgleich zwei davon benötigt werden. Zelle B verarbeitet Platine B usw. Das Hochregal nimmt die Bauteile an, lagert und transportiert sie und schickt die fertig montierten Platinen weiter zur Teststation. (Intel in Puerto Rico verwendet ein Hochregal auf diese Weise – aber für die Montage von Mikrocomputern und nicht von Schaltplatinen. Es wurde etwa zu der Zeit genehmigt und in Betrieb genommen, als die Just-in-Time-Arbeitsgruppe in die Schulungsarbeit und einige Just-in-Time-Pilotprojekte vertieft war. Der Materialmanager, der für den Regallagerbetrieb zuständig war, ging freudig an seine Aufgabe: »Ich werde das Hochregal in Gang bringen müssen – und dann herausfinden, wie wir es loswerden.«)

Abbildung 5.4: Hochregal zur Belieferung von Maschinenzellen

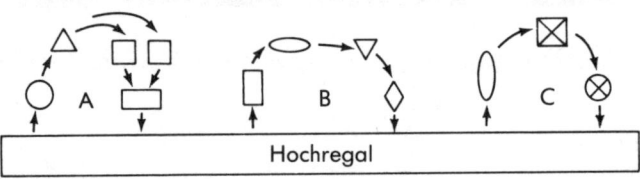

---

* Dual in line package: ein winziger Schalter, der in Computern und Peripherie Verwendung findet.

4. Abschaffen. Das ist meine Wahl. Option 3 funktioniert, und bei minimalem Umlaufmaterial kann das Hochregal die Materialien schnell genug befördern. Ein Hochregal als Fördermittel zu verwenden ist jedoch so, als würde man mit einem 40-Tonner Domenicos Pizzas in der Stadt ausliefern.

»Aber wir haben 2 Millionen Dollar dafür ausgegeben und noch nicht viel davon gehabt.« Egal – die Kosten können Sie vergessen. Bei rationaler Entscheidungsbildung haben alte Kosten keinen Einfluß auf neue Entscheidungen (außer bei Abschreibungseffekten). Schauen Sie nicht zurück. Marschieren Sie vorwärts. Reißen Sie die Hochregale heraus. Verkaufen Sie sie an die Konkurrenz.

Automatische Lagersysteme und flexible Fertigungssysteme

Wird der Bedarf an Hochregalen und automatischen Lagersystemen in unseren Weltniveau-Fabriken völlig versiegen? Vielleicht in den Betrieben mit hohen Stückzahlen wie dem Macintosh-Werk, aber was ist mit den Fabriken, die flexible Fertigungssysteme besitzen?

Wer über die »Fabrik der Zukunft« schreibt, beschreibt gewöhnlich flexible Fertigungszellen, die Teile herstellen und sie an ein automatisches Lagersystem übergeben, das die Teile an eine andere Zelle weiterleitet. Automatische Lagersysteme sollten *nicht* zu der Formel gehören, es sei denn, die Materiallager- und -transportbranche entwickelt kleine, bewegbare Lagersysteme oder Transportbox-Regale. Die derzeitigen Typen werden fest im Gebäude verschraubt und sind selbst Supermaschinen, die die Politik diktieren.

Flexible Automatisierung braucht nichts derartig Kompliziertes. Harvey und Pond (1985) beschreiben achtzehn der bekanntesten flexiblen Fertigungssysteme der Welt (insgesamt gab es 1985 in den USA etwa fünfzig flexible Fertigungssysteme). Während die meisten über automatische Lagersysteme verfügen, haben manche offenbar keines. Die meisten haben ein automatisches *Werkzeug*-Lagersystem, und das ist richtig, weil Werkzeuge wiederverwendbar sind. Einige der von ihnen angeführten flexiblen Fertigungssysteme klingen nach Produktion auf Weltniveau. Ich möchte nur ein paar erwähnen:

– Die Vought Corp. in Dallas betreibt ein 10 Millionen Dollar teures flexibles Fertigungssystem, das »531 verschiedene Teile herstellt, gewöhnlich in Serien von einem Stück«. Automatische Lagerung ist unnötig, wenn man nur ein Teil herstellt, weil man es nicht herstellen würde, wenn man es nicht sofort benutzen wollte. Art Roch, Leiter der Abteilung industrielle Modernisierung, verweist darauf, daß die Zelle zur »Serienproduktion« fähig sei, was bedeutet, daß sie ein Stück herstellt und es verwendet, dann noch eines herstellt und verwendet – das Just-in-Time-Konzept.

- Yamazaki Machinery Works hat in Minokamo, Japan, seine dritte flexible Fertigungsanlage installiert, eine riesige Anlage mit achtundachtzig Maschinen und zweiunddreißig Robotern. Werkstücke, die auf einen Maschinendurchgang warten, liegen auf einer Sortierpalettenstation unmittelbar neben der Maschine. Werkstücke zwischen den Maschinen oder unterwegs zur Teilmontage lagern auf einem Roboterkarren; der Karren trägt eine runde Palette mit Platz für acht Werkstücke. Auch dieses flexible Fertigungssystem folgt dem Just-in-Time-Konzept, die Teile zu verwenden statt sie zu lagern.

- In der Lokomotivenfabrik von General Electric in Erie, Pennsylvania, befindet sich ein hochgerühmtes flexibles Fertigungssystem für 16 Millionen Dollar, das Motoren- und Getriebegehäuse herstellt. Das System hat die Fertigungsdurchlaufzeiten angeblich von sechzehn Tagen auf sechzehn Stunden gedrückt.

- Harris Graphics Corp. in Fort Worth, Texas, produziert Druckmaschinen in einem flexiblen Fertigungssystem, das haargenau zu vielen Konzepten der Produktion auf Weltniveau paßt: Die Rohmaterialien durchlaufen mehrere Zellen, in denen sie zu fertigen Wellen und Zylindern werden (700 verschiedene Teile in fünf Teilefamilien); man verwendet normale Werkzeugmaschinen wie von der Stange; wenn Probleme auftauchen, kann man eine Zelle manuell betreiben; und die Leute von Harris schreiben ihre Software selbst und sind nicht auf externe Hilfe angewiesen. Der Berater John A. Maddox, der die Entwicklung des flexiblen Fertigungssystems im Auftrag von Harris leitete, war bestrebt sicherzustellen, daß die Menschen das System handhaben konnten statt umgekehrt.

- Amerikanische und europäische Ingenieure von Ex-Cell-O Corp. haben ein modulares, erweiterbares flexibles Fertigungssystem entwickelt, das sie das *FlexCenter* nennen. Ein Kunde kann mit einer einzigen Maschine anfangen und diese dann ausbauen. Schließlich wird sie zu einer Zelle, die dann in flexible Transferstraßen integriert werden kann.

- Daimler-Benz in Stuttgart stellt mit seiner Version einer flexiblen Transferstraße eine Vielfalt von Auspuffanlagen her. Diese ist zwar im engeren Sinne kein flexibles Fertigungssystem, aber die Vielfalt – 200 verschiedene Krümmertypen – ist beeindruckend. Die Flexibilität beruht hauptsächlich auf transportablen Vorrichtungen statt auf den Spindeln der Werkzeugmaschinen.

Die Transferstraßen in Nordamerika wurden in den letzten Jahrzehnten so inflexibel, daß schnelle Reaktionen auf Marktschwankungen – z.B. die Umstellung von 6- auf 4-Zylinder-Motoren und zurück – unmöglich waren. Nach mancher Leute Meinung ist ein flexibles Fertigungssystem fast per definitionem ein Schritt in Richtung Produktion auf Weltniveau, weil flexible Fertigungssysteme vor allem wegen ihrer schnellen Reaktion auf die Verbraucher berühmt sind. Es ist jedoch übereilt, den Weltniveau-Status aufgrund einer Definition zuzugestehen. Die hohen Kosten eines flexiblen Fertigungssystems müssen gerechtfertigt werden, und eine Rechtfertigung ist, wenn man das flexible Fertigungssystem im Just-in-Time- und nicht im Serienproduktions-Modus benutzt. Ein weiteres Merkmal ist, daß ein »gutes« flexibles Fertigungssystem über einfachen Teiletransfer und automatische gesteuerte Förderfahrzeuge verfügen sollte statt über starre, an der Decke oder im Boden verankerte Förderketten. (Im Anhang ist in der Liste der 5er-10er-20er keine Anlage mit flexiblem Fertigungssystem aufgeführt, weil die hohen Kosten dessen Wert nur schwer beurteilbar machen.)

Harvey und Pond (1985: 31) beobachteten, daß » … mit dem Aufkommen neuer Schlagworte wie computer-integrierte Fertigung (CIM) oder Künstliche Intelligenz (AI) flexible Fertigungssysteme (eine Zeitlang) aus der Mode kamen«. Sie folgern zutreffend, daß CIM ein bißchen zu hochgestochen und futuristisch ist, um alle Erwartungen zu erfüllen (und der Ausdruck wird so unbestimmt verwendet, daß er seine verbindliche Bedeutung verloren hat). Wenn wir uns mit flexiblen Fertigungssystemen herumschlagen, sind wir für den Rest dieses Jahrhunderts ausgelastet.

Natürlich müssen wir im 20. Jahrhundert anfangen, für die Wirklichkeit des 21. zu planen, und daher dürfen wir das voll entwickelte CIM als langfristiges Ziel im Auge behalten. In der CIM-Fabrik wird es anscheinend automatische Konstruktionszellen geben, die automatische Halbzeugzellen beschicken, welche wiederum automatische Fertigungszellen beschicken – bis hin zum Versand. Großrechner werden die ganze Anlage überwachen und steuern. Es gibt nicht viel zu lagern, da der Großrechner eine Lieferungszelle erst dann in Gang setzt, wenn die weiterverarbeitende Station fast fertig ist. Die Koordination von Zelle zu

Zelle wird nie perfekt sein, so daß es ein paar Regale wird geben müssen. Die großen, automatischen Lagersysteme wird es nicht geben.

(Anmerkung: Die hochgerühmte Traktorenfabrik von John Deere in Waterloo, Iowa, hat man als ein Beispiel für CIM bezeichnet, das schon in diesem Jahrhundert funktioniert. Auch dieses Werk wurde im Hinblick auf eine Just-in-Time-Fließfertigung geplant, und doch stehen fünf hochragende automatische Lagersysteme darin. Die Leute von Deere sagen, daß sie die Lagersysteme nicht noch einmal aufstellen würden. Eines davon fiel einmal aus und mußte eine Zeitlang umgangen werden. Kein Problem: Die Produktion schien glatter zu laufen, als der Riese außer Betrieb war!)

Die Kunst des schnellen Wechsels

Wenn die Regale verschwinden, rückt die Ausrüstung dichter zusammen, um die Lücken zu schließen. Deswegen ist die ideale Maschine oder Werkbank ebenfalls fahrbar oder leicht genug, um sie zu tragen. Bei Werksbesichtigungen achte ich darauf, ob die Maschinen verankert, eingelassen oder sonstwie unbeweglich sind. Während die Regale und Fördersysteme in der Macintosh-Fabrik von Apple ziemlich starr sind, sind die Maschinen halbwegs bewegbar. Sogar die Zusatzgeräte sehen ziemlich einfach und minimal aus.

Wenn ich über Bewegbarkeit nachdenke, fallen mir die Leistungen von Bühnenarbeitern ein: ganze Szenenwechsel in Minutenschnelle. Ich kenne keine Fabriken, die Fertigungsstationen in Minuten umstellen können, aber ich kenne eine, die es in wenigen Stunden schafft. Es ist das Montagewerk der Division Büro-Personal Computer von Hewlett-Packard in Sunnyvale, Kalifornien. Bei meinem Rundgang durchs Werk wies Lee Rhodes, der Fertigungsleiter, stolz darauf hin, daß »die meisten Maschinen auf Rollen stehen«. Außerdem war die Materialtransport-Ausrüstung einfach und leicht, weil die Menge des Umlaufmaterials sehr klein und die Transferstrecken sehr kurz waren.

Damals produzierte das Werk den Personal Computer HP 150. Der HP 150 war kein großer Verkaufserfolg. Und wenn das Produkt ein Renner gewesen wäre und man die Produktion in aller Eile hätte hochfahren müssen? Die flexible Werkskonfiguration minimiert das Problem. Zwischen zwei identischen, serpentinenförmigen Montagebändern für Schaltplatinen war ein zentrales Endmontageband eingebettet. Den angrenzenden Raum, der für Schreibtische und Hilfspersonal vorgesehen war, hätte man leerräumen und ein weiteres Produktionsmodul (zwei Schaltplatinen-Montagebänder mit der Endmontage dazwischen) darin aufstellen können. Damit hätte man eine chaotische Anlage vermieden. Rhodes schätzte, eine Verdoppelung der Kapazität würde nur sechs Wochen brauchen.

Leistung durch Größe

In diesem und den vorigen Kapiteln wurden übergroße Maschinen angeprangert. Aus der Tatsache, daß Supermaschinen der Produktion auf Weltniveau abträglich sind, folgere man nicht: »Small is beautiful« (der Titel eines Bestsellers: Schumacher 1973). Wenn es um Ausrüstung geht, ist klein nicht unbedingt fein – wir werden nicht zu Handwerkzeugen und Heimindustrien zurückgehen.

Am Menschen gemessen gibt es nur wenige Maschinen, die nicht groß sind. Maschinen und Automatisierung bieten Möglichkeiten, Aufgaben mit einer Präzision und Konstanz auszuführen, die die Fähigkeiten von Menschen weit übersteigen. Riesige Maschinen ergeben nicht mehr Präzision und Konstanz – oft sogar weniger – als solche mit normaler Größe. Bei der Anschaffung von Ausrüstung ist folgende Faustregel vernünftig: Kaufen Sie wegen der Leistung und nicht wegen der Stückzahlen.

6. Verantwortungszentren

Es ist Wahnsinn, wenn Betriebe so entworfen werden:

… die Mitarbeiter so organisiert sind:

… und daß die Arbeitsaufträge sich so von Maschine zu Maschine und von Montagestation zu Montagestation bewegen:

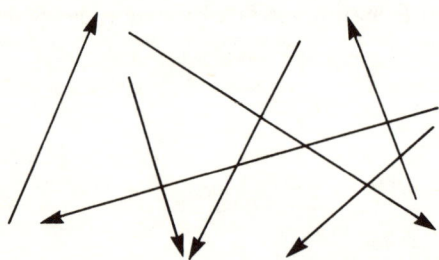

Nun erkennen wir auch den Wahnsinn, oder, um es milder auszudrücken, die Ineffizienz, Verfahrensingenieure den Arbeitsprozeß, Manager die Organisation der Mitarbeiter und Industrial Engineers die Anordnung der Ausrüstung planen zu lassen. Jeder leistet weniger als das Optimale; kein Wunder, daß das Ergebnis ein arges Gewirr ist.

Die beiden vorigen Kapitel behandelten einige Verfahrens-, Mitarbeiter- und Ausrüstungsfragen, aber nicht, wie man die drei als koordiniertes Ganzes organisiert. Das ist die Aufgabe dieses Kapitels.

Enge Verkettungen

Die drei Begriffe – Verfahrensfluß, Personalorganisation und Werkslayout – bezeichnen die losgelösten, unabhängigen Methoden der Vergangenheit. Um ein eng verkettetes Ganzes zu konzipieren – die Methode der Produzenten auf Weltniveau – braucht man einen Begriff, der sich von den alten, engstirnigen Ansätzen lösen kann. Ein Ausdruck, der zu passen scheint, ist *Werksorganisation (plant organization)*. In *Japanese Manufacturing Techniques* verwendete ich *Werkskonfiguration,* aber dieser Begriff ist nur ein bißchen breiter als »Werksorganisation«.

Produktion auf Weltniveau verlangt eine Organisation, die dem schnellen Produktfluß und der engen Verkettung von Arbeitsschritten und Mitarbeitern dienlich ist. Das übergeordnete Ziel ist, *Verantwortungszentren* zu schaffen, wo es bislang keine gab. Wenn Verantwortungszentren funktionieren, verschwinden Saumseligkeit, das Beschuldigen von Dritten und die Suche nach Alibis; alles ist bereit für eine Umwandlung hin zu einer Kultur der kontinuierlichen Verbesserung. Management und Stabsgruppen haben nun die Aufgabe, die Verbesserungen in die richtigen Bahnen zu leiten und zu beschleunigen.

Die meisten Fabriken auf der ganzen Welt (einschließlich Japans) sind – aus vielen Gründen – schlecht organisiert. Es mag viel Zeit und Geld kosten, die Werksorganisation zu verändern. Was kann man in der Zwischenzeit tun, um das Beste aus einer schlechten Werksorganisation zu machen? In der folgenden Erörterung der verschiedenen Typen der Werksorganisation werden einige Lösungen vorgeschlagen.

Schlechte und gute Werksorganisation

Aus der Sicht der Produktion auf Weltniveau gibt es gute und schlechte Werksorganisationen. Die guten gleichen einem gut geschmierten Lager: Das Rad dreht sich schnell und reibungslos. Den schlechten Organisationen fehlt Schmierfett, das Rad dreht sich langsam, verbraucht viel Energie und bleibt zuweilen sogar stecken. Das geschmierte Lager ist die *Fließorganisation.* Dagegen fehlt einer *Traubenorganisation* das Schmiermittel. Zwar gibt es noch mehrere Arten von Fließ- und Traubenorganisation, aber wir sollten uns zunächst der grundlegenden Frage von Gut und Schlecht zuwenden.

Trauben

Die Traubenorganisation ist diejenige, die alle Drehbänke und Dreher in eine Ecke stellt, alle Schweißer in eine andere, alle Motorenmonteure in eine dritte, alle Ingenieure in eine vierte usw. Die Gründe, warum die Organisation nach Trauben für Just-in-Time-Verfahren und umfassende Qualitätssicherung schlecht ist, sind klar: zu lange Durchlaufzeit, viel Transport und Wartezeiten, Fehlerursachen werden unklar, schlechte Koordination und ein hohes Maß an potentiellem Ausschuß und Nacharbeit. Die Traubenbildung nach gemeinsamen Arbeitsschritten hat diese Auswirkungen aus mehreren Gründen.

Einer davon ist ein räumliches Problem. Wenn Sie und Ihre Maschine oder Arbeitsstation sich neben anderen, gleichartigen befinden, können Sie sich nicht gleichzeitig bei denjenigen befinden, die Werkstücke an Sie schicken oder von Ihnen erhalten.

Ein weiterer sind die Hindernisse. Lange Wege von einem Arbeitsgang zum nächsten erfordern, daß man genug Material ansammelt, um es wirtschaftlich transportieren zu können. Die gesammelten Werkstücke kommen in Behälter und Regale, und man braucht kapazitätsstarke Fördermittel – Gabelstapler, Förderbänder, Aufzüge und dergleichen –, um sie abzuladen. Die Behälter, Regale und Fördergeräte brauchen selbst Platz, wodurch die Entfernungen zwischen dem Hersteller und Benutzer eines Bau- oder Montageteils noch größer werden. Der Hersteller und der Benutzer können einander wegen der Entfernung und auch wegen der Lager- und Transport-Hindernisse dazwischen oft nicht einmal *sehen*.

Wenn wir uns auf die Traubenbildung einmal festgelegt haben, neigen wir dazu, die Idee auf ihre unlogische Spitze zu treiben: Man plaziert jede Traube von Mitarbeitern in einen eigenen Raum mit Wänden und Türen. Dadurch wird die Koordination zwischen Herstellern und Benutzern noch schlechter.

Traubenbildung führt nicht nur zur räumlichen, sondern – noch schlimmer – auch zur zeitlichen Trennung. Vielleicht bearbeite ich erst in ein paar Tagen oder Wochen, was der vorige Arbeitsgang hergestellt hat. Bis dahin sind die mühsam entwickelten Terminpläne, Ressourcenpläne, Kostenschätzungen und vielleicht sogar Produktionskonfigurationen in Auflösung geraten, was eine neue Planung erfordert. Vielleicht hat sich auch der Geschmack der Abnehmer geändert.

Der Hauptnachteil des Traubenkonzeptes ist vielleicht, daß es Leute zu einer Art *Bande* zusammenfaßt. Das Verhalten von betrieblichen Banden gleicht in mancher Hinsicht dem von Straßenbanden. Dazu gehört eine defensive Haltung und daß man andere Banden (»das System«) für Schwierigkeiten verantwortlich macht, sich hinsetzt und einem anderen das Handeln oder Entscheiden überläßt. Zu erwarten sind Rückschritte statt kontinuierlicher Verbesserungen.

Fließorganisation

Die Organisation nach Flußwegen hat gegenteilige Effekte. Ihre unmittelbaren Nachbar-Mitarbeiter und -Maschinen sind auf der einen Seite der Hersteller der Teile, die Sie verarbeiten, und auf der anderen der Benutzer der Teile, die Sie herstellen. Sie gehören zu einer seriellen Fließfertigung und nicht zu einer Bande, deren Mitglieder alle das gleiche tun. Räumlich und zeitlich sind Sie der Herkunft und dem Ziel Ihres Produktes nahe. Sie reagieren sofort und nicht erst nächste Woche auf den Benutzer Ihres Produktes. Wenn Sie etwas falsch machen, können Sie den nächsten in der Reihe veranlassen, die Arbeit einzustellen.

Die Leute der Division Baustoffe von American Standard erzählen gern folgende Geschichte. Das Produkt waren Stahltüren. Jahrelang beschwerten sich die Montagearbeiter über einen Grat an den Endprofilen (für Türzargen), die eine automatische Profilwalze in einem anderen Gebäude herstellte. Der Grat war nur ein kleiner Fehler, aber er riß den Monteuren, die mit den Profilen hantierten, das Fleisch von den Händen. Mehrmals wurde ein Ingenieur abgestellt, um das Problem zu lösen. Es half nichts, der Grat blieb.

Schließlich zogen die Profilwalze (aus einem Grund, der mit Just-in-Time nichts zu tun hatte) und der Maschinenbediener in die Montagehalle um, ganz in die Nähe der Türenmontage. Jetzt gingen der Monteur und der Maschinist zusammen Kaffee trinken.

Der Maschinist brauchte nur einen Tag, um das Problem mit dem Grat zu lösen. Er erklärte: »Ich konnte nicht ertragen, wie der Kerl über den Grat jammerte.«

Indem der Monteur und der Profilhersteller zusammengebracht wurden, wurde ein Segment einer Fertigungslinie geschaffen, das sich wie ein Mini-Verantwortungszentrum verhält. Der Profilhersteller war nun unmittelbar und sofort verantwortlich und konnte nicht einem anderen Arbeiter oder mangelnder Kenntnis die Schuld an so etwas wie einem Grat geben. Vor allem mußte er mit dem Benutzer des Teils auskommen.

Mehrere Fertigungslinien-Segmente zu verknüpfen, schafft eine längere Kette von Menschen und Arbeitsstationen, die einander für die

Ergebnisse verantwortlich sind. Positive Resultate – schnelles Handeln zur Problemlösung – sind zu erwarten. Wenn erst einmal Verantwortungszentren bestehen, kann nur ein unfähiges Management den Problemlösungs-Prozeß stoppen.

Arten der Werksorganisation

Im Idealfall ist das Werk eindeutig gemäß dem Produktfluß statt nach Trauben organisiert. Jetzt werden wir mal realistisch. Manchmal ist das Werk falsch organisiert und kann nur sehr langfristig mit immensen Kosten umstrukturiert werden. Auch die Richtung der Umstrukturierung ist nicht einfach von der Trauben- zur Fließfertigung. Es gibt mehrere Arten der Werksorganisation, und welche die richtige ist, hängt von der Situation ab.

In Abb. 6.1 sind sechs Arten mit ein paar schematischen Skizzen aufgeführt. Sie alle werden im folgenden erläutert.

Ungeordnete Trauben

Die Werksorganisation in ungeordneten Trauben ist die allerschlechteste und wahrscheinlich auch die verbreitetste – sowohl im Büro wie in der Fabrik. Ungeordnete Trauben kommen in zwei Situationen vor.

Erstens gibt es möglicherweise keinen leicht identifizierbaren Normal-Flußweg für die hergestellten Produkte. In Maschinenwerkstätten z.B. erfordern verschiedene Aufträge verschiedene Maschinen, so daß die Aufträge unterschiedliche Wege oder Abläufe in der Werkstatt durchlaufen. Es gibt immer ein paar Normal-Flußwege, aber bis vor kurzem wußten wir nicht, wie man sie im Chaos der Werkstatt-Umgebung ausfindig macht.* Also kamen alle Drehbänke und Dreher auf die eine Seite und alle Fräsmaschinen und Fräser auf die andere.

Zweitens mag die Werksorganisation, wenn die Produkte stärker genormt sind (z.B. Konsumgüter oder industrielle Materialien), zwar richtig beginnen, aber wenn das Werk sich ausdehnt, verkommt sie zu

---

* »Ungeordnet« – genau das richtige Wort zur Beschreibung der Organisation von Betrieben mit Auftragsfertigung – wurde im gleichen Sinne benutzt von Hayes und Wheelwright (1984).

Abb. 6.1: Unterarten der Werksorganisation

1. Ungeordnete Traubenorganisation
   - Trauben gleichartiger Arbeitsstationen
   - kein Versuch, gemäß dem Fertigungsfluß zu organisieren
   - kein eindeutig identifizierbarer Flußweg oder eine diesem entgegengesetzte Organisation

2. Traubenorganisation nach Flußlinien
   - Trauben gleichartiger Arbeitsstationen
   - Organisation gemäß dem Fertigungsfluß

3. Zelluläre Organisation
   - Ungleichartige Arbeitsstationen werden zur Fertigung einer Produktgruppe zusammengefaßt
   - Nur eine Arbeitsstation eines Typs, es sei denn, zum Ausgleich sind mehrere erforderlich
   - Zellenweise Organisation gemäß dem Fertigungsfluß

4. Universalmaschine oder Montagestation
   - Ein komplettes Modul oder Produkt wird an einer Maschine, Station oder Transferstraße hergestellt

5. Spezialisierte Fließfertigung
   - Ungleichartige Fertigungsstationen
   - Nur eine Fertigungsstation eines Typs, außer wenn zum Ausgleich mehrere erforderlich sind
   - Gemäß dem Fertigungsfluß eines Produktes oder eines regelmäßigen Produktmix organisiert

6. Kombinierte Organisation
   - Beliebige Mischung der obigen Organisationstypen für ein Produkt oder eine Produktgruppe

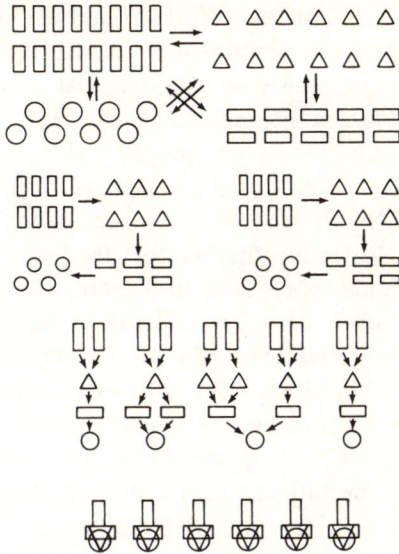

ungeordneten Trauben. Jedes Unternehmen, das genormte Produkte herstellt, möchte die Arbeitsschritte seriell anordnen – in Trauben gemäß dem Fertigungsfluß –, und die neuen Fabriken sind so angelegt. Die Nachfrage steigt, und ein neuer Trakt wird an das Werk angebaut; eine der Trauben dehnt sich in den Trakt aus – und heraus aus der seriellen Fertigungslinie. Nach zwanzig oder dreißig Jahren und mehreren Erweiterungen stehen die Maschinen und Arbeitskräfte schließlich konträr zum Fertigungsfluß. So sehen die meisten älteren Fabriken aus.

Wenn die Werksorganisation konträr zum Fertigungsfluß ist, kann man das vernünftigerweise tolerieren, wenn (1) die Fabrik sehr klein oder (2) eine Modellwerkstatt ist oder wenn (3) die Ausrüstung am falschen Platz steht, ihr Transport aber sehr teuer wäre. In einer Modellwerkstatt (die Prototypen neuer Produkte herstellt) oder in jeder kleinen Fabrik ist der Standort von Arbeitern und Maschinen kein großes Problem. Ohnehin ist alles ziemlich kompakt, die Transportwege sind kurz, und Hersteller und Weiterverarbeiter können einander oft sehen und miteinander sprechen. In diesen Fällen, wenn die »schlechte« Werksorganisation toleriert wird, ist die Frage: Wie kann der Betrieb außer durch das Versetzen von Maschinen und Menschen verbessert werden?

In kleinen Auftrags- und Modellwerkstätten gibt es am meisten Verschwendung und Wartezeiten, die längsten Durchlaufzeiten und die größten Lagerbestände. Den Handwerkern, Maschinen-Facharbeitern oder anderen ausgebildeten Kräften, die die Arbeit tun, macht niemand einen Vorwurf. Es liegt einfach in der Natur der höchst variablen Arbeit und dem nicht vorhersehbaren Auftragsmix – das glaubten wir zumindest.

Ein kombinierter Modellbau- und Kleinproduktions-Betrieb, den ich einmal beriet, stellt moderne Luftfahrtprodukte auf dem neuesten Stand der Technologie her. Das reicht von Raumfahrerhelmen bis zu »Black-Box«-Testgeräten. Die Durchlauf- und Vorratszeiten lagen in der Größenordnung von einem Jahr oder mehr. Überall türmten sich Schaltplatinen. Viel zu viele Aufträge waren in Bearbeitung.

Das ist ein verbreitetes Phänomen, und zwei Generationen von Büchern über Fertigungsplanung geben denselben guten Rat: Umlaufmaterial reduzieren, Durchlaufzeiten senken und nur dann neue Aufträge ins Werk geben, wenn alte Aufträge fertiggestellt sind und die Kapazität freigeworden ist. Just-in-Time und umfassende Qualitätssicherung bieten drei Wege, diesen Ratschlag umzusetzen:

1. *Überlappende Produktion.* Überlappungen sind möglich, wenn ein Auftrag mehr als ein Stück betrifft. Überlappen bedeutet, daß ein Auftrag so auseinandergezogen wird, daß er gleichzeitig in mehreren Fertigungsstadien bearbeitet wird. Z.B. verdrahtet man eine Platine, schickt sie weiter, verdrahtet die nächste usw. Man verdrahtet nicht zehn Platinen und schickt den Stapel zur Abteilung Platinentest, weil dadurch die Durchlaufzeit um ein Vielfaches erhöht wird. (Die herkömmliche Praxis der Fertigungssteuerung sieht so aus, daß nur die dringlichen Aufträge

sich überlappen; das Just-in-Time-Konzept sieht vor, daß die überlappende Produktion ständig zur Norm für alle Aufträge wird.)

2. *Bei Problemen die Fertigung verzögern.* Begleitend zur Überlappung wird die Produktion verlangsamt oder angehalten, wenn der Weiterverarbeitungsfluß Probleme hat. Es ist sinnlos, schneller zu fertigen, als die weiterverarbeitende Station verarbeitet; man kümmere sich um andere Aufträge oder Arbeitsplätze und tue etwas, was sofort erledigt werden muß. In der Luftfahrt-Modellwerkstatt waren viele Probleme Fertigungsfehler, die Nacharbeit erforderten. Die Lösung lag nahe, eine Höchstzahl der nachzuarbeitenden Teile festzusetzen. Z.B. lasse man nur zwei Platinen nacharbeiten und kontrolliere das, indem man nur zwei rote Nacharbeitskarten (»Nacharbeits-Kanban«) in Umlauf läßt.

3. *Nur herstellen, was gebraucht wird.* Diese Regel wird zum Teil, aber nicht ganz von der Regel der Problemverzögerung abgedeckt. In der Luftfahrt-Modellwerkstatt waren die Fertigstellungstermine nicht vorhersagbar und die Arbeit von einer Produktionsphase zur nächsten nicht gut ausgeglichen. (Es dauerte unter Umständen zwei Stunden, eine Platine zu verdrahten, und vier Tage, sie in montiertem Zustand zu testen.) Folgendes soll man *nicht* tun: (1) Vor jedem Arbeitsplatz eine Menge Material anhäufen, damit der Arbeiter dort bleiben kann und beschäftigt ist. (2) Geschätzte Durchlaufzeiten zur Steuerung des Auftragsflusses in der Produktion verwenden. Ein besseres Verfahren ist, den Auftragsfluß durch (Kanban-) Signale des jeweils nächsten Arbeitsplatzes zu steuern.

Diese drei »Regeln« gelten nicht nur für Modellwerkstätten, sondern für jede Werkstatt oder größere Fabrik, die vorübergehend mit schlechter Werksorganisation zu kämpfen hat. Z.B. sind in mittelgroßen Fabriken, die Konsum- oder industrielle Güter herstellen, ausgedehnte Förderanlagen vor jedem Montageschritt ein verbreiteter Anblick. Über den Daumen geschätzt meine ich, daß sich auf einem durchschnittlich langen Montageband für jedes Stück in Bearbeitung zwanzig Stücke in Warteposition befinden – d.h. pro bearbeitetes Stück zwanzig unbearbeitete. In den meisten Fällen würden zwei Stück ausreichen. Wenn man nicht mehr als zwei unbearbeitete Stücke statt zwanzig zuläßt, *erzwingt* man die überlappende Produktion; z.B. überlappt sich ein Auftrag für zwölf Stück in vier Arbeitsgängen, deren jeder ein Stück in Bearbeitung und zwei in Warteposition hat. Gleichzeitig erzwingt die Reduzierung der überschüssigen Bestände auf ein Zehntel kürzere Zeitspannen zwischen den Arbeitsgängen. Die problemgesteuerte Verlangsamung und Nacharbeit werden unvermeidlich. Nur zu fertigen, was gebraucht wird, wird ebenfalls unvermeidlich, weil das nächste Stück Förderband ebenfalls kurz ist und nur zwei Stücke faßt statt zwanzig. (Anmerkung: Meine Bemerkung über Fließbänder in Kapitel 3 betraf Hochgeschwindigkeits-Füll-und-Pack-Straßen und nicht Montagebänder.)

Traubenorganisation nach Flußlinien

Schauen Sie sich zu Hause, in Ihrem Büro, in Ihrer Fabrik um. Das meiste, was Sie sehen, wurde in Werken hergestellt, die wie Typ 2 in Abb. 6.1 traubenförmig nach Flußlinien organisiert sind.

In Typ 2 sind die Trauben nicht ungeordnet, sondern in gewissem Maße nach dem Fertigungsfluß organisiert. Die Abbildung zeigt zwei Fertigungslinien: Die eine könnte z.B. Schalldämpfer und die andere Auspuffendrohre herstellen. Die Hälfte der Trauben gehört zu einer Fertigungslinie, die andere Hälfte zur anderen. Alternativ dazu können beide genau das gleiche Produkt herstellen und miteinander konkurrieren sowie einander absichern.

Die Werksorganisation dieses zweiten Typs ist nicht erstklassig, aber jedenfalls besser als Typ 1. Am wenigsten einzuwenden ist gegen Typ 2, wenn er Kleinigkeiten herstellt: Spezialaufträge, kaum benötigte Zusatz- oder Serviceteile, Prototypen und dergleichen. Diese Produkte sind möglicherweise die unbedeutenden vielen, die weiterhin in Trauben bleiben, während die wenigen wichtigen ausgegliedert wurden. (Wohin kommen die wenigen wichtigen? In Werksbereiche, die nach Typ 3, 4 oder 5 organisiert sind.)

Typ 2 ist außerdem ein Sammelbecken für bestimmte Automaten, nämlich *Universalmaschinen*. Eine Universalmaschine ist eine, die mehrere Bearbeitungsschritte durchführt und ein vollständiges, komplexes Produkt herstellt. Ein Beispiel dafür sind numerisch gesteuerte (NC-) Maschinen. Jede Maschine absorbiert und eliminiert mehrere Transportschritte, Wartezeiten, Warteschlangen, Umlaufmaterialien und Rüstzeiten.

Eine NC-Maschine kann mehrere hunderttausend Dollar kosten; sie am Laufen zu halten, wird zum Problem. Daher ist man leicht geneigt, eine Traube von NC-Maschinen zusammenzustellen und davor einige Arbeit ansammeln zu lassen, um die Maschine stark auszulasten. Würden die teuren Maschinen weniger ausgelastet, wenn sie so verteilt wären, daß sie nahe bei den zuliefernden und weiterverarbeitenden Arbeitsstationen ständen? Wahrscheinlich ja, und daher ist die Traubenorganisation nach Flußlinien für solche Maschinen leichter zu tolerieren. (Aus den im vorigen Kapitel erläuterten Gründen ist der Auslastungsgrad allerdings eine schlechte Entscheidungsgrundlage.)

Es ist aufschlußreich zu sehen, wie sich der Lagerumschlag in einer Fabrik, die die traubenförmige Werksorganisation beibehielt, binnen neun Monaten von 7,5 auf 45,6 verbesserte. Ort des Geschehens war die Bürocomputer-Division von Hewlett-Packard in Fort Collins, Colorado. Der gesamte Fertigungsablauf für den Computer HP 9000, Serie 500, war davon betroffen: Montage und Prüfung aller Schaltplatinen, Montage und Prüfung der größeren Bauteile und Endmontage, Prüfung und Verpackung der kompletten Computersysteme. Der HP 9000-500 ist ein komplizierter Computer, der auf Kundenauftrag gefertigt wird, und die meisten Kunden sind Wissenschaftler und Ingenieure. Einer Schätzung zufolge konnte das Produkt in 6 Millionen verschiedenen Varianten bestellt werden.

Eine erste Verbesserung war die Umstrukturierung der Montage von einer ungeordneten Traubenorganisation zu einer Traubenorganisation nach Flußlinien. Das verkürzte die Transferstrecken, wodurch der nächste, riesige Schritt möglich wurde: die Abschaffung der Arbeitsaufträge und die Umstellung auf visuelle Fertigungssteuerung.

Das visuelle System beginnt mit einem aufgeschlüsselten Kundenauftrag; d.h. der Computer schlüsselt die Hauptmodule nach Bauteilen auf. Die Leute von der Endmontage und der Testabteilung brauchen je eine aufgeschlüsselte Liste. Der Monteur nimmt ein getestetes Modul (z.B. eine Tastatur) aus einem Kanban-Regal; die Lücke im Regal ist das Holsignal (oder Kanban), das die Modul-Testabteilung anweist, ein weiteres derartiges Stück zu testen. Der Prüfer nimmt eine ungetestete Tastatur aus einem Regal, die eine Lücke hinterläßt; die Lücke sagt dem Modul-Monteur, daß er ein weiteres Modul bauen soll. Die Holsignale pflanzen sich rückwärts bis zur Rohmaterialien-Abteilung fort. Beschaffungsaufträge für weitere Rohmaterialien basieren darauf, was die Kunden verlangen.

Die Umschlagrate von 45,6 bedeutet, daß von den normalen Modulen, halbfertig montierten Teilen oder Bauteilen für ein paar Tage Vorräte vorhanden sind. Von jedem Teil sind nur ein paar Stück da, aber das reicht, um die meisten Bestellungen schnell fertigzustellen und auszuliefern.

Zweck des Holsystems ist also das Auffüllen: noch ein Teil wie das gerade gebrauchte herzustellen. Das macht es wahrscheinlich, daß der nächste Kundenauftrag schnell erledigt wird. Es ist unerläßlich, daß kein Stück verloren geht und daß man nie nach dem richtigen Teil suchen muß. Es ist ebenso unerläßlich, daß kein Monteur oder Maschinist mit der Fertigung von Teilen beschäftigt ist, die noch lange nicht gebraucht werden. Hewlett-Packard in Fort Collins bedient sich folgender Holkonzepte, um sicherzustellen, daß in der Fabrik alles unter Kontrolle ist:

Konzept	*In Fort Collins*
1. Minimale Behältergrößen und Fördermengen zwischen den Trauben.	– Meistens wird nur ein Bauteil manuell oder auf einem Karren transportiert.
2. Minimale Losgrößen.	– In der Regel ist die Losgröße 1.
3. Minimale Rüstzeiten, damit kleine Losgrößen wirtschaftlich werden.	– Die meisten Rüstzeiten sind unerheblich; IC-Bestückungs-automaten werden mit Bauteil-Röhren oder Klebeketten bestückt; Umrüstungen besorgt eine Diskette.
4. Nacharbeit im Falle von einigen wenigen Stücken.	– Die Primärproduktion wird gestoppt und die Nacharbeit erledigt, wenn die wenigen Nacharbeits-Kanbans verbraucht sind.
5. Minimale Anzahl von Lagerstellen.	– Die fertigen Einheiten kommen in ein nahegelegenes Kanban-Regal oder sofort auf ein Kanban-Feld.

Diese Holkonzepte sind für alle Unternehmen in allen Branchen richtig, doch besonders wertvoll sind sie, um das Beste aus einem Werk mit Traubenorganisation gemäß den Flußlinien zu machen. Möbelproduzenten und Fenster- und Türenfabrikanten sollten die ersten sein, die den Ansatz von Fort Collins nachahmen.

Das letzte der fünf Holkonzepte wird in der Industrie kaum gewürdigt. Meines Wissens die einzige Fabrik, in der eine »minimale Anzahl von Lagerstellen« ein explizites Ziel ist, ist das Halbleiterwerk von Intel in Penang, Malaysia. Laut dem Werksdirektor P.L. Lai gehörte dieses Ziel zu den sieben Haupterfolgsmaßnahmen bei der energischen Kampagne der Fabrik für die Just-in-Time-Implementierung.

Implizite Holsysteme. Explizite Regeln und Kanban-Signale (eine beschränkte Anzahl von Karten, Behältern, Platz, Förderstrecken usw.) sind ausgezeichnete Maßnahmen, um das Holsystem zu automatisieren. Doch auch ohne explizite Signale sind gute Resultate zu erzielen.

So kamen die Leute in einem Halbleiter-Wafer-Montagewerk bei Paris z.B. auf eine einfache Nicht-Kanban-Methode, um die Durchlaufzeit auf die Hälfte zu kürzen. Die Wafers (die später zu Speicher- und

Logikchips auseinandergeschnitten werden) durchlaufen viele Verfahren, in denen Schichten aufgebaut werden. Die Durchlaufzeit hatte etwa 50 Tage betragen, und sechs Monate später war sie auf etwa 25 Tage gedrückt worden. Die Methode: ein tägliches Treffen der Leiter jedes Fertigungszentrums (Oxidation, mehrere Photolithographie-Verfahren, Prüfen, Ätzen u.a.). Wenn eine Ätzmaschine ausfiel, alarmierte der Leiter beim nächsten Treffen die anderen Leiter. Diese hatten Anweisung, ihre Produktion zu verlangsamen – insbesondere unmittelbar vor und nach dem Ätzen. Diese Vorgehensweise verhinderte, daß die anderen Fertigungszentren mehr Wafers in den Fertigungsfluß einspeisten als geätzt werden konnten. In der Waferbranche ist Umlaufmaterial besonders schlecht, weil der Kontakt mit den Elementen (Staub, Chemikalien, statische Elektrizität) die Ausbeute drastisch sinken läßt.

Zelluläre Organisation

Wir haben viele Möglichkeiten kennengelernt, die traubenförmige Werksorganisation trotz ihrer immanenten Einschränkungen gut funktionieren zu lassen. Die beste Möglichkeit ist, einen Weg zu finden, die Trauben aufzuteilen. Die Atomspaltung fällt einem ein: Man bombardiere das Atom und füge die Partikel in einer Weise wieder zusammen, die der Menschheit dienlich ist.

Wohin kommen die Partikel bei der Fertigung, wenn man die Trauben von Arbeitsgängen aufteilt? Sie kommen in Zellen oder spezielle Fertigungslinien. Von einer Zelle sprechen wir, wenn sie eine Produktfamilie herstellt, von einer Fertigungslinie, wenn sie nur ein Produkt herstellt. (Wie man etwas nennen soll, das nur ein Produkt, aber in verschiedenen Größen und Formen herstellt, wissen wir nicht.)

Abb. 6.1 listete die Merkmale der zellulären Organisation (Typ 3) auf. Ungleichartige Maschinen oder Montagestationen werden zu einer Zelle zusammengefaßt, und in jeder gibt es von jedem Typus nur eine Arbeitsstation (z.B. nur eine Ständerbohrmaschine), es sei denn, zum Ausgleich sind mehrere erforderlich. Wenn ein Werk die Kosten auf sich nimmt, die Rohstoffe zu den Zellen zu transportieren, müssen die Zellen selbst natürlich gemäß dem Fertigungsfluß der Produktfamilie angeordnet sein; eine Zellkette ist das Resultat.

In Zellen gefertigte Produktfamilien. Eine Produktfamilie ist *nicht* eine Produktgruppe aus dem Katalog, sondern eine Produktionsfamilie. Die Produkte einer Produktfamilie sind einander oft, aber nicht unbedingt ähnlich. Was wichtiger ist: Zu ihrer Produktion sind die gleichen Materialien, Werkzeuge, Einrichteverfahren, Facharbeiter, Taktzeiten und vor allem der gleiche Fertigungsfluß oder die gleiche Arbeitsfolge nötig. Anders gesagt: Die Verfahren sind ziemlich repetitiv, selbst wenn die Produkte der Familie sich erheblich voneinander unterscheiden.

Die Entdeckung der Zellen durch die Fertigungsexperten in aller Welt war wie der Apfel, der Isaac Newton auf den Kopf fiel. Die hochvariable Fertigung geringer Stückzahlen ist also repetitiv; wir haben sie bloß nicht so organisiert.

Ein anderer Name für die zelluläre Organisation ist *Gruppentechnologie*. Das Schrifttum, das die Gruppentechnologie (ein heißes Thema des Industrial Engineering der 80er Jahre) ausführlich behandelt, verschreibt das Sortieren per Computer, um Produkte zu Familien zusammenzufassen. Der Rat war gut gemeint, erwies sich aber als Bumerang. Diese Methode erfordert nämlich, daß alle Teilenummern so kodiert werden, daß sie per Computer sortiert werden können. Die Kodierung allein dauert normalerweise ein paar Jahre.

Ein führendes Unternehmen bei der Organisierung von Zellen ist die Rockwell-Fabrik der Division Telekommunikation in Richardson, Texas. Als man 1981 anfing, Zellen zu planen, waren die Teilenummern in den Computerdateien nicht für das Sortieren nach technischen Gruppen kodiert. Man gruppierte die Teile, indem man die Arbeitsfolgenpläne untersuchte. Teile, die ungefähr dem gleichen Weg folgten, waren eine Familie. Der nächste Schritt war, einen Bereich leerzuräumen und die Maschinen hineinzustellen, die diese Teilefamilie fertigten.

Die erste Zelle von Rockwell stellte eine Familie von Wellenleiter-Teilen her. Abb. 6.2 zeigt den Fertigungsplan im Grundriß vor und nach Bildung der Zellen. Die Pfeile in Abb. 6.2 A bezeichnen die langen Flußwege »vorher«. Abb. 6.2 B zeigt, wo die Zelle im Grundriß lag. Abb. 6.2 C zeigt in vergrößertem Maßstab die kurzen, klaren Laufwege in der Zelle, nachdem sie den Betrieb aufgenommen hatte.

Seither sind in der Rockwell-Fabrik noch einige weitere Zellen gebildet worden.

Die zelluläre Organisation war in der Rockwell-Fabrik sinnvoll, denn (1) waren deutlich unterschiedene Produktfamilien vorhanden, (2) gab es von jedem Maschinentyp mehr als ein Stück, und eine Traube wurde daher nicht all ihrer Kapazität beraubt, wenn man eine Maschine herausnahm und nicht für die Möglichkeit sorgte, andere Produkte herzustellen, (3) waren die Fertigungsstationen transportabel, da es sich meist

Abb. 6.2: Entwicklung einer Zelle zur Produktion von Wellenleiter-Teilen

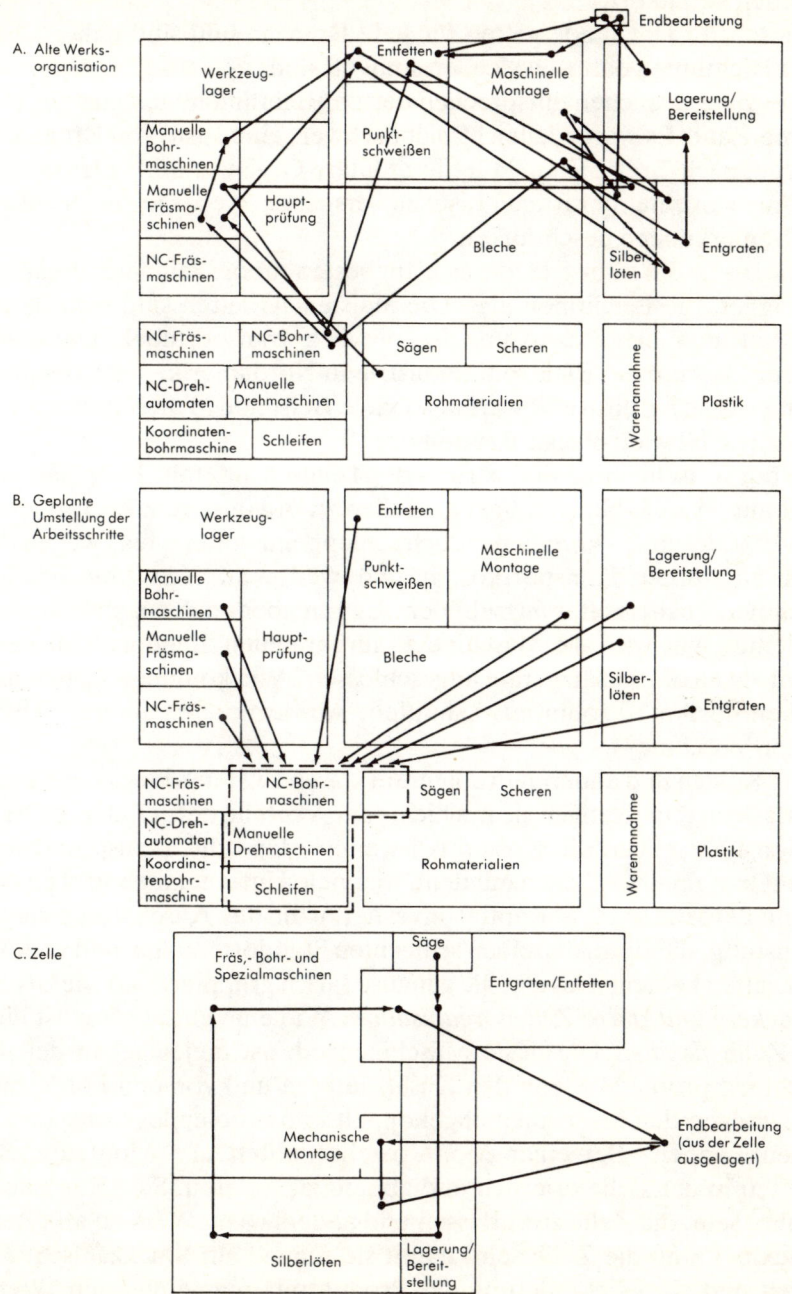

um normale Werkzeugmaschinen handelte – schwer, aber recht einfach im Boden verankert.

Diese drei Umstände gelten für jede Branche und sind daher allgemeine Richtlinien dafür, *wo* Zellen sinnvoll sind.

Wie viele Branchen entsprechen diesen Richtlinien? Ich glaube, eine enorme Zahl. Es wäre vielleicht nicht schwer, eine Liste von Branchen, geordnet nach ihrer Eignung für die zelluläre Organisation, aufzustellen. Statt mich an einer derartigen Liste zu versuchen, werde ich mich auf ein paar Bemerkungen beschränken.

Erstens ist die Industrie, die sich am besten für die zelluläre Organisation eignet, die Leichtmontage. Die meisten Arbeiten sind recht leicht erlernbar und die Ausrüstung ist ziemlich transportabel. Das kann erklären, warum die Elektronikindustrie in Nordamerika nach der Just-in-Time-Krone greift (und warum so viele Beispiele in diesem Buch von Firmen wie Hewlett-Packard stammen).

In der Maschinenbauindustrie – die Teile aus Metall, Holz, Gummi usw. baut – ist die Notwendigkeit, Zellen zu organisieren, ebenso groß. Die Veränderungen kommen jedoch schleppend voran – teils wegen der potentiell hohen Transportkosten und weil man Zeit braucht, um Maschinen-Facharbeiter auszubilden. Es gibt aber noch ein paar weitere Probleme. Wer wird die Maschine an ihrem neuen Standort bedienen? Wie ist sie an die Zusatzgeräte angeschlossen? Wie kommen die Rohmaterialien dorthin? Wohin mit Dämpfen, Abwärme, Spänen und Abfall von der Maschine?

Die Kosten und anderen Probleme erklären zwar den langsamen Fortschritt, doch rechtfertigen sie ihn nicht. Die Vorteile der zellulären Organisation übersteigen die Kosten bei weitem. Und die Transportkosten sind oft marginal verglichen mit dem, was viele Unternehmen statt dessen beschließen: wertvolles Kapital investieren in die Anschaffung neuer Ausrüstung, die sie an dieselben schlechten Standorte stellen und von Arbeitskräften bedienen lassen, die genauso falsch gruppiert sind wie zuvor.

Lockere und starre Zellenorganisation. Wie eine gute Fabrik ist eine gute Zelle *flexibel*. Die beste Maschinenzelle ist diejenige, in der die Maschinen problemlos von den Zusatzgeräten und von den Fördermitteln zwischen den Maschinen abgekoppelt und problemlos transportiert werden können. Bei einer Montagezelle sollten alle Monteure alle Arbeiten in der Zelle erlernen und ab und zu rotieren. Sie sollten auch gewohnt sein, die Zelle zu verlassen und anderswo im Werk zu arbeiten.

Flexibel muß die Zelle sein, damit sie schnell auf Stückzahlschwankungen und eine Veränderung des Produktmix reagieren kann. Wenn das Produktionssoll für eine Zelle mit sechs Monteuren halbiert wird, versetzt man drei davon an andere Arbeitsplätze; die verbleibenden drei führen doppelt so viele Operationen durch wie zuvor. Wenn die Konstruktions- oder Beschaffungsabteilung auf ein neues Verfahren oder ein neues Metall stößt, das den Härtevorgang abschafft, wirft man den Härteofen aus der Zelle. Dann wird die Lücke geschlossen, und die Zelle wird enger.

Militärische Pionierbataillone (wie die »Seabees« der US-Marine) sind berühmt dafür, daß sie schnell eine Pontonbrücke bauen können, wenn das Schlachtfeld sich wandelt. Da unsere Werksausrüstung eher einer starren als einer Pontonbrücke gleicht, ist das Ziel der flexiblen Maschine heute nicht besonders realistisch. Menschen hingegen sind an sich flexibel und können sich mühelos dorthin begeben, wo die Arbeit anliegt.

Zwar soll die Zellenstruktur flexibel und locker sein, die Zelle selbst jedoch muß straff und kontrolliert betrieben werden – in weit höherem Maß, als es bei der traubenförmigen Werksorganisation möglich ist. Da Maschinen, Menschen und Arbeitsabläufe in einer Zelle alle auf dieselbe Weise organisiert sind, ist es nicht schwierig, die Arbeit einer Zelle straff und kontrolliert zu betreiben. Der Zellenleiter und die Mitarbeiter kontrollieren die meisten Faktoren, die die Produktqualität, Kosten, Durchlaufzeit und Flexibilität beeinflussen. Sie fühlen sich für die meisten Dinge verantwortlich, die schief gehen, und stehen so eng miteinander in Kontakt, daß sie schnell handeln können, um das Problem zu lösen.

Damit soll nicht gesagt sein, daß die Zellenmitglieder automatisch aggressive Problemlöser werden. Zellen funktionieren nur dann gut, wenn auch das restliche Unternehmen auf die Kontrolle vor Ort ausgerichtet ist. Die Kontrolle vor Ort wurde in anderen Kapiteln erklärt und bedeutet kurz gesagt: Daten werden bei Störungen auf der Stelle erfaßt; die Zellenmitglieder haben die Aufgabe, das Problem anhand dieser Daten zu diagnostizieren, und haben an den meisten Tagen auch die Zeit dazu; Stabsexperten sollen schnell reagieren, wenn sie um Hilfe gebeten werden, Vorgesetzte teilen Leute zu Projektgruppen ein, die Probleme lösen sollen, und Manager verbringen ihre Zeit in der Fabrik und reden mit den Zellenmitgliedern über die Daten und die Projekte.

Universalmaschinen oder -Fertigungsstationen

Die zweite Unterart der Flußorganisation ist die Universalmaschine oder Universal-Fertigungsstation, Typ 4 in Abb. 6.1. Wie die Zelle führt die

Universalmaschine oder -Fertigungsstation für den Bau eines vollständigen Moduls oder Produkts mehrere serielle Arbeitsgänge durch. (Die Universalmaschine ist eigentlich ein Spezialfall der zellulären Organisation.)

Zum Universaltyp gehören numerisch gesteuerte (NC-) Maschinen, die (mit mehreren metallbearbeitenden Vorgängen) ein komplettes Bauteil fertigen können. Auch Transferstraßen und autonome Montagestationen, die ein ganzes Modul oder Produkt, z.B. einen Motor, herstellen können, gehören dazu. Auf einer Transferstraße wird der Motor automatisch von einem Montagegerät zum nächsten befördert. Bei der autonomen Montage baut ein einziger Monteur den Motor an einem Arbeitsplatz zusammen.

Die Werksorganisation nach dem Universalmaschinentyp funktioniert am besten unter folgenden Bedingungen: (1) Die Maschine, Transferstraße oder Montagestation liegt dicht beim vorhergehenden und/oder nächsten Arbeitsgang. (2) Von jedem Maschinen- oder Montagestation-Typ gibt es mehr als einen; das sorgt für Flexibilität und dient als Sicherung, wenn etwas schief geht. (3) Einrichtungen und Umrüstungen gehen schnell und sind einfach. (4) Die Ausrüstung ist transportabel. (5) Die Ausrüstung ist sehr zuverlässig.

Einige dieser Punkte haben wir in den vorigen Kapiteln behandelt – im Hinblick auf die Ausrüstung, nicht auf den manuellen Zusammenbau. Wenn hauptsächlich manuell montiert wird, kommt die inhärente Flexibilität der Menschen ins Spiel. Sollte die Montage autonom (an Universalmaschinen oder -Fertigungsstationen) oder progressiv (in Fertigungslinien) vor sich gehen? Macht es überhaupt einen Unterschied?

Die autonome Montage hat den Vorteil des Job Enrichment: totale Verantwortung für das Resultat, Stolz auf das Geleistete und Aufgabenvielfalt. Unternehmen, die mit Just-in-Time und umfassender Qualitätssicherung experimentieren, haben auch Nachteile festgestellt: Bei der autonomen Montage werden die Montagezeiten lang. Das bedeutet seltene Kontakte zwischen den Arbeitskräften benachbarter Montagestationen, wodurch kaum Gelegenheit zur Diskussion von Verbesserungen und kein Gruppendruck auf dieses Ziel hin besteht. Aus diesen Gründen verwendet die Produktion auf Weltniveau bei der manuellen Montage eher die zelluläre oder Fließorganisation als Universalmaschinen.

Spezialisierte Fertigungslinien

Die dritte Art der Fließfertigung ist die spezialisierte Fertigungslinie. Wie Abb. 6.1 deutlich macht, ist sie einem Produkt oder einem eng begrenzten, regelmäßigen Produktmix gewidmet. Wie die zelluläre Bauweise besteht die gesamte Fertigungslinie aus ungleichartigen Fertigungsstationen, die gemäß dem Fertigungsfluß angeordnet sind. Von jeder Art von Fertigungsstation gibt es nur eine in der Linie, es sei denn, zum Ausgleich werden mehr gebraucht. Wenn z.B. das Prüfen doppelt so viel Zeit wie die anderen Arbeitsschritte braucht, muß die Prüfstation zwei Prüfstände haben statt einem.

Spezialisierte Fertigungslinien sind unter diesen Umständen angebracht:

1. Das Produkt wird in großen Stückzahlen oder im Rahmen eines langfristigen Vertrages hergestellt. So kann z.B. ein Flugzeughersteller einen Drei-Jahres-Vertrag mit der Air Force geschlossen haben, nach dem er jeden Monat ein Flugzeug liefert. Eine derartige Stabilität über eine so lange Zeitspanne kann die Belastungen durch die Einrichtung einer Fertigungslinie wahrscheinlich rechtfertigen.

2. Es ist mehr als eine Linie vorhanden, die dasselbe Produkt herstellt (oder dazu in der Lage ist). Der bereits mehrfach erwähnte Grund dafür ist das Erfordernis der Flexibilität zur Anpassung, wenn bei einer Linie etwas schief geht. Ein weiterer Grund ist, daß es vorteilhaft ist, wenn eine Linie mit anderen konkurriert – um zu sehen, welche die höchsten Verbesserungsraten erzielen kann.

Ein einziges Modell oder ein Modellmix? Ist es besser, eine Fertigungslinie auf ein Modell oder auf einen Modellmix zu spezialisieren? Die verbreitete Ansicht, die Fertigung eines einzigen Modells sei effizienter und daher besser, ist irrig. Selbst wenn die Stückzahl eines bestimmten Modells tausend pro Tag beträgt, ist es zumindest im Prinzip besser, wenn die Fertigungslinie abwechselnd verschiedene Modelle herstellen kann. Der einfache Grund ist, daß in fast jedem Fall sich das Nachfragevolumen und der Modellmix ständig ändern, und der beste Produzent ist derjenige, der so flexibel ist, daß Marktveränderungen ihm nichts ausmachen.

Natürlich gibt es eine Reihe Branchen mit hohen Produktionsmengen, in denen kein Unternehmen einen Modellmix fahren kann (Kamera A läuft auf Linie 1 und Kamera B auf Linie 2). Manchmal liegt das daran, daß die Maschinen nicht flexibel genug sind. Das zeigt nur, daß es Verbesserungsmöglichkeiten gibt. Bei Kawasaki in Nebraska waren die Manager so überzeugt von ihrer flexiblen Belegschaft und Ausrüstung, daß sie eine einzige Fertigungslinie für zwei Enduro-Modelle und ein Schneemobil als repetitiven Modellmix einrichteten, z.B. Enduromodell A, Enduromodell B, Schneemobil, Schneemobil; Motorrad A, Motorrad B, Schneemobil, Schneemobil.

Eine Modellmix-Linie hat kaum Reiz, wenn der Modellmix sich täglich ändert, denn ein unregelmäßiger Modellmix hat Rückkoppelungseffekte auf alle Material-, Werkzeug- und Dienstleistungslieferanten. Das breite Publikum und auch die Experten haben das repetitive Montagekonzept falsch verstanden, das in den 20er Jahren bei Ford zur Perfektion gebracht wurde. Die großen Fortschritte lagen nicht in der menschlichen Effizienz. Sie lagen darin, daß allen Zulieferern damit ein regelmäßiger Takt vorgegeben wurde, so daß alle ihr Handeln mit dem aller anderen abstimmen konnte. Die Koordinationsvorteile gelten ebenso für die Linie, die einen regelmäßigen Modellmix fährt, wie für diejenige, die eine regelmäßige Anzahl von »standard-schwarzen« Fords Model T produziert.

Irrtümer und Langeweile. Die Modellmix-Fertigung hat noch einen weiteren Vorteil. In Fabriken, die sie ausprobiert haben, wie das Harley-Davidson-Montagewerk in York, Pennsylvania, ist man der Ansicht, daß die Bandarbeiter weniger Fehler machen. Der Modellmix hält die Leute offenbar wach und macht es weniger wahrscheinlich, daß sie aus purer Langeweile nachlässig werden. Wenn der Monteur das Recht hat, das Band zu verlangsamen oder anzuhalten, um »es richtig zu machen«, ist seine Aufmerksamkeit gefordert, und die Langeweile wird weiter reduziert.

Das funktioniert allerdings nur, wenn es wenige Modelle gibt. Man muß dann nicht zu viele Variationen lernen, und diese werden so oft wiederholt, daß die Monteure behalten, wie man es richtig macht. Drei oder vier Modelle können ideal sein; zehn sind vielleicht schon zu viele.

Kombinierte Fertigung

Unternehmen, die sich zu Produzenten auf Weltniveau mausern, durchlaufen möglicherweise eine lange Übergangszeit von der schlechten Werksorganisation (Trauben) zur idealen (Fließfertigung). Eine Mischung von Trauben- und Fließorganisation, der *Kombinations*-Typus, kommt während des Übergangs häufig vor.

Nahrungsmittelindustrie. Betrachten wir an einem Beispiel, wie man es anfängt: was man als erstes aus den Trauben herausnimmt und in Fertigungslinien stellt. Das Beispiel (erfunden, aber realistisch) stammt aus der Nahrungsmittelindustrie – eine Konservenfabrik. Der Ausstoß beträgt 100 000 Stück pro Tag, es werden hundert verschiedene Produkte gefertigt und das Werk fährt drei Schichten. Der Input des Werks besteht aus frischen und tiefgefrorenen Materialien: Mais, Erbsen, Pilze, Kartoffeln, Fleisch und vieles mehr.

Das ganze Werk ist in Trauben gemäß dem Fertigungsfluß organisiert. Es gibt sechs Trauben, und die Trauben sind so angeordnet, wie das Produkt fließt: (1) Vorbereitung – mehrere Putz- und Zerkleinerungslinien; (2) Blanchieren – zwanzig Blanchierkessel mit 1 200 bis 2 800 l Fassungsvermögen, (3) Abfüllen – zehn Abfüllmaschinen, die die Produkte in Konserven füllen, (4) Sterilisieren – zehn Sterilisiermaschinen, in denen das Produkt sterilisiert und gekocht wird und der Dosendeckel aufgesetzt wird, (5) Etikettieren – zehn Etikettiermaschinen, in denen die Dosen etikettiert und in Kartons gepackt werden, und (6) Palettieren – zehn Palettiermaschinen, die die Kartons auf Paletten stapeln. Die Paletten kommen in Fertigwaren-Lagerhäuser.

Die durchschnittliche Durchlaufzeit vom Rohmaterial zum Fertigwarenlager beträgt zwölf Stunden. Die eigentliche Verarbeitung dauert vier Stunden; zwischen den Arbeitsgängen bleiben also acht Stunden an Umlaufmaterial. Verglichen mit anderen Branchen ist Umlaufmaterial von acht Stunden minimal (acht Wochen sind eher typisch). Was kann die Konservenfabrik also durch eine Umstrukturierung des Werks in Fertigungslinien gewinnen? Die Antwort ist: riesige Einsparungen an Fertigwarenbeständen und wahrscheinlich auch sehr viel weniger Rohmaterial.

Erste Veränderung – Hauptprodukte. Der erste Schritt, Phase 1, besteht darin, daß man ein paar Hauptprodukte auswählt, die aus den Trauben herausgezogen und in Fertigungslinien gepackt werden; wir wählen die Mais-, Erbsen-, Grüne-Bohnen- und Tomatenkonserven Größe 380 g. Diese vier machen 15 Prozent des Umsatzes aus. Der durchschnittliche Maisabsatz beträgt 10 000, der der anderen Gemüse 3 000 Kartons am Tag. Diese Werte scheinen genau das richtige für die Organisation von zwei Fertigungslinien zu sein.

– Linie 1 ist eine spezialisierte Fertigungslinie; sie füllt in zwei Schichten pro Tag (mit saisonalen Schwankungen) Mais ab; für die tägliche vorbeugende Wartung bleibt reichlich Zeit. Die Mais-Fertigungslinie besteht aus sechs Stationen: Vorbereitung – hier wird der Mais geschnitten, gewaschen und sortiert; Blanchieren – zwei 1 200-l-Blanchierkessel; Abfüllen – eine Abfüllmaschine; Sterilisieren – eine Sterilisiermaschine; Etikettieren – eine Etikettiermaschine; und Palettieren – eine Palettiermaschine. Die Fertigungslinie ist serpentinenförmig angelegt und sieht so aus:

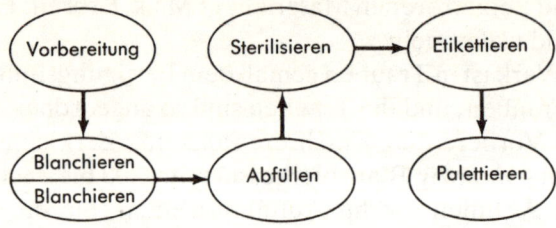

– Linie 2 verarbeitet täglich Erbsen, Bohnen und Tomaten nach folgendem Zeitplan: Fünf Stunden lang werden 3 000 Kartons Erbsen produziert; zwei Stunden Umrüstung; fünf Stunden lang 3 000 Kartons Bohnen; zwei Stunden Umrüstung; fünf Stunden lang 3 000 Kartons Tomaten; zwei Stunden Umrüstung; zum Schluß zwei Stunden komplette Reinigung und vorbeugende Wartung. Linie 2 hat dieselbe Ausrüstung und Anlage wie Linie 1.

Die Vorher-Nachher-Effekte auf den Fertigwarenbestand sind in der untenstehenden Tabelle gezeigt. Die Fertigungslinien verhindern, daß die vier umsatzstarken Produkte sich in die sechsundneunzig umsatzschwachen Produkte einreihen müssen; die vier müssen nicht darauf warten, bis sie an der Reihe sind, durch die Traubenfertigung geschleust zu werden. Dadurch, daß diese vier herausgenommen wurden, können außerdem die sechsundneunzig anderen Produkte öfter durch die Traubenfertigung geschickt werden.

	Vorher	Nachher
Häufigkeit eines Mais- Produktionslaufes	Wöchentlich	Täglich
Häufigkeit der anderen Produktionsläufe	Alle 2 Tage	Täglich
Durchschnittlicher Mais Fertigwarenbestand im Vertriebssystem*	25 000 Kartons (1/2 Woche)	5 000 Kartons (1/2 Tag)
Durchschnittliche Erbsen-, Bohnen- und Tomaten- Fertigwarenbestände im Vertriebssystem	50 000 Kartons (1 Woche)	5 000 Kartons (1/2 Tag)
Netto-Fertigwarenbestände aller vier Produkte	75 000 Kartons	10 000 Kartons

* Ohne Qualitätssicherungs-, Umlauf- und Pufferbestände.

Auch bei der Rohmaterialversorgung sollte es bescheidene Reduzierungen geben, da die Mais-, Erbsen-, Bohnen- und Tomatenlieferanten gleichmäßig liefern können.

Während die Bestandssenkungen erstaunlich sind, liegt der größere Vorzug darin, daß Verantwortungszentren geschaffen werden. Die Fertigungslinien 1 und 2 werden von je einem Manager geleitet, der vollständig für Qualität, Kosten, Problemlösung und andere Resultate verantwortlich ist. Die Belegschaft ist in Teams organisiert statt in Banden.

Fortführung der Umstrukturierung. In Phase 2 tun wir abermals das gleiche. Wir ziehen die nächstwichtigen Produkte und einiges an Ausrüstung aus den Trauben. Weitere Fertigungslinien und Verantwortungszentren werden geschaffen.

Phase 2 kann auch der richtige Zeitpunkt sein, Phase 1 zu verbessern. Fertigungslinie 1, die Maisfertigung, kann man verbessern, indem man zwei Linien daraus macht, doch dazu ist neue, kleinere, einfachere Ausrüstung nötig. Sechs 400-l-Blanchierkessel ersetzen die zwei 1 200-l-Kübel, so daß man kleinere Mengen blanchieren kann. Wenn auch bei den anderen fünf Arbeitsgängen kleinere Maschinen die großen ersetzen, besteht die Chance, mehr als eine Fertigungslinie für jedes Produkt einzurichten.

Zwei Fertigungslinien sind aus den erwähnten Gründen immer besser als eine: Sie bieten einen Weg, das Soll zu erfüllen, wenn eine wichtige Maschine ausfällt, sorgen für Wettbewerb zwischen den Linien und holen flexiblere und transportablere Ausrüstung ins Werk.

Ausweitung auf andere Branchen. Das Beispiel aus der Lebensmittelbranche enthält Schlüsselkonzepte der vorigen Kapitel und bietet eine Möglichkeit, in Bewegung zu kommen. Derselbe allgemeine Ansatz gilt für viele andere Branchen, z.B. Reifen, Halbleitermontage, Motoren, Pumpen, Drähte und Kabel. In den durchschnittlichen Einzelgüterbranchen werden nicht nur die Fertigwarenbestände, sondern auch das Umlaufmaterial drastisch reduziert; ansonsten sind die Ergebnisse und Methoden praktisch dieselben.

Gebäude

Manchmal kann man kaum etwas tun, um ein Werk neu zu organisieren, weil einem die Gebäude in den Weg kommen. Die Industrie besitzt viele Gebäude, die dem im folgenden beschriebenen ähneln.

Mehrgeschossiges Bauwerk

Die Division für Zimmertüren der Weyerhaeuser Co. befindet sich in einem alten, baufälligen, fünfgeschossigen Gebäude, das abgerissen und ersetzt werden soll. Auf den durchgebogenen Dielen liegen große Stahlplatten, die die Last der schweren Maschinen verteilen; die belasteten Stützen, die die Böden halten, mußten verstärkt werden, um die schweren Stahlplatten tragen zu können.

Das Werk ist das größte seiner Art in der ganzen Welt, und es ist trotz der Probleme mit dem Gebäude immer noch ein einträgliches Geschäft (was einiges über das Können der Mitarbeiter sagt). Die augenfälligsten Probleme sind die große Menge an Umlaufmaterial – bis zu 50 000 Türen in Bearbeitung – und die langen Durchlaufzeiten; die Durchlaufzeit beträgt Wochen, während die eigentliche Bearbeitung nur ein paar Tage erfordert (ohne Lackieren und Trocknen). Etwa fünfzig Leute tun nichts anderes, als Türenrohlinge in Aufzüge hinein- und herauszuräumen und über die Flure zu transportieren.

In dem neuen, eingeschossigen Gebäude sollen die Durchlaufzeit, das Umlaufmaterial und die Transporteure auf die Hälfte gekürzt werden, selbst wenn die Werksorganisation der Traubenfertigung nach Flußlinien entspricht. Falls Zellen oder spezialisierte Fertigungslinien eingerichtet werden, sollten die Kürzungen das Fünffache oder mehr ausmachen.

Man könnte die Ausrüstung in dem derzeitigen fünfgeschossigen Bau in Zellen oder Fertigungslinien-Segmenten aufstellen, aber das lohnt sich kaum. Es gibt zu viele dauerhafte Hindernisse, z.B. die Geschosse. Solch ein Gebäude muß man abreißen.

Es stimmt zwar, daß es in unserer Welt einige rühmenswerte Fertigungsbetriebe in mehrgeschossigen Bauten gibt. Die meisten guten befinden sich in Singapur, Hongkong, Taiwan, Manila und vielleicht Seoul. Nicht in Japan. Obwohl Grundstücke in Japan fünfundzwanzigmal teurer sind als in den USA (Forbes 1983), bauen die besten japanischen Produzenten ein- oder zweigeschossige Fabriken.

Wie sind die Unterschiede in Fernost zu erklären? Lohnkosten. In Japan sind die Löhne hoch, in Singapur, Hongkong und den anderen Ländern und Orten sehr niedrig. Was spräche dagegen, billige Arbeitskräfte Karren in die Aufzüge von platzsparenden, hochaufragenden Fabriken schieben zu lassen?

Hochparterre

Lebensmittelverarbeiter stellen Abfüllanlagen gern ins Hochparterre oder den ersten Stock. Dann können sie die Erbsen oder das Hühnchen-Cordon Bleu oder den Kartoffelbrei und die Soße in Töpfe auf den Abfüllstraßen darunter rollen oder rutschen oder schlabbern lassen.

Ich habe eine bessere Methode gesehen. Dies ist eine eingeschossige Lebensmittelfabrik mit Abfüllmaschinen auf Rädern. Beim Umrüsten – z.B. von grünen Bohnen zu Pudding – wird die Antriebskette der Abfüll-maschine von der Hauptwelle abgekoppelt. Die Wartungsleute fahren die Maschine zur gründlichen Reinigung und, wie ich hoffe, vorbeu-genden Wartung weg.

Es hat eine Menge Vorteile, Füllschläuche und -röhren vom Hochpar-terre nach unten zu führen. Leichte, mobile, flexible Abfüllmaschinen sind jedoch besser.

Großraumfabriken

Die Vorstellung von Menschen, die von einem Obergeschoß Materialien nach unten sausen lassen, erinnert mich an Kinder, die wassergefüllte Ballons auf die Fußgänger fallen lassen. Wir drohen ihnen mit der Faust, aber das nimmt nur einen Teil des Ärgers. Wir haben keine Kontrolle über sie.

Fabriken können auf vielerlei Weise außer Kontrolle geraten. Die offene Fabrik trägt dazu bei, das Problem zu bekämpfen. Mehrgeschos-sige Fabriken sind nicht leicht zu kontrollieren, weil die in verschiedenen Flußphasen Beschäftigten einander nicht sehen können, sich nicht mühelos miteinander verständigen und abstimmen und gemeinsam die kleinen Alltagsprobleme angehen können.

Zu viele Wände und zu viele Räume verursachen dieselben Probleme. Ein Werksleiter zeigte mir mehrere massive Innenwände. Es waren Außenmauern gewesen, aber das Geschäft wuchs, und neue Mauern umschlossen die alten. Eines seiner nächsten Projekte zur Werksverbes-serung sah vor, ein paar dieser Innenwände abzureißen und die Fabrik zu öffnen. Es würde ihn allerdings nicht stören, wenn eine Wand stehen-bliebe, die das Werk zweiteilt, weil er zwei verschiedene Produktlinien hatte.

Das Konzept des Großraumbüros ist populär geworden. Einige Büro-kräfte – die kreativ sein müssen – plädieren weiterhin für Einsamkeit und private Zellen. Außer für Zwecke der Umweltbeherrschung – Clean Rooms, Kühlräume, Heißräume und dergleichen – haben private Zellen in Fabriken nichts zu suchen. Die Vorteile von Großraumfabriken übersteigen die in der Regel großen Vorteile von Großraumbüros bei weitem.

Teamaufbau

Dieses Kapitel hat recht viele Seiten gebraucht, um eine einfache Idee zu präsentieren: Das Werk soll so organisiert sein, daß Arbeitsabläufe, Arbeitskräfte und Ausrüstung in eine Linie kommen.

Noch ein Punkt muß zur Zusammenfassung betont werden: Die Umstrukturierung und Linearisierung ergibt gewaltige Gewinne durch die Senkung von Durchlaufzeiten und Verschwendung, aber der größere Vorteil ist, daß die Mitarbeiter Teams bilden. Vielleicht sollten wir die Spezialisten von der Personalabteilung – angenommen, sie glauben wirklich an Teamaufbau – für den Grundriß der Fabrik zuständig machen. Realistischer gesehen sollten Fertigungsschritte, Verantwortungsstrukturen und Werksanlage gemeinsam von einer Arbeitsgruppe geplant werden, die in den Konzepten der Produktion auf Weltniveau beschlagen ist.

Man möge ruhig klein anfangen. Zwei Fertigungsstationen nebeneinander ergeben eine Zwei-Maschinen-Zelle, zwei seriell verkettete Monteure ergeben ein Zwei-Personen-Team.

7. Qualität: Null-Fehler-Methoden

Qualität ist wie Kunst. Jeder ist dafür, jeder erkennt sie, wenn er sie sieht, doch jeder definiert sie anders. Anders als bei der Kunst widersetzt sich niemand vehement der Qualitätsdefinition anderer Leute.

Alle Definitionen – Gebrauchstüchtigkeit, Erfüllung der Kundenbedürfnisse, auf Anhieb richtig, Reduktion der Variabilität und andere – sind prima. Sie widersprechen einander nicht. Wir nehmen sie alle.

Qualität: Waffe im Wettbewerb

Es ist nicht lange her, da schworen die ersten westlichen Unternehmen der Qualität die Treue, dann ein paar mehr, und binnen kurzem ganze Horden. Der Schwur, die Qualität »zu unserem grundlegenden Geschäftsprinzip« oder zum »Fundament unserer Geschäftsführung« zu machen, kann so hohl klingen wie gute Neujahrsvorsätze. Aber den Qualitätsverkündungen folgten erhebliche Schulungsmaßnahmen und Implementierungsbestrebungen in den Fabriken.

Das ist bemerkenswert. Bevor sie in den 80er Jahren zum Salz in der Suppe wurde, hatte die Qualität in der westlichen Industrie fünfunddreißig Jahre stagniert. Den Namen der Qualitätsabteilung haben wir zwar geändert: Qualitätssicherung statt Qualitätskontrolle. Auch sind Slogans wie »Qualität geht alle an« aufgekommen. Doch diesen Sprüchen folgten keine Taten. In Japan gab es Sprüche *und* Taten. Ein Amerikaner, Armand Feigenbaum, schrieb ein Buch mit dem Titel *Total Quality Control*, das verkündete, daß alle Funktionen sich gemeinsam darum bemühen müssen, die Qualität *einzubauen*. Die Qualität durch Prüfung herbeizuführen, indem man den Ausschuß aussortierte – der »Totenschein-Ansatz« – war nicht mehr gefragt. Die großen japanischen Fabrikanten ergriffen Feigenbaums Botschaft beim Schopf und setzten die Bewegung für umfassende Qualitätssicherung in Gang.

Bei Japans Aufstieg zur Industriemacht gab es viele kleinere Mitwirkende. Ich glaube, über den Hauptakteur besteht kein Zweifel: Qualität. Auf der ganzen Welt zahlten die Konsumenten mehr für einen Sony-Fernseher, weil sie überzeugt waren, daß er besser sei. Vermeidung von Ausschuß und Nacharbeit und die Vereinfachungen durch ständige Qualitätsverbesserungen drückten die Kosten rasch nach unten; nun konnten die Verbraucher in aller Welt überlegene japanische Produkte kaufen – und zahlten weniger dafür.

Mein Eindruck ist, daß die japanischen Spitzen-Führungskräfte in den 50er Jahren die Qualität ernst genug nahmen, um konzertierte Aktionen von den Mitarbeitern in Linien und Stäben zu verlangen. Anders gesagt, die Qualität wurde delegiert. Die Resultate waren nach etwa zehn Jahren verblüffende Umsatz- und Produktivitätssteigerungen. Das war der Anfang des *Einbaus der Qualität* in die Unternehmensführung. Das heißt: man betrachtete die Qualität nun als strategische Waffe, um die sich das höhere Management täglich kümmern mußte.

Qualitätsstrategien

Beim Wettbewerb durch Qualität gibt es alternative Wege. David Garvin (1984) bietet acht Qualitätsdimensionen und führt ein paar Beispiele an, wie man bestimmte davon in den Vordergrund stellen kann, um Marktanteile zu gewinnen. Diese acht Dimensionen sind: (1) Leistung (bei einem Auto das Beschleunigungsvermögen, bei einem Fernseher die Helligkeit), (2) Ausstattung (elektrische Fensteröffner), (3) Zuverlässigkeit (Ausfallhäufigkeit), (4) Abwesenheit von Mängeln, (5) Lebensdauer, (6) Wartungsfreundlichkeit, (7) Ästhetik und (8) Qualitätsimage.

Eines von Garvins Beispielen ist Steinway & Sons. Ein Steinway-Flügel ist berühmt für seinen ebenmäßigen Klang, die Registerfülle, Tondauer, Langlebigkeit und das schön polierte Holz. Das sind die Qualitätsdimensionen Leistung, Lebensdauer und Ästhetik; Steinway erfreut sich einer gleichbleibend hohen Reputation dafür. Yamaha ist zu einem Großlieferanten von Flügeln geworden, indem es sich auf Zuverlässigkeit und die Abwesenheit von Mängeln konzentrierte. Führende japanische Produzenten in vielen Branchen haben bezüglich dieser zwei Qualitätsdimensionen Vorzügliches geleistet.

Manche Experten schauen sich derartige Beispiele an und kommen zu dem Schluß, daß alle Arten von Qualitätsstrategien ihre Berechtigung haben. Es könnte z.B. Platz für mehrere Arten von Flügelfabrikanten geben. Was ist mit denen, die sich auf sehr wartungsfreundliche Klaviere oder auf solche mit außergewöhnlicher Ausstattung wie einem automatischen Umblätterer konzentrieren?

Diese Schlußfolgerung ist völlig falsch. Die qualitativen Stärken von Steinway und Yamaha sind keine Kleinigkeit, und dasselbe gilt für ihre Schwächen. Yamahas Chance zur schnellen Gewinn- und Umsatzsteigerung liegt darin, daß das Unternehmen sich selbst einen guten Ruf für Klaviere mit ebenmäßigem Klang, Registerfülle, Langlebigkeit und schön poliertem Holz aufbaut. Ich möchte wetten, die Firma arbeitet an einigen dieser Punkte, indem sie einen Teil des Gewinns in die Forschung steckt. Steinway ist gefordert, alles zu tun, was man seit jeher tut, und zusätzlich eine unternehmensweite Kampagne für die lückenlose statistische Prozeßkontrolle zu starten – sowohl in den Zuliefererbetrieben wie auch in den eigenen. Steinway hat die leichtere Aufgabe, da der Weg zur Prozeßkontrolle bekannt und erprobt ist.

Das Nischenkonzept ist ein schlechtes Rezept. Ein Grund dafür ist, daß die Qualitätsdimensionen einander nicht widersprechen. Ein weiterer ist, daß sich die verschiedenen Dimensionen der Qualität gleichzeitig einstellen, wenn Konzepte der Produktion auf Weltniveau durchgeführt werden, deren Kosten hauptsächlich von der »weichen« Art sind: Koordination, Schulung, Datenerfassung und Problemlösen.

Der Produzent auf Weltniveau bemüht sich immer um die nächste Kundengruppe, indem er das Produkt auf eine weitere Art attraktiv macht.

Prozeßkontrolle

Kontrolle über den Prozeß zu gewinnen – Yamahas Stärke –, beruht auf Messungen und Studien. Darüber, wie man einen Prozeß verbessert, gibt es umfangreiche Literatur, und heutzutage bieten viele Universitäten, aber auch Beraterfirmen, kurze Lehrgänge und Seminare zu diesem Thema an. Ich werde meine Bemerkungen auf ein paar allgemeine Gesichtspunkte und Beispiele beschränken.

Instrumente der Prozeßanalyse

Kontinuierliche und schnelle Verbesserung erfordert eine ununterbrochene Folge von Projekten. Projektleiter ist oft ein Maschinen- oder Montagearbeiter. Die Projektgruppe fängt mit der Verfahrensverbesserung an, indem sie eines oder mehrere Instrumente der Prozeßanalyse anwendet.

Eine Prozeßanalyse kann so einfach sein wie die Benutzung einer Lehre. Die Überprüfung des ersten und letzten Stückes mit einer Lehre ist bei der Fertigung in kleinen Losen eine verbreitete und geschätzte Technik, insbesondere in Maschinenwerkstätten. Eine umfassendere Studie kann sich der folgenden sechs wichtigsten Instrumente der Prozeßanalyse (und vielleicht noch einiger anderer) bedienen:

1. Arbeitsablaufdiagramme: Der Weg des Produktes durch alle Arbeitsschritte und -phasen wird aufgezeichnet.
2. Pareto-Analyse: Störungen (wie Defekte, Maschinenstillstand, verspätete Lieferungen) werden an jedem Punkt im Arbeitsablauf aufgezeichnet; der schlimmste Fall (der längste Balken im Pareto-Diagramm) wird genauer analysiert.
3. Fischgräten-Diagramm: Man macht den »schlimmsten Fall« zum Rückgrat eines Fischgräten-Diagramms. Sekundäre Ursachen werden zu Sekundärgräten am Rückgrat. Tertiäre Ursachen werden an die sekundären angehängt. Man beginne, bei den äußersten »Gräten« zu experimentieren.
4. Histogramme: Manchmal ist es nützlich, ein Merkmal eines Prozesses – vielleicht eine der äußeren Gräten – zu messen und die Meßergebnisse als Histogramm aufzutragen. Dessen Gestalt gibt Hinweise auf die Ursachen.
5. Ablaufdiagramme und Kontrollkarten: In vielen Fällen ist es wertvoll, zur Darstellung kritischer Merkmale die gemessenen Prozeßdaten in Ablaufdiagramme und Kontrollkarten einzutragen.
6. Streuungsdiagramme und Korrelationen: Wenn der Prozeß statistisch kontrolliert wird, ist es an der Zeit, über seine Verbesserung nachzudenken. Man kann die zu verbessernden Faktoren untersuchen, indem man etwas verändert und abwartet, was passiert. Die Veränderungen und Diagramme werden in ein Streuungsdiagramm eingetragen, um auf Korrelationen überprüft zu werden. Eine hohe Korrelation ist ein »Treffer«, sie bezeichnet eine wahrscheinliche Ursache und eine Verbesserungsmöglichkeit.

Lehrer und Anwender

Diese sechs Instrumente werden in Ishikawas Buch *Guide to Quality Control* (1972) eingehender behandelt; auch in zahlreichen anderen Büchern kommen sie mittlerweile vor. Ein kleines Paradoxon: Die Instrumente sind für Stabskräfte mit ein bißchen mathematischen Kenntnissen leicht zu lernen, aber schwierig anzuwenden. Für den durchschnittlichen Fabrikarbeiter sind die Instrumente, zumindest die stärker mathematisch fundierten, schwieriger zu lernen, aber leicht anzuwenden. Die nicht allzu feine Feinheit, auf die ich hinaus will, ist, daß Stabskräfte von Natur aus Lehrer, Bandarbeiter und Monteure von Natur aus Benutzer der Instrumente der Verfahrensanalyse sind, da sie die Messungen vornehmen und über die Daten verfügen.

Die sechs Instrumente eignen sich größtenteils nicht für Konstrukteure und Qualitätsingenieure. Konstrukteure brauchen zumeist ausgefeiltere statistische Analysen, insbesondere Methoden zur Versuchsanordnung. Qualitätsingenieure brauchen Mehrfach-Regressions-Techniken, um komplexe Ursachenmuster zu untersuchen; ein geläufiges Bei-

Abbildung 7.1: Pareto-Diagramm

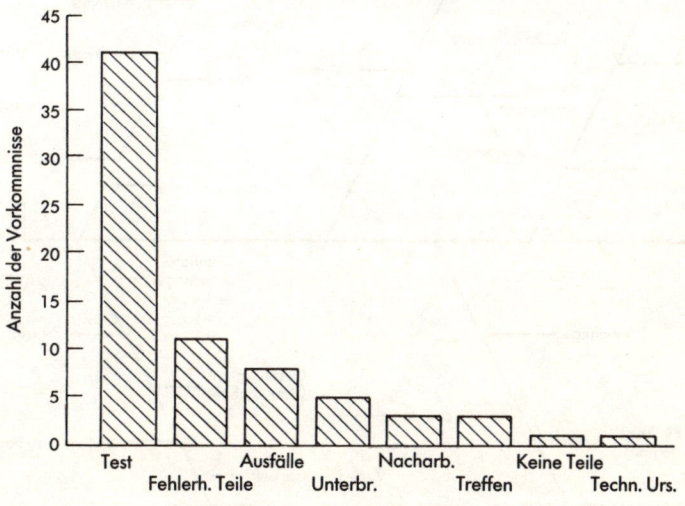

UNTERBRECHUNGEN, DIE DIE LINEARITÄT VERHINDERN
nach Art des Vorkommnisses

Unterbrechungs-Kategorien
Endmontage Roadrunner II – Zweite Schicht

spiel ist, was mit einem Brotteig unter der enormen Vielfalt möglicher Mengenkombinationen von Mehl, Hefe, Wasser, Salz, Butter, Hitze, Zeit und Luftfeuchtigkeit passiert.

Fischgräten-Diagramme und Pareto-Analysen eignen sich gut für die Verwendung durch Mitarbeiter in der Produktion – wenn sie richtig angewendet werden. Was macht den richtigen oder falschen Gebrauch der Instrumente aus? Ein Beispiel kann uns der Antwort näherbringen.

Während meiner Eilbesichtigung des Hewlett-Packard-Werks in Greeley im Herbst 1984 führte ein Monteur, Gerald Forbes, kurz vor, wie man hier Pareto-Diagramme verwendet. Herr Forbes ließ sogar auf einem Graphikdrucker in der Nähe ein Pareto-Diagramm erstellen und schenkte es mir.

Ich hoffe, meine Enttäuschung war mir nicht anzumerken. Das Pareto-Diagramm (siehe Abb. 7.1) schien mir fast nutzlos zu sein. Das Diagramm zeigte »Unterbrechungen, die die Linearität verhindern«

Abbildung 7.2: Fischgräten-Diagramm

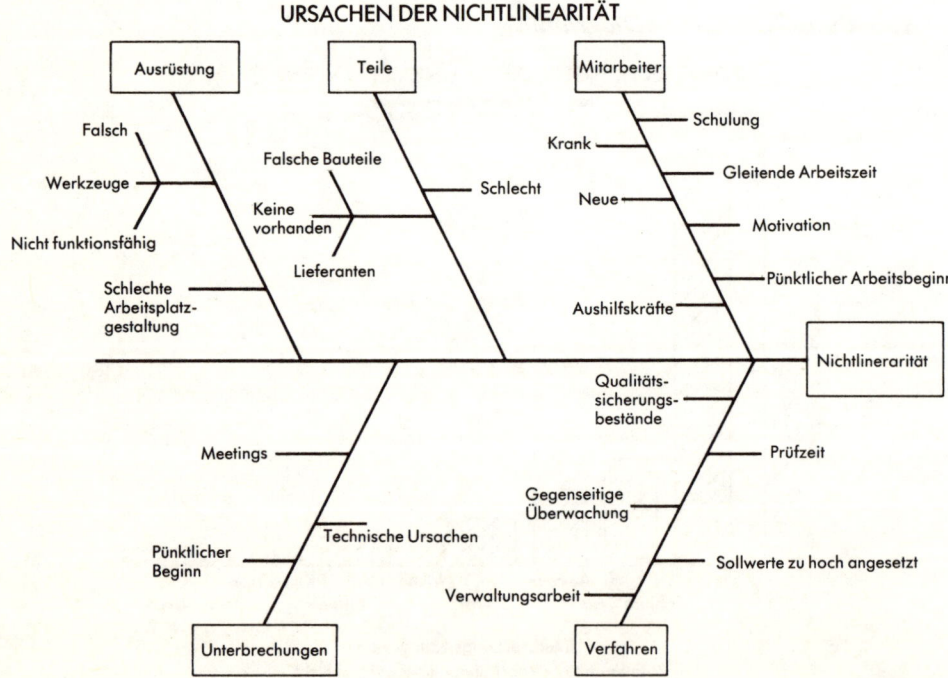

(»Linearität« ist das H-P-Wort für die Erfüllung des täglichen Produktionssolls). Zu den Ursachen für die Unterbrechungen gehörten »Prüfungen«, »Mängel«, »Nacharbeit«, »Meetings«; jede davon war so allgemein, daß sie anscheinend nichts von Belang aussagte.

Etwa eine Woche darauf war in meiner Post ein Päckchen von Herrn Forbes. Es enthielt ein Fischgräten-Diagramm (siehe Abb. 7.2), das ein umfassenderes Bild der möglichen Ursachen der Nichtlinearität für das Produkt zeigte, das Herr Forbes und seine Kollegen herstellten. Das Montageteam hatte das Fischgräten-Diagramm in Brainstorming-Sitzungen entwickelt. Allmählich bekam ich Respekt.

Ein weiterer Bogen in Forbes' Päckchen enthielt harte Daten: Häufigkeiten jeder Problemkategorie und die Ausfallzeiten in Minuten für jede davon. Dieses Blatt (Tab. 7.1) zeigt, daß die größten Verzögerungen durch Prüfungen entstanden. Ich bekam noch mehr Respekt.

Tabelle 7.1: Problemhäufigkeiten und Ausfallzeiten

NICHTLINEARITÄT:
DATENERFASSUNG

Kategorie	Anzahl der Vorkommnisse	Zeit (Min.)
Keine Teile vorhanden	1	110
Defekte Teile	2	61
Besprechungen	3	210
Schulung	0	0
Unterbrechungen	5	157
Prüfzeiten	41	217
Ausfälle	8	55
Verwaltungsarbeiten	3	12
Technische Ursachen	1	15

Das letzte Blatt des Päckchens (Abb. 7.3) näherte sich dem Detailniveau, das zur Problemlösung erforderlich ist. Das Team hatte das schlimmste Problem, die Verzögerungen durch das Prüfen, angepackt und eine Liste wahrscheinlicher Ursachen dafür erstellt. »K.O.-Knopf nicht sofort gedrückt«, »Schulung der Position 4 ist schlecht« und andere. Die nächsten Schritte bestanden darin, weitere Gründe zu isolieren und eine genauere Untersuchung anzustellen, vielleicht mit sehr detaillierten

Pareto-Analysen und anderen Instrumenten. Endlich wurde mir klar, daß der Ansatz vernünftig war. Ich hatte sie unterschätzt.

Abbildung 7.3: Ursachen im Detail

```
┌─────────────────────────────────────────────────┐
│                    TESTLÄUFE:                      │
│              WARUM DAUERN SIE SO LANG?             │
│                                                    │
│  – K.O.-Knopf nicht rechtzeitig gedrückt           │
│                                                    │
│  – Schadhafte Einheit ausgebaut und zu den Tech-   │
│    nikern gebracht, statt sie zur Seite zu stellen, bis │
│    eine neue Einheit auf dem Prüfstand ist         │
│                                                    │
│  – Schulung der Position 4 ist schlecht            │
│                                                    │
│  – Schlechte Organisation                          │
│                                                    │
│  – Schlechte Koordination mit der Verpackung       │
└─────────────────────────────────────────────────┘
```

Mittlerweile strebt das ganze Werk mittels des gerade beschriebenen Grundansatzes nach umfassender Qualitätssicherung: Ein Problem wird in immer feinere Details zerlegt, bis die schnelle Lösung gefunden ist.

Pareto- und Fischgräten-Diagramme gehören so eindeutig zum Handwerkszeug der Fabrikarbeiter wie Drahtscheren und Schraubstöcke, aber wie steht es mit Prozeßkontrollkarten?

Die formale statistische Prozeßkontrolle erfordert Karten mit Über- und Untergrenzen in einem statistisch bestimmten Abschnitt zur Mittellinie, dem Durchschnittswert. Es gibt schnelle, vereinfachte Methoden, die unter bestimmten Umständen die vollwertige statistische Prozeßkontrolle ersetzen können. Werfen wir einen kurzen Blick darauf – nicht um bekannte Konzepte der statistischen Prozeßkontrolle durchzukauen, sondern um sie den einfacheren Alternativen gegenüberzustellen.

Ablaufdiagramm

Schnellverfahren Nr. 1 ist das *Ablaufdiagramm*. Dies ist eine Karte mit einzelnen Meßergebnissen, während die vollwertige statistische Prozeßkontrolle Stichproben-Durchschnittswerte auf $\bar{x}$- und R-Karten aufträgt.

Abb. 7.4 zeigt einen Ausschnitt eines Ablaufdiagramms und eines Kontrollkarten-Paares. Die Pfeile vom Ablaufdiagramm zu den Kontrollkarten zeigen, wie eine Zufalls-Stichprobe von fünf gemessenen Durchmessern als ein Punkt in den beiden Kontrollkarten aufgetragen würde. Ein Punkt, der Durchschnitt, kommt auf die x̄-Karte, und der andere, die Spannweite, auf die R-Karte.

Abbildung 7.4: Ablaufdiagramm und Kontrollkarten

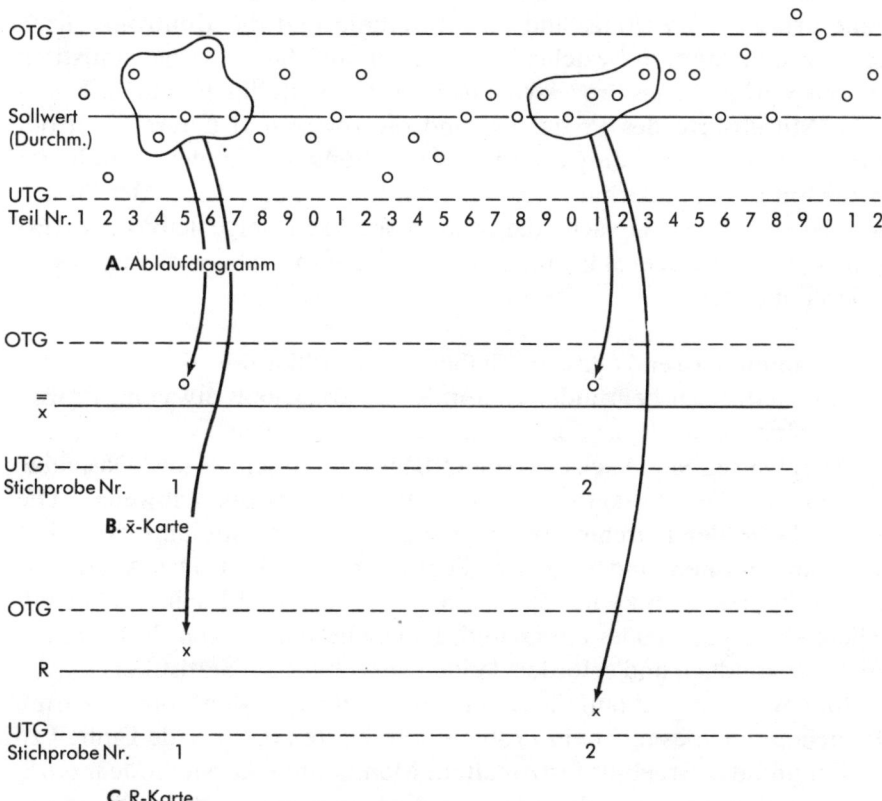

Oberflächlich betrachtet haben das Ablaufdiagramm und die vollwertige statistische Prozeßkontrolle verschiedene Zwecke:

– Das Ablaufdiagramm *scheint* lediglich eine Methode zu sein, den Ausschuß durch hundertprozentige Überprüfung auszusortieren. Der

Soll-Durchmesser bildet im Ablaufdiagramm (Abb. 7.4 Teil A) die Mittellinie. Die unteren und oberen Linien sind die unteren und oberen vom Kunden spezifizierten Toleranzgrenzen (UTG und OTG). Jeder Durchmesser über der oberen oder unter der unteren Toleranzgrenze ist Ausschuß. Der neunundzwanzigste Durchmesser ist ein Ausschußteil, weil er über der OTG liegt; er muß zurückgehen. Bei dieser kleinen Stichprobe liegt die Rücklaufrate bei 1 zu 32 oder etwa 3 Prozent.

– Zweck der $\bar{x}$- und R-Karten ist, den Prozeß zu kontrollieren und nicht, den Ausschuß auszusortieren. Erstens verwendet die statistische Prozeßkontrolle Stichproben und kann daher nicht allzu viele schlechte Teile erfassen. Zweitens sind die Mittellinie und die Kontrollgrenzen keine Ziele, sondern beziehen sich einfach auf das bisherige statistisch erfaßte Verhalten des Prozesses. Die $\bar{x}$- und R-Mittellinien sind die bisherigen Mittelwerte des Prozesses, und die obere und untere Kontrollgrenze sind einfach drei Standardabweichungen von der Mittellinie. Wenn ein Punkt außerhalb dieser beiden Linien liegt, weicht der Prozeß vom Normalen ab. Ursache dafür kann Werkzeugverschleiß, Lagerverschleiß oder ein anderes Problem sein, das man sofort bemerken und korrigieren möchte.

Zusammenfassend gesagt, haben Kontrollkarten den wichtigen Zweck, statistisch begründet Kenntnis zu geben, daß etwas im Prozeß sich verändert hat. Es ist der Prozeß, der zu uns spricht.

Aber warten Sie. Auch das Ablaufdiagramm spricht zu uns! Dasjenige in Abb. 7.4, Teil A, sagt uns, daß der Prozeß nach oben abweicht. Die letzte Hälfte der Durchmesser liegt sogar auf der Mittellinie oder darüber, und der neunundzwanzigste liegt über dem Limit. Das Ablaufdiagramm bedient sich keiner statistischen Sprache und könnte daher falschen Alarm geben oder uns ab und zu in Sicherheit wiegen. Jedoch ist es leichtverständlich und erfordert keinen ausgebildeten Statistiker.

Man würde die Ablaufdiagramme in vielen Fällen den Kontrollkarten vorziehen, gäbe es nicht ein Problem: die Kosten dafür, jede Einheit zu prüfen und das Ergebnis festzuhalten. Man könnte die Methode modifizieren, indem man nur ab und zu ein paar überprüft und sie auf Karten mit oberen und unteren Toleranzgrenzen einträgt, aber das wäre dumm. Wenn man nur ein paar messen will, ermittle man den Durchschnitt und trage diesen in die statistisch korrekten Karten ein: die $\bar{x}$- und R-Karten.

Wann also ist das Ablaufdiagramm sinnvoll? Bei kleinen Losgrößen, sagen wir fünfzig oder hundert Stück, und oft für die ersten fünfzig oder hundert Stücke eines neuen Teiles, das in großen Mengen hergestellt werden soll. Man verwendet es, um besondere Ursachen zu eliminieren, und schreitet dann zu statistischen Prozeßstichproben voran.

Vorkontroll-Karten

Schnellverfahren Nr. 2 ist die *Vorkontrollkarte.* Diese Karte hat zwecks leichten Gebrauchs farbige Zonen – grün, gelb und rot. Die Vorkontrolle beginnt wie das Ablaufdiagramm. Der Arbeiter richtet die Maschine ein, beginnt einen neuen Lauf und mißt und trägt die Ergebnisse auf der Vorkontrollkarte ein. Dies setzt er fort, bis fünf aufeinanderfolgende Stücke im grünen Bereich liegen, wie in Abb. 7.5. gezeigt. Das bedeutet, daß die Einrichtung stimmt. Dann prüft der Arbeiter zu willkürlichen Zeiten zwei Stücke und trägt das Ergebnis ein. Die Regeln sind:

Abbildung 7.5: Vorkontrollkarte

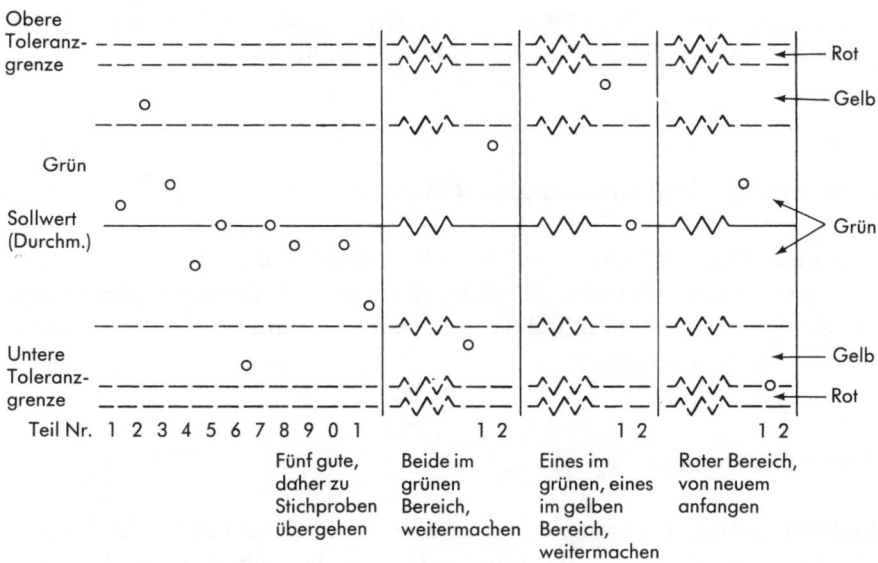

1. Liegen beide Meßwerte im grünen oder eines im grünen und eines im gelben Bereich, ist alles in Ordnung.
2. Liegen beide Meßwerte im gelben oder eines im roten Bereich, muß man aufhören, den Prozeß korrigieren und von neuem beginnen – ständig prüfen, bis fünf hintereinander im grünen Bereich sind.

Die Material- und Kontrollgruppe von Texas Instruments läßt die Maschinenbediener schon seit Jahren die Vorkontrolle anwenden. Weil sie ein einfaches Mittel ist, die statistische Kontrolle nahezulegen (nicht zu garantieren), ist »unser Ziel der maximale Gebrauch ... der Vorkontrolle«, wie Neil MacKinnon, Qualitätssicherungs-Manager der TI-Gruppe Attleboro, Massachusetts, sagt (MacKinnon 1985).

In Japan gehört die Vorkontrolle nicht zu den normalen Qualitätsmethoden. Entwickelt wurde sie bei der Jones & Lamson Machine Co. von Dorian Shainin und anderen, die damals als Industrieberater für Rath & Strong tätig waren. Jones & Lamson stellten ein Prüfgerät her, das sie den »optischen Vergleichsapparat« nannten, und dieses Gerät inspirierte einige Gedanken, die zur Vorkontroll-Technik führten.* Die Einfachheit und leichte Anwendbarkeit der Vorkontrolle paßt gut zu anderen Fertigungskonzepten, die aus Japan herübergekommen sind.

Bewertung, Begutachtung und Auszeichnung

Statistische Kontrollen und sichtbare Messungen sorgen für die Kontrolle des Prozesses; sie dienen auch als Grundlage der Lieferantenbewertung, zur Revision der eigenen und der Lieferantenproduktion und zur Verteilung von Belohnungen.

Lieferantenbewertung

Lieferantenbewertungs-Systeme sind seit vielen Jahren im Schwange. Die heutigen Bewertungssysteme unterscheiden sich von den früheren

---

* Die Vorkontroll-Methode stellte Shainin 1954 der Konferenz der American Society for Quality Control vor. 1984 »revidierte« er die Technik auf dem Qualitäts-Kongreß der ASQC (Shainin 1984). Ich danke Ray Wachniak von Firestone für einige Informationen zur Geschichte der Vorkontrolle.

dadurch, daß die Kriterien anders gewichtet werden. Der Preis hat nicht mehr ein Gewicht von 100 oder 75 oder 50 Prozent.

Betrachten wir als Beispiel das Lieferantenbewertungs-Programm von Uniroyal, das 1979 auf der Konferenz des Fachbereichs Gummi der American Chemical Society vorgestellt wurde. Man sagte den Lieferanten, von nun an würde Uniroyal alle eingehenden Lieferungen bewerten. Die publizierten Bewertungskriterien belegen bestimmte Abweichungen von den Spezifikationen mit Strafpunkten. Ein Zulieferer-Qualitätswert von 100 ist perfekt und sinkt, wenn Strafpunkte verteilt werden. Wenn der Wert zwischen 50 und 70 Punkten liegt, muß der Lieferant eine Betriebsinspektion über sich ergehen lassen, um Lieferant zu bleiben. Ein Wert unter 50 Punkten disqualifiziert den Lieferanten.

Der Zulieferer-Qualitätswert wiederum ist ein Faktor der gesamten Zulieferer-Servicebewertung von Uniroyal. Folgende Faktoren und Gewichtungen machen diese Servicebewertung aus:

Faktor	Gewichtung	Grundlage
Zulieferer-Qualitätswert	40	Numerische Parameter
Preis	25	Numerische Parameter
Pünktliche Lieferungen	20	Numerische Parameter
Service	15	Käufermeinung
Summe	100	

Zwar war Uniroyal von den Ergebnissen seiner Zulieferer-Qualitäts- und Servicebewertung angetan, doch beruhten diese auf Inspektionen. Im März 1983 verwendeten alle Uniroyal-Lieferanten – etwa dreihundert – statistische Prozeßkontrolle (Bates 1984). Wenn die Bemühungen der Lieferanten um statistische Prozeßkontrolle Fuß fassen, wird Uniroyal seine Inspektionen verringern können. Inspektionen und darauf beruhende Zulieferer-Qualitätsbewertungen werden nur bei neuen Lieferanten oder Teilen nötig sein.

Qualitätsaudit

Wenn die statistische Prozeßkontrolle zum Tragen kommt und die Prüfung sich auf ein paar wenige Teile beschränkt, beanspruchen Revisionen die meiste Zeit der Qualitätsabteilung – und auch einen Gutteil der Zeit von Einkäufern und Ingenieuren. Der Qualitätsaudit kann aus einer Kombination von Methoden bestehen.

Wichtigster Bestandteil dieser Begutachtung – einschließlich der »Begutachtung«, die zur Wahl eines Lieferanten gehört – ist die erreichbare Fertigungsgenauigkeit. Der Hersteller muß nachweisen, daß er fähig ist, die Spezifikationen zu erfüllen. Anders gesagt, muß der Lieferant Daten einer *Studie zur Fertigungsgenauigkeit* zur Verfügung stellen können.

Hy Pitt (1985) hat einen guten Artikel über die Finessen von Fertigungsgenauigkeits-Studien veröffentlicht. Pitt merkt an, daß als erstes die statistische Prozeßkontrolle kommt: Man bringt den Prozeß unter statistische Kontrolle – besondere Fehlerursachen müssen korrigiert werden – und schaut dann, ob der Prozeß auch innerhalb der spezifizierten Toleranzen bleibt. Wenn er die Toleranzen nicht einhält, gibt es mehrere Möglichkeiten: (1) Man sorge für eine Prozeßverbesserung (ein Lager auswechseln, gleichförmigere Rohmaterialien besorgen, die Arbeitskräfte schulen); (2) man erweitere die spezifizierten Toleranzen – manchmal (oft) werden sie ohne Rücksicht auf die Erfordernisse festgesetzt; (3) man fertige weiterhin massenweise Teile und sortiere die schlechten durch eine vollständige Prüfung aus – keine glückliche Lösung, aber manchmal muß man sich eine Zeitlang damit behelfen.

Manche Unternehmen, z.B. Ford und General Motors, fordern von den Lieferanten, daß sie im Zuge des Nachweises der Fertigungsgenauigkeit auch ihre statistische Kontrolle zeigen. Andere Unternehmen begnügen sich mit »Wie-gehabt«-Daten zur Fertigungsgenauigkeit, was immerhin besser ist als gar nichts.

Wenn die Lieferfirmen über den ganzen Erdball verstreut sind, wenden sich manche Unternehmen an unabhängige Qualitätsberater, die begutachten können und unter Umständen bei Fertigungsgenauigkeits-Studien behilflich sind. Diese Berater bedienen einen geographischen Bereich oder spezialisieren sich auf bestimmte Produktarten. Von einigen Unternehmen, die sich derartiger Dienste für Qualitätsaudits an entlegenen Standorten bedienten, habe ich Gutes darüber gehört.

Beim internen wie externen Qualitätsaudit gilt das Hauptinteresse der Fertigungsgenauigkeit. Auch die Überprüfung der Qualitätsschulung kann dazu gehören, sowie Maßnahmen zur Verbesserung der Designqualität, die Wertanalyse, Kontrollkarten, Kontrolldiagramme und Instrumente der Prozeßanalyse, schnelle Lösungen zur Fehlerkorrektur, Qualitätskosten und Anerkennung und Belohnung für Erfolge.

Diese Faktoren definieren einen Qualitätsaudit im engeren Sinne. Im weiteren Sinne kann die Begutachtung sich auf alle Just-in-Time-Methoden und Maßnahmen der umfassenden vorbeugenden Wartung erstrecken: Senkung der Durchlaufzeiten, Bestände, Transferstrecken, des Platzbedarfs, der Rüst- und Ausfallzeiten sowie die Designqualität. Der Qualitätsaudit kann sich auch mit dem Kapitalumschlag, der Wettbewerbsanalyse und der Einstellung der Mitarbeiter befassen.

Die beste Anerkennung und Belohnung ist einfach: ein Platz auf einer auffälligen Ehrentafel, Notizen in der Firmenzeitung, ein reservierter Parkplatz, eine Woche kostenloses Essen in der Werkskantine, eine Eis- oder Pizzaparty für die ganze Gruppe, ein Biergelage für die gesamte Belegschaft. Die effiziente Anerkennung muß schnell erfolgen, d.h. kurz nach den guten Taten kommen. Gewinnbeteiligungspläne, auch das japanische System hoher halbjährlicher Bonuszahlungen, eignen sich nicht als Anerkennung; sie zielen darauf ab, die Mitarbeiter dem Unternehmen zu verpflichten und nicht einem bestimmten Unternehmensziel.

Bisher wurde die Qualität in diesem Kapitel vor allem als unabhängiges Thema behandelt, aber das ist sie natürlich nicht.

Abbildung 7.6: Zusammenhang von Just-in-Time und Qualität

PRODUKTION AUF WELTNIVEAU	
1. Wie die Qualität das Just-in-Time-Prinzip unterstützt	
Tatsache	*Just-in-Time/Qualitätseffekt*
Schwankende Qualität ist ein Hauptgrund für Pufferbestände.	Schwankungen kontrollieren, um Reduzierungen der Pufferbestände zu ermöglichen
2. Wie Just-in-Time die Qualitätskosten senkt	
Qualitätskosten für Ausschuß, Nacharbeit und Beschädigungen sind linear von der Menge des Roh- und Umlaufmaterials abhängig.	Reduzierung des Roh- und Umlaufmaterials senkt die Ausschuß-, Nacharbeits- und Schadenskosten im selben Maße.
3. Wie Just-in-Time die Qualität verbessert (die Variabilität senkt)	
Die Zeit verschleiert die Ursachen der Variabilität. Durch Just-in-Time werden die Durchlaufzeiten gekürzt und – die Ursachen bleiben klar; – die Zahl der zu überprüfenden Veränderungen wird beschränkt.	Effektive Prozeßanalyse erfordert frisches Beweismaterial in einer Periode eingeschränkter Veränderungen – dafür sorgen rigorose Just-in-Time-Techniken

Die Verbindung von Qualität und Just-in-Time

Mich fragte einmal jemand, welcher Zusammenhang zwischen Qualität und Just-in-Time besteht. Ich sagte: »Henne und Ei«. Das war dumm. Ich hätte sagen sollen: Henne und Henne. Abb. 7.6 faßt die Verbindung von Qualität und Just-in-Time zusammen.

Qualitätskosten

Für die Qualitätsspezialisten haben Qualitätskosten eine besondere Bedeutung, recht verschieden von der, die der Laie angeben würde: Es sind alle Fertigungs- oder Servicekosten, die nicht angefallen wären, wenn das Produkt auf Anhieb genau richtig gebaut worden wäre (Campanella und Corcoran 1983: 17). Dazu gehören: (1) direkte Verhütungskosten (Planung und Schulung), Bewertung (Inspektionen und Prüfungen), interne Fehler (Ausschuß und Nacharbeit) und externe Fehler (Garantie- und Schadensersatzansprüche) und (2) die Folgekosten von Pufferbeständen und Überschußkapazitäten als Schutz gegen unsichere Qualität.

Viele westliche Unternehmen berechnen mittlerweile ihre Qualitätskosten; da die meisten die Folgekosten nicht berücksichtigen, liegen ihre Schätzungen zu niedrig. Andererseits sollten diejenigen, die die Kosten der Vorbeugung einbeziehen, dies wahrscheinlich nicht tun. Diese Kosten sind ein vollwertiger Bestandteil aller Arbeiten. (Jedes Tier, auch jeder Mensch widmet jeden Moment seines Lebens dem Zweck, am Leben zu bleiben – den Tod zu verhüten. In ähnlicher Weise hat in einer Fabrik jeder die Aufgabe, ständig den Tod des Produktes zu verhüten. Unsere Systeme zur Überprüfung der Lebensfunktion – Kostenschätzungen – verdienen gekürzt zu werden, während die lebensverlängernden Maßnahmen unangetastet bleiben sollten.) Die Berechnung von Qualitätskosten ist in Japan ziemlich selten, wahrscheinlich weil das jahrelange Wachstum durch Qualität alle Zweifel am Wert ständiger Qualitätsverbesserungen ausgeräumt hat; man muß ihn nicht beweisen.

Variabilität, Puffer und Qualitätskosten

Der erste Punkt der Abbildung ist allgemein bekannt. Pufferbestände gibt es zum Teil als Schutz gegen variable Qualität. Indem man die Qualität konstant macht, eröffnet man dem Just-in-Time-Prinzip einen Weg: Pufferbestände kürzen. Wenn wir an diesem Punkt aufhören, kommen wir vielleicht zu dem Schluß, Just-in-Time sei erst dann zu verwirklichen, wenn die Qualität stimmt. Dies ist eine beschränkte Ansicht, aber manche Leute vertreten sie.

Das erste Ziel der Qualitätsverbesserung ist, *den Kunden zu befriedigen;* die Einsparungen bei den Qualitätskosten sind eine Zugabe. Die Argumentation ist dieselbe wie beim Just-in-Time-Prinzip. Der erste Vorteil ist die *schnelle Reaktion auf den Kunden*; Einsparungen beim Inventar und damit bei den potentiellen Qualitätskosten von Ausschuß, Nacharbeit und Beschädigungen sind eine Zugabe. Somit bilden Qualitätsverbesserungen und Just-in-Time-Prinzip gemeinsam den Angriff auf die Qualitätskosten. Das ist der zweite Punkt von Abb. 7.6.

Ursachenanalyse

Die Senkung der Qualitätskosten befaßt sich allerdings nicht mit den Ursachen der Qualitätsprobleme. Die Isolierung der Ursachen ist der Bereich, in dem das Just-in-Time-Verfahren wirklich glänzt. (Schonberger, 1984) Durch die Verkürzung der Durchlaufzeiten schafft Just-in-Time ein permanentes *Frühwarnsystem*. Das heißt, wenn bei einem nachfolgenden Arbeitsgang ein Problem auftritt, ist noch kaum Zeit verstrichen. Wie der Pfadfinder sagen würde, ist die Spur noch frisch, und nur wenige Prozeßänderungen sind seither eingetreten. Die Ursache aufzuspüren ist nicht allzu schwierig. Idealerweise versucht im Just-in-Time-Betrieb sogar jeder Arbeitsgang, ein Teil unmittelbar nach seiner Herstellung zu verwenden. Wenn es schlecht ist, stoppt der Hersteller und *weiß* den Grund oft sogar.

Im idealen Just-in-Time-Betrieb eröffnet die kurze Zeitspanne zwischen Ursache und Wirkung dem Arbeiter die Möglichkeit, ständige kleine Verfahrensexperimente durchzuführen. Ein Beispiel: Arbeiter X stellt den ganzen Tag das gleiche Teil her, und Arbeiter Y fügt es sofort mit einem anderen Teil zusammen. Um 10.30 Uhr stellt Arbeiter Y nach 250 Erfolgen fest, daß das 251. Teil nicht paßt. Schnell hört X auf und weiß den Grund. Es ist *die einzige Sache, die sich* seit dem 250. Teil *geän-*

dert hat. Das kann eine Veränderung der Maschineneinstellung sein, ein neues Werkzeug oder ein neues Los Rohmaterial.

Der Gedanke, daß die Zeit Beweise verschleiert, ist nicht neu. Der Klassiker von Western Electric, das Handbuch der *Statistischen Qualitätskontrolle*, sagt: »Jede Verzögerung kann zur Folge haben, daß (...) die Fehlerursachen schwieriger und manchmal überhaupt nicht zu finden sind« (1956: 167 der dt. Übers.).

Frühwarnung

Die statistische Prozeßkontrolle deckt Probleme im zuführenden Arbeitsgang auf, aber sie ist fehlbar. Selbst eine 100prozentige Prüfung deckt – wegen des wohlbekannten Prüfer-Ermüdungsfaktors – nicht alle Abweichungen auf. Daher wird ein anschließender Arbeitsgang, Betrieb oder Endabnehmer feststellen, daß etwas nicht stimmt – daß die statistische Verfahrenskontrolle nicht greift oder nicht greifen kann. Es ist Aufgabe des Frühwarnsystems, die Beschwerden des Benutzers festzuhalten und rückzumelden.

Japan vergibt jährlich den Deming-Preis für Qualität. Das erste Kriterium für ein Unternehmen, das den Preis erhalten will, ist ein gutes Frühwarnsystem. Ein gutes System bringt die Information schnell zu den Konstrukteuren und Produktionsleuten – ungefiltert durch die Marketingleute oder die Befehlshierarchie. Zweites Kriterium sind schnelle Korrekturen bei Problemen, die das Frühwarnsystem aufdeckt.

Ein Beispiel für Frühwarnung aus den USA ist der umkonstruierte Geschirrspüler von General Electric. GE hielt fest, wer die ersten tausend Stück gekauft hatte, und führte eine gründliche Nach-Kauf-Umfrage bei diesen Kunden durch. Aufgrund der Umfrageergebnisse wurden Konstruktion und Verfahren geändert.

Pontiac ersann ein neuartiges Frühwarnsystem, als der Fiero vorgestellt wurde. Dic ganze Belegschaft war gehalten, Fiero-Käufer zu befragen. Jeder Freiwillige bekam die Namen und Telefonnummern von fünf Käufern; sie sollten die Fiero-Besitzer alle neunzig Tage von zu Hause aus anrufen – die Firma zahlte die Gebühren. Das Feedback kam sofort zur Fabrik.

Angenommen, die statistische Prozeßkontrolle oder Inspektion erfaßt *alle* Abweichungen. Dann ist immer noch ein Frühwarnsystem nötig, weil es immer problematisch sein wird, herauszufinden, was die

Kunden überhaupt wollen; oft wissen sie es selbst nicht. Null-Fehler-Produktion ist zwecklos, wenn das Produkt unattraktiv ist.

Designqualität

Die Fertigungsqualität ist fast auf eine Wissenschaft reduziert worden. Die Designqualität ist immer noch größtenteils Hexerei. Man kann sie nie auf systematische Verfahren reduzieren, weil nicht einmal der Kunde genau weiß, was gut und was schlecht ist, bevor er das Produkt nicht ausprobiert hat. Das nächste Kapitel enthält mehr zu diesem Thema.

Trotzdem wird der Konstruktion und Entwicklung einiges an Wissenschaftlichkeit unterlegt. Die Qualitäts- und Konstruktionsfachleute des Westens wurden ob ihrer späten Entdeckung der »Taguchi-Methode« verspottet, benannt nach den Werken Dr. Genichi Taguchis aus Japan. Die Zeitschrift *Business India* (1984) verstieg sich sogar dazu, einer Story über Taguchis Methoden den Titel »Japan schafft die Qualitätssicherung ab« zu geben. Mit Hilfe Dr. Taguchis, seines Mitautors Dr. Yu-In Wu und Taguchis Sohn Shin bietet das American Supplier Institute (ASI), ein Ableger der Ford Motor Company, technische Seminare und Einführungen für Führungskräfte über die Methode.

Grundlage der Taguchi-Methode ist der *Wert für den Kunden*. Um den »Wert« zu definieren, ersann Taguchi die sogenannte »Verlustfunktion«. Um Produkte zu konstruieren, die die Verluste für den Kunden minimieren, rät Taguchi wo immer möglich zur Verwendung von preiswerten Normteilen, Materialien, die unter einer breiten Spanne von Einsatzbedingungen funktionieren, und statistischen Experimenten. Jedes dieser Konzepte werden wir kurz betrachten.

Die Verlustfunktion

Taguchi illustriert die Verlustfunktion am Beispiel des japanischen Expreßzuges *Shinkansen*. Der Zug war eine funktionale Errungenschaft, aber bei Schnee funktioniert er schlecht, er ist laut und erschüttert beim Durchfahren die Umgebung (Taguchi und Wu 1979: 3). Das sind die Verluste für die Kunden, die japanische Öffentlichkeit. Wenn ein Zugkonstrukteur einen Zug entwickeln könnte, der die Geschwindigkeit und Zuverlässigkeit des *Shinkansen* besitzt, jedoch ohne die Beeinträchtigungen durch Lärm, Vibrationen und Wetterabhängigkeit, würde die Firma des Konstrukteurs mit Sicherheit die Früchte auf dem Weltmarkt für Personenzüge einheimsen.

Am Anfang des Kapitels sagte ich das gleiche über Klaviere, und es gilt für jede Konstruktionsarbeit und für alle Produkte aller Branchen. Das mag nach gesundem Menschenverstand und nicht besonders tiefgründig aussehen. Taguchi macht es tiefgründig durch seine Definition von Qualität und durch seinen mathematischen Ausdruck der Verlustfunktion. Taguchi definiert Qualität folgendermaßen:

»Qualität ist der für die Gesellschaft relevante Verlust von dem Moment an, da ein Produkt ausgeliefert wird.« (Ebd.: 2)

Dieser Verlust wird durch die Verlustfunktion gemessen, und diese ist die »Verlustkonstante« multipliziert mit der Varianz des Prozesses. Nehmen wir beispielsweise an, eine defekte Vinylplane für ein Treibhaus verursacht durchschnittliche Kosten von 40 Dollar (ebd.: 7-9). Das können Garantiekosten sein oder die Kosten für den Treibhausbesitzer, wenn eine Plane reißt oder so dick ist, daß sie nicht in den Rahmen paßt. Angenommen, die Stärketoleranz für eine Vinylplane betrage +/− 0,2 mm; wenn sie dünner ist, reißt sie, ist sie dicker, paßt sie nicht. Die in der Verlustfunktion verwendete Konstante k ist dann:

$$k = \frac{\$40}{0,2^2} = \$1.000$$

Die Varianz des Prozesses ist gleich dem Quadrat der Toleranz (zweimal die zulässige Abweichung) mal der Standardabweichung. Angenommen, das Vinyl-Fertigungsverfahren habe eine Standardabweichung von 1/6. Dann beträgt der durch die Varianz verursachte Verlust (L) pro Plane:

$$L = k \times \text{Varianz} = \$1.000 \, [(0,4) \, (\tfrac{1}{6})]^2 = \$4,44$$

Schauen wir, was passiert, wenn man die Verfahrensvarianz auf die Hälfte, also 1/12 drücken kann, z.B. durch Verwendung einer Rohmaterialqualität, die sich durch Wärme nicht stark ausdehnt oder zusammenzieht (niedriger Ausdehnungskoeffizient). Nun sinkt der Verlust durch die Varianz auf:

$$L = \$1.000 \, [(0,4) \, (\tfrac{1}{12})]^2 = \$1,11$$

Bei einer Monatsproduktion von 50 000 Planen betragen die Einsparungen durch die Senkung der Varianz:

50 000 x ($4,44 − $1,11) = $166 500

Der Feind ist nicht einfach der Ausschuß, sondern die Varianz. Taguchi weist darauf hin, daß man bei einer Schulprüfung mit bis zu 59 Punkten vielleicht durchfällt, 60 Punkte jedoch kaum besser sind. Wir sind umgeben von Produkten, die nicht genau richtig funktionieren, weil zwei oder mehr Komponenten, die den Toleranzen entsprachen, zu viel Varianz aufwiesen. Vielleicht ist an meiner Tastatur deshalb eine Taste locker, weil der Metallstift darunter am unteren und das Loch in der Taste am oberen Ende der Toleranz liegt. Vielleicht schüttele ich ein Aspirin aus dem Röhrchen und es fällt auf den Tisch und zerfällt deshalb zu Staub, weil alle Zutaten an den Eckwerten der Toleranzen lagen. Dieses Phänomen nennt man »*tolerance stackup*«.

Bei der Verlustfunktion gibt es ein Problem. Sie erfordert, daß Fehlern Kosten zugewiesen werden. Fehler können der Verlust des Lebens, Umweltverschmutzung, Unfälle, vertane Zeit oder einfach ein Ärgernis sein. Solche Dinge haben wir nie gut bewerten können, und es ist unwahrscheinlich, daß wir es plötzlich lernen. Die Verlustfunktion hat trotzdem ihren Wert, selbst wenn wir sie nicht berechnen. Sie sorgt für die richtige Einstellung, und das ist selbst für so triviale F&E-Aufgaben wie die Materialauswahl von Bedeutung. Schauen wir einmal, wie die Materialauswahl durch das Taguchische Denken gefördert wird.

Materialien

Meine Fabrik klebt Kartons mit einem automatischen Anleimer zu, und ich, der Ingenieur, muß den richtigen Leim wählen. Der Hersteller des Anleimautomaten empfiehlt einen handelsüblichen Leim der Acme Corp., der $ 2,00 pro Unze kostet. Aber mein Name ist Genichi Taguchi, und ich habe in ganz Nordamerika Elmers Leim in den Läden gesehen, der nur etwa $ 0,20 pro Unze kostet. Auch Almas Leim ist in manchen Läden für $ 0,20 pro Unze erhältlich.

Beim Testen des Anleimers und des Acme-Leims gab es Probleme: Der Karton schließt nicht immer dicht, und das Problem läßt sich auf die Düse des Anleimers zurückführen. Manchmal kommt nur ein Tröpfchen Leim heraus, manchmal eine gleichmäßige Bahn und manchmal ein dicker Klumpen. Alle vermuten, daß die Ursache bei Schwankungen der Raumtemperatur und Luftfeuchtigkeit und der Leimmenge im Vorratsbehälter liegt. Ich möchte das alles nicht überprüfen. Ich würde lieber einen Leim finden, der den Karton gut verschließt, egal, ob ein Tröpfchen oder ein Klumpen herauskommt. Ich probiere den Leim von Elmer, Alma und Acme.

Meine Testergebnisse sind in Abb. 7.7 gezeigt. Die y-Achse ist der Verlust (die Kosten für das Anleimen von Hand), wenn der Karton nicht richtig schließt. Die x-Achse bezeichnet die bei den Versuchen aufgetragene Leimmenge.

Abbildung 7.7: Leimexperiment

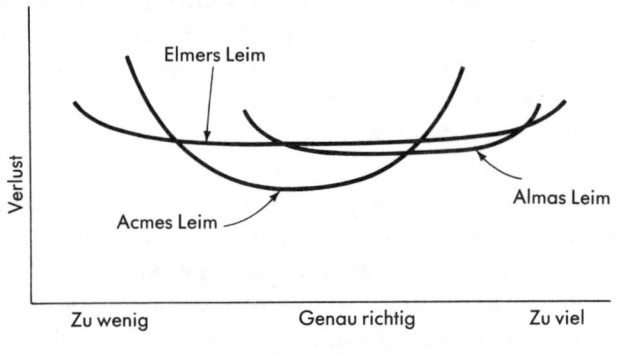

Die Graphik zeigt, warum Acme mehr kostet. Der Verlust und die Wahrscheinlichkeit, daß ein Nachleimen nötig ist, sind am geringsten. Dieses Ergebnis wird aber nur mit der richtigen Leimmenge erzielt. Acmes Leim hält keineswegs so gut, wenn zu wenig oder zu viel Leim aufgetragen wird. Almas Leim hat den zweitniedrigsten Verlust, und er funktioniert bei der richtigen oder einer zu großen Leimmenge gleichermaßen gut. Elmers Leim liegt auf der Verlustskala ein bißchen höher, aber ungeachtet der Leimmenge hält er ausreichend gut.

Elmers Leim siegt mühelos: (1) ist er billig, (2) funktioniert er über einen großen Bereich gut, und (3) ist sein Leistungsmittel auch das Leistungsmittel des Anleimers. Jeder dieser drei Punkte ist ein Konstruktionsprinzip von Taguchi.

Vielleicht wäre es besser, das Experiment auszubauen. Man probiere Elmers Leim bei jeder möglichen Menge und (1) bei hoher, mittlerer und niedriger Raumtemperatur, (2) bei hoher, mittlerer und geringer Luftfeuchtigkeit und (3) mit viel, durchschnittlich viel und wenig Leim im

Vorratsbehälter. Daraus entsteht ein Experiment mit drei Ebenen und vier Faktoren. Die Ergebnisse kann man in einer *orthogonalen 3x4-Matrix* darstellen. Dann wird man Methoden der orthogonalen Statistik-analyse verwenden. Während die Methodik hier nicht interessiert, sollten wir den Grundgedanken jeder Versuchsanordnung bedenken: »Wenn man die Daten lange genug foltert, gestehen sie alles« (anonym).

Das Beispiel mit dem Leim ist typisch für das Gebiet der Konstruktion und Materialauswahl. Überall gibt es Beispiele dafür. Z.B. verwendet man gewöhnlich Gold für Schaltplatinen, weil es sehr leitfähig ist. Ein Konstrukteur experimentiert mit einer Aluminiumlegierung, die er mit Gold vergleicht. Die Legierung liefert über einen großen Bereich von Einsatzbedingungen gute Testergebnisse. Gold, das hundertmal so viel kostet, arbeitet bei mittleren Bedingungen weitaus besser, wird jedoch bei hohen Temperaturen weich und verliert den Kontakt. Die Alumi-niumlegierung erweist sich als bessere Wahl.

Kostet Qualität nichts?

Die westliche Welt gewöhnt sich gerade erst an den Gedanken, daß Qua-lität nichts kostet, daß Qualität per se gut ist, daß die nächste Qualitäts-verbesserung auf jeden Fall ihre Berechtigung hat. Da kommt Taguchi mit seinen überzeugenden Argumenten, man solle die Kosten-Leistungs-Kombination suchen, die genau die richtige ist. Besteht hier ein Wider-spruch? Vielleicht ein philosophischer, aber keiner, mit dem man sich aufhalten sollte.

Letzten Endes diktiert der Kunde das richtige Handeln. Die unabläs-sige Reduktion der Variabilität ist *immer noch richtig*. Die Verlustfunk-tion scheint zwar hier »Halt« zu sagen, weil nach dem derzeitigen Stand der Technik alle gegebenen Möglichkeiten die Verlustfunktion größer statt kleiner werden lassen. Aber das geht vorbei. Wir werden weiter nach neuen Möglichkeiten wie neuen Legierungen oder Klebetechniken ohne Leim suchen, die die Variabilität senken.

Die westliche Konstruktions-Fachwelt – zumindest in Großunter-nehmen – ist von Taguchis Methoden gefesselt; aber, wie ich fürchte, nicht immer aus den richtigen Gründen. Werden seine Methoden die Produktkonstrukteure ermutigen, sich wieder hinter ihre Schreibtische zu verkriechen, um mit Störabständen, Varianzanalysen und computer-gestützten Orthogonalanalysen herumzuspielen, also zu speziellen Techniken, als daß »die Leute aus der Fertigung und vom Marketing« sie verstehen könnten? Wir hoffen auf einen anderen Effekt: daß die F&E-Leute dazu gebracht werden, gemeinsam mit den Kunden Verlustdaten zu ermitteln und gemeinsam mit der Produktionsabteilung Materialien unter Werkstattbedingungen zu testen.

Wenn man dieses Kapitel zu einem einzigen Satz zusammenfassen müßte, wäre dies einer, der fast schon zum Klischee geworden ist: *Qualität geht alle an.* Und während zwar jeder etwas daran tun kann, sind es die Konstrukteure, die am längsten Hebel sitzen. Das Thema wird im nächsten Kapitel weiter vertieft.

8. Der Konstruktionshebel

Die Konstrukteure konstruieren etwas und knallen es dann der Fertigung auf den Tisch. Die Fertigung versucht, es zu bauen. Es ist nicht zu machen, und damit wird die erste Runde der Konstruktionsänderungen eingeläutet. So kann man es aber immer noch nicht bauen, weshalb eine zweite Runde von Konstruktionsänderungen nötig wird.

In einer anderen Version der obigen Geschichte sind die F&E-Leute die Übeltäter. Zu Unrecht. Die Konstrukteure bzw. die F&E-Leute trifft keine Schuld. Die Schuld trifft ihre Firmen, die nicht sicherstellen, daß (1) die Konstruktion sich auf die Kunden konzentriert und daß (2) die Konstruktionsabteilung eng in die restliche Organisation integriert ist. Wenn (1) und (2) zutreffen, verschwinden die Probleme wie der Schmutz in einer Waschmittelreklame. Anders gesagt, haben die Konstrukteure eine enorme Macht, Folgeprobleme zu verhindern oder zu verursachen.

Forschung

Die Forschungsspezialisten haben die westliche Industrie durch einige stürmische Jahre gelotst – Jahre der Vernachlässigung von Konstruktionstechnik, Verfahrenstechnik und Fertigungstechnik. Sogar die Börse würdigt Forschungsinvestitionen: Wirtschaftswissenschaftler der U.S. Securities and Exchange Commission haben herausgefunden, daß die Aktienkurse von Firmen, die F&E-Projekte ankündigten, binnen vier Wochen nach der Ankündigung um durchschnittlich 1,8 Prozent stiegen. (*Fortune* 1985)

Die Japaner suchen nach Möglichkeiten, ihre Abneigung gegen Ausgaben für die Grundlagenforschung zu überwinden, damit ihr Wirtschaftswunder auf festeren Boden zu stehen kommt. Kazuhiro Fushi, der

Forschungsleiter des japanischen Computerprojektes »Fünfte Generation«, meint: »Japanische Manager sind nicht geduldig genug für die Grundlagenforschung«. (*Business Week* 1985a)

Wenn diese Ungeduld Japans relativ geringen Erfolg bei der langfristigen Forschung erklärt, kann sie vielleicht auch das japanische Talent für die Entwicklung und Produktion von Waren für real existierende Kunden erklären.

Für den Kunden konstruieren

Wissenschaftler mögen für die Wissenschaft konstruieren, aber Konstrukteure müssen für den Kunden konstruieren. Zwar wird dem jeder zustimmen, aber *keiner* wird einem anderen darin zustimmen, was Konstruktion für den Kunden bedeutet.

Die Firma Intel hat sich mit Halbleitern hervorgetan, indem sie Speicher- und Logikchips für den Massenmarkt konstruiert und produziert. Advanced Micro Devices hingegen spezialisiert sich darauf, neue Anwendungen und unerfüllte Wünsche zu finden; »dann ersinnen die Ingenieure eine neue Konstruktion, ... die auf die Lösung eines bestimmten Problems abzielt«. (*Fortune* 1984b) Danach wird das Chip fertig konstruiert und wird zu einem neuen, hauseigenen Produkt – mit eingebautem Kundenstamm.

Man sagt, Advanced Micro Devices sei kundenorientiert. Das mag stimmen, aber sind deshalb Konstruktion und Verkauf auf dem Massenmarkt weniger kundenorientiert? Was ist den Kunden lieber: das Wie-hätten-Sie's-denn-gern von Burger King oder das Sie-wissen-was-Sie-kaufen von McDonalds?

Offenbar ziehen beide Ansätze treue Kunden an. Zudem erfordern beide ein Produktdesign, das Kundenwünsche erfüllt und problemlos in hoher Qualität zu fertigen ist. Wir übersehen dabei, daß zwei einfache Konstruktionskonzepte die Designqualität sowohl für den Massenmarkt wie für spezielle Abnehmer erhöhen: (1) Minimierung der Bauteile und (2) modulare Konstruktion.

Bauteile

Die Reduzierung der Bauteile entwickelt sich zum Volkssport, einem integralen Bestandteil des Strebens nach Produktion auf Weltniveau in den besten Unternehmen:

- IBM: Drei der am besten beurteilten IBM-Produkte der 80er Jahre haben nur einen Bruchteil der Bauteile ihrer Vorgängerprodukte (der IBM- *und* der Konkurrentenprodukte). Eines davon ist der IBM PC (Personal Computer), das zweite die Logikeinheit 3178 (ein Modul des 3178-Terminals), und das dritte ist die elektrische Schreibmaschine.
- General Electric: GE's erstes Just-in-Time-Projekt mit Haushaltsgroßgeräten waren Geschirrspüler. Die Konstrukteure waren gehalten, etwas Einfaches zu konstruieren, und sie kamen mit einem Geschirrspüler heraus, der 40 Prozent weniger Teile hatte als das vorige Modell. Der Geschirrspüler wurde auf der Stelle zum Verkaufsschlager.
- Chrysler: Der überaus erfolgreiche Lieferwagen wurde mit nur drei Karosserietypen konstruiert (die Typen J und M hatten zehn) und hatte 50 Prozent weniger Teile als die Vorläufer.
- Hewlett-Packard: Der Touch-Screen II (ein Personal Computer) wurde aus 150 Teilen konstruiert, im Gegensatz zur ersten Version (450 Teile) und zum früheren Computersortiment der Firma mit 20 000 Teilen.
- Saga Corp.: Der größte »Produzent« von Mahlzeiten für Universitätsmensen in den USA kürzte die Anzahl seiner Produkte von 6 000 auf 1 200.
- Asuag-SSIH: Dieses schweizerische Konsortium brachte den Verkaufsrenner Swatch (für Swiss Watch) heraus, eine Armbanduhr mit nur 51 Teilen, weit weniger als jede andere analoge Quartzuhr.

Einige Einzelheiten des Swatch-Erfolges tragen zur Erklärung bei, wie wichtig die Anzahl der Bauteile dafür ist, daß (1) Produktentwicklung und Verfahrenstechnik in einer kaum noch zu trennenden Funktion verschmelzen und daß (2) die Fertigung erleichtert wird. Andere Hersteller, auch die Japaner, stellen Armbanduhren in drei Arbeitsgängen her: Uhrwerk, Gehäuse und Endmontage. Da die Swatch nicht viele Teile hat, gibt es nicht viele Fertigungsschritte. Sie wird sogar von Robotern in einer einzigen Fertigungsstraße produziert, wobei ein Laser den Kristall in das Plastikgehäuse einschweißt. »Die Fertigungskosten sind spektakulär niedrig, die Lohnkosten minimal.« (*Fortune* 1984a)

Die Swatch wird in vielen Farben und Ausführungen verkauft. Trotz der sehr niedrigen Zahl der Teile ist die Vielfalt groß. Der niedrige Preis erlaubt den Kunden, mehrere Uhren zu besitzen – passend zur Kleidung oder zur Stimmung.

Für die Qualität ist die geringe Teileanzahl noch wichtiger. Das anfängliche Hauptziel von IBM für die Senkung der Teileanzahl scheint die Qualität gewesen zu sein: Wenige Teile bedeuten nur wenige Stücke, deren Qualität geprüft werden muß, und nur wenige Lieferanten, bei denen Revisionen durchgeführt werden müssen. Wenn es viele Teile und Hersteller gibt, ist die Abnahmeprozedur schier endlos. *Kein einziges* Teil der IBM-3178-Logikeinheit wird geprüft (außer bei Revisionen), weil alle die generelle Prüfbescheinigung haben.

Modularität

Die Logikeinheit 3178 von IBM ist ein Modul, das der Kunde mit einer Vielzahl von Tastaturen, Bildschirmen, Stromkabeln und anderen Modulen kombinieren kann. Zwar ist jedes einzelne Modul ein Standardkonstrukt – ohne Zusatzoptionen –, doch sind die Möglichkeiten, die Module miteinander zu kombinieren, für viele Kunden reizvoll. Unter dem Strich führte die Strategie von gemeinsamer Konstruktion, Fertigung und Marketing zu einem Billigprodukt in hohen Stückzahlen, das für den Massenmarkt reizvoll ist.

Auch modulare Konstruktionsänderungen haben Auswirkungen. Mehrere Konstruktionsänderungen hintereinander können die Fabrik – und auch das Vertriebssystem – ebenso lahmlegen wie Maschinenausfälle. Diese Betriebsstörungen können durch konstruktiv geänderte Steck- und Schraubmodule eingeschränkt werden.

Ein wegen anderer Gründe als geringe Bauteilanzahl und Modularität gerühmtes Werk ist die Traktorenfabrik von John Deere in Waterloo, Iowa. Die Fabrik ist mit der modernsten Verfahrenstechnik ausgerüstet und wurde auch im Hinblick auf Just-in-Time-Fertigung geplant. Einige Anlagen, insbesondere ein paar große automatische Lagersysteme, stehen im Widerspruch zum Just-in-Time-Konzept. Doch die heutigen Traktoren sind groß und kompliziert und werden in vielen Ausführungen mit vielen Zusatzeinrichtungen produziert, was eine hohe Bauteilanzahl bedeutet. Die meisten Teile durchlaufen mehrere Maschinenstationen. Wegen der vielen Bauteile und Fertigungsschritte war – nach Ansicht der Konstrukteure der Deere-Traktorenfabrik – der direkte

Materialfluß ausgeschlossen. Deshalb bauten sie hochaufragende Regalsysteme.

Hier können Standardisierung der Teile und modulare Konstruktionen weiterhelfen. Um die Bauteilanzahl erheblich zu reduzieren, müßte Deere den Landwirten weniger Optionen und Zusatzgeräte bieten. Diese risikoreiche strategische Entscheidung ist nicht Sache der Konstrukteure. Vielleicht gehört sie in die Domäne des Marketing-Konstruktion-Fertigungs-Teams.

Das Marketing-Konstruktion-Fertigungs-Team

Nur wenige Unternehmen haben ein effektives Marketing-Konstruktion-Fertigungs-Team. Endlich erkennt man in der Isolierung der Produktkonstrukteure ein ernstes Problem, für das es eine Vielzahl von Lösungen gibt.

Z.B. betreiben Deere & Co. sowie Stanadyne Diesel mittlerweile Fabriken, in denen die Produktkonstruktion und die Fertigungstechnik demselben technischen Manager unterstehen. Bei einer Tektronix-Division sagte man den Konstrukteuren, daß ein Mitglied jeder Konstruktionsgruppe das Produkt in die Fertigung begleiten solle – doch wer, wurde vorher nicht gesagt. Einige Jahre lang betrieb IBM ein Programm der frühzeitigen Fertigungsbeteiligung. Ein Fertigungstechniker wird in ein Konstruktionsbüro versetzt, um sicherzustellen, daß bei der Konstruktion die fertigungstechnische Machbarkeit berücksichtigt wird; in der Regel muß der Fertigungstechniker für die Dauer des Auftrags – normalerweise zwei Jahre – in eine andere Stadt ziehen.

Die Division Medizintechnische Produkte von Hewlett-Packard ist noch weiter gegangen. Sie hat der Fertigungstechnik Konstrukteure und der Konstruktion Fertigungstechniker zugeteilt. Im Frühjahr 1985 sah der Zuteilungsplan etwa so aus wie in Abb. 8.1 (Namen und andere Daten sind leicht verändert). Die ersten drei auf der Liste, Art. W., Jerry I. und Dick T., sind F&E-Ingenieure; sie sind jetzt für drei Monate der Fertigungstechnik zur Arbeit am 78534-Transistor-Projekt zugeteilt. Paul M. ist ein F&E-Ingenieur, der eine »Dauerstellung« als Leiter der Abteilung Fertigungstechnik übernimmt. Wo in der Liste die Fertigungstechnik beginnt, übernimmt Larry L. eine »Dauerstellung« in der F&E-Abteilung, um eine Personalanforderung zu decken.

Die »drastische« Maßnahme, die Ingenieure kreuzweise zu versetzen, diente dem Kampf gegen schlechte Koordinierung. Sie hatte gute Ergeb-

Abbildung 8.1:
F&E/FT-Austausch bei H-P, Division Medizintechnische Produkte

Name	Derzeitig	Zugeteilt	Dauer	Grund
Art. W.	F&E	FT	3 Mon.	Transistor 78534
Jerry I.	F&E	FT	3 Mon.	Transistor 78534
Dick T.	F&E	FT	3 Mon.	Transistor 78534
Paul M.	F&E	FT	Unbefr.	FT-Manager
Janice L.	F&E	FT	10 Mon.	78534-Unterstützung
Jack L.	F&E	FT	Unbefr.	78534-Unterstützung
Larry L.	FT	F&E	Unbefr.	Personalanforderung
•	•	•	•	•
•	•	•	•	•
•	•	•	•	•

nisse. 1979 hatte es sieben oder acht Monate gebraucht, bis ein Arhythmie-Monitoring-Gerät in Massenproduktion gehen konnte; 1984 dauerte es nur ein bis drei Monate.

Gleichzeitig wurden andere Ziele verfolgt und in der Regel realisiert. Eines ist: »Keine Probeläufe, auf Anhieb richtig machen«; dieses Ziel wurde im großen und ganzen erreicht. Ein anderes ist, daß der »I-to-L«-Bericht (*Investigation to Lab*) einen vollständigen Fertigungsplan enthält; dies verkürzt die Planungsvorlaufzeit erheblich. Weitere Ziele sind, daß Prototypen in der Fertigung und nicht in der F&E-Abteilung gebaut werden, daß hochwertige Dokumentationen erstellt werden, damit neue Mitarbeiter schnell eingearbeitet werden können und die Produktion schnell hochgefahren werden kann, und daß die geplante Ausstoßrate spätestens bei der 200. Einheit erreicht wird.

Die gesamte Organisation reagiert schnell auf Marktchancen. Das alte Konzept – auf den Kunden zu reagieren – war uneinheitlich und beengend.

Unverzügliche Konstruktion

Wir haben uns an die irrige Vorstellung gewöhnt, schnelle Reaktion auf den Kunden bestehe einfach darin, die Lager voller fertiger Erzeugnisse zu halten. Bei der Konstruktion gibt es dazu keine gute Parallele, weil man Konstruktionen meist nicht auf Vorrat halten kann. Die gute Idee, die auf Reißbrettern herumtrödelt, verliert schnell an Wert. Aus diesem Grunde ist die Just-in-Time- – oder einfach schnelle – Konstruktion von hohem Reiz. (Anders als bei der Just-in-Time-Produktion muß man sich nicht an sie gewöhnen.)

Schnelle Konstruktion meint nicht gehetzte, schlampige Konstruktion. Gemeint ist, daß Verzögerungen beseitigt, die Konstruktions-Vorlaufzeit gesenkt und Produktspezifikationen entwickelt werden, die für den Kunden wie für den Produzenten die richtigen sind.

Der Spezifikationsdschungel

Die meisten Produktspezifikationen sind wie Pudding: wabbelig und watteweich. Wenn die Konstruktionsgruppe das Spezifikationsproblem in den Griff bekommt, kann sie auf einen Streich die eigenen Durchlaufzeiten sowie die von Beschaffung und Fertigung senken.

Wenn die Konstrukteure isoliert sind, können sie unmöglich im voraus wissen, ob ihre Spezifikationen den nachfolgenden Phasen des Produktionszyklus zu- oder abträglich sind. Ein verwandtes Problem: Die Konstruktion zu ersinnen ist für den Ingenieur oder Wissenschaftler lohnend; einen Prototyp zur Funktion zu bringen, macht Spaß; aber ihn so zu spezifizieren, daß die Fertigungsleute ihn in großen Mengen herstellen können, ist mühselig. Wir müssen die Mühsal eliminieren und Interesse und Herausforderung einbringen.

Das ist nicht unmöglich. Dr. Kaoru Ishikawa, berühmt u.a. für die Entwicklung des Fischgräten-Diagramms, weist darauf hin, daß ein Kugelschreiber sechshundert Eigenschaften hat, die spezifiziert werden könnten. Wenn man das dem Konstrukteur des Kugelschreibers sagt, dauert es vielleicht fünf Jahre, bis alle Spezifikationen abgeschlossen sind. Dieses »Pflichtenheft« kann man kürzen. Es kommt darauf an, bei den für den Kunden wichtigen Merkmalen Sorgfalt walten zu lassen, die vielleicht nur einen kleinen Bruchteil der spezifizierbaren Merkmale ausmachen.

Robert Johnson von der Medtronic Corporation bemerkt zu unserem Unvermögen, den Konstrukteur näher zum Kunden zu bringen: »Wir stellten fest, daß unsere Zulieferer unsere Spezifikationen kaum ernst nehmen konnten, wenn wir es nicht selbst taten.« (Johnson 1984) Johnson spricht von Spezifikationen für eingekaufte Materialien, der Abnehmer dieser Materialien ist die Produktionsanlage von Medtronic selbst.

Wie Ishikawa vor Jahren verkündete, ist »der Kunde immer der nächste Arbeitsgang« – und der ist gar nicht so weit entfernt. Man schaue, was dieser Kunde braucht, um ein Produkt problemlos und fehlerfrei herstellen zu können. Übermäßige Spezifizierung zu vermeiden gehört mit zu diesem Ziel. Verlangen Sie kein goldbeschichtetes Material, wenn Plastik ausreicht; Gold treibt nur die Kosten in die Höhe. Spezifizieren Sie nicht eine Toleranz von 0,001, wenn der Kunde 0,01 verlangt; 0,001 könnte mögliche Anbieter abschrecken oder vom gewählten Lieferanten nicht machbar sein. Johnson von Medtronic (1984) drückt es so aus: »Entwickeln Sie ›harte‹ statt ›weicher‹ Toleranzen, oder lockere Toleranzen, die streng eingehalten werden, statt strenge Toleranzen, die locker eingehalten werden.«

Das besagt, daß der Konstrukteur sich nicht *ausschließlich* nach den Kundenwünschen richten darf; er muß auch die Möglichkeiten des Herstellers kennen. Der Hersteller kann zur Firma des Konstrukteurs gehören oder ein externer Lieferant sein. In jedem Fall bestehen potentielle Gefahren, wenn der Konstrukteur Materialien oder Toleranzen spezifiziert, die die Möglichkeiten des Herstellers übersteigen.

Daher ist die Konstruktion ein iterativer Prozeß: Man überprüft einen konstruktiven Aspekt mit dem Kunden, ändert, überprüft, ändert, überprüft. Fertigungstechniker, Einkäufer und Qualitätsingenieure sind Partner des Konstrukteurs, damit dieser in beide Richtungen engen Kontakt hält. Die Konstruktion ist eigentlich Teamarbeit. Der Konstrukteur wird aus seiner Isolation heraus und in das Hauptgeschehen im Unternehmen hinein gebracht. Die Entwicklung von Spezifikationen war bisher zeitraubend und freudlos; hingegen ist der neue Ansatz eine dankbare Aufgabe, weil der Konstrukteur bei der Festsetzung von Spezifikationen sein Fachwissen zur Anwendung bringt, nicht mehr beschuldigt wird, Sachen auf den Tisch zu knallen, und weniger Zeit mit der Spezifikationsentwicklung verbringt als zuvor.

Bislang haben wir Konzepte untersucht, die Fehler und Verzögerungen bei der Konstruktion eliminieren. Nun betrachten wir einen Fall aus der Praxis.

Senkung der Konstruktionszeit: Ein Fallbeispiel

Eine Firma senkte durch Just-in-Time-Techniken und umfassende Qualitätssicherung ihre Vorlaufzeiten für die Detailkonstruktion von sechs Wochen auf etwa neun Tage. Das Produkt der Firma, das für über 75 000

Dollar pro Stück verkauft wird, enthält Getriebe und Wellen und ist 1 bis 5 m lang. Der Bereich ist nach Produktgrößen in drei Abteilungen organisiert. Jeder Kundenauftrag ist einmalig und bedarf besonderer Konstruktion. Folgende Schritte führten zur Senkung der Vorlaufzeit.*

Die Ingenieure schlüsselten ihre Tätigkeit wie folgt nach prozentualen Anteilen auf:

Vorbereitung von Angeboten	32 %
Konstruktion	18 %
Detailarbeit	23 %
Prüfung	5 %
Auftragsänderung	5 %
Wiedereinarbeitung	11 %
Neu-Einteilung	6 %

Der erste Punkt, die Vorbereitung von Angeboten, galt künftigen Geschäften und noch nicht verbuchten Aufträgen. Die Angebote hatten höchste Priorität und beanspruchten fast ein Drittel der Zeit der Abteilung.

Eine interdisziplinäre Arbeitsgruppe, die die Aufschlüsselung überprüfte, konzentrierte sich auf die letzten beiden Punkte: 17 Prozent wurden damit verbracht, eine unterbrochene Arbeit wieder aufzunehmen oder eine Aufgabe zu beschleunigen, die einem Ingenieur abgenommen und einem anderen zugeteilt wurde.

Weitere Studien enthüllten die Ursachen der Unterbrechungen:

1. Unterbrechung der Detailkonstruktion, um ein Angebot vorzubereiten;
2. ungleiche Arbeitsverteilung unter den Konstruktions-Bereichen;
3. fehlende Auftragsdaten.

Letzteres Problem war einfach zu lösen. Ein Team von Leuten aus der Auftragsbearbeitung und Konstruktion erarbeitete Checklisten, und die Auftragsbearbeiter wurden in ihrer Benutzung geschult.

Die Arbeitsgruppe hatte auch für die ersten beiden Probleme eine Lösung: Die Abteilung sollte nach Produkt-Untergruppen organisiert werden. Jede Gruppe sollte Angebote liefern, sich aber auch auf die Detailkonstruktion bestimmter Produkttypen spezialisieren. Ein Richtlinienkomitee auf hoher Ebene wies die Empfehlungen der Arbeitsgruppe zurück. Das Komitee meinte, die Organisierung nach Untergruppen

---

* Ich danke William A. Wheeler III (vormals bei Rath & Strong, jetzt bei Coopers & Lybrand) für die Fallstudie, aus der dieses echte Beispiel stammt (Wheeler 1985).

würde die Flexibilität senken – nach Just-in-Time-Prinzipien ein Unding. Statt umorganisiert zu werden, wurden die Sektionen schließlich aufgelöst; das eliminierte den Bedarf an drei Sektionsleitern.

Das Unterbrechungsproblem mußte auf andere Weise gelöst werden, wobei man zu einer Art Kanban gelangte: Wenn eine Einheit fertig montiert war, ging ein Signal an die »Arbeitsablauf/Arbeitstempogruppe« zurück, daß ein neues Auftragspaket vorbereitet werden sollte; die »Ablauf/Tempo-Gruppe« schickte das Signal weiter an die Detailkonstruktion.

Die Produktionsrate der Montage war recht konstant, sagen wir zwei Einheiten am Tag. Leider war die tägliche Auftragserledigungsrate der Detailkonstruktion nicht konstant. Daher wurden der Detailkonstruktion zwei bis vier Tage an »Fertigwarenbeständen« (vollständige, detaillierte Konstruktionspläne) zugestanden. Waren weniger als zwei Pläne in Warteposition, machte die Detailkonstruktion Überstunden; waren es mehr als vier, wurden die Leute Arbeitsgruppen oder der Werkzeugrevision, Fehlersuche, Qualitätskontrolle, Wertanalyse und anderen nützlichen Arbeiten zugeteilt.

Wie sich herausstellte, wurde die Höchstzahl an »wartenden« Plänen ständig überschritten. Statt die Warteschlange zu kürzen, beschloß das leitende Komitee, mehr technisches Personal in andere Abteilungen zu versetzen, wodurch die Gehaltsliste der Abteilung gekürzt wurde.

Weiterhin wurde die Konstruktionszeit mit folgenden Methoden gesenkt:

- Für 80 Prozent der Anforderungen reichten, wie man feststellte, unbemaßte Zeichnungen aus.
- Das Querrechnen von Zeichnungsmaßen bot einige Möglichkeiten der Fehlersicherung.
- Für Schmiedeteile sowie für Verpackung und Versand waren Skizzen akzeptabel.
- Repetitive Berechnungen, insbesondere für Getriebe, wurden per Computer durchgeführt.
- Die meisten Blaupausen wurden nach Größe und »fiktivem Arbeitsauftrag« archiviert; die alte, nur selten sinnvolle Methode war, nach Auftragsbezeichnung mit Querverweis auf den Kunden zu archivieren.
- Statt für alles Tusch- oder Mylarzeichnungen anzufertigen, verwendete man »Genauso-außer«-Zeichnungen, um Maschinen zu kopieren.

Die nächste Frage war, wie man den Zeitaufwand für Angebote von 32 Prozent ändern könne. Die Erfolgsquote der Angebote betrug etwa 40

Prozent, und die Angebote mußten ein zweites Mal durch die Abteilung, damit die Konstruktion präzisiert wurde.

Man entschied sich für eine »Auf-Anhieb-richtig«-Lösung. Die Abteilung bereitete die Angebote gründlicher vor, so daß ein Großteil der Detailarbeit bereits erledigt war, wenn sie akzeptiert wurden. Das senkte die Durchlaufzeiten weiterhin; außerdem wurden die Aufträge nicht mehr so oft geändert, weil den Kunden ein vollständigeres Konstruktionspaket unterbreitet wurde.

Allmählich behandelte man die Angebote wie alle anderen Aufgaben. Bisher hatte das Marketing darauf bestanden, daß die Angebote höchste Priorität hatten, was zu vielen Arbeitsunterbrechungen bei der Konstruktion geführt hatte. Als die Konstruktionsarbeiten auf acht oder zehn Tage gesenkt waren, forderte die Marketingabteilung keine Sonderbehandlung der Angebote mehr, und die Unterbrechungen hörten auf.

Bisher hatte die Abteilung drei Kontrolleure beschäftigt. Sie führten Buch über die Fortschritte, bereiteten Berichte über die geschätzte Fertigstellungszeit vor, sammelten Kostendaten und verglichen die Bestände mit den Stücklisten. Mit den Vorlaufzeiten schmolz auch der Bedarf an Buchführung und Berichten. Das Holsystem vereinfachte die Materialwirtschaft, und man mußte den Bestand nicht mehr mit den Stücklisten vergleichen. Die Kontrolleure wurden versetzt oder bei zu geringem Dienstalter entlassen.

Während die Detailkonstruktion verbessert wurde, änderte sich auch in der Fabrik so manches, und einige dieser Veränderungen ergaben Vorteile für die Konstruktion. So führte die Bildung von Fertigungszellen in der Fabrik dazu, daß die Stücklisten schrumpften; d.h. es gab weniger Ebenen in der Produktstruktur, die identifiziert werden mußten. Einer der beiden Stücklisten-Kontrolleure wurde überflüssig.

Ohne all diese Verbesserungen durchzugehen, möchten wir die durch Just-in-Time und umfassende Qualitätssicherung verursachten Netto-Personaleinsparungen untersuchen:

Position	Vorher	Nachher
Manager	1	1
Fertigungsaufseher	3	0
Kontrolleur	3	0
Detailkonstrukteure	7	4
Konstrukteure	10	10
Prüfer	1	0
Stücklisten-Kontrolleur	2	1
Summe	27	16

Die Netto-Einsparungen betragen 41 Prozent. Außerdem war ein CAD-System (computerunterstützter Entwurf), das vorher seine Berechtigung hatte, nach der Implementierung der Vereinfachungen und Veränderungen nicht mehr gerechtfertigt.

CAD/CAE

Die Vorstellung von Konstruktion auf Weltniveau hat sich drastisch geändert. Gleichzeitig fühlt sich die Fachwelt des Produktdesigns von der Technologie gedrängt. Nachdem sich jahrzehntelang an den Methoden der Spezifikations- und Blaupausenentwicklung kaum etwas geändert hatte, hat die Industrie gute Einsatzmöglichkeiten für Computer und Faksimile-Kopierer gefunden. Computergestützter Entwurf und Konstruktion (CAD/CAE – *Computer Aided Design/Engineering*) gehören bereits zu den nützlicheren Verwendungsformen von Computern in der Industrie.

Zunächst kann man mit CAD Rahmen und tragende Teile aus festen, leichten Skelettstrukturen konstruieren. Die Hersteller von Werkzeugmaschinen und Lager- und Transportgeräten brauchen diese Fähigkeit, weil ihre Weltniveau-Kunden die Mobilität leichter Ausrüstung brauchen.

CAD und CAE beschleunigen die Entwurfsarbeit, indem sie Handskizzen ausarbeiten und die Plackerei der Entwurfzeichnungen übernehmen. Eine zentrale CAD-Datenbank kann von Konstrukteuren aus verschiedenen Werken und Städten angezapft werden. Die Konstrukteure schauen sich die Datenbank an und verwenden das Firmennormteil, wenn es eines gibt, statt ein neues zu erfinden. Zu den bedeutendsten Vorzügen von CAD gehört, daß es die Teileanzahl im Unternehmen in Grenzen hält.

Noch wichtiger ist, daß die Normteile *erprobte* Teile sind. In der Vergangenheit baute Xerox normalerweise 80 Prozent neu entwickelte Komponenten in ein neues Kopierermodell. Die Resultate: ein langer Konstruktionszyklus, ein langer Testzyklus und ein später Markteintritt. Xerox' neues Modell, der Kopierer 9900, verwendet nur 30 bis 40 Prozent neue Komponenten, wodurch die Zeit vom Konstruktionsbeginn bis zur Marktreife halbiert wurde. (*New York Times* v. 6.10.1985, S. D1 und D6)

Die geringe Bauteilanzahl war am Anfang dieses Kapitels ein Thema und ist es wert, daß wir am Ende darauf zurückkommen. Der Gesamtgedanke des Kapitels betrifft jedoch mehr als nur die Bauteilfrage. Es geht um unsere Vorstellung davon, was Konstrukteure tun sollen; man kann es vielleicht wie folgt zusammenfassen:

Die richtige Rolle der Konstrukteure ist, in der Produktion präsent zu bleiben, damit sie verstehen lernen, wie Teile und Materialien hergestellt und verwendet werden. Mit diesem Wissen ausgerüstet, kann der Ingenieur besser problemfreie, einfach zu bauende Produkte konstruieren. Wenn Ingenieure modulare Produkte mit wenigen Bauteilen konstruieren, die sich mit einfacher Ausrüstung fertigen lassen, konzentriert sich der Großteil der folgenden Problemlösungen auf den Fabrikbetrieb. Sind Produkte und Verfahren hingegen kompliziert, scheint es nie genug Stabskräfte zu geben, um das Chaos zu beseitigen.

9. Partner im Gewinn: Lieferanten, Spediteure, Kunden

Pressen Sie Ihren Materiallieferanten und -spediteuren so viel wie möglich für den niedrigsten Preis ab; bieten Sie Ihren Kunden den geringstmöglichen Service für den höchsten Preis.

Klingt hart, aber geschäftsmäßig? Wenn das je stimmte – heute stimmt's nicht mehr. Wenn Sie Ambitionen haben, zum Produzenten auf Weltniveau zu werden, dürfen diejenigen, von denen Sie kaufen und an die Sie verkaufen, keine Kontrahenten sein. Es sind Ko-Produzenten, Ko-Hersteller oder »Partner im Gewinn« (Harley-Davidsons Ausdruck). Sie möchten, daß Ihre Geschäftspartner die besten sind, aber das sind sie nicht,

1. wenn Sie die Preise so drücken, daß Ihr Zulieferer oder Abnehmer keinen Gewinn macht, nicht in Verbesserungen investieren und vielleicht nicht im Geschäft bleiben kann;
2. wenn Sie Informationen über Kapazitäts- und Produktpläne und Nachfrageprognosen zurückhalten, so daß Ihr Lieferant oder Spediteur zu spät – oder zu früh – konstruiert, einkauft, baut und ausliefert;
3. wenn Sie versäumen, die Anforderungen deutlich zu spezifizieren, so daß Ihr Lieferant unmöglich die Qualität an der Quelle sicherstellen kann;
4. wenn Sie Ihr Wissen über die besten Geschäftspraktiken nicht weitergeben und damit Ihre Lieferanten und Abnehmer hindern, Schritt zu halten und insoweit attraktiv zu bleiben;
5. wenn Sie Ihre Energie in die Suche neuer Lieferanten und Abnehmer stecken, was dazu führt, daß Sie immer wieder von neuem anfangen und keine Fortschritte entlang der Lernkurve machen;
6. wenn Ihr mangelndes Interesse und Ihre Abneigung, engen Kontakt zu halten, die anderen dazu verleitet, *Sie* als Kontrahent zu behandeln.

Die schlimmsten Auswüchse der Hochnäsigkeit widerfahren den Lieferanten, aber schlechtes Benehmen ist reziprok. Daher betrachte ich das Konzept der *Partner im Gewinn* sowohl vom Lieferanten- wie vom Abnehmerstandpunkt, wobei der Mittelsmann, der Spediteur, ebenfalls ins Bild kommt. Der Ansatzpunkt sind die Lieferanten, und die Methode, mit der man anfängt, ist die Lieferantenentwicklung.

Lieferantenentwicklung

Lieferantenentwicklung bedeutet, daß man den Lieferanten zum »Familienmitglied« macht. Das lohnt die Mühe und Kosten nicht, wenn nicht die klare Absicht besteht, langfristig bei diesem Lieferanten zu bleiben. Langfristig meint den mehrjährigen Lebenszyklus eines Teils und vielleicht sogar noch mehr. Es kann die Lebensdauer ganzer Unternehmen oder Fabriken bedeuten und mehrere Generationen einer Teilefamilie oder Handelsgüter-Klasse umfassen.

Der Grund für die Lieferantenentwicklung ist einleuchtend: Die Qualität steigt und der Preis fällt. Da jeder Lieferant zu wenig Aufmerksamkeit erhält, wenn es zu viele gibt, beginnt die Lieferantenentwicklung mit der Lieferantenreduzierung.

Den Lieferantenstamm beschneiden

Was wäre besser geeignet, Angst in den Lieferantenherzen zu säen, als Geschichten wie diese?

- Twin City Disc (Control Data): Die Zahl der Lieferanten von 900 auf 250 gesenkt (80 Prozent davon »anerkannt«).
- Reprographie-Division von Xerox: Die Zahl der Lieferanten von 5 000 auf 300 gesenkt.
- General Motors, Kanada: 99 Prozent der Bauteile von Alleinlieferanten.
- Schreibmaschinen-Division von IBM: Die Zahl der Lieferanten von 640 auf das angestrebte Ziel von 32 gesenkt.

Ob nun die Zuliefererbetriebe massenweise ins Gras beißen? Bestimmt nicht. Wenn die Lieferantenreduzierung richtig verläuft, sollte sich folgendes ergeben:

1. Der typische Zuliefererbetrieb verkauft weit höhere Stückzahlen an viel weniger Abnehmer als vorher.
2. Langfristige Verträge ersetzen kurzfristige Bestellungen.
3. Der Lieferant wird geschult, im voraus über die Planung informiert und manchmal sogar finanziell unterstützt.
4. Manche Verträge sehen regelmäßige tägliche Lieferungen vor statt unregelmäßigem Bedarf.
5. Die Einkäufer im Abnehmerwerk nehmen die Mühe des Transportes auf sich.

Damit soll nicht gesagt sein, daß das Motiv des Abnehmer-Unternehmens reine Gutmütigkeit ist. Die vertraglichen Vereinbarungen sollen so streng sein, daß sie den Lieferanten zu kontinuierlichen und schnellen Verbesserungen drängen.

Kostendämpfung nach Polaroid-Manier

Polaroid hat einen einmaligen Ansatz entwickelt, die sogenannte *Zero-Base-* oder *Null-Basis-Preisbildung*, um niedrige Preise zu erzielen. *(Wall Street Journal* 1985a) Der erste Schritt ist, daß ein Polaroid-Einkäufer den Lieferanten bittet, ihm Daten über seine Stückkosten zu übermitteln. Die Daten werden in einen Computer eingegeben, so daß der Einkäufer die Auswirkungen von Kostenänderungen auf den Preis testen kann. Das Programm der Null-Basis-Preisbildung bedient sich dazu einiger Verfahren mit dem Lotus-1-2-3-Kalkulationsprogramm. Außerdem stellt der Einkäufer von Hand Projektionen der Lohn- und Materialkosten auf.

Die Einkäufer dürfen keine Kostensteigerungen als Begründung für Preiserhöhungen akzeptieren. Stattdessen besuchen Polaroid-Mitarbeiter den Zuliefererbetrieb und bieten Ratschläge zur Kostendämpfung an.

Einmal verlangte die Acme Nameplate & Manufacturing Inc. in North Carolina eine Preiserhöhung, weil die Preise für Aluminium, den Rohstoff für die Typenschilder der Kameras, gestiegen waren. Die Polaroid-Einkäufer besuchten die Firma und kamen auf eine Möglichkeit, die gestiegenen Rohstoffkosten auszugleichen: Ein Verpackungsschritt wurde eliminiert.

In einem anderen Fall brachte der Lieferant Polaroid dazu, die wesentliche Verbesserung einzuführen: Die Polaroid-Einkäufer sagten der Industrial Filters & Equipment Corp. in Burlington, Massachusetts, sie solle ihre Preise senken. Der Lieferant für chemische Filter sagte, das könne er, wenn Polaroid sich für ein ganzes Jahr verpflichte, statt wie gewöhnlich sporadisch zu bestellen. Polaroid befolgte den Rat, und der Filterhersteller hielt seinen Preis 1984 konstant.

Polaroid vermarktet sein Paket von Null-Basis-Preisbildung und Computereinsatz. Wie auch immer es sich verkauft, das Grundkonzept – Grenzplankostenrechnung und Kostendämpfungshilfen für die Lieferanten – ist in vielen westlichen Spitzenunternehmen im Gespräch oder wird gerade implementiert.

Andrea Carlson, Präsident von Duall/Wind Plastics, einem Polaroid-Lieferanten, hat Vorahnungen: »Was würde passieren, wenn alle unsere Abnehmer beschlössen, sich in unser Geschäft einzumischen? Wir hätten ein totales Chaos.« (*Wall Street Journal* 1985a)

Es wäre tatsächlich ein Chaos, wenn jeder Zuliefererbetrieb mit Hunderten von Abnehmern winzige Geschäfte machen würde und die Namen der Abnehmer sich jedes Jahr änderten. Das war zwar bisher so, doch künftig soll es anders sein. Das Szenario der Produktion auf Weltniveau, in dem jeder Abnehmer nur ein paar gute Lieferanten hat, gilt auch umgekehrt: Jeder Zuliefererbetrieb der Spitzenklasse hat nur ein paar gute Abnehmer. Wenn *nur ein paar* Abnehmer nach Kostendaten fragen und Ihre Fabrik nach latenten Verbesserungen durchstöbern, ist das kein Chaos.

Häufige persönliche Kontakte

Polaroids Null-Basis-Preisbildung zielt darauf ab, einen guten Ausgangspunkt zu bekommen – einen niedrigen Preis für den Einkäufer und niedrigere Kosten für den Hersteller. An diesem Punkt fängt das Kontaktprogramm der Abnehmerfirma gerade erst an. Wayne Mehl, ehemaliger Vice President und General Manager von Rolm Telecommunications, berichtet von einem ausgereiften Verfahren, wie Rolm in engem persönlichen Kontakt mit den Zulieferern bleibt (Mehl 1983):

Wir bei Rolm haben immer ein Programm gestartet, wenn wir zu den Zulieferern kamen. Einmal kamen wir zu diesem einen janz weit draußen, der für uns die Netzteile baut. ... Als erstes stellten wir eine monatliche Zusammenfassung unserer gemeinsamen Bestände auf – was wir in Bearbeitung hatten, was wir auf Lager hatten und was sie hatten – und betrachteten das als ein Ganzes. Wir schickten unsere Statistiker und andere Leute hin, damit sie mit ihnen arbeiteten. Sie wußten nichts von statistischer Qualitätskontrolle ...

Wir schickten ein paar Leute hin, die an ihrem Montageband arbeiten sollten, um ihre Probleme zu verstehen. Wir ließen ein paar von ihren Leuten kommen und bei uns arbeiten, ihr Produkt in unsere Produkte einsetzen. Es gab phantastische Fortschritte und wir haben phantastisch gute Beziehungen. ... Davor hatten wir sie herumgeschubst und gestoßen und herbeizitiert usw. Jetzt kamen wir zu ihnen und veranstalteten eine große Eiskremparty und dergleichen. Und zu diesem Lieferanten bestehen auf allen Ebenen reichlich Verbindungen.

Wenn Mehl »auf allen Ebenen« sagt, spricht er von einem Kommunikationsgrad zwischen Unternehmen, der selbst zwischen verschiedenen Abteilungen oder Werken eines einzigen Unternehmens selten ist. Abb. 9.1 zeigt schematisch, wie solche Brücken geschlagen werden sollen.

Abbildung 9.1: Brücken schlagen

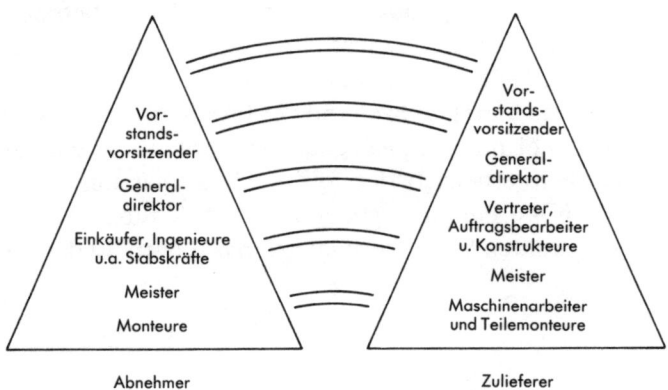

Mitarbeiter auf allen Ebenen müssen ihre Gegenspieler in dem anderen Unternehmen besuchen zwecks besserer Koordination und Aufklärung von Mißverständnissen. Wenn nur ein Einkäufer und ein Auftragssachbearbeiter miteinander in Verbindung stehen, ist das oft beklagenswert ineffektiv. Die Beziehung ist dann gesund, wenn der Monteur in der Fabrik oder der Meister einfach zum Telefon greift und jemanden im Zuliefererwerk anruft, um ihm von einem Problem zu berichten.

Daß Leute auf allen Ebenen sich die Zeit nehmen, ein anderes Werk zu besichtigen, kostet etwas. Andererseits reduzieren die Ergebnisse die Materialprobleme und damit den Bedarf an Stabskräften, mittlerem Management, Aufsehern und Arbeitern. Nun kann zum Problem werden, was man mit dem überschüssigen Personal tut. Eine Teillösung besteht darin, daß man bei weniger internen Problemen mehr Leute für Missionsreisen in andere Fabriken abstellen und somit den Fortschritt der Lieferantenentwicklung beschleunigen kann.

Den Lieferanten Material zuschieben

Die ersten Berichte über Just-in-Time-Beschaffung in der Autoindustrie klangen keineswegs nach Brückenschlagen im Stil von Rolm. Sie klangen wie Einschüchterungen: »Mächtige Autofirmen schieben Lieferanten Bestände zu« – so hätte ein Untertitel eines Artikels im *Wall Street Journal* aussehen können.

Das ist tatsächlich passiert, und nicht nur in der Autoindustrie. Man könnte argumentieren, angesichts der Notlage, in der die westlichen Autoproduzenten sich befanden, mußte das Lagerkostenproblem sofort angegangen werden. Dann konnten die Brückenbauer folgen und den Lieferanten bei deren Kosten und anderen Hindernissen helfen.

Auf den ersten Blick scheint es die Lagerkosten nur zu verschieben und nicht zu senken, wenn man den Lieferanten Bestände zuschiebt. Das Argument hat einen Kern Wahrheit, wird aber meist überbewertet. Ein Just-in-Time-Prinzip kommt hier ins Spiel: *Das Material muß dort gelagert werden, wo es gefertigt wird.* Die Gründe sind folgende:

1. Bei Stornierungen vermeidet die Lagerung am Fertigungsort die ersten Transportkosten und die Rücksendungs- oder Umladekosten.

2. Das Material am Fertigungsort bereitzuhalten, kann einen Handling-Schritt vermeiden. Wenn Materialien nach Belieben des Lieferanten geliefert werden, kommt wahrscheinlich einiges Material an, bevor der Benutzer es braucht. Es kommt in einen Lagerraum oder oft weit weg in ein Lager. Wird das Material schließlich gebraucht, muß es abermals transportiert werden, um zur Fertigungslinie zu gelangen. Hewlett-Pakkard und IBM haben die Lieferungen »von der Rampe ins Werk« stark ausgedehnt. Material von »anerkannten« Lieferanten kommt direkt zur Fertigungslinie; dadurch werden zusätzliche Transport- und Lagerkosten durch die Aufbewahrung in einem Annahmelager, der Eingangsprüfung oder einem Lagerhaus vermieden.

3. Das Material am Fertigungsort bereitzuhalten, vermeidet Beschädigungen. Ich besichtigte einmal eine Tiefkühlkost-Fabrik mit einem gesonderten Lager mit Wellpappe- und Pappkartons. Ein Großteil des Materials war stark beschädigt: Die Ecken waren von Gabelstaplern und Paletten eingedrückt und durch Staub, Feuchtigkeit und Stahlbänder, die

die schwankenden Türme hielten, beschädigt. Die beschädigten Kisten und Kartons waren für die automatischen Kartonier- und Kistenpackanlagen der Fabrik offenbar nicht mehr verwendbar. Derartige Schäden in Lagern sind die Regel, nicht die Ausnahme. Und wenn die lagernden Waren nicht beschädigt werden, können sie überflüssig oder zu alt werden.

4. Der Hersteller sollte die Bauteilmaterialien lagern und für ihre Kosten verantwortlich sein, weil das die beste Methode ist, ihm beizubringen, daß man die Bauteile nicht herstellen soll, bevor der Kunde sie braucht. Ein Hersteller großer Metallrahmen für Hewlett-Packard-Computer erklärte sich zu täglichen Lieferungen bereit, baute aber weiterhin monatliche Quantitäten. Ein paar Monate später stellte H-P fest, daß immer mehr Rahmen schief waren. Es stellte sich heraus, daß die Werkzeuge des Zulieferers verschlissen waren. Der Lieferant eilte sofort zu H-P, um das Problem zu korrigieren, und fand, daß eine Monatsmenge von Rahmen nachgearbeitet werden mußte. Jetzt hatte er es begriffen: Er verbesserte die Endabnahme-Prüfungen, führte Just-in-Time-Produktion ein und bat H-P um Hilfe, um seine anderen Abnehmer von Just-in-Time und umfassender Qualitätssicherung zu überzeugen. (Walleigh 1985)

5. Die Menge, die der Lieferant lagern muß, kann sehr klein sein, wenn die Abnehmer die tägliche Liefermenge konstant halten und es sich nicht ständig anders überlegen. Manche Abnehmer können das allerdings nicht. Daher liegt die Herausforderung für den Lieferanten auf Weltniveau darin, zu lernen, wie man flexibel wird, um die Produkte schnell herzustellen, wenn die Abnehmer es sich anders überlegen.

Diese Argumente gelten ebenso für interne Zulieferer – eine Fertigungseinheit, die für eine andere Teile herstellt – wie für externe. Die Argumente gelten auch für fertige Waren. Wenn die Produzenten lernen, wie man die Durchlaufzeiten drastisch stutzt und auf Bestellung produziert statt aufgrund von Prognosen, wird es viel weniger Vertriebslager geben.

Hat es auch seine Risiken, wenn man die Materialien den Lieferanten aufdrängt? Die Vorsichtigen unter uns hegen Befürchtungen, was passieren kann, wenn wir kein dickes Polster an gelieferten Materialien haben und eine Tat des Menschen (Streik) oder Gottes (Feuer) die Produktionsfähigkeit des Zulieferers vernichtet.

Riskantes Geschäft

Mein zeitweiliger Kollege David Taylor erzählt folgende wahre Geschichte. Als er Beschaffungsleiter bei Hewlett-Packard in Greeley war, beauftragte sein Chef, Gary Flack, ihn damit, für jedes Teil »mindestens zwei Bezugsquellen« zu finden. Wie gewöhnlich machte sich Dave mit voller Kraft an die Aufgabe.

Er war fast im Begriff, »Auftrag erledigt« zu melden, als Gary ihn zu sich bestellte. Gary sagte: »Eh, Dave, Sie erinnern sich, was ich Ihnen gesagt habe – daß Sie mindestens zwei Bezugsquellen finden sollen?«

»Ja«, sagte Dave erwartungsvoll.

»Tja, ich habe ein bißchen gelesen«, sagte Gary.

Um es kurz zu machen: Gary hatte über Just-in-Time gelesen, und sein Kehrtmarsch-Befehl an Dave lautete: Finden Sie *einen guten Lieferanten* für jedes Teil.

Da der erste Befehl vernünftigerweise darauf abzielte, das hohe Risiko einer einzigen Bezugsquelle zu vermeiden, muß der Alleinbezug dieses Risiko beinhalten – wenn es nicht Wege gibt, es zu mindern. Glücklicherweise gibt es sie.

Hier ist einer: Man habe für jedes Handelsgut zwei oder mehrere Bezugsquellen, aber für jedes Bauteil nur eine (oder sehr wenige). Ein Beispiel: Firma X kauft Kugellager von Lieferant A und Lieferant B; A liefert die Bauteile Nr. 1, 3, 5, 7 … und B liefert 2, 4, 6, 8 … Wenn ein Wirbelsturm Fabrik A zertrümmert, bleibt B als Notanker.

Ein reales Beispiel: Honda in Frankreich kauft linke Rücklichter von einem Lieferanten und rechte Rücklichter von einem anderen.

Und wenn die »Vereinigte Kugellager-Gewerkschaft« gleichzeitig A und B bestreiken würde? Die Antwort: Wenn man nur hundert Zulieferer hat statt ein paar tausend, wird es möglich, jeden einzelnen davon recht gut zu kennen. Wenn ein Streik in der Luft liegt, merkt man es früh. Man kann eine alternative Bezugsquelle erschließen oder für die alte Lösung votieren: Bestände anhäufen.

Jeder mit etwas Erfahrung im Einkauf kann sich seitenlange Wenns und Abers einfallen lassen – Ausnahmen von dem soeben erörterten Konzept der Lieferantenentwicklung. Ein Beispiel wäre eine weltweite Verknappung der Sache, die man kaufen möchte. Ein weiteres wäre, wenn ein einziges Unternehmen ein Patent besitzt oder allein über eine bestimmte Fertigungstechnologie verfügt, so daß man in einem monopolistischen Markt operiert. Noch ein weiteres wäre, wenn Sie mit qualitativ hochstehenden oder kostengünstigen Bezugsquellen Geschäfte machen wollen, von denen Sie Ozeane trennen.

Weltweite Beschaffung

In den letzten Jahren hat die meisten unserer größeren Industrieunternehmen das Fieber der weltweiten Beschaffung gepackt. Zum Beispiel haben die Einkäufer von Ingersoll-Rand Zugriff auf eine globale Datenbank, die angibt, wo ein Teil zu den geringsten Kosten beschafft werden kann. »Wir durchstöbern die Welt«, sagt Fred Hatfield, ein Ingersoll-Manager in Großbritannien.

Die weltweite Beschaffung widerspricht diametral dem gerade erörterten Konzept der Produktion auf Weltniveau: Entwickeln Sie einige gute lokale Bezugsquellen und bleiben Sie ihnen treu. Dieselben Firmen, die den größten Teil der weltweiten Beschaffung durchführen, sind im allgemeinen auch die Anführer der Implementierung von Just-in-Time-Verfahren und umfassender Qualitätssicherung. Weiß die Linke nicht, was die Rechte tut?

Gesunde Konkurrenz

Die weltweite Beschaffung unterstützt tatsächlich ein dominantes Konzept von Just-in-Time und umfassender Qualitätssicherung: dem Kunden dienen. Der Kunde wird schlecht bedient, wenn die Kosten und Preise so hoch oder die Qualität so gering ist, daß er das Produkt nicht kauft. Wenn der Einkauf eines Teiles in Übersee also einen großen Kosten- oder Qualitätsvorteil mit sich bringt, sind wir vielleicht dazu gezwungen.

Der weltweite Wettbewerb ist für die Industrie und die Volkswirtschaft jedes Landes gesund. Auch hat er unsere führenden westlichen Produzenten dazu angespornt, etwas an ihrer unsäglichen Kosten- und Qualitätsleistung zu tun, die Welt nach Techniken und Verfahren zur Senkung der Durchlaufzeiten, Ausschußraten und Maschinenausfälle abzusuchen.

Zumindest der *geordnete* Wettbewerb ist gesund. Leider war der Wettbewerb der Teilehersteller in verschiedenen Ländern in den letzten Jahren nicht in Ordnung. Er beruhte zum Teil auf unechten, aus dem Lot geratenen Wechselkursen und nicht auf den echten Herstellungskosten.

Standardisierung

Eine gute Nachricht: Die Standardisierung – die für Just-in-Time und umfassende Qualitätssicherung unabdingbar ist – schreitet immer schneller voran, um den kurzfristigen Wechsel von Bezugsquellen zu vereinfachen. Die Einkäufer von Ingersoll-Rand, die die kostengünstigsten Anbieter der ganzen Welt suchen, haben mehr Einfluß als in der Vergangenheit, weil viele Teile für ihre Kompressoren und Werkzeuge genormt worden sind. Weniger Bauteil-Typen, in größeren Mengen eingekauft, führen zu geringeren Kosten und mehr Anbietern.

Ungenormte Werkzeugmaschinen und Verfahren sind ebenso wie ungenormte Teile Feinde der Qualität und Hindernisse für den Abbau von Pufferbeständen. Die riesige Waffenfabrik der FMC Corp. in San José hat genormte Werkzeugvorrichtungen zur schnellen Umrüstung von NC-Maschinen entwickelt (Vorrichtungen, die auch in vielen anderen Maschinen verwendbar sind), und das Unternehmen überträgt diese genormte Bestückung auf seine Fabriken in der ganzen Welt.

Zu dieser Methode gehört, daß auf jedem Maschinentisch vier Löcher im gleichen Abstand gebohrt werden. Das Werkstück wird auf vorgeschriebene Weise auf eine Grundplatte mit vier Bohrungen gespannt, die mit den Bohrungen im Maschinentisch übereinstimmen. Dann wird die Grundplatte mit vier Kugelsperren-Verschlüssen auf dem Maschinentisch befestigt. Die Grundplatte wird von Hand mit nur zwei Umdrehungen der patentierten Kugelsperren-Verschlüsse fest verankert (siehe Abb. 9.2). Die Grundplatten können in jedem Werk konstruiert und problemlos zum sofortigen Gebrauch jedem anderen Werk geschickt werden.

Abbildung 9.2: Kugelsperren-Verschlüsse und Grundplatten

PRODUKTION AUF WELTNIVEAU

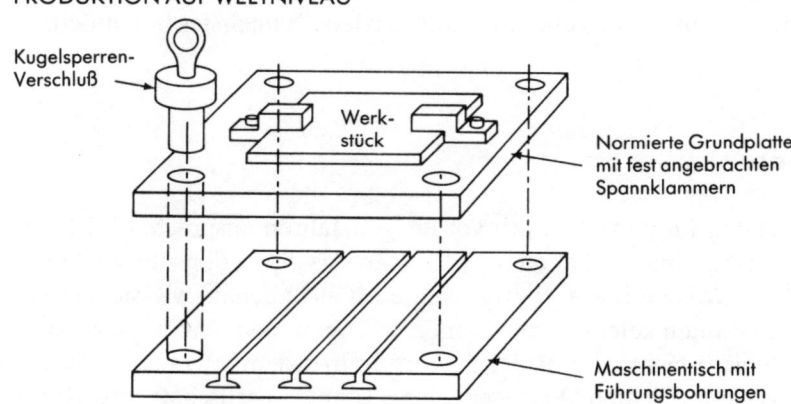

Kugelsperren-Verschluß

Werk-stück

Normierte Grundplatte mit fest angebrachten Spannklammern

Maschinentisch mit Führungsbohrungen

Nachteile

Wenn die weltweite Beschaffung nur der Kosten und Wechselkurse halber geschieht, müssen die Kostenvorteile erheblich sein, weil sie einige große Nachteile ausgleichen müssen:

- Schlechte Koordination von Konstruktions- und Qualitätsanforderungen.
- Große Transitbestände, verbunden mit dem Risiko von hohem Ausschuß oder einer Qualitätskatastrophe.
- Hohe Veraltungskosten, wenn Bestellungen, die bereits unterwegs sind, rückgängig gemacht werden oder wenn Konstruktionsänderungen dazwischen kommen.
- Schlechte Stimmung und Mißtrauen, wenn eine lokale Bezugsquelle aufgegeben wird.

Was den letzten Punkt betrifft, so haben die meisten Möchtegern-Produzenten auf Weltniveau Vertrauen und langfristige Verpflichtungen gegenüber den lokalen Zulieferern gepredigt. Die Glaubwürdigkeit wird mit Sicherheit zerstört, wenn man wieder mit den Lieferanten die »Reise nach Jerusalem« spielt – nur jetzt im weltweiten Maßstab. Wenn die Kostenvorteile der weltweiten Beschaffung zu groß sind, um sie links liegen zu lassen, muß man dies den örtlichen Partnern mitteilen. Langfristig jedoch müssen die Abnehmerfirmen diese Art der Beschaffung reduzieren, indem sie einen starken lokalen Lieferantenstamm aufbauen.

Ebenso muß jedes Werk eines Produzenten auf Weltniveau einen starken lokalen *Spediteur*stamm aufbauen. Neue Transportkonzepte und Fortschritte bei ihrer Implementierung werden als nächstes behandelt.

Spediteure

Eine der ersten Firmen, die mich vor einigen Jahren ansprach, ob ich ein Just-in-Time-Seminar abhalten würde, war das Speditionsunternehmen Rider/PIE. Unwissend, wie ich war, wußte ich nicht genau, was sie interessierte. Wir konnten keinen gemeinsamen Termin finden, und ich veranstaltete das Seminar nicht, aber Rider/PIE erfuhr trotzdem etwas über Just-in-Time. Das ging aus den Anzeigen einer Tochtergesellschaft von Rider hervor, die seit 1983 jeden Monat in einigen Fachzeitschriften erschienen:

Wir kombinieren den Bedarf an »Just-in-Time« mit den Ressourcen eines großen Transportunternehmens, um das Verfahren bereitzustellen, das zu geringen Kosten, gutem Service und umfassendem Transport führt – »JUST IN TIME«

Frachtgut

Als in Nordamerika das Just-in-Time-Erwachen begann, sagte man voraus, die Spediteure würden die Verlierer sein. Den Produzenten wurde geraten, unabhängige LKW-Fahrer zu beschäftigen oder ihren eigenen Fuhrpark aufzubauen. Der Rat gründete sich auf Erfahrung: extrem schlechte Lieferleistungen der Spediteure.

Durch die Lockerung der Speditionsvorschriften wurde 1980 alles anders. Heutzutage leisten die Spediteure eifrig Dienst am Kunden und fügen sich gut ins Bild der Just-in-Time-Beschaffung ein.

So hat z.B. die Hewlett-Packard-Division in Greeley einen Vertrag mit einem Spediteur, wonach dieser täglich die Runde bei sieben Lieferanten macht, Materialien abholt und an die Anlieferungsrampe in Greeley bringt.

Derselbe Spediteur hat an einer H-P-Rampe einen Anhänger voll Styroporchips aufgestellt. Die Monteure entnehmen die Chips direkt dem Anhänger, und wenn es zu wenig wird, bringt der Spediteur auf einen Anruf hin die nächste Ladung. Der Spediteur unterhält wenige Kilometer weiter ein Terminal, und der Service ist schnell. Der LKW-Fahrer bringt den leeren Anhänger zu Styromolders, dem Styroporhersteller in Colorado Springs – etwa zwei Stunden Fahrt – und bringt eine volle Ladung zurück zum Terminal. Das Styropor gehört Styromolders, bis es das Terminal in Richtung Hewlett-Packard verläßt.

In diesem Fall ist das LKW-Terminal ein Haltepunkt in einem zweistufigen Kanban-System, und die Anhänger dienen als Behälter. Früher wurden die Chips in Pappkartons geliefert. Die vollen Kartons nahmen bei H-P eine Menge Platz weg, und es kostete Arbeit, die Chips aus den Kartons zu nehmen und den Müll zu beseitigen.

Das bestentwickelte Just-in-Time-Speditionsnetz in Nordamerika scheint Xerox in Webster, New York, zu haben. Die Xerox-LKWs holen täglich von 25 Zulieferern im Umkreis von 90 Kilometern einhundert verschiedene Teile ab. Außerdem sieht ein neues Pilotprogramm vor, daß täglich Teile von einem Haupt- und mehreren Nebenlieferanten im Raum Chicago, 1000 km entfernt, abgeholt werden. Ein unabhängiger Sammelladungs-Agent macht die tägliche Runde.

Noch ein Beispiel: Zehn Zulieferer in Dallas schicken täglich gemeinsam einen LKW zu ihrem Abnehmer, McDonnell-Douglas in St. Louis.

Der Bedarf der Just-in-Time-Lieferanten nach schnellem, zuverlässigem Transport scheint für LKWs anstelle von Bahnfracht zu sprechen. Die Eisenbahngesellschaften zeigen einige Anzeichen von Versuchen, auf die Herausforderung zu reagieren. Sie sollten schnell reagieren, weil in manchen Fabriken die Geleisbetten abgerissen und durch LKW-Rampen ersetzt werden. Das »Buick-City«-Projekt in Flint, Michigan, hat sich diesem Schritt angeschlossen.

Bei General Motors in Kanada wurden im Zuge der Just-in-Time-Beschaffung siebzig Transportstudien durchgeführt. Die meisten Studien empfahlen eine Verlagerung von der Schiene auf die Straße. Die Netto-Kostensenkungen betrugen Anfang 1985:

– 2,8 Mio. Dollar für reduzierte Bestände (kleinere Liefermengen);
– 216 000 Dollar weniger für Regale;
– 10 000 Dollar weniger Transportkosten – eine Überraschung, da die Bahn in der Regel einen Kostenvorteil hat.

Der Autohersteller bedient sich auch einer neuen Art von Sattelschlepper-Hängern mit Falttüren. Im Werk stehen bereits Schiebetüren an den Geleisen zur Verfügung, so daß einige Bahnrampen zum Entladen der neuen Hänger benutzt werden können. Das erlaubt das völlige Be- und Entladen von der Seite, so daß der wertvolle Platz an der Rampe schnell frei wird. In einer Anzeige für den neuen Falttüren-Hänger von Fruehauf heißt es:

Kaum hat der Fahrer sein Gespann in die zugewiesene Koje zurückgesetzt, da explodiert der Rampenbereich schon buchstäblich vor Aktivität. Gabelstaplerfahrer postieren sich und stehen bereit, während die Hydraulikarme im Innern sanft beide Seite des Falttür-Hängers anheben und den Blick auf zwei Reihen säuberlich auf Paletten aufgereihter Dieselmotoren freigeben. In einer stetigen, koordinierten Bewegung werden die Motoren vom Hänger gehoben und direkt an die Fertigungslinie geliefert – »just in time«.

Fünfzehn Minuten nach Betätigung der Feststellbremse ist der LKW-Fahrer schon wieder auf dem Weg zu seinem nächsten gewinnbringenden Termin. Die Entlade-Operation hätte mit herkömmlicher Ausrüstung Stunden gedauert, und der restliche Tag des Fahrers wäre verschwendet gewesen.

Es spricht viel dafür, daß Kanada die Vorschriften für seine Spediteurbranche aufheben wird. Inzwischen hat General Motors in Kanada mit verschiedenen Regulierungsbehörden der USA und Kanadas Abkommen zur Lockerung einiger Vorschriften ausgehandelt. Bisher waren für einen LKW-Transport von den USA nach Kanada ein Stadtfahrer am Beladungsort, ein Autobahnfahrer und noch ein Stadtfahrer erforderlich gewesen. Die neuen Abmachungen sorgen für Tür-zu-Tür-Transporte mit einem einzigen Fahrer. Viele Zulieferer bedienen sich nun dieser Versandform und sparen dabei 4,5 Mio. Dollar.

GM in Kanada hat auch Behörden dazu gebracht, vereinfachten Speditionstarifen zuzustimmen: eine Pauschale pro Meile, unabhängig von der Art des Produktes und davon, ob der LKW voll oder halbleer ist.

Geographie

Während manche Spediteure und Regulierungsbehörden zeigen, daß sie sich an Just-in-Time-Verfahren anpassen können, besteht weiterhin das Entfernungsproblem. Man sagt, daß die Just-in-Time-Beschaffung in Japan funktioniert, weil Japan ein kompaktes Land ist, in dem die Zulieferer ihren Abnehmern nahe sind. Sie versichern, in den Weiten Nordamerikas seien Frachtkosten und Lieferzeiten zu groß für die Just-in-Time-Beschaffung. Die volkswirtschaftlichen Kosten dafür, Lieferanten ihre Werke »gleich nebenan« bauen zu lassen, scheinen diese Möglichkeit auszuschließen, außer dort, wo die Materialmengen eines einzelnen Zulieferers gewaltig sind.

Die Schreibmaschinenfabrik von IBM in Lexington, Kentucky, ist eine der Ausnahmen, bei der die Menge pro Zulieferer *mittlerweile* sehr groß ist. IBM gab 350 Mio. Dollar für die Renovierung des Werks und die Implementierung von Just-in-Time-Verfahren aus. Diese Veränderungen waren Bestandteil einer Strategie der hohen Stückzahlen und geringen Kosten für Schreibmaschinen. Teilenormierung und andere Änderungen führten zu einer Reduzierung der Zulieferer – von 640 auf das Planziel von 32. Einfache Arithmetik – 640/32 = 20 – zeigt, daß die verbleibenden Lieferanten im Durchschnitt zwanzigmal so viel an IBM absetzen werden wie zuvor. Bei diesem Volumen können die Einsparungen an Frachtkosten durch nahegelegene Standorte die Kosten für den Umzug nach Lexington ausgleichen, so daß einige Lieferanten sich bestimmt dafür entscheiden werden. Alle Lieferanten werden natürlich sorgfältig abwägen, wie ernsthaft IBM an der Politik der Lieferanten auf Lebenszeit festzuhalten gedenkt.

Just-in-Time-Lager: Nein – Transportgemeinschaften: Ja

Nicht nur die Spediteure posaunen ihre Just-in-Time-Fähigkeiten hinaus, sondern auch die Lagerbranche. Just-in-Time-Lager? Das klingt wie ein Widerspruch – und das ist es auch. Und doch wird in der Fachpresse der Autoindustrie dafür geworben. Die Anzeigen raten den weit vom Bestimmungsort entfernten Lieferanten, ihre seltenen Liefermengen an das Just-in-Time-Lager in Detroit zu schicken, und das Lager liefert täglich an die Autohersteller aus.

Die Just-in-Time-Lager sollten alle pleite gehen. Wenn sie statt jemand anders die Bestände lagern, ist nichts gewonnen. Bestände, Durchlaufzeiten und Ausschuß bzw. Nacharbeit werden nicht reduziert, und auf die Lieferanten wird kein Druck ausgeübt. Ein zusätzlicher Mittelsmann wird die Bestände, Durchlaufzeiten und alle damit zusammenhängenden Kosten sogar mit Sicherheit vergrößern.

Im Sommer 1983 hielt ich ein Seminar über Just-in-Time und umfassende Qualitätssicherung in einer Kolbenfabrik der Eaton Corp. in Kearney, Nebraska. Jemand sagte mir, daß Eaton seit Jahren in ländlichen Regionen weitab von Detroit Werke baue, »um die Gewerkschaften auszutricksen«. In jenem Jahr, 1983, war Eaton sogar gerade im Begriff, das neueste Fabrikgelände in Wayne County, Michigan, zu planieren. Ungefähr um dieselbe Zeit sagten die Autofirmen ihren Lieferanten, darunter auch Eaton: »Wir wollen tägliche Lieferungen«. Tägliche Lieferungen aus Nebraska? Die Frachtkosten für nicht ausgelastete LKWs hätten sie aufgefressen.

Die Leute im Werk in Kearney sagten: »Wir müssen wohl ein Lager in Detroit bauen«. Einmal im Monat könnte eine halbe Ladung Kolben zum Lager in Detroit geschickt werden, über eine Entfernung von 923 Meilen. Kleine Paletten-LKWs könnten die Autofirmen täglich beliefern. Das waren erste Gerüchte. Die Entscheidungsgewaltigen wußten etwas Besseres.

Goodyear besitzt eine Keilriemen- und Kühlerschlauch-Fabrik in Lincoln, Nebraska, die 793 Meilen von Detroit entfernt ist. Dieselben Transportprobleme, dieselben Gerüchte über ein Lager in Detroit.

In Des Moines, Iowa, 604 Meilen von Detroit, gibt es ein paar kleine Fertigungsbetriebe für Autoteile. Ich bezweifle, daß einer von ihnen öfter als einmal pro Woche einen LKW füllen kann.

Kearney, Lincoln und Des Moines liegen alle an derselben Straße nach Detroit. Die naheliegende Lösung für ihre gemeinsamen Probleme ist ein gemeinsamer LKW. Um 5.00 Uhr werden in Kearney Kolben aufgeladen, um 8.30 Uhr Keilriemen in Lincoln, um 13.00 Uhr andere Teile in Des Moines, und geliefert wird vor Schichtbeginn am nächsten Tag in Detroit. Man terminiere die Abhol- und Lieferzeiten wie einen Busfahrplan und wiederhole den Plan täglich.

Abb. 9.3 faßt die drei diskutierten Typen von Transportgemeinschaften schematisch zusammen. Der erste ist der gerade beschriebene: eine geradlinige Transportstrecke. Der zweite und dritte, die früher erwähnt wurden, sind die lokale Gruppe und die Fernverkehrs-Gruppe. Es gibt zahlreiche andere Möglichkeiten, z.B. zwei benachbarte Firmen, die sich einen LKW teilen, der täglich die Runde bei gemeinsamen Lieferfirmen macht.

Abbildung 9.3: Transportgemeinschaften

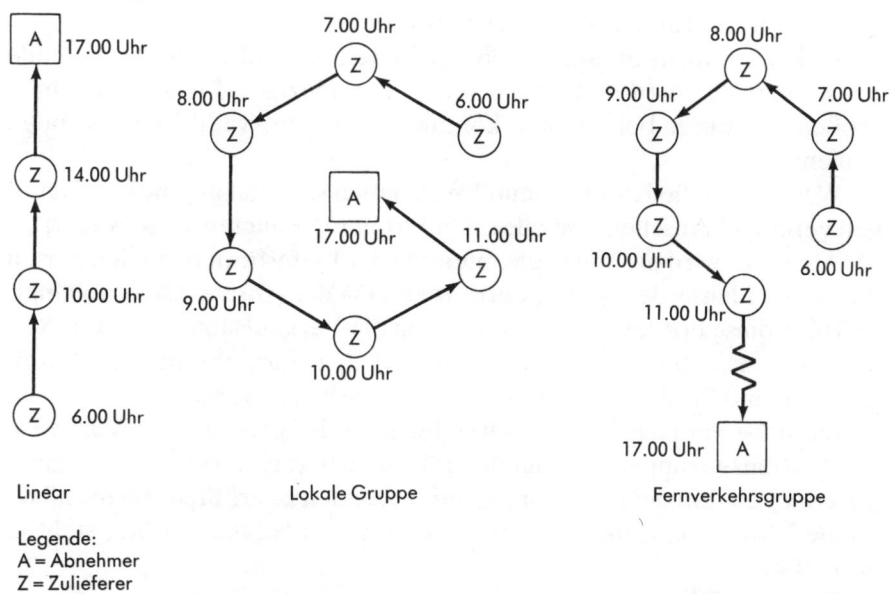

Linear Lokale Gruppe Fernverkehrsgruppe

Legende:
A = Abnehmer
Z = Zulieferer

Wer arrangiert die gemeinsame LKW-Benutzung? Vielleicht tun sich die Zulieferer zusammen; vielleicht versuchen die Spediteure, für Transportgemeinschaften zu werben. Das Vernünftigste allerdings ist, wenn die Beschaffungsabteilung der einkaufenden Firma die Arrangements trifft. Sie weiß, wer und wo die Zulieferer sind.

Transportgemeinschaften hatten keinen Sinn bei jährlichen Neuausschreibungen und ständigen Wechseln im Zuliefererstamm. Wenn sich hier Stabilität einstellt, sollten Transportgemeinschaften zur Regel werden. Die praktische Umsetzung kommt nur langsam voran, wird aber nicht aufhören. Einmal wird der industrielle Transport auf der ganzen Welt so aussehen.

Marketing auf Weltniveau

Sträuben sich die Lieferanten mit Zähnen und Klauen dagegen, in die Just-in-Time-Ära gezogen zu werden? Nicht ganz. Ich vermute, alle Lieferanten schrecken zunächst vor dem Just-in-Time-Gedanken zurück. Einige Kenntnisse über die potentiellen Vorteile für die Lieferanten ändern alles. Größere Hersteller haben »Zulieferer-Tagungen« abgehalten, um die frohe Botschaft zu verbreiten.

Es kommt nicht darauf an, ob der Lieferant glaubt, daß die Vorteile bis zu ihm hinabströmen, oder nicht. Die einzige Möglichkeit, einen großen Vertrag zu bekommen, könnte sein, zu tun, was die Großkunden wollen.

Was wollen die Kunden denn? Was haben sie denn auf diesen Tagungen verlangt? Anscheinend alles. Und früher verlangten sie so wenig!

Als erstes wird die Verkaufsabteilung der Lieferfirmen mit den harten neuen Kundenforderungen konfrontiert. Da der Absatz davon abhängt, daß man diese Forderungen erfüllt, kann die Verkaufsabteilung zum Agitationszentrum für die Veränderungen werden. Zunächst müssen Anzeigentexte und Produktpräsentationen umgearbeitet werden.

Ich habe ein paar Verkaufsabteilungen oder gemeinsame Verkaufs-Produktions-Gruppen verschiedener Firmen beraten, wie sie sich organisieren sollen, um die Forderungen ihrer Kunden zu erfüllen. Meine allgemeine Liste, womit die Verkaufsabteilung sich befassen sollte, steht in Abb. 9.4.

Die Liste führt auf, was ein Verkaufsprospekt enthalten muß, um ein Höchstmaß an Anreizen zu bieten. Da der Kunde diese Dinge haben will, sollte die Verkaufsabteilung darauf bestehen, daß die Fertigung folgende Fragen beantwortet:

– Können wir Qualität an der Quelle garantieren? Sind unsere Verfahren genau genug? (Wissen wir überhaupt, wie man diese Genauigkeit bestimmt?) Unsere Kunden wollen das wissen.

Abbildung 9.4:
Wie Sie bei Ihren Abnehmern auf Weltniveau gut ankommen

PRODUKTION AUF WELTNIVEAU

Zeigen Sie
- Qualität an der Quelle
- Verfahrensgenauigkeit
- immer weniger Abweichungen
- immer weniger Umlaufmaterial, Platzbedarf, Transfer-strecken
- durch Rotation geschulte Kräfte, die vorbeugende Wartung durchführen
- Arbeiter, die Vorträge über
  - statistische Prozeßkontrolle
  - schnelle Umrüstungen halten
- Arbeiter, die
  - Probleme
  - Prozesse und Methoden aufzeichnen
- wie viele Stunden die Arbeiter in umfassender Qualitäts-sicherung und Just-in-Time geschult wurden
- synchrone Konstruktion
- Konkurrentenanalyse
- Flexibilität von Ausrüstung und Belegschaft
- Spezialisierte Kapazitäten
- Genaue Stückzahlen – in Kunden- oder Standard-containern

- Sind im ganzen Werk Karten und Diagramme, die den Rückgang von Abweichungen und Rückweisungen nachzeichnen? Gibt es noch weitere Karten, die die Reduktion von Umlaufmaterial, Durchlaufzeiten und Transferstrecken für Schlüsselprodukte darstellen? Unsere Kunden sagen, so können wir zeigen, ob wir uns zu kontinuierlicher und schneller Verbesserung verpflichtet haben. Wenn wir derartige Dinge nicht tun, planen wir sie dann wenigstens?
- Die Kunden möchten etwas über unsere Fabrikbelegschaft wissen. Sind die Leute rotationsgeschult und führen sie selbst die vorbeugende Wartung durch? Ist einer davon in der Lage, einen Flipchart-Vortrag über statistische Prozeßkontrolle zu halten? Gibt es bei uns Maschinenbediener, die Vorher-Nachher-Karten über schnelle Umrüstung entwickelt haben? (Die Arbeiter von Goodyears Keilriemen-Division sind mit auf Verkaufsreise gegangen und haben Kunden Vorträge über statistische Prozeßkontrolle gehalten. Es handelte sich um eingeschriebene Gewerkschaftsmitglieder.)

– Unsere Kunden möchten wissen, ob unsere Arbeiter Probleme festhalten, die während der Schicht auftreten, und ob sie sich mit Studien
zur Prozeß- und Methodenverbesserung befassen. Und wieviele
Stunden Schulung in umfassender Qualitätssicherung und Just-in-
Time haben unsere Arbeiter erhalten? Haben sie überhaupt?

– Werden unsere Produktkonstrukteure mit den Konstrukteuren des
Kunden zusammenarbeiten? Sie möchten, daß wir die von uns gelieferten Bauteile synchron mit ihnen entwerfen, damit (1) die Konstruktion ihres Endprodukts nicht unsere Fähigkeit beeinträchtigt, die best-
möglichen Bauteile zu konstruieren und (2) das Produkt schnell aus der
Konstruktion in die Produktion kommt. Außerdem möchte der Kunde
unser Labor für die Wettbewerbsanalyse sehen. Wenn sie uns einen
langfristigen Vertrag geben, möchten sie wissen, daß wir bei den Produkten, mit denen die Konkurrenz herauskommt, aggressiv am Ball
bleiben.

– Ist unsere Ausrüstung flexibel? Sind unsere Arbeitskräfte flexibel?
Unsere Kunden sagen, sie werden sich nicht mehr so oft ument-
scheiden wie früher, aber wenn sie es tun, müssen wir schnell reagieren
können.

– Außerdem reden sie davon, wir sollten einige Kapazität auf sie spezialisieren. Das bedeutet zumindest eine bestimmte Anzahl Maschinen-
und Arbeitsstunden. Die Kunden sähen es noch lieber, wenn wir eine
»Fabrik in der Fabrik« oder eine Zelle einrichteten, die auf die Herstellung ihrer Produkte spezialisiert ist.

– Schließlich möchten unsere Kunden nie mehr beim Wareneingang
nachzählen müssen, ob sie die bestellte Menge erhalten haben. (Ab
und an werden sie es überprüfen.) Manche Kunden möchten, daß wir
ihre Produktionsmengen abpacken und in ihren Spezialbeutel oder
ihre Regalcontainer füllen.

Ich kenne keine Lieferanten, die *alle* Forderungen von Abb. 9.4
erfüllen können. Abnehmer auf Weltniveau erwarten von Zulieferern
nicht solche Höchstleistungen. Aber sie erwarten, daß diese Fähigkeiten
bei ihren Lieferanten auf der Tagesordnung stehen.

Diese Tagesordnung hat ein lohnendes Nebenprodukt: Sie sorgt
dafür, daß Verkauf und Produktion dieselbe Sprache sprechen und dieselben Ziele verfolgen. Das gilt nicht nur für die Zuliefererfirma, sondern
für die gesamte Industrie. Abb. 9.4 ist eine weltweit gültige Liste von allgemeinen Grundsätzen für das industrielle Marketing.

10. Einfache Modelle, einfache Systeme

In einem Westinghouse-Werk, wo ich ein Seminar abhielt, traten ein paar junge Ingenieure während der Kaffeepause an mich heran. Sie arbeiteten gemeinsam an einem Projekt, das den Materialfluß (in Form von Bausätzen) vom Lager in die Fabrik vereinfachen sollte und fragten mich, ob eine Computersimulation dabei helfen könne. Ich sagte nein.

Wir verschwendeten einige Zeit mit anderen aussichtslosen Ideen, bis einer von uns das Konzept der Zwillingsbausätze erwähnte. Für jede größere Montage gibt es zwei Teilebehälter, die beide über und über mit »Kanban«-Daten etikettiert sind; jeder davon enthält einen Bausatz an Montageteilen. Während ein Behälter in der Montagehalle entleert wird, wird der andere ins Lager zurückgebracht, wo er schnell aufgefüllt und »postwendend« zurückgeschickt wird.

Der Vorschlag der Zwillingsbausätze heizte den Verstand an, und die Ingenieure kamen auf immer bessere Ideen, z.B.: »Warum lassen wir die Bausätze nicht zum Teil beim Wareneingang zusammenstellen und streichen damit einen Transportschritt?«, und: »Vielleicht können einige Zulieferer die Teile nach unseren Mengen zusammenpacken, so daß wir einfach ihre Päckchen in den Bausatz legen.«

Visuelle Modelle

Das Konzept der Zwillingsbausätze mußte nicht simuliert werden. Die Taktzeit für die Verwendung eines Bausatzes in der Montage war bekannt – einige Stunden, reichlich Zeit, um den Zwillingsbausatz aufzufüllen und wieder zur Montage zu bringen. Planung ist kaum erforderlich: Man probiert einfach ein paar Zwillingsbausätze aus und *sieht,* was passiert. (Die optimale Lösung wäre, die Bausätze völlig abzuschaffen. In diesem besonderen Fall könnte der nächste Schritt darin bestehen, daß die oft gebrauchten Teile nicht in Bausätze kommen; bei den nicht so häufig gebrauchten mag sich die Bausatzmethode noch einige Zeit halten, einfach weil es in diesem Westinghouse-Werk Zehntausende davon gibt.)

Der Test ist visuell – oder wie die Operations Research-Leute sagen würden: Ein visuelles Modell wird benutzt. Mathematische Modelle und Computersimulationen kann man wirklich komplizierten Problemen vorbehalten.

Komplexe Modelle

Es ist nicht lange her, da hielt man Fabriken für die besten Kandidaten für komplexe Modelle, da sich keiner von uns eine Fabrik in einfachen Begriffen vorstellen konnte. Es fiel uns nicht ein, daß man alle und nicht nur die kleinsten Fabriken visuell simulieren und leiten kann. Jetzt wissen wir, daß es geht, weil die Faktoren, die die Komplexität verursachen – lange Durchlauf- und Rüstzeiten, unzuverlässige Fertigung und Lieferung und Inflexibilität –, beseitigt werden können.

Einer ganzen Generation (oder mehr) von Industrial Engineers und Operations Research-Fachleuten wurde beigebracht, komplexe Modelle zu verwenden, um die Kompliziertheit von Fabriken und ähnlichen Stätten zu entwirren. Es hat nie gut funktioniert und war daher frustrierend. Unsere Industrial Engineers und andere Leute aus dem Fabrikmanagement scheinen mit Freuden zu visuellen Modellen überzugehen, die befriedigendere Resultate liefern.

Visuelle Simulation

»Plant nicht nur, sondern tut was!«

Dieser Ausruf gibt die heutige Stimmung wieder. Nach zu viel Planung und zu wenig Taten über Jahre hinweg sind wir gefesselt von dem Ausdruck von Peters und Waterman (1982): »*A bias for action*« – ein Hang zum Handeln.

Ein Hang zum Handeln bedeutet nicht, daß nicht geplant wird. Planung ist vernünftig und notwendig. Die schlechten Gewohnheiten waren die Planung auf Distanz – die Stabskräfte planten ein Gebäude entfernt vom Ort des Handelns – und die überlange Planungsdauer.

Ein neuartiger Ansatz zur Lösung des Planungsproblems ist der »Kaffeetassensimulator«. Die Methode wurde im Videocassetten-Werk von 3M in Hutchinson, Minnesota, konzipiert und angewendet, als man sich auf Just-in-Time-Fertigung umstellte. (Behrens 1984)

Die Kaffeetassen standen für Kanban-Behälter, und Zettel darin bezeichneten das Material, die Menge pro Behälter, woher sie kamen und wer sie verwendete. Eine lange Packpapierbahn auf einem großen Tisch stellte die Fabrik dar, und darauf bezeichneten Rechtecke die Maschinen und Werkbänke. Rüstzeiten, Kapazitäten und andere Maschinendaten wurden in die Rechtecke eingetragen.

Die Simulationsmethode bestand darin, daß die Kaffeetassen auf dem Papier aufgestellt wurden und dann die Fabrikarbeiter, Vorarbeiter, das Wartungspersonal und andere ihre Meinung dazu abgaben, wie es funktionieren würde. Aufgrund ihrer Bemerkungen zu den vielen Ungewißheiten – wie Maschinenausfallzeiten, Ausschußzeiten, Nacharbeit, welche Produkte auf welchen Linien gefertigt wurden und verspätete Materiallieferungen – wurden Kaffeetassen verschoben, dazugestellt oder weggenommen. Alle mußten überzeugt sein, daß das Holsystem sinnvoll sei. Nachdem man die Leute zwei Monate lang in den Simulationsraum gebracht und Änderungen vorgenommen hatte, war es Zeit, es in der Fabrik auszuprobieren. Der Plan funktionierte.

Der Kaffeetassensimulator schlug drei Fliegen mit einer Klappe: Er plante das Kanban-System, er beteiligte die Arbeiter an der Planung, so daß sie sich mitverantwortlich fühlen konnten, und er schulte alle in Just-in-Time-Verfahren – und die Schulung drehte sich nicht um abstrakte Konzepte, sondern war auf die Arbeit jedes einzelnen bezogen.

Hätte eine Computersimulation das leisten können? Nur den ersten Punkt, die Planung des Kanban-Systems. Computersimulationen arbeiten mit Zahlen und verwirren die Laien, daher können sie nicht der Mitverantwortlichkeit oder Schulung dienen. Was die Industrie braucht, sind Computergraphik-Simulatoren, zeichentrickartige Bilder auf dem Bildschirm. Ich bin nicht sicher, ob die Idee praktikabel ist, weil Bildschirme klein sind verglichen mit der großen Packpapierbahn, die 3M für die Grundrisse verwendete.

Wenn Computer auf dem Weg zur Produktion auf Weltniveau nur beschränkt nützlich sind, wie steht es dann mit der Praxis? Anders gesagt: Mit was für Informationen soll der Computer den Betrieb eines Produzenten auf Weltniveau unterstützen?

Informationssysteme

1983 machte sich eine Fabrik, die Gummiprodukte herstellt, mit voller Kraft an ein Just-in-Time-Pilotprojekt. Alle beteiligten sich daran, und die Bestände schrumpften. Dann wies der Konzern die Fabrik an, sein mehrere Millionen Dollar teures System zur Verfolgung der Arbeitsaufträge in der Fabrik zu implementieren – obwohl die Flußwege der dort gefertigten Produkte in hohem Maße voraussagbar waren. Das Just-in-Time-Projekt kam zum Erliegen.

Just-in-Time saugt die Wartezeiten aus dem Fertigungsfluß und führt zu eng verketteten Fertigungsprozessen. Eng verkettete Fertigungszentren können sich visuell verständigen – nach dem Kanban-System. Viele oder alle Gründe für die Planung und Überwachung des Arbeitsflusses durch Computer verschwinden. In der Gummifabrik gab man der einfachen Methode nie eine Chance.

Verfahrensbuchhaltung

Informationssysteme haben außer der Terminplanung und Überwachung noch andere Zwecke. Sie werfen Kostendaten ab, und wir müssen die Kosten kennen, um Preise festsetzen und Ja/Nein-Produktentscheidungen treffen zu können. Meist sagt uns unser Kostensystem nur die ungefähren Produktkosten. Ein Problem ist die Zuweisung von indirekten und Gemeinkosten. Ein anderes ist die Aufschlüsselung der Lohneinzelkosten nach Produkten.

Die Händler von Informationssystemen machen ein gutes Geschäft damit, Datenaufzeichnungsgeräte für die Fabrik zu verkaufen, damit die Arbeiter bei jedem Arbeitsauftrag die Ein- und Ausgangszeiten festhalten können. Dann kann der Computer die Lohnkosten direkt nach Arbeitsaufträgen addieren. Manche Firmen hatten diese Systeme jahrelang, aber jetzt brauchen sie sie nicht mehr. Einfache Fertigung führt zur Sammlung einfacher, genauer Kostendaten.

Manchmal besteht die Vereinfachung darin, daß man von der Auftragsbuchhaltung auf die Verfahrensbuchhaltung umstellt. Als ich 1984 das letzte Mal die Tennant Co. in Minneapolis besuchte, fragte ich, ob man sich bei der fortschrittlichsten Just-in-Time-Fertigungslinie immer noch der Auftragsbuchhaltung bediene. Meine Gastgeber erklärten, Tennant verwende noch immer ein Softwarepaket, das keine Verfahrensbuchhaltung erlaube, doch man arbeite daran.

Das Produkt war die selbstfahrende Reinigungsmaschine 432. Die Fabrik, auch der 432er-Bereich, war mit Datenerfassungsgeräten ausgestattet. Die Arbeiter gaben Daten über die Arbeitsstunden und den Materialverbrauch für jeden Arbeits- oder Montageauftrag ein. (Bei der Endmontage gab es für jede Reinigungsmaschine einen Montageauftrag.) Anhand dieser Daten berechnete der Computer die Lohnkosten, Materialkosten und Gesamtkosten für jede Reinigungsmaschine.

Diese Art der Kostenerfassung war sinnvoll, als der 432 serienweise abwechselnd mit anderen Reinigungs- und Kehrmaschinenmodellen gefertigt wurde. Die Umstellung auf die Verfahrensbuchhaltung wurde 1982 möglich, als der 432 von den anderen Produkten getrennt wurde und in eine Just-in-Time-Fertigungslinie kam. Jetzt muß man nur noch die Kosten für die gesamte 432-Montageabteilung summieren und durch die Anzahl der Einheiten dividieren, um die Stückkosten zu berechnen – es ist nicht nötig, die Kosten pro einzelnen Auftrag oder Arbeitsplatz zu erfassen.*

Gemeinkostenzuweisung – nach Durchlaufzeit

Eine weitere Aufgabe eines Informationssystems ist die Aufschlüsselung der Fabrik-Gemeinkosten – indirekte und Verwaltungskosten – auf die gefertigten Produkte. Mit den ungenauen Methoden, mit denen die Gemeinkosten verteilt wurden, war nie jemand zufrieden. Wenn Fabriken so organisiert werden, daß Menschen, Maschinen und Produktfluß nicht miteinander harmonieren – und die Hilfsfunktionen weit davon entfernt liegen –, ist es unmöglich, die Kosten der Hilfsfunktionen gerecht zu verteilen. Die Buchhalter und Informationssysteme tun ihr Bestes.

Mit der Fabrik auf Weltniveau wird das alles anders. Einige Hilfsaufgaben wie Qualität und Wartung werden von den Arbeitern übernommen, und die Arbeiter und Maschinen sind gemäß dem Produktfluß organisiert. Außerdem wird die Durchlaufzeit, über die die Gemeinkosten sich ansammeln, auf einen Bruchteil gesenkt. Gemeinkosten nach ungefähren Mittelwerten zuzuweisen, ist nicht mehr nötig.

In einer Reihe von Firmen arbeiten kluge Buchhalter neue, einfachere Ansätze aus, und die Früchte ihrer Bemühungen stehen größtenteils noch nicht zur Verfügung. Einige der neuen Ideen sind mir bekannt, und

---

* Diese Konzepte werden diskutiert in Seglund und Ibarreche (1984).

eine davon ist die Verwendung der Durchlaufzeit für die Gemeinkostenzuweisung.

Das Konzept der Gemeinkostenverteilung nach Durchlaufzeit ist in
Abb. 10.1 dargestellt. Die betreffende Fabrik stellt drei Produkte her, A, B
und C. Die Durchlaufzeit für die Fertigung einer Einheit A beträgt einen
Tag, für B vier Tage und für C zehn Tage. Die Summe der Durchlaufzeiten
beträgt 15 Tage. Produkt A muß 1/15 der Gemeinkosten zugewiesen
werden, B verdient 4/15 und C bekommt 10/15. Die Gemeinkostenanteile
sind Gewichtungsfaktoren; sie müssen mit dem Umsatzvolumen der betreffenden Produkte für eine bestimmte Periode multipliziert werden.

Abbildung 10.1: Gemeinkostenzuweisung nach Durchlaufzeiten

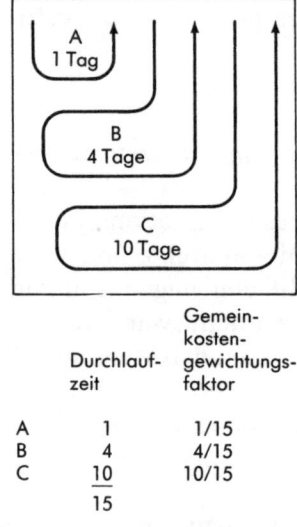

	Durchlauf-zeit	Gemein-kosten-gewichtungs-faktor
A	1	1/15
B	4	4/15
C	10	10/15
	15	

Dieser Ansatz scheint gerecht, weil der größte Teil der indirekten und
Verwaltungskosten für Verzögerungen und Probleme anfällt, die die
Durchlaufzeit steigern. Der Ansatz ist geschickt, weil er den Fertigungsleiter von Produkt C dazu anhält, Berge zu versetzen, um die Durchlaufzeit und damit C's gewaltigen Gemeinkostenanteil zu senken. Die Fertigungsleiter von Produkt A und B werden dabei helfen, weil Verringerungen der Durchlaufzeit für jedes Produkt den Gemeinkosten-Pool
schrumpfen lassen.

In einem Werk, der Hewlett-Packard-Division in Greeley, haben die
Buchhalter beträchtliche Fortschritte bei der Implementierung dieses

Gemeinkostenbelastungs-Konzeptes gemacht. In zahlreichen anderen Firmen spricht man von Plänen, es ihnen nachzutun.

Direct Costing

Wenn die Arbeiter Hilfsfunktionen übernehmen – zuerst bemächtigen sie sich der Qualitätssicherung und Wartung –, werden die Gemeinkosten dieser Funktionen zu direkten Kosten. Beim Direct Costing müssen keine Gemeinkosten zugewiesen werden. Die direkten Kosten sind echte Kosten, die eine genaue Entscheidungsgrundlage liefern.

IBM scheint zu den Firmen zu gehören, die sich am energischsten auf Direct Costing umstellen. In IBMs Schreibmaschinenfabrik in Lexington, Kentucky, gab es früher Legionen von Kostenbuchhaltern. Im Zuge einer umfassenden Werksüberholung, während der die Fabrik zu einem Musterstück zumindest für einige Konzepte der Produktion auf Weltniveau wurde, gibt es nur noch zwei Buchhalter – einer für die »externen«, der andere für die »internen« Bestände.

Außer Arbeitern die Funktionen zu übertragen, bietet die Produktion auf Weltniveau noch weitere Umwandlungsmöglichkeiten der Gemein- in direkte Kosten. Das Konzept der Fabrik in der Fabrik eröffnet die Möglichkeit, bestimmte Unterstützungsfunktionen und ihre Instrumente einem Produktmanager zu unterstellen. Abb. 10.2 zählt einige Kandidaten auf: Transporteure, Lagerbuchhalter, Qualitätstechniker und -ingenieure, Wartungstechniker und -ingenieure, Einkäufer und Teile des Verwaltungspersonals. In der Vergangenheit arbeiteten die so Bezeichneten immer in Stabsabteilungen. Sie arbeiteten an vielen verschiedenen Produkten, und die Buchhaltung mußte die Kosten ihrer Dienste entwirren, um sie den Produktkosten zuzuweisen. Hawkins (1983: 5) enthüllt, daß die betrachteten japanischen Unternehmen verglichen mit den amerikanischen Produktionsunternehmen »mehr Wert ... auf Direct Costing und weniger ... auf die herkömmliche Kostenbuchhaltung legen«.

Wenn die Fabrik sowohl organisatorisch wie physisch nach Flußlinien geordnet ist, ist es sinnvoll, die Situation voll auszunutzen: Die Transporteure, Lagerbuchhalter und Abfertiger neu zuzuordnen, ist in der Regel nicht schwierig. Ihre Büros kommen in die Fertigungslinie, ihre Budgets werden dem Manager der Fertigungslinie unterstellt, und ihre Kosten werden zu direkten Kosten. Sie schließen sich dem Produktionsteam an, und es ist eine gute Idee, sie auch als Maschinenbediener und Monteure

Abbildung 10.2: Die Fabrik in der Fabrik

Direct Costing: Einige der folgenden Funktionsträger sind dem Produktmanager zu unterstellen und durch Rotationsschulung zur Arbeit in der Fertigungslinie auszubilden:

- Transporteure
- Lagerbuchhalter
- Terminplaner/Abfertiger
- Qualitätstechniker/-ingenieur
- Wartungstechniker/-ingenieur
- Industrial Engineering-Techniker/-ingenieur
- Einkäufer
- Teile des Verwaltungspersonals

auszubilden. Die Rotationsschulung erhöht die Flexibilität der Arbeitskräfte und ihre Qualifikation, was sie besser vor Entlassungen schützt, und verleiht ein besseres Verständnis für das große Ganze.

Ein Beispiel soll die Idee für eine der Hilfsfunktionen erläutern. Abb. 10.3 zeigt den Standort der Wareneingangs- und -ausgangs-Transporteure und -buchhalter unter drei verschiedenen Bedingungen.

Abb. 10.3-A zeigt die übliche Organisation: Die Produkte fließen auf allen möglichen Wegen durch das ausgedehnte Werk. Die Wareneingangs- und -ausgangsbereiche können nicht mit einem bestimmten Produkt verknüpft werden. Eine Materialwirtschafts-Abteilung bedient das ganze Werk.

Abb. 10.3-B zeigt das in drei Zonen segmentierte Werk – für jede der drei Produktflußlinien eine. Die LKW-Rampe wird in drei Wareneingangs- und -ausgangsbereiche unterteilt, für jede Flußlinie einen. Das Personal der Materialwirtschaft besteht nun aus drei Gruppen, deren jede für einen anderen Fertigungslinienleiter arbeitet. Ihre Löhne werden als direkte Kosten den Produktlinien zugewiesen.

Abb. 10.3.-C zeigt, wie das Werk aussähe, wenn das Gebäude selbst flexibel genug wäre, so daß man an drei der vier Seiten Waren annehmen und versenden könnte. Das ist die Gebäudekonfiguration, die Japan-Besuchern so ungewöhnlich vorkommt. Vielleicht wird sie sich auch außerhalb Japans durchsetzen, wenn neue Gebäude errichtet oder alte umgebaut werden.

Die Techniker und Stabskräfte – Qualität, Wartung, Industrial Engineering, Beschaffung und Verwaltung – in Direct-Costing-Verfahren ein-

Abbildung 10.3: Materialtransport: Von der Gemeinkostenzuteilung zum Direct Costing

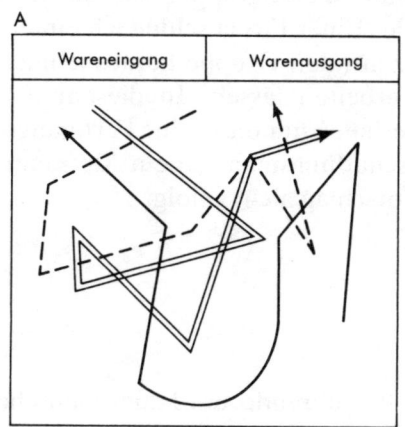

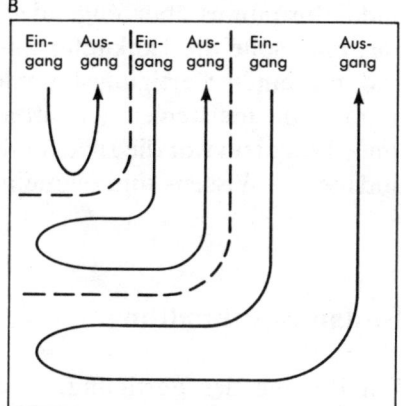

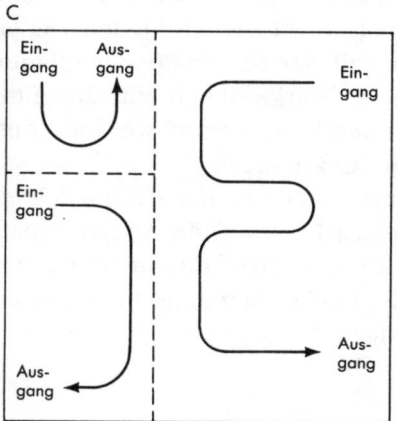

zubeziehen, ist nicht so einfach. Manche Unternehmen machen es mit Verwaltungsaufwand: In jeder Berichtperiode gibt ein Ingenieur die Stundenzahl an, die er für jeden Produktmanager gearbeitet hat; das EDV-System übernimmt den Rest. Dieser »Pseudo-Direct-Costing«-Ansatz ist vielleicht besser, als die Stunden einfach zum Gemeinkosten-Pool zu addieren. Hinter dem echten Direct Costing, bei dem der Ingenieur tatsächlich für den Produktmanager arbeitet und zum Problemlösungs-Team gehört, bleibt er allerdings weit zurück. Wo es praktikabel ist, ist das echte Direct Costing das Beste.

Am schwierigsten ins echte Direct Costing zu überführen ist wahrscheinlich die Beschaffungsfunktion. In den meisten Beschaffungsabteilungen sind die Einkäufer auf bestimmte Warengruppen spezialisiert, und dafür gibt es überzeugende Gründe. Einer Firma schlug ich einmal vor, man solle die Einkäufer aus der zentralen Gruppe herausnehmen und für einen Fertigungslinienleiter arbeiten lassen. In diesem Fall betrafen die meisten eingekauften Materialien nur diese eine Fertigungslinie. Trotzdem war die Idee für die Beschaffungsmanager ein Alptraum, und meines Wissens sind sie meinem Vorschlag nicht gefolgt.

Bestandsbuchhaltung

Ein Bereich der Fertigung, in dem sich führende nordamerikanische Unternehmen hervorgetan haben, ist die Genauigkeit der Bestandsbuchhaltung. In den siebziger Jahren hielt die Methode der periodischen Bestandsaufnahme – (*Cycle Counting*) jeden Tag ein paar Gegenstände zählen – zusammen mit der Materialbedarfsplanung in ganz Amerika ihren Einzug. Manche Werke haben eine Inventurgenauigkeit von 99 Prozent erreicht. Sie mußten so genau werden, sonst hätte die Materialbedarfsplanung nicht funktioniert.

Die Lagerhaltungs-Disziplin, die wir im letzten Jahrzehnt gelernt haben, kommt uns in der Just-in-Time-Ära gut zupaß, aber die Methoden ändern sich. Die periodische Bestandsaufnahme ist immer noch gut, aber die Überwachung des Umlaufmaterials und kontrollierte, zentrale Lager werden zu überflüssigen Belastungen.

Vereinfachte Zählung

Folgendes ist die Normalsituation in einer modernen Fabrik auf Weltniveau: Die Konstrukteure haben die Bauteil-Anzahl auf ein Fünftel und die Konstruktionsänderungen auf die Hälfte reduziert. Es gibt zehnmal weniger Umlaufmaterial, und das verbleibende wird in genauen Mengen in eine bekannte Anzahl genormter Behälter abgezählt; einige Behälter sind mit »Eierkarton«-Trennwänden ausgestattet, so daß man leicht sehen kann, wieviel genau darin ist. Ist der Gegenstand nicht eindeutig identifizierbar, gibt eine Karte für jeden Behälter genaue Information. Die Normbehälter stehen immer genau an ihrem vorbestimmten Platz.

Unter diesen Umständen wird die Bestandszählung einfach und schnell. Wöchentlich (oder öfter) kann man praktisch ohne Fehler eine Gesamtinventur durchführen.

In manchen Just-in-Time-Werken zählen die Monteure alles, vielleicht einmal in der Woche freitags nachmittags, in einer Stunde oder weniger. Wo das probiert wurde (z.B. bei Hewlett-Packard, Greeley, und Hewlett-Packard, Vancouver), finden die Monteure das Zählen langweilig; sie möchten es schnell hinter sich bringen, was ein zusätzlicher Anreiz für Ideen ist, die Bestände weiter zu reduzieren, alles am richtigen Platz und richtig etikettiert zu halten und keine Extrateile in Schubladen oder Schränkchen zu hamstern.

Überwachung des Umlaufmaterials

»Wo ist Arbeitsauftrag XYZ-777?«

»Momentchen. Ich hole ihn mir auf den Bildschirm. Hier. XYZ-777 verließ gestern Arbeitsgang 30 und wird heute entgratet.«

Diese Szene hat in Tausenden westlicher Unternehmen der Computer möglich gemacht. Der Schlüssel dazu ist, daß die täglichen Bewegungen in den Computer eingegeben werden. Das neueste System arbeitet mit Balkencodes: Wenn der Arbeitsauftrag einen Arbeitsplatz verläßt, streicht man einfach mit dem Lesestab darüber.

Dieses' Verfahren gibt nicht nur an, wo die Arbeitsaufträge sich befinden (Überwachung des Umlaufmaterials), sondern liefert auch Wertschöpfungsdaten, so daß der Wert der Bestände jederzeit bekannt ist.

Für alle Komplikationen ist vorgesorgt. Aufträge storniert? Umlaufmaterial unterwegs hängengeblieben? Kein Problem. Das Computersystem nimmt an, daß die Werkstücke nach jedem Arbeitsgang in ein Lager kommen. Bei stornierten Aufträgen (oder gekürzten, verlangsamten oder durch Konstruktionsänderungen modifizierten) betrachtet der Computer die Bestände bereits als im Lager befindlich; die Dateien stimmen und keine weiteren Transaktionen sind nötig, bis ein weiterer Auftrag kommt, der die verbleibenden Bestände aufbraucht.

Das gerade beschriebene Computersystem hat dann Sinn, wenn die Durchlaufzeiten bis zur Fertigstellung Wochen oder Monate betragen. Die Fabrik auf Weltniveau jedoch erledigt Aufträge in Stunden oder Tagen. Verglichen mit der Fabrik alten Stils hat die Weltniveau-Fabrik vielleicht ein Zwanzigstel der Auftragsmenge in Bearbeitung und muß über ein Zehntel der Bestände Buch führen. Es ist Zeit, das Umlaufmaterial-Überwachungssystem abzuschalten.

Das Vier-Wände-Inventursystem

Wenn die Durchlaufzeiten wirklich abgespeckt worden sind – auf ein oder zwei Tage vom Rohmaterialeingang bis zu den versandfertigen Waren –, ist das Vier-Wände-Inventursystem angeraten: Das Rohmaterial wird in die Bestandsbuchhaltung aufgenommen, wenn es ins Haus kommt und wird abgezogen, wenn es als fertige Ware das Haus verläßt. Abnorm hoher Verbrauch wird mit einem Strafzettel-System überwacht. Ab und zu zählt man, was im Hause ist, um die Karteileichen auszumerzen.

Die abzuziehende Menge, wenn das Material das Werk als fertige Ware verläßt, ist das der Stücklisten-Datei entnommene Standardmaterial. Das Verfahren für die Subtraktion der Standardmengen nennt man »Backflush« oder »Post-deduct«. (Manche progressiven Denker sprechen davon, sogar das Backflush-Verfahren abzuschaffen und zur »spurlosen« Materialüberwachung überzugehen.)

Die Inventar-Datei und die Stücklisten-Datei sind noch im Computer und müssen immer noch überaus genau sein. Der Auftragseingang, die Aufschlüsselung der Kundenaufträge in Bauteilmaterialien (Stücklisten-Aufschlüsselung) und die Bestandsbuchhaltung sind ebenfalls noch computerisiert.

Was eliminiert wird, sind die Computertransaktionen, die den Weg des Werkstücks vom Lager zum Arbeitsplatz und zurück zum Lager und zum Arbeitsplatz usw. durch alle Arbeitsschritte überwachen. Drei Gründe gibt es, warum die Produktion auf Weltniveau all diese Überwachung überflüssig macht. Erstens bleibt das Produkt für mehrfache Inventartransaktionen nicht lang genug in der Fabrik. Zweitens minimiert die fehlende Nacharbeit anormale Flußwege und -zeiten. Drittens ist der Produktfluß so diszipliniert und sind die Transferstrecken so kurz, daß man jederzeit *sehen* kann, wo die Aufträge sind – oder besser den Zustand des Fertigungsflusses.

Fortschrittliche Just-in-Time-Werke in Nordamerika sind in der Regel noch nicht in der Lage, sich den Vier-Wände-Ansatz völlig zu eigen zu machen. Das Hindernis sind die Lieferanten, deren Qualität und Termingenauigkeit zweifelhaft sind oder die selten liefern. Klugheit oder Notwendigkeit verlangen, daß man ihre Materialien in zusätzlichen Mengen

– für Wochen oder Monate im voraus – lagert. Diese Bestandsmenge sollte nach Wareneingang dem Lager gutgeschrieben werden. Später wird sie vom Lagerbestand abgezogen und der Fabrik gutgeschrieben. Schließlich wird sie vom Fabrikbestand abgezogen und als Fertigware aus dem Fabrikbestand getilgt. So werden drei Inventar-Transaktionen daraus statt der zwei im Vier-Wände-System.

Und wenn ein Arbeitsgang mit langen Taktzeiten in der Fabrik vorkommt, z.B. eine zweitägige Einbrennlackierung? Hier könnte eine weitere Inventartransaktion stattfinden: Das Werkstück wird der Einbrennstation zugeschlagen und später wieder abgenommen. Die Regel lautet: Wo Material ein paar Tage lang verweilt, ist eine Bestandsaufnahme durchzuführen. Zeit schafft Wert, und der Wert will überwacht sein.

Natürlich gibt es einige Industrien, die ihre Durchlaufzeiten nie auf wenige Tage werden reduzieren können. Sie werden wahrscheinlich immer an mehreren Stellen im Werk Inventar-Transaktionen durchführen müssen.

Dann gibt es noch die Frage der Kleinteile (z.B. Schrauben und Widerstände), die vielleicht halbjährlich in großen Mengen eingekauft werden. Eine Möglichkeit zum Umgang mit solchen Materialien ist, sie bei Erhalt in die Vier-Wände-Bestandsbuchhaltung aufzunehmen und dann, wenn sie gebraucht werden, wieder zu tilgen – aber schlagen Sie sie nicht dem Produkt zu, bis dieses als Fertigfabrikat das Werk verläßt. (»HP-JIT«, eines der ersten Just-in-Time-Softwarepakete, sieht derartige Einbahn-Transaktionen vor.)

Außer der Glättung der Datenverarbeitung sorgt die Produktion auf Weltniveau dafür, daß die Anzahl der Schritte in den Produktionsplänen drastisch fällt. Wie wir weiter unten sehen werden, führen die geglätteten Produktionspläne zu noch weniger Computertransaktionen.

Abschaffung von Arbeitsaufträgen und Arbeitsschritten

Die längsten Durchlaufzeiten gibt es in der Einzelfertigung, also bei höchst variablen Produzenten mit geringen Stückzahlen. Wenn sich die Einzelfertigungswerkstatt nur mit ein paar tausend Bauteilen herumschlagen muß, besteht die Hoffnung, daß die Arbeitsaufträge abgeschafft werden und fast alle Werkstattbestands-Transaktionen wegfallen. Auf S. 139 f. erklärten wir, wie Hewlett-Packard genau das für den wissenschaftlichen Computer HP–9000 geschafft hat. Die Kundenaufträge bestimmen die Arbeit in den letzten Fertigungsphasen. Holsignale (Kanban) pflanzen sich rückwärts in die davor liegenden Phasen fort. Das Holsignal und nicht ein vom Computer erzeugter Arbeitsauftrag autorisiert die Fertigung.

Geht die Gesamtzahl der Bauteile in die Hunderttausende (oder in die Millionen, z.B. beim Schiffsbau), wird der Produktionsbetrieb auf Weltniveau die Arbeitsaufträge stark reduzieren, aber nicht abschaffen können. Die Reduzierung der Arbeitsaufträge kommt zustande, wenn verstreute Fertigungszentren zu Zellen zusammengezogen werden. Gleichzeitig kürzen die Zellen die Zahl der Teile, die betriebsintern transportiert werden.

Man betrachte beispielsweise die Teile eines Holzstuhls. Angenommen, das Werk sei nach ungeordneten Trauben organisiert. Dann gibt es vermutlich sechs Arbeitsaufträge: (1) Vorderbeine, (2) Hinterbeine, (3) Querstreben, (4) Sitzfläche, (5) Lehnenteile und (6) Aufsatz. Jeder Arbeitsauftrag umfaßt etwa 10 Arbeitsschritte (zu den ersten gehören ablängen, auf Breite schneiden, hobeln, grob und fein schleifen), was 10 Transporte quer durch das Werk bedeutet.

Man stelle auf zelluläre Werksorganisation um, und es wird möglich, mit nur einem Arbeitsauftrag und ohne Transporte auszukommen. Ein einziger Arbeitsauftrag ergeht an die Zelle, die die gesamte Ausrüstung zur Herstellung der Stuhlteile enthält – vielleicht zwei Sägen, eine Abrichtmaschine, eine Schleifmaschine und noch ein oder zwei andere.

Vor der Umstellung auf die zelluläre Organisation gab es sechzig Inventartransaktionen (sechs Arbeitsaufträge, jeder davon mit zehn Arbeitsschritten/Bewegungen). Danach gibt es nur noch eine. Im Jargon der Fertigungssteuerung erlauben die Zellen, daß die Stücklisten »kollabieren« und die Laufwege verkürzt werden. Das heißt, die Stückliste hat nur noch eine Ebene statt zehn. (Wir betrachten hier nur die Stuhlteile, nicht den zusammengebauten, lackierten und verpackten Stuhl.) Laufwege gibt es nicht, weil alle Arbeit in einer Zelle getan wird.

Einer der wichtigsten westlichen Verfechter kollabierender Stücklisten und Laufwege ist ein Schiffsbauer, Bath Iron Works in Maine. Dem Rat japanischer Schiffsbauer folgend, hatte Bath über einige Jahre mehrere Millionen Dollar im Jahr investiert. Bath hat die Konstruktionen modularisiert und Zellen und Transferlinien (sie nennen sie »flow lanes«) in Gebäuden auf dem gesamten Werksgelände eingerichtet (die Außenarbeiten wurden um 60 Prozent verringert). Ganze Module werden an einer Stelle aus Elektro- und Rohrinstallationen zusammengebaut, die ihrerseits an einer Stelle zusammengesetzt wurden. Die Anzahl der

Bewegungen wurde mit den Beständen erheblich reduziert. 1985 wurden im Laufe des Jahres vierundzwanzig Marinefregatten neunzehn Wochen vor dem Termin geliefert, und bei vielen Arbeiten wurde die Zahl der Mann-Stunden um 30 Prozent gesenkt. »Wir sind dem Konzept der Fertigungslinie so nahe wie möglich gekommen«, behauptet William Haggett, Präsident von Bath Iron Works. (*Business Week* 1985b)

Hauptereignis-Planung

Wir haben gesehen, wie die Produktion auf Weltniveau die Rechenarbeiten in der Nach-Fertigungs-Phase (Buchhaltung) und während der Fertigung (Ausführung) verringert. Nun gehen wir zur Vor-Fertigungs-Phase zurück.

Computer in der Vor-Fertigung

Bei folgenden Vor-Fertigungs-Tätigkeiten kann der Computer eine tragende Rolle spielen.

– *Auftragseingang.* Anfang 1985 waren 40 % der Zulieferer von General Motors in Kanada an eine direkte Computer-Verbindung angeschlossen. Außerdem hatten 40 Zulieferer Zugriff auf GMs Bestandsdateien der Teile, die sie liefern. Das erlaubt ihnen, die GM-Dateien zu überprüfen und sich zu vergewissern, daß der Auftrag und das Lieferdatum wirklich stimmen. Diese Art des Computereinsatzes trägt dazu bei, das Mißtrauen zwischen Liefer- und Abnehmerfirmen, das uns in der Vergangenheit geplagt hat, auszumerzen.
– *Konstruktion.* Computergestützter Entwurf (CAD), computergestützte Konstruktion (CAE) und computergestützte Fertigung (CAM) sind eine technologische Hilfe bei der Reduzierung der Konstruktions-Vorlaufzeiten; außerdem stellen sie eine gemeinsame Datenbank für Konstrukteure an anderen Orten bereit, wodurch die Verwendung von Normteilen gefördert und die Zeitverschwendung durch Hinzufügen neuer Teile verringert wird. Der Computer dient auch zur Konfigurationskontrolle (einschließlich der Erfassung von Konstruktionsänderungen).
– *Arbeitsvorbereitung.* Überlassen Sie die Arbeitsvorbereitung auf jeden Fall dem Computer. Bei allen regelmäßig benötigten Produkten sollte

die Arbeitsvorbereitung, oder genauer: der Endmontage-Zeitplan, eine Produktionsrate sein. Dann bestimme man die Fertigungsrate für Bauteilmaterialien mittels eines Durchlaufs des Stücklistengenerators.

– *Umstellung*. Bei regelmäßig benötigten Produkten braucht man ein Materialbedarfsplanungs-Programm, um durch Rückterminierung zu ermitteln, wann genau eine neue Produktionsrate in Kraft treten soll. Anders gesagt: Berechnen Sie den Zeitpunkt der Umstellung. Danach kann das Kanban-System – ohne Terminierung nach Arbeitsaufträgen – wieder gelten, bis zur nächsten Änderung der Produktionsrate.

– *Beschaffung*. Dies ist das andere Ende des Auftragseingangs. Außer den Computerverbindungen zu den Zulieferern sorgt der Computer für eine effiziente Verwaltung im Einkauf. Zudem ist es für die Just-in-Time-Zulieferer effizient, den Kanban bei Erhalt mit einem Balkencode-Lesestab zu erfassen. Die Informationen werden an die Beschaffungs- und Fakturierungsabteilung weitergeleitet. Toyota bedient sich ausgiebig dieses Ansatzes. (Wie oben bemerkt, sollten Firmen mit sehr kurzen Durchlaufzeiten jedoch *keine* Balkencodes in der Fertigung benötigen.)

Die meisten dieser Computer-Verwendungen in der Fertigung gehören zu etwas, was man *Planung der Hauptereignisse* nennen könnte. Hauptereignisse sind neue Aufträge, neue Produktionsraten, neue Produkte, neue Verfahren und neues Produktdesign oder Konstruktionsänderungen. Sie haben bedeutende Auswirkungen auf die meisten Ressourcen der Firma, darunter auch die externen Zulieferer.

Gruppierung der Hauptereignisse

Es möchte scheinen, daß Hauptereignisse wie neue Aufträge und Konstruktionsänderungen jeden Tag vokommen, in welchem Fall der Computer die Hauptereignis-Routinen ständig fahren würde. Bei regelmäßig abgenommenen Produkten braucht die Marketingabteilung mindestens ein paar Tage, um zu beurteilen, ob die Nachfrage sich geändert hat. Daher ist es unwahrscheinlich, daß häufiger als einmal pro Woche Computerläufe für Veränderungen der Produktionsrate erforderlich sind, und in der Regel nicht einmal so oft.

Wenn die Fertigung jeden Tag Konstruktionsänderungen erhält, ist es Zeit, die Politik zu ändern. Die japanische Autoindustrie hat gelernt, ihre Konstruktionsänderungen zu gruppieren. Sie sind beispielsweise nur einmal pro Monat zugelassen, im allgemeinen an demselben Tag, an dem neue Produktionsraten in Kraft treten. Die Probleme werden in ein paar Tagen gelöst, und den restlichen Monat läuft die Fertigung ohne Störungen. Da die meisten Firmen bei der Umstellung auf neue Zeitpläne und bei anderen Hauptereignissen ihre Termine mit den Zulieferern abstimmen, profitiert die ganze Industrie von einer Vorhersagbarkeit, die es in der restlichen Welt nicht gibt.

Kawasaki in Nebraska gruppiert seine Hauptereignisse, und die Division Computersysteme von Hewlett-Packard zieht dieses Verfahren in Erwägung (oder benutzt es vielleicht schon). Ich freue mich auf den Tag, da die führenden Auto- und Elektronikunternehmen sich darauf einigen, Hauptereignisgruppen am selben Monatstag einzuführen. Die ständigen, willkürlichen Unterbrechungen, die die Originalgerätehersteller (OEM) und Zuliefererfirmen in diesen Industrien plagen, würden verschwinden, und allen Unternehmen würde es nutzen.

Planung der Fertigungsressourcen

Nordamerika hat gegenüber der restlichen Welt einen großen Vorsprung, was den Computereinsatz bei der Hauptereignisplanung betrifft. Das Instrument dafür, das etwa in den letzten zwanzig Jahren perfektioniert und weitgehend implementiert wurde, ist die Materialbedarfsplanung. Wir haben gesehen, daß Just-in-Time-Verfahren die Materialbedarfsplanung in der Fertigung und Bestandsbuchhaltung überflüssig machen. Unterprogramme der Materialbedarfsplanung, die mittelfristige Auswirkungen von Hauptereignissen berechnen, werden jedoch noch weiterhin von Nutzen sein.

Die Materialbedarfsplanung ist insofern flexibel, als eine Vielzahl von Unterprogrammen mit demselben Datenbestand, demselben Zahlenvorrat arbeiten. Eine Ausweitung der Materialbedarfsplanung, die man »Planung der Fertigungsressourcen« (*Manufacturing Ressources Planning*) nennt, vertieft die Nutzung dieses Datenbestandes, um solche Dinge zu berechnen wie Bareingänge und -ausgänge, Ausrüstungsbedarf, Personalbedarf und wann man Werkzeuge auswechseln muß.

Was die Verwendung des Computers für die Hauptereignisplanung betrifft, müssen die Produzenten auf Weltniveau in Japan noch eine Menge von den Nordamerikanern lernen. Währenddessen haben die Nordamerikaner die Aufgabe, die Materialbedarfsplanung um die Elemente zu erleichtern, die überflüssig werden, wenn die Just-in-Time-Verfahren greifen.

Und die westlichen Fabriken, die gerade mit Fertigungs-Informationssystemen anfangen oder mittendrin sind? Der beste Rat ist: *Macht es langsamer*. Bringt die Fabrik in Ordnung, und dann richtet das Computersystem ein.

Führungskontrolle

Nachdem wir einige Fragen im Zusammenhang mit Computersystemen im einzelnen betrachtet haben, wollen wir mit einem Überblick schließen. Der informationsgestützte Regelkreis, der den Fertigungsbetrieb beherrscht, ist bisher notwendigerweise lang gewesen.

Abb. 10.4. zeigt diesen Kreis. Das doppelt umrandete Oval bezeichnet die Datenquelle: der Maschinenbediener und die Maschine. Leute von der Qualitätssicherung und Fertigungssteuerung vergleichen die Quelldaten direkt im Werk mit ihren Normen. Ihre Ergebnisse werden in Prüflisten festgehalten oder direkt im Computer gespeichert. Zusammenfassungen dieser Ergebnisse stehen der Qualitätssicherung, Fertigungssteuerung und Buchhaltung zur Verfügung. Sie sichten die Daten und schicken der Werksleitung Varianzberichte. Dem Leiter der Fertigungslinie obliegt es, Korrekturen anzubringen. Der Kreis schließt sich, wenn der Maschinenbediener und die Maschine umgestellt sind.

Abbildung 10.4: Herkömmlicher Regelkreis

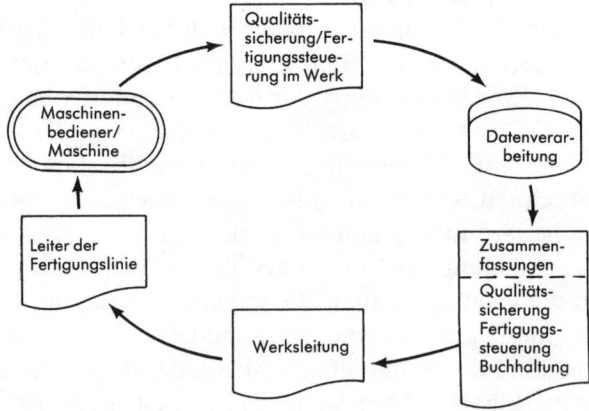

Durch Sichtkontrolle, ein Hauptziel der Produktion auf Weltniveau, wird der Regelkreis beträchtlich verkürzt. Zwei Versionen des idealen Regelkreises sind in Abb. 10.5 gezeigt. Bei der linken Version mißt der Arbeiter die wesentlichen Leistungsfaktoren und trägt die Daten an Ort und Stelle in Karten ein. Wenn Varianzen in der Qualität oder Fertigungsrate vorliegen, korrigiert er die Maschineneinstellung oder die manuellen Verfahren.

Abbildung 10.5: Regelkreis der Produktion auf Weltniveau

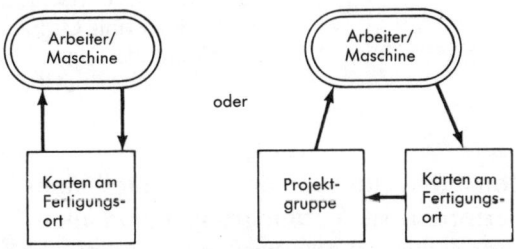

Übersteigt die erforderliche Korrektur seine Kompetenz, tritt die rechte Version in Kraft: Hartnäckige Probleme zeigen sich täglich wieder auf den Werkstatt-Karten. Die Meister holen Arbeiter aus anderen Bereichen, Ingenieure, Einkäufer, Vertreter – jeden, der helfen kann –, und bilden eine Projektgruppe, die das Problem studieren und lösen soll.

Die Idee, den Regelkreis zu verkürzen und die Berichte abzuschaffen, sollte allgemein begrüßt werden, da alle über zu viele Berichte klagen. In jeder Organisation gibt es hin und wieder Kampagnen, um die überflüssigen Berichte zu eliminieren. Der beliebteste Ansatz ist, bestimmte Berichte einfach nicht mehr zu schicken und abzuwarten, ob jemand protestiert. Ein besserer Ansatz ist, die Karten und Diagramme in die Werkstatt zu verlagern und die Computerberichte an die Managementebenen zu eliminieren. Dann *müssen* die Manager regelmäßig ins Werk, um ihre Kontrollfunktionen auszuüben.

11. Wie schafft man den Übergang?

> Die Kunst des Fortschritts besteht darin, in der Veränderung Ordnung und in der Ordnung Veränderung zu bewahren.
> *Alfred North Whitehead*

Ist die Produktion auf Weltniveau das Luftschloß eines Idealisten? Keineswegs. Zwar erfordert sie Veränderungen von allen Teilen des Fertigungsbetriebes, doch diese Veränderungen sind machbar. Die Gründe dafür sind, kurz gefaßt, folgende:

Einfachheit: Es ist unnötig, einen Schwarm Berater für ein mehrjähriges Anleitungsprogramm einzustellen.

Überwältigende Logik: Es ist unnötig, auf die Ergebnisse von Studien zu warten, um zu beweisen, daß die Konzepte stimmen.

Schnelle, sichtbare Resultate: Produktion auf Weltniveau führt nicht nur zu kontinuierlichen, sondern auch *schnellen* Verbesserungen; die schnelle Reduzierung von Ausschuß und Nacharbeit, ganz zu schweigen von verschwundenen Regalen voller Material, lohnen die Mühe, schon bevor die großen Vorteile – immer mehr Kunden, die sich für den Einkauf bei Ihnen entscheiden – sichtbar werden.

Geringe Kosten: Produktion auf Weltniveau heißt *nicht* Investitionen in teure Werke und Ausrüstung.

Persönliche Anregung, Erfüllung und Verjüngung: Der Schwächling auf dem Sportplatz, der von allen ausgepfiffen wird, wird die Nummer 1; Nummer 1 zu sein, ist nicht aufregend, aber Nummer 1 zu werden, ist es bestimmt.

Keiner bleibt draußen vor.

Das ist prima, und ich kann das alles gutheißen (sagen Sie vielleicht), aber wie bewältigen wir die Umstellung von unserer Situation zu der von Ihnen beschriebenen? Wie kommen wir dorthin? Japans dreißigjährige Reise kann nicht das Vorbild dafür sein. Die restliche Welt sollte sich die besten Ansätze für ihre Bedingungen heraussuchen und das ablehnen, was nicht gut funktioniert.

Bis vor kurzem gab es in der westlichen Industrie noch nicht genug Erfolge, aus denen man hätte auswählen können. Jetzt gibt es sie. Die in diesem Kapitel gezogenen Schlußfolgerungen stützen sich auf eine recht umfangreiche Stichprobe.

Widerstand

Die einfacheren Fragen der Durchführung betreffen, wer was tut. Die schwierigen drehen sich darum, ein Gefühl der Verpflichtung zu schaffen. Die Werksarbeiter zur Verpflichtung zu bewegen, ist das geringste Problem.

Und die Leiter der Fertigungslinien? Eine Studie ergab, daß die Vorgesetzten dem *Mitarbeiter-Engagement* beträchtliche Widerstände entgegensetzen. (Klein 1984) Wie den meisten akademischen Studien fehlt auch dieser in der enscheidenden Frage die Substanz: Mitarbeiterengagement *für was?* Als die Studie erarbeitet wurde, war das Gefühl weit verbreitet, Mitarbeiterengagement sei an und für sich schon gut. Niemand schien zu wissen, für was die Mitarbeiter sich engagieren sollten, weshalb die Befragung in diesem Punkte nicht besonders ins Detail ging.

Mittlerweile wissen wir, daß die Mitarbeiter sich engagieren sollen für statistische Prozeßkontrolle und schnelle Umrüstung, für die richtige Arbeitsweise der Maschinen, für's Lehren und Lernen und für hundert andere Dinge, die zuvor immer die Arbeit einer anderen Person waren. Der Vorgesetzte ist der Schuldirektor – keine schlechte Rolle, insbesondere da sie mit dem Erlernen von statistischer Prozeßkontrolle, schneller Umrüstung und anderen Instrumenten beginnt.

Viele Leute sagen, das mittlere Management würde Widerstand leisten. Jedoch sind gerade die Führungskräfte der mittleren Ebene eifrig bei der Sache in Firmen, in denen sie nachhaltig mit dem Just-in-Time-Prinzip, umfassender Qualitätssicherung, umfassender vorbeugender Wartung und Engagement der Mitarbeiter in Berührung kamen. Die mittlere Führungsebene sagt, die Leute an der Spitze seien das Problem, die die Sache nicht oder nicht ganz verstehen.

Die Vorstandsvorsitzenden und leitenden Direktoren im Westen, die sich intensiv um Just-in-Time bemühen, kann man an einer Hand abzählen. Jack Warne, der Präsident (im Ruhestand) von Omark Industries, ist einer davon. Die Anzahl der Vorstandsvorsitzenden und leitenden Direktoren, die in der Qualitätsbewegung mitmarschieren (dazu gehört auch Mr. Warne), ist weit größer, doch immer noch ein kleiner Prozentsatz.

Führungskräfte setzen sich nur dann für die Produktion auf Weltniveau ein, wenn ihnen der Zusammenhang mit ihrer schweren Verantwortung deutlich ist. Eine ihrer schwierigsten Aufgaben ist der Umgang mit Risiken. Schauen wir einmal, wie sich Produktion auf Weltniveau auf diese Aufgabe auswirkt.

Risikovermeidung

Viele Amerikaner, die früher vielleicht ein Harley-Davidson-Motorrad – einen »Feuerstuhl« – gekauft hätten, kaufen heute einen Chevy Luv oder einen übermotorisierten, überdimensionalen Pickup-Lieferwagen mit Vierradantrieb. Harley-Davidson wurde der Markt für sein einzigartiges Produkt unter den Füßen weggezogen, und die weitere Existenz der Firma stand auf Messers Schneide.

Heute ist Harley viel kleiner, aber das Unternehmen hat überlebt. Außerdem werden immer mehr Überlebende in der Firma, darunter auch eingeschriebene Gewerkschaftsmitglieder, übermütig. Sie glauben, daß sie mittlerweile in der Lage sind, mit allem Geld zu verdienen – von Bettfedern über Computergehäuse und Vorhangschienen bis zu Elektrokabeln.

Das Harley-Montagewerk in Pennsylvania montiert nun im Modellmix-Betrieb: Die Losgröße beträgt eins. Das nennen sie »Jelly beans« (Gummibonbons). »Jelly-beans«-Montage bedeutet Flexibilität. Nach Auskunft derjenigen, die diese Methode beherrschen, kann man auf dieser Fertigungslinie Klimaanlagen und Büromöbel produzieren, wenn der Motorradabsatz schwach bleibt.

Das Motoren- und Getriebewerk in Milwaukee ist ebenfalls flexibel geworden. Maschinen, deren Einrichtung einst Stunden dauerte, sind nun in Minutenschnelle umgerüstet.

Während Harley-Davidson lernte, flexibel zu werden, hat sich die Firma gleichzeitig in die statistische Prozeßkontrolle gestürzt. Die zunehmende Erfahrung damit öffnete Wege und enthüllte viele Möglichkeiten, die man nutzen kann, um solvent und erfolgreich zu bleiben. So hat Harley beispielsweise einen großen Vertrag mit IBM über die Fertigung von Elektrokabeln abgeschlossen. Man sagte mir, Harley habe 9 Millionen Kabelsätze ohne mechanische Defekte und mit nur einigen wenigen elektrischen Defekten produziert.

Das Just-in-Time-Prinzip hat bei Harley einige überraschende Vorteile gezeitigt: Bei einem Auftrag für Nicht-Motorrad-Teile liefert Harley und wird bezahlt, bevor es selbst die Rohmaterialien des Produktes bezahlt.

Wir stellen uns den Käufer einer Harley als grimmigen Flachkopf in schwarzer Lederkluft vor. Auch in den Harley-Werken gibt es durchaus ein paar Leute, die diesem Bild nacheifern. Doch sie haben gelernt, hochwertige Fertigungsarbeit zu leisten.

Glover Morgan, ein Maschinenarbeiter, ist einer davon. Vor ein paar Jahren widersetzte sich Morgan lautstark solchen Dingen wie schneller Umrüstung und statistischer Prozeßkontrolle. Heute ist er einer ihrer beredtesten Fürsprecher. Morgan wurde sogar an Tennessee Associates, Inc., »ausgeliehen«, eine Firma, die Qualitätssicherungs-Training für Fertigungsarbeiter anbietet. Morgan zeigt den Kollegen, wie man dort, wo er herkommt, statistische Prozeßkontrolle betreibt.

Ich habe beschrieben, wie Harley Techniken der Produktion auf Weltniveau, wie statistische Prozeßkontrolle und Modellmix-Montage, einsetzt. Aber Techniken allein werden unsere Industrieführer nicht in Bann schlagen. Was kann die Produktion auf Weltniveau sonst noch beitragen zur Vorbeugung vor Krisen oder Erholung davon? Wie sieht das Gesamtbild aus?

Katastrophenversicherung

Wenn ich meinen Wagen in bestimmten Großstädten in einem Slumgebiet parke, kann es passieren, daß ein Jugendlicher sich vor mir aufbaut und sagt: »Geben Sie mir drei Dollar, und ich passe auf, daß Ihrem Wagen nichts passiert.« Ich zahle den Preis, aber ich bin empört.

Welchen Schutz gibt es – außer Erpressung –, um sicherzustellen, daß *meiner Firma* nichts passiert? Der beste Schutz ist natürlich gutes Management. Wenn ein Feuer ein Werk zerstört oder ein wichtiges Produkt auf dem Markt durchfällt, kann ein gutes Management das Unternehmen möglicherweise retten. Selbst wenn die Produktlinie Ihres Unternehmens plötzlich veraltet – wie Kutschpeitschen, als die Autos die Pferdefuhrwerke verdrängten –, kann ein gutes Management möglicherweise eine Erholung bewirken.

Die Unersetzlichen

Gemessen an der Produktion auf Weltniveau hat es bis vor kurzem praktisch kein gutes Management gegeben. Das Management der weltbesten Produzenten ist heute um eine Größenordnung besser als das beste Management der bisherigen Geschichte.

Diese Unternehmen sind eine Klasse für sich, weil ihre Fähigkeiten und Möglichkeiten, Krisen abzuschütteln, nicht von ein paar sehr gewitzten Managern, Marketingleuten oder Ingenieuren abhängt. Wenn der allerbeste davon das Unternehmen verläßt, wenn die Krise zuschlägt, können die verbleibenden die Erholung bewerkstelligen. Der Katastrophenschutz ist dürftig, wenn er aus einer Handvoll unersetzlicher Kräfte besteht.

Unternehmen auf Weltniveau unterscheiden sich von anderen dadurch, daß die Führungsfunktionen breit gestreut und die Mitarbeiter vielseitig, anpassungsfähig und flexibel sind. Die Produktion auf Weltniveau sorgt dadurch für Schutz vor der Krise, daß sie gutes Qualitäts-, Produktionszeit- und Konstruktionsmanagement in die Organisation einbaut.

Mein obiges Beispiel, Harley-Davidson, ist ein Unternehmen, das die richtige Vorstellung davon hat, wie man sich zum Produzenten auf Weltniveau aufschwingt und Vertrauen aufbaut. Wir können ein anderes Beispiel betrachten, eine Firma, die weiter ist auf dem Weg zum Weltniveau-Produzenten, um zu zeigen, wie die Risiken sinken, wenn die Fähigkeiten des Qualitäts-, Durchlaufzeit- und Konstruktionsmanagements in der ganzen Organisation verbreitet sind. Diese Firma ist Nihon Chukuko, ein kleiner japanischer Zulieferer von Metallteilen für Isuzu-LKWs. Ein Teil der Chukuko-Story – die Anwendung der Sechs-Achsen-Verfahrens-Checkliste – wurde auf S. 46 dargestellt.

Firmen, die unersetzlich werden

Als ich Chukuko besuchte, sah ich überall Beweise für das Engagement der Arbeiter bei der Datenerfassung, Diagnose und Problemlösung. Die Wände, Pfeiler und Werkbänke waren mit Diagrammen übersät, die Ergebnisse und Errungenschaften zeigten. Im »Generalstabsraum« hing ebenfalls eine dicke Schicht von Karten an den Wänden: Terminpläne, Ausschuß, Projekte, Qualitätszirkel-Präsentationen, Auszeichnungen. Der Werksleiter nahm sich die Zeit, das rigorose Programm der Firma zu erläutern, mit dem die Meßwerkzeuge kalibriert und in Benutzung bleiben sollten.

Ein Kartensatz im Generalstabsraum bezeichnete Anlieferungsort, -tag und -stunde für jedes zu liefernde Teil. Die meisten Teile mußten um 13.00 Uhr plus/minus eine Stunde geliefert werden. Isuzu hatte nur während dieser kurzen Zeitspanne einen Platz an der Anlieferungsrampe frei. Das betreffende Teil wurde im Durchschnitt binnen zwei Stunden nach Lieferung in einen Isuzu-LKW eingebaut. Die Voraussetzung dafür war, daß Chukuko bei der pünktlichen Lieferung der richtigen Teile an die richtige Stelle außergewöhnlich zuverlässig war.

Einige Karten an den Fabrikwänden waren Methodendiagramme. Die Maschinenarbeiter hatten die Aufgabe, die Herstellungsmethoden der Teile zu verbessern und dann die wichtigen Einzelheiten aufzuzeichnen und aufzuschreiben. (Auf S. 49 f. beschrieben wir einen ähnlichen Ansatz der Gorman Rupp Co. in Ohio.) Der Werksleiter sichtete diese Blätter regelmäßig und stellte Fragen, wenn das Methodendiagramm eines Arbeiters seit der letzten Prüfung keine Verbesserungen aufwies.

Diese Maßnahmen sorgten für eine hohe Verbesserungsrate, so daß Chukuko rentabel bleiben konnte. Außergewöhnliche Verbesserungen waren angesagt, weil im Drei-Jahres-Vertrag von Chukuko mit Isuzu eine Preissenkung von 1,5 Prozent alle sechs Monate vorgesehen war.

In einem etwa 3x4m großen Raum wurden sorgfältig etikettierte Proben der Konkurrenzprodukte aufbewahrt – Metallteile für andere LKW-Firmen. Dies war der »Demontage-Raum« (siehe Abb. 11.1), und die Mitarbeiter beschäftigten sich damit, alle Konkurrenten-Teile auseinanderzunehmen; sie führten Wertanalysen durch, um die wahrscheinlichen Kosten zu ermitteln, prüften Toleranzen und Lackierungen und beurteilten die Materialien und wahrscheinlichen Fertigungsmethoden.

Isuzu half Chukuko, den Demontageraum einzurichten und überwachte seine Benutzung. Isuzu wollte sichergehen, daß sein Alleinlieferant über die besten Produkte und Verfahren verfügte. Chukuko seiner-

Abbildung 11.1: Demontageraum

seits wollte erreichen, daß Isuzu nicht auf den Gedanken kam, mit einem anderen Hersteller dieser Teile ins Geschäft zu kommen.

Warum sind die Lieferanten in der westlichen Industrie nicht so gewissenhaft? Weil die meisten Abnehmerwerke im Westen nie eine derartige hilfsbereite Hartnäckigkeit an den Tag legten und ihren Zulieferern nicht lange genug treu blieben, um gegenseitigen Respekt und wechselseitige Abhängigkeit entstehen zu lassen.

Betrachten wir nun die negative Seite. Chukukos veraltete Ausrüstung ist in ein altes, schäbiges Gebäude gequetscht. Da die Firma sehr klein ist, hat sie praktisch keinen Kreditrahmen. Sie ist fast ausschließlich von einem Abnehmer abhängig. Sie produziert einfache Metallteile, und es gibt in Tokio und Umgebung Hunderte kleiner Fabriken, die an Chukukos Stelle die Aufträge übernehmen könnten, wenn Isuzu sich entschlösse, sie damit zu bescheren.

Katastrophenszenario

Diese Negativfaktoren lassen an ein Katastrophenszenario denken: Isuzu entwirft eine Reihe von Metallteilen neu und zwar als Plastikteile. Da Chukuko eine winzige Firma ist, kann sie unmöglich einen großen Bankkredit aufnehmen oder an die Börse gehen, um eine Plastikguß-Ausrüstung zu finanzieren.

Wäre das das Grabgeläut für Chukuko? Wahrscheinlich nicht. Isuzu würde Chukuko wohl finanziell und mit Schulung unterstützen, so daß Chukuko sich schnell auf die Plastiktechnologie umstellen könnte.

Das täte Isuzu weder aus Sentimentalität noch wegen der primitiven Ausrüstung von Chukuko noch wegen der bescheidenen Fertigungstechnik. Isuzu hat in Chukuko Investitionen getätigt, die mehr wert sind als die Maschinen. Isuzu hat die Talente einiger seiner besten Leute investiert und hat es geschafft, Chukuko von einem durchschnittlichen oder unterdurchschnittlichen Zulieferer zu einem von Weltniveau zu machen. Chukuko wird wegen nichts Geringerem geschätzt als wegen seines hervorragenden *Managements*, der *Qualität* und des *Produkt- und Verfahrensdesigns*. Isuzu kann Plastikguß-Maschinen kaufen, aber das Gesamtmanagement von Chukuko kann man nicht kaufen, man kann es nur fördern.

Westliche Zuliefererbetriebe verfolgen bisweilen die Politik, mit keinem Kunden mehr als nur einen bestimmten Prozentsatz der Geschäfte abzuwickeln; ein typischer Wert ist 25 Prozent. Chukuko ist zu 90 Prozent mit Isuzu im Geschäft, aber das Risiko ist anscheinend gering. Das gute Management dieses Produzenten auf Weltniveau schützt Chukuko besser vor einer Katastrophe als alles andere, was ich mir vorstellen kann.

Champions und Rammböcke

Immer noch ist die Frage, wie wir von hier nach dort kommen. In der Industrie können wir den Erfolg von fast jedem Projekt einem »Champion« zuschreiben. Der Champion ist der Überzeugte, der Hindernisse überrennt und keine Widerrede duldet. In manchen Fällen ist der Champion eher ein Rammbock, wie der sagenumwobene Taiichi Ohno von Toyota.

In einigen unserer führenden Unternehmen sind die Qualitätskampagnen über die Champion-Phase hinausgewachsen. Just-in-Time ist

größtenteils noch nicht so weit fortgeschritten, aber ich kenne ein paar
Just-in-Time-Champions (in der Regel auch starke Fürsprecher der
umfassenden Qualitätssicherung), die in ihren Firmen hohe Just-in-
Time-Wellen schlagen.

Marcel Fages der Gruppe Spezial-Bauprodukte von American Standard ist einer davon. Jerry Brown, Jack Geikler und Vinod Kapoor von
Westinghouse sind weitere. Lew Springer, Senior Vice President der Fertigung bei Campbell Soup, ist noch einer.

Führungskräfte verlangen Taten

Fages brachte in seiner Gruppe ein Just-in-Time-Schulungsprogramm in
Gang. Zwei oder drei Monate darauf hatte er folgende Just-in-Time-Projekte organisiert: neunzehn Hol-Projekte, zwölf Projekte für schnelle
Umrüstung, zwölf Projekte zur Maschinenumstellung und vierzehn Projekte zur Steigerung der Lieferhäufigkeiten.

Kapoor leitete die Just-in-Time-Anfänge in einem Westinghouse-
Werk in Fayetteville und später in Ashboro, North Carolina. Die Just-in-
Time-Schulung und -Planung begann, aber wie Kapoor sagt: »Obwohl
wir anscheinend alle eifrig bei der Sache waren, stellten sich die Ergebnisse nicht ein.« Kapoor engagierte sich persönlich und ließ sich nicht
beirren. Die Losgrößen wurden in manchen Fällen auf 1 gesenkt, und
zahlreiche Just-in-Time-Projekte wurden organisiert und durchgeführt.

Brown und Geikler, die Werksmanager von Westinghouse in West
Mifflin, Pennsylvania, *verlangten* nach einer Schulungs- und Planungs-
runde. Sie drückten ihre Forderung aus in einer Vorschrift an die Werksleitung: Sie *werden* jeden Tag den Plan erfüllen – bis 8.00 Uhr am nächsten Morgen. Wenn Sie länger bleiben müssen und ihre Arbeiter dazu
kriegen können, ebenfalls zu bleiben, ist das positiv. Aber *Sie werden
bleiben.*

Es dauerte zwei schwierige Monate, aber schließlich erfüllte die
Belegschaft Browns und Geiklers Forderungen. Mittlerweile ist es Routine, daß jeden Tag die anfallende Arbeit erledigt wird.

Bei der Campbell Soup Co. ist ein kurzes Videoband in Umlauf, das
von Mitarbeitern der Campbell-Fabrik in Fayetteville, Arkansas, aufgenommen wurde. Der Erzähler berichtet, wie der dortige Werksleiter
einmal bei einem Just-in-Time-Seminar mitmachte. Im Flugzeug nach
Hause, als ihm Lew Springers Ruf nach Taten noch in den Ohren klang,
erarbeitete er, was zu tun sei, und tat es dann sofort: Er reduzierte den

Bestand an Aluminiumtiegeln, die auf den eigenen Tiegelpressen herge-stellt wurden, von 1,4 Millionen auf 33 000 Stück. Diese Reduzierung erreichte er, indem das Lager umgangen und die Abteilung Tiegelpressen vom Bring- auf das Holsystem umgestellt wurde. Am Ende des Bandes sagt der Erzähler, daß Just-in-Time einen Champion braucht, »und der Champion ist der Werksleiter«.

Das ist ein guter Rat. In den meisten Großunternehmen der Industrie gibt es hin und wieder steckengebliebene Kampagnen für Just-in-Time und umfassende Qualitätssicherung. Man könnte sagen, es geschieht uns recht. Wir haben dezentralisiert, und hier ist die Dezentralisierung am Werk.

Quatsch. Es ist einfach die alte Zauderei. Es ist tatsächlich eine gute Idee, alle ihr Teil sagen zu lassen und keinem den Kopf abzureißen, wenn es darum geht, *was* zu tun ist. Wir reden nicht mehr über das »Was«. Wir wissen, was zu tun ist, um einen durchschnittlichen Produktionsbetrieb zu einem von Weltniveau zu machen. Die Frage ist *Wann?* und die Ant-wort heißt *Jetzt*, bevor die Konkurrenz es tut.

Völlige Hingabe

Leute wie ich, die andere über Verfahren beraten, sind in der Vergangen-heit vorsichtig gewesen. Wir sagten: Tun Sie es jetzt, rieten aber dazu, die Taten mit ein oder zwei Pilotprojekten anlaufen zu lassen. Herr Fages von American Standard zeigte derartigen Kleinmut nicht: 75 Projekte wurden fast sofort organisiert.

Der Langsam-und-locker-Ansatz war bisher verbreiteter; seine Für-sprecher sagten: »Bringen wir einen Erfolg zustande und wiederholen wir ihn.« Bei der statistischen Prozeßkontrolle konnte der Ausgangspunkt jeder Arbeitsplatz sein, an dem die Leute geschult und engagiert waren. Wenn Just-in-Time auf der Tagesordnung stand, sagten die Fürsprecher: Fangen wir von hinten an, bei der Endmontage oder Verpackung. Dahinter stand die Idee, das Ende des Prozesses auf die täglichen Absatz-mengen abzustimmen. Dann ging man einen Schritt rückwärts zur Teile-montage und brachte diese in Ordnung; dann noch weiter rückwärts zur Fertigung und darüber hinaus.

Der Von-hinten-nach-vorn-Ansatz war angebracht, als es im Werk nur eine Handvoll Mitstreiter gab. Heute, wo die Werke ganze Busse zu Schulungskursen oder zur Besichtigung anderer fortschrittlicher Werke mit Just-in-Time-Verfahren oder umfassender Qualitätssicherung schicken, ist der Ansatz der völligen Hingabe angebracht, den Abb. 11.2 illustriert. Jeder Fertigungsschritt und jeder Einkäufer muß von den Serien wegkommen und zur Verkaufsrate gelangen. Die Pufferbestände zwischen zwei Arbeitsgängen schrumpfen nur so schnell, wie diese flexibel (schnelle Umrüstung) und zuverlässig (hohe Verfügbarkeit, zuverlässige Qualität) werden. Pufferbestände bieten zwar Sicherheit, doch die Transferstrecken, Losgrößen und Durchlaufzeiten können überall zugleich gestutzt werden.

Abbildung 11.2: Ansatz der völligen Hingabe

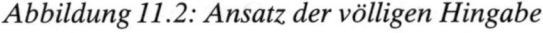

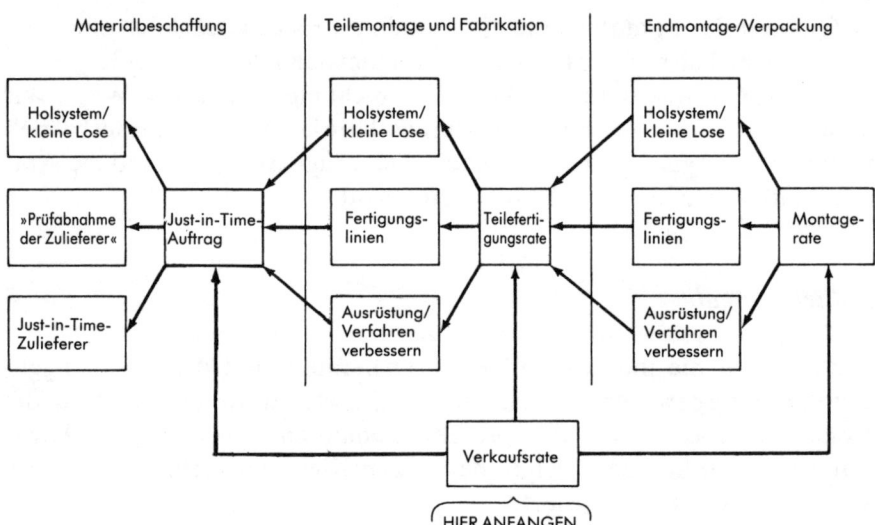

Überall zugleich bedeutet allgemeine Schulung, gefolgt von hartnäkkigem Management. Nach einem meiner Seminare über Just-in-Time und umfassende Qualitätssicherung blieb ein Zuhörer – ein Werksleiter – bei mir stehen, um sich zu bedanken und sagte: »Sie haben uns viel Stoff zum Nachdenken gegeben.« Ich antwortete: »Nein. Stoff zum Handeln.«

Die Ringi-Saga

Manche Leute beschuldigen die Westler, insbesondere die Amerikaner, daß sie *zu schnell* handeln. Diese Kritik beruht hauptsächlich auf Berichten über das japanische Konsens-Management.

Man sagt uns, daß in guten japanischen Unternehmen neue Projekte glatt und ohne viele Fehler laufen. Dem stimme ich zu. Man sagt uns auch, daß die fehlerlose Durchführung durch das Konsens-Management erzielt wird, was bedeutet, daß man sich genug Zeit nimmt, um die Unterstützung aller zu gewinnen. Die Unterstützung wird durch Unterschriften auf dem *Ringi*-Blatt signalisiert. Das gehört in den Bereich der Spekulation. Ich glaube es nicht.

In jeder großen Bürokratie gibt es das System, daß jeder ein Dokument unterschreibt. Bei der U.S. Air Force nennt man das »Staffing Off«. Jeder, der zur jeweiligen Kommandoebene gehört, unterschreibt; dann kommt das Dokument in die nächsthöhere Ebene, um dort reihum unterschrieben zu werden. Vielleicht verstreicht ein Jahr, ohne daß etwas geschehen ist. Das nennen wir nicht Konsens-Management. Das nennen wir Amtsschimmel. Natürlich kann sich die Verzögerung – bei Fragen, *was* zu tun ist – manchmal auszahlen.

Die Gründe, warum die neuen Projekte in Japan oft schnell eingeführt werden, sind folgende: flexible Arbeitskräfte, flexible Ausrüstung, kleiner Zuliefererstamm, weitreichende Normierung von Teilen, Behältern, Abmessungen und anderen Variablen, einfache Sichtprüfungen, kein Personal in nicht wertschöpfenden Funktionen und eine Tradition der gemeinsamen Planung. So wird das Getriebe geschmiert und werden Startprobleme vermieden.

Dabei stellt sich eine Frage: Warum brauchen die Japaner unter diesen einfachen Umständen so lange für Entscheidungen? Handlungsorientierte, individualistische Gesellschaften des Westens besitzen vielleicht einen kulturellen Vorteil. Schnelle, genaue Entscheidungen bieten einen Vorsprung vor dem Konkurrenten, der langsame, genaue Entscheidungen trifft.

Konkurrenzdruck oder der Mangel daran

Die Konkurrenz hat in der Luftfahrtbranche der USA und der Auto- und Elektronikindustrie der Welt wundersame Veränderungen herbeigeführt. Die Eröffnung einer Suppen- und einer Nudelfabrik in japanischem Besitz in Kalifornien hat die amerikanische Lebensmittelindustrie gehörig erschüttert. So geht es eben.

Was ist mit den Unternehmen, die nicht so viel Konkurrenz haben? Es verdammt sie nicht notwendigerweise zur Untätigkeit und zum Rückschritt. So verfügt z.B. Omark Industries seit vielen Jahren über den Löwenanteil des weltweiten Sägeketten-Marktes, und doch hat Omark immer mit Fortschritten im Management und der Technologie Schritt gehalten. Vor kurzem hat Stihl, ein deutscher Konkurrent, Omark einige Kunden abgewonnen. Manche Leute von Omark geben den Wechselkursen die Schuld. Wenn das der Grund ist, wird Omarks Spitzenleistung in der Fertigung den Absatz steigern, wenn der Dollar im Verhältnis zur D-Mark fällt – es sei denn, Stihl ist bereits selbst ein Produzent auf Weltniveau.

Ein anderes Unternehmen, das seine Bestände und Fertigungszeiten stark reduziert hat, ist Haworth Corp., ein Büromöbelhersteller. Der nordamerikanische Markt für Büromöbel wächst seit einigen Jahren mit atemberaubender Geschwindigkeit. Die Probleme der Fabrikanten liegen eher in der Steigerung der Kapazität als darin, Möglichkeiten zu finden, für die Kunden attraktiv zu werden. Und doch durchforschen die Manager von Haworth den Globus nach den besten Fertigungspraktiken. Sie arbeiten mit einem japanischen Hersteller derselben Branche zusammen, aber diese Beziehung ist etwas verquer: Die Leute von Haworth reisen nach Japan, um etwas über Ausrüstung zu lernen, und die Japaner kommen zu Haworth, um zu lernen, wie man das Kanban-System benutzt.

Ich glaube, in den nächsten Jahren werden wir des öfteren von so etwas hören. Es gibt reichlich japanische Unternehmen, die auch ohne starke Just-in-Time-Kampagnen prosperiert haben. Ihre Konkurrenten in Japan und der ganzen Welt verwendeten keine Just-in-Time-Verfahren, und vielleicht herrschte allgemein die Ansicht: »Just-in-Time ist gut für die Autoindustrie, doch wir sind anders.« Jetzt, da in der westlichen Elektronik-, Textil-, Lebensmittel-, medizintechnischen, pharmazeutischen und sogar der chemischen Industrie starke Just-in-Time-Bestrebungen im Gange sind, könnte der heiße (oder vielleicht nur der kühle) Atem der Konkurrenz die saumseligen japanischen Unternehmen zu Veränderungen zwingen. Auch Hersteller in Korea, Taiwan und Hongkong sind ohne viel Just-in-Time ausgekommen, und sie haben ebenfalls viel zu lernen und zu tun.

Dem ganzen Sektor der staatlichen Auftragsvergabe fehlt die Konkurrenz. Großunternehmen wie TRW, Hughes, McDonnell-Douglas und Sperry erhalten manchmal riesige mehrjährige Aufträge. Manche davon werden von Produktgeneration zu Generation erneuert, ohne daß die Gefahr des Verlustes an einen anderen Auftragnehmer besonders groß wäre. Vor allem jedoch leistet die Regierung Vorschußzahlungen. Das heißt, die Regierung bezahlt den Auftragnehmer für seine Berge von Beständen.

Das sieht nach eingebauten Anreizen aus, *keine* Konzepte der Produktion auf Weltniveau zu übernehmen, insbesondere nicht die Just-in-Time-Produktion. Trotzdem stammen einige der besten mir bekannten Beispiele für Just-in-Time von Unternehmen mit Regierungsaufträgen. Z.B. befindet sich eines der eindrucksvollsten Just-in-Time-Projekte von IBM in einer Division für Regierungsaufträge. Ein Werk, das für die Regierung arbeitet, ist möglicherweise die beste Just-in-Time-Fabrik von Texas Instruments. Die riesige Waffenfabrik von FMC in San José gehört noch nicht zu den besten Just-in-Time-Betrieben von FMC, aber dort werden eindrucksvolle Just-in-Time-Projekte durchgeführt.

Zuerst habe ich mich gefragt, warum die Manager und Ingenieure dieser Werke sich so für die Veränderung ins Zeug legten. Dann wurde mir deutlich: Wenn man im Rahmen eines Regierungsauftrags arbeitet, hat man weniger Chancen, sich auszuzeichnen. Just-in-Time und umfassende Qualitätssicherung bieten Möglichkeiten, sich hervorzutun und vielleicht die stärker unternehmerisch orientierten Schwesterdivisionen auszustechen.

Zwar haben sich die Werksbelegschaften der IBM-, TI- und FMC-Fabriken Just-in-Time-Verfahren zugewandt, doch meines Wissens sind die Führungsspitzen dieser Unternehmen nicht sonderlich daran interessiert. Vielleicht sind sie mit anderen Fragen beschäftigt. Manchmal gibt es eine beherrschende Frage; die gerade anstehende Frage könnte ein Aspekt der Produktion auf Weltniveau sein, aber nicht die Weltniveau-Produktion als solche.

»Ein Ziel nach dem anderen«?

Das Wort: »Beiß nicht mehr ab, als du kauen kannst«, läuft darauf hinaus, daß man ein wichtiges Programm nach dem anderen hinter sich bringt. Auf die Produktion auf Weltniveau angewendet, ist dieser Ansatz enttäuschend.

Die vier Hauptprinzipien der Produktion auf Weltniveau sind umfassende Qualitätssicherung, Just-in-Time, umfassende vorbeugende Wartung und Mitarbeiter-Engagement. Die Frage, ob die letzten beiden Kandidaten des Schwerpunkt-Managements sind, ist schnell behandelt.

Den Tausenden von Unternehmen, die – unter einer Vielzahl von Bezeichnungen – Kampagnen für das Mitarbeiter-Engagement ins Leben riefen, hat dieses kein Heil gebracht. Das Mitarbeiter-Engagement zahlt sich vor allem dann aus, wenn es sich auf etwas richtet, das mit den Kundenbedürfnissen zu tun hat. Im luftleeren Raum hingegen kann Mitarbeiter-Engagement ebensogut eigennützig oder sogar destruktiv sein, etwa wenn sich eine Mitarbeitergruppe damit befaßt, die Produktion langsam zu halten.

Anders als das Mitarbeiter-Engagement hat die umfassende vorbeugende Wartung einen eindeutig nützlichen Zweck: dafür zu sorgen, daß die Maschinen richtig laufen. Die umfassende vorbeugende Wartung führt zu Verbesserungen, die die Kunden schätzen. Andererseits hat der Kunde kein direktes Interesse daran, und deswegen eignen sich die umfassende vorbeugende Wartung und das Mitarbeiter-Engagement nicht als Schwerpunkt-Programme.

Für Just-in-Time und umfassende Qualitätssicherung gelten diese Einschränkungen nicht. Beide widmen sich unmittelbar Fragen, die den Kunden ganz bestimmt angehen: Kunden wollen kurze Durchlaufzeiten, für die Just-in-Time unmittelbar sorgt, und Kunden wollen Qualität, die das unmittelbare Ergebnis von umfassender Qualitätssicherung ist. Die entscheidende Frage ist: Können Just-in-Time und umfassende Qualitätssicherung unabhängig voneinander gut funktionieren – vielleicht nacheinander eingeführt?

Just-in-Time ohne umfassende Qualitätssicherung

Vorangegangene Kapitel haben gezeigt, daß die aus Just-in-Time-Verfahren erwachsenden kürzeren Durchlaufzeiten einen wesentlichen Marktvorteil bedeuten, weil der Produzent ohne große Fertigwarenbestände schnell auf den Kunden reagieren kann. Fürsprecher von Just-in-Time behaupten auch, daß Just-in-Time ein Ansatz zur Qualitätssteigerung ist und daß die Vorteile bezüglich der Bestände zweitrangig sind.

Just-in-Time scheint der Motor zu sein, der ein Unternehmen dazu antreiben kann, sich kontinuierlich und schnell zu verbessern und somit auf Weltniveau aufzurücken. Es gibt Fabriken, die Just-in-Time zur ersten Brennstufe der Rakete gemacht und die Schulung in umfassender Qualitätssicherung aufgeschoben haben.

Heute ist es nicht mehr so, aber eine Zeitlang gehörte die Division Greeley von Hewlett-Packard zu den führenden westlichen Just-in-Time-

Betrieben, hatte jedoch ihre Qualitätskampagne schleifen lassen. (Wie wir in einem früheren Kapitel sahen, wird nun großer Wert auf umfassende Qualitätssicherung gelegt.) Dieses Versäumnis führte dazu, daß es zu viele Qualitätsprobleme und zu wenig Leute gab, die über Instrumente zur Qualitätssteigerung verfügten.

Ich möchte keinen falschen Eindruck erwecken. Just-in-Time selbst ist ein Instrument zur Qualitätssteigerung, hauptsächlich weil es die Wartezeiten zwischen den Arbeitsgängen reduziert, so daß die Spur der Kausalzusammenhänge nicht zertrampelt und kalt wird (siehe *Verbindung von Qualität und Just-in-Time* auf S. 170 ff.). Hier kommt es darauf an, daß Just-in-Time nur eine Qualitätshilfe ist. Auch andere Instrumente der umfassenden Qualitätssicherung werden benötigt, oder die Qualitätssteigerungen kommen nicht schnell genug voran.

Überspitzt gesagt, könnte das Endergebnis von Just-in-Time ohne umfassende Qualitätssicherung die schnelle Reaktion auf eine schwindende Zahl von Kunden sein.

Umfassende Qualitätssicherung ohne Just-in-Time

Einer der größten amerikanischen Elektronikproduzenten hat sich völlig der Qualitätssteigerung verschrieben. Die Konzernführung meint, sie wolle die Qualitätsbestrebungen nicht gefährden, indem sie sie mit einer gewichtigen Just-in-Time-Kampagne überlagere. Für Just-in-Time-Schulung wurde gesorgt, und alle Just-in-Time-Bestrebungen werden begrüßt, aber recht viele Angehörige der obersten Führungsebene meinen, man solle am besten die Qualität in Ordnung bringen, bevor man sich allzu sehr auf Just-in-Time einlasse.

Diese Politik birgt gewaltige Risiken für das Unternehmen. Ich spreche von finanziellen Risiken, weil Unternehmen, die sich nicht für Just-in-Time engagieren, dazu neigen, Kapital nach den alten, falschen Regeln in Anlagen und Ausrüstung zu binden: Größer ist besser; wir schaffen die alte, unmoderne Ausrüstung ab, automatisieren so schnell wie möglich, rüsten uns für Großserienproduktion und lange Fertigungsläufe, stellen gleichartige Maschinen zusammen, produzieren soviel wie möglich und lassen die Maschinen so viele Stunden laufen, wie der Tag hat.

Zu den monetären Kosten durch die Befolgung dieser falschen Regeln kommen die Qualitätskosten. Große Maschinen und lange Produktionsdurchgänge drücken große Lose in das System, so daß die Ausschuß- und Nacharbeitsquoten für große Mengen gelten. Schlimmer noch: Die langen Wartezeiten zwischen den Herstellern und Weiterverarbeitern belasten das System mit einer Unzahl von Verfahrensänderungen, die die Ursachenanalyse schwierig oder zwecklos machen.

Qualität ohne Just-in-Time – und umgekehrt – ist wie das Messer ohne die Gabel. Mit dem Löffel, der umfassenden vorbeugenden Wartung, wird ein Gedeck daraus, und alle drei zusammen ziehen ein starkes Engagement der Mitarbeiter nach sich.

Kein Ausgleich

In der Vergangenheit waren Kostensenkungen oder Produktivitätssteigerungen in so manch einer Firma isolierte Ziele. Die Weltniveau-Ansicht ist, daß die Kosten bei steigender Produktivität fallen, wenn Fehlerquoten und Durchlaufzeiten sinken und die Ausrüstung gut in Schuß gehalten wird.

Einst glaubten alle, daß Kosten und Qualität einander ausgleichen; aber diese Ansicht ist völlig in Verruf gekommen – zumindest bei den Fertigungsleuten der führenden Unternehmen. Vielleicht verstehen noch nicht alle Vorstandsmitglieder diesen Standpunkt, und letzten Endes sind sie alle Entscheidungsträger. Eine kurze Darstellung, warum kein Ausgleich besteht, scheint angebracht.

Ein Artikel von Steven Wheelwright (1981) war mit einer windrosenähnlichen Skizze illustriert, in der die Qualität im Norden lag, die Kosten im Süden, die Flexibilität im Osten und die Zuverlässigkeit im Westen. Das sei, so behauptete Wheelwright, die »amerikanische Einstellung«. Das nächste Bild zeigte den japanischen Ansatz*: Die Qualität zeigte nach Osten in einen Kasten, der Flexibilität und Zuverlässigkeit beinhaltete, die als Pfeile nach Osten im Winkel von nur 30 Grad (statt 180 Grad) dargestellt waren; die Kosten lagen noch weiter östlich von dem Kasten.

Würde der Artikel heute geschrieben, stünde wahrscheinlich die Durchlaufzeit in der Skizze anstelle der Zuverlässigkeit. Der Grund dafür ist, daß die Zuverlässigkeit von selbst stimmt, wenn die Durchlaufzeiten gekürzt werden. Anders ausgedrückt: Verringerung der Durchlaufzeit erreicht man durch Eliminierung der unvorhersehbaren Wartezeiten; Liefertermine werden zuverlässig eingehalten, wenn es keine Probleme gibt.

---

* Wheelwright nennt David E. Kinney, General Electric Co., als Autor der Skizze, die den japanischen Ansatz zeigt.

Der Mythos vom Ausgleich

Der Glaube an die Ausgleich-Theorie ist fast auf der ganzen Welt verbreitet. Ein paar Generationen Betriebswirtschaftler haben den Ausgleichs-Ballast ins Geschäftsleben eingebracht und vermutlich die Strategien entsprechend ausgerichtet.

Die Studenten der Wirtschaftshochschulen lernen in einigen Kursen etwas über den Ausgleich; im abschließenden »Schlußstein«-Kurs, der »Geschäftspolitik«, »Führungsstrategie« oder sonstwie heißt, wird ihm besondere Aufmerksamkeit zuteil. Die Lehrbücher sprechen davon, daß man die Wettbewerbsnische oder den Bereich seiner »deutlichen Kompetenz« finden muß. Vielleicht ist Ihr Unternehmen Kostenführer der Branche. Dann, sagt das Lehrbuch, dürfen Sie erwarten, daß Ihre Qualität etwas schlechter, Ihre Reaktionszeit etwas länger und Ihre Flexibilität etwas geringer ist. Wenn Sie das Produkt schneller als alle anderen aus dem Hause bekommen, ist Ihre Qualität wahrscheinlich nicht so gut, und Ihre Kosten sind höher – also verlangen Sie mehr.

Heute wissen wir, daß das alles Blödsinn ist. Die besten Fabrikanten der Welt sind in *allen* diesen Bereichen gut. Die Produktion auf Weltniveau erklärt, wieso.

Just-in-Time stimuliert Lösungen für Qualitätsprobleme, weil das Beweismaterial frisch bleibt. Die ungenutzten Bestände werden abgeschafft, so daß kaum Ausschuß oder Nacharbeit bleibt, wenn eine schlechte Serie gefunden wird; der Effekt davon sind große Einsparungen. Die Durchlaufzeiten werden gekürzt. Just-in-Time führt nicht zur Flexibilität, doch es erfordert Flexibilität: flexible Arbeitskräfte und flexible Ausrüstung.

Die umfassende Qualitätssicherung facht das Feuer an: Die Qualitätssteigerung wird stark beschleunigt, wodurch Ausschuß-, Nacharbeit-, Garantie- und Schadenersatzkosten gesenkt werden. Die umfassende Qualitätssicherung nimmt auch der Nacharbeit einiges ab, und dadurch werden die Durchlaufzeiten etwas gesenkt.

Und mittendrin stecken die umfassende vorbeugende Wartung und das Mitarbeiter-Engagement.

Produktion auf Weltniveau für den Generaldirektor

Selbst wenn der Generaldirektor und seine Führungsgruppe einsehen, daß die Produktion auf Weltniveau ein umfangreiches, beeindruckendes

Paket ohne Ausgleich darstellt, können sie es dennoch an die ausführenden Organe delegieren. Die Produktion auf Weltniveau wird erst dann auf der Strategieebene berücksichtigt, wenn die strategischen Züge in ihr vorherrschen.

Philip Crosby, W. Edwards Deming, Joseph Juran und andere Prominente der Qualitätsbewegung haben Erstaunliches vollbracht, als sie der Führungsebene zeigten, daß Qualität etwas Strategisches ist. Die Just-in-Time-Verfechter haben ihren Fall nicht immer so geschickt dargelegt.

Es ist zuviel über Bestände geredet worden, was der Just-in-Time-Idee den Todesstoß geben kann. Wenn Bestände das Wesen von Just-in-Time ausmachen, besteht die Neigung, Just-in-Time an die Materialwirtschaftler zu delegieren, die kaum etwas an den Beständen ändern können, außer sie zu überwachen.

Worauf es bei Just-in-Time eigentlich ankommt, sind Durchlaufzeiten, und diese *sind* strategisch. Wenn Sie Ihren Konkurrenten zuvorkommen, ihren Arbeitsrückstand kürzen und Aufträge fast ohne Vertriebslager erfüllen können, sind das Wettbewerbsvorteile. Voll entwickelte Just-in-Time-Technik – mit schneller Umrüstung und flexiblen Arbeitskräften und Maschinen – ist eine weitere strategische Waffe, die der schnellen Reaktion dient, wenn die Kunden einen anderen Produkt- oder Modellmix verlangen.

Die Fertigungsleiter von heute sprechen oft genug davon, daß man kundenorientiert sein muß. Es ist ihnen nicht klar, wo die Hilfsmittel liegen, mit denen man den Übergang von den internen zu den externen Bezugspunkten bewerkstelligen kann. Die alten, internen Hilfsmittel sind noch vorhanden und kommen ihnen in die Quere.

Externe Orientierung

Ein Produzent auf Weltniveau erfüllt die Kundenforderungen nach hoher Qualität, niedrigen Kosten, kurzen Durchlaufzeiten und Flexibilität. Das sind externe Meßgrößen für den Erfolg der Fertigung, doch sie sind im Werk meßbar. Interne Flexibilitätsmaße können zum Beispiel die durchschnittliche Zahl von Fertigkeiten oder Maschinen sein, die die Mitarbeiter beherrschen, oder die Umrüstzeit der Fertigungslinie.

Wir messen die Leistung einer Fabrik nicht mit diesen Maßstäben. Stattdessen verwenden wir sekundäre, interne Maßstäbe, die dem Kunden egal sind. Das sind die Kostenvarianz, die internen Liefertermine, die Effizienz und die Auslastung. Tabelle 11.1 stellt die sekundären, internen Maßstäbe den kundenorientierten Maßstäben der Produktion auf Weltniveau gegenüber.

Tabelle 11.1: Interne Maßstäbe gegenüber kundenorientierten Maßstäben

Interne Maßstäbe (alte Methode)	Kundenorientierte Maßstäbe (Weltniveau-Methode)
Kostenvarianz	Kosten
Einhaltung der internen Liefertermine	Durchlaufzeit
Effizienz	Qualität
Auslastung	Flexibilität

Unsere internen Kostenmessungen interessieren den Kunden nicht, weil wir die tatsächlichen Kosten mit unseren internen *Standardkosten* vergleichen. Die externe Methode wäre, unsere Kosten damit zu vergleichen, was der Kunde zahlen will oder was die Konkurrenten verlangen. Die Einhaltung der internen Liefertermine führt nicht zur Einhaltung der externen Liefertermine, und letztere hat die anspruchslosen Kunden von gestern glücklich gemacht. Der Kunde von heute *setzt voraus,* daß pünktlich geliefert wird; die Wettbewerbsfrage lautet: »Wie lang ist die Durchlaufzeit?« Effizienz und Auslastung sind für den Kunden eindeutig uninteressant, insbesondere da einige unserer Methoden, diese internen Ziele zu verfolgen, unserer Fähigkeit, Qualität zu liefern und flexibel zu reagieren, entgegenwirken.

Und die Produktivität? Sie steht nicht einmal auf meiner Liste, weil Umfragen immer wieder zeigen, daß die Produktivität auf der Liste der wichtigen Dinge unserer Führungskräfte ganz unten steht – weit unter dem Aktienkurs, dem Marktanteil und anderen Punkten. Man könnte argumentieren, daß die Produktivität eine höhere Einstufung verdient, aber hören wir, was ein Sanyo-Manager dazu sagt: »Ich selbst kümmere mich nicht allzusehr um Produktivitätssteigerungen, weil unser Fertigungssystem [darauf abzielt], durch strikte Qualitätskontrolle, die sich auf Maschinen, Apparate und Vorrichtungen erstreckt, fehlerhafte Produkte zu vermeiden ... so daß [die Produktivität] automatisch steigt.« (Yoshihara 1984)

Ist das Plädoyer für das Engagement der Führungskräfte für die Produktion auf Weltniveau überzeugend genug? Sind die Führungskräfte überzeugt, folgt eine rege Aktivität, um den Ball ins Rollen zu bringen.

Oft assistieren Beraterfirmen bei solchen groß angelegten Bemühungen. Welche Rolle sollen die Berater in der Produktion auf Weltniveau spielen?

Hilfesuche

Am Anfang dieses Kapitels merkte ich an, daß die Produktion auf Weltniveau nicht viele externe Berater erfordert. Allerdings sind ein paar erstklassige Berater verfügbar, die der Industrie wertvolle Hilfe leisten.

Bei großen Beraterfirmen gibt es jedoch ein Problem. Zur Zeit mangelt es ihnen an Leuten, die über Produktion auf Weltniveau beraten, und sie haben zu viele Leute, die mit den alten Lösungen beraten und assistieren.

Die Beraterfirmen müssen – wie alle anderen – abspecken und einige der nicht-wertschöpfenden Funktionen aus dem Programm nehmen, z.B. diejenigen, die Anreizzahlungen, automatische Lagersysteme und computergestützte Fertigungssteuerung empfehlen. Wenn man heute zu einer Beraterfirma geht und erklärt, daß man sich für automatische Lager- und Transportsysteme interessiert, bekommt man wahrscheinlich nicht zu hören, daß man stattdessen die Bestände eliminieren soll. Die Lager- und Transportexperten gehören immer noch zum Stab und freuen sich über das Geschäft; außerdem ergeben sich aus den komplizierten Lösungen umfangreichere Beratungsaufgaben.

Es scheint, als könnten die Beratungsunternehmen ihren größten Beitrag zur Produktion auf Weltniveau auf dem Gebiet der Ausbildung leisten. Die Universitäten nützen zur Zeit nicht besonders viel, und es liegt eine Menge Schulungsarbeit an. Die Schulung ist tatsächlich so wichtig für die Produktion auf Weltniveau, daß es unmöglich ist, das Thema dieses Kapitels, »Wie schafft man den Übergang?«, ohne eine umfassende Behandlung der Schulung abzuschließen. Hierzu gibt es ausreichend Fragen für ein ganzes Kapitel; daher wird die Diskussion in Kapitel 12 fortgesetzt.

12. Schulung: Der Katalysator

In Hunderten von Industrieunternehmen gibt es mittlerweile Kader, die von Just-in-Time und umfassender Qualitätssicherung überzeugt sind, aber viele sind frustriert ob der Frage, wie ihre Überzeugungen in die Praxis umgesetzt werden können. Ich wurde gefragt, ob ich einen Plan zur Einführung dieser Prinzipien anbieten kann.

Implementierungspläne sind in der Regel mit Pfeilen verbundene Kästen, die Worte enthalten. Ich habe solch einen Plan für die Produktion auf Weltniveau. Er umfaßt ein halbes Dutzend Kästen mit Pfeilen, und in jedem davon steht das Wort »Schulung«. Wenn Sie ein schickeres Wort möchten, können Sie in ein paar davon »Ausbildung« schreiben.

Natürlich gibt es viele Kästen, die davon abzweigen können: eine Projektgruppe einsetzen, die Bedingungen vor Einführung messen und photographieren, die Leistungsmaßstäbe überarbeiten, den Zeitplan regelmäßiger machen, mehrere Pilotprojekte starten, die oberste Führungsebene zum Mitmachen verpflichten und ihnen womöglich eine Aussage über die Unternehmenspolitik abgewinnen, und alle großen Projekte, die die Komplexität erhöhen und Verschwendung anhäufen, stoppen oder verlangsamen.

Wenn allerdings Ungeduld wegen fehlender Taten besteht, läßt das eine Schulungslücke vermuten. Auf Schulung und Ausbildung zu warten, hat jedoch selbst frustrierende Aspekte. Umfangreiche Schulungsprogramme werden oft über Monate gestreckt, weil der beschränkte Unterrichtsraum und die beschränkte Zahl von Ausbildern möglicherweise nur fünfzig Leute pro Woche durchschleusen kann. Während die Firma in ihrem Streben nach Produktion auf Weltniveau auf die Schulung wartet, werden die Stories über die Leistungen von Omark, Hewlett-Packard, IBM, Tennant, Buick und anderen zu Neuigkeiten von gestern.

Produktion auf Weltniveau bedeutet kontinuierliche und schnelle Verbesserung. In ähnlicher Weise bedeutet ihre Einführung kontinuierliche und schnelle Schulung. Anders gesagt: Die Schulung muß so geglättet werden, daß sie den Fortschritt nicht aufhält.

Schulung zwecks Implementierung

Die Zahl der Leute, die einem meiner Seminare über Just-in-Time und umfassende Qualitätssicherung beiwohnten, geht in die Zehntausende (ich habe keine Ahnung, wie viele darüber hinaus Ton- und Videobänder von meinen Seminaren gehört oder gesehen haben). Das sage ich, um zu zeigen, daß meine Ansichten über Schulung auf einer recht großen Stichprobe beruhen; außerdem wurden sie von den Diskussionen mit anderen geformt, die Seminare und Schulung zu denselben Themen anbieten.

Wer ist zu schulen?

Meinen Seminaren – sowohl den öffentlichen wie den werksinternen in Fertigungsbetrieben – glückt es zumeist, die Leute aufzurütteln (manche waren schon begeistert, bevor sie kamen). Wenn bei einer ganzen Gruppe das Feuer entfacht wird und alle zum Stab – Beschaffung, Materialwirtschaft, Qualität, Datenverarbeitung, Personalabteilung, Konstruktion, Buchhaltung – gehören, wird außer der Planung nicht viel in Gang gesetzt. Wenn zu der Gruppe auch ein paar Linien-Manager gehören, kann die Sache in Schwung kommen: Arbeitsgruppen werden gebildet und Pilotprojekte begonnen. Pilotprojekte sorgen zwar für Aufregung und in der Regel auch für Resultate, doch eine Enttäuschung kann folgen.

Manche Leute gehen die Schulung anders an und haben es geschafft, die Enttäuschung zu vermeiden. *Den* besten Ansatz kenne ich nicht, aber den erfolgreichen ist folgendes gemeinsam: Die Arbeiter und Meister nehmen frühzeitig an der Schulung teil. An meinen werksinternen Seminaren – z.B. bei der Tennant Co., mehreren Hewlett-Packard-Divisionen und Tektronix – nahm von Anfang an eine Auswahl von Arbeitern teil. In Unternehmen mit Gewerkschaften ist es eine Sünde, die Gewerkschaftsvertreter nicht einzubeziehen.

Der Hauptgrund dafür, die Arbeiter – zumindest ein paar – einzubeziehen, ist, daß falsche Gerüchte erstickt werden. Der zweite Grund: Zeigen Sie ihnen, daß man ihre Meinung schätzt und daß ihr Verständnis wichtig ist. Es gibt noch einen dritten Grund: Just-in-Time und umfassende Qualitätssicherung sind einleuchtend; man kann sie den Konzernführern fast genauso präsentieren wie der Belegschaft.

Noch einen Grund gibt es, und dies ist der, auf den es ankommt: Einige Monteure und Maschinenarbeiter begeistern sich stärker als alle anderen. Warum auch nicht? Wem sind Verschwendung, Überfluß, gedankenlose Kompliziertheit und – von seiner Warte aus – schlechtes Management klarer als dem, der das Produkt herstellt? Just-in-Time und umfassende Qualitätssicherung verheißen vernünftiges Management. Außerdem zielen sie darauf ab, Arbeitsplätze zu schaffen, die eine Mischung aus direkter Arbeit, indirekter Arbeit, Problemlösung und Ressourcenmanagement darstellen.

(Dr. Deming ist bekannt dafür, daß er manchmal darauf besteht, daß der Unternehmens- oder Werksleiter bei seinen Konsultationen anwesend ist. Keine schlechte Idee. Für meine eigenen Besuche erwäge ich eine leicht abgewandelte Form davon (die ich allerdings noch nicht praktiziert habe): Ich werde sagen, ich komme nicht, wenn nicht ein paar Belegschaftsmitglieder im Publikum sind.)

Ein paar Unternehmen wie Ray-Chem und Lorain Industries haben den Großteil ihrer Arbeiterschaft zu meinen Seminaren geschickt. Ein paarmal wurde das ganze Werk geschlosssen, damit sie mir zuhören konnten. So kam beispielsweise kürzlich die gesamte Belegschaft von McNeil Consumer Products in Round Rock, Texas, in Bussen zu einem Seminar, das ich in einem Hotel in Austin abhielt. Das Werk stellt Tylenol her. Ich vermute, es wird die Pillen-und-Kapsel-Branche in Angst und Schrecken versetzen.

Schnellkurse

Aber warten Sie. Ich gerate ins Schwärmen. Es gibt noch viele andere Möglichkeiten, Leute zu schulen, außer sie zu einem Seminar von Dick Schonberger zu schicken. Sie können z.B. allen den neunundzwanzigminütigen Just-in-Time-Streifen vorführen, der von Hewlett-Packard, Division Greeley, entwickelt wurde. Viele Unternehmen haben Kopien davon, und alle sind hingerissen davon. Manche Firmen haben ihre eigenen Kurzfilme oder seriöse Videobänder, die ebenfalls förderlich sind. Sie stellen eine schnelle, billige Möglichkeit dar, zumindest die Grundideen zu vermitteln. Kontinuierliche vertiefende Fortbildung sollte ihnen folgen.

Werksbesichtigungen bei führenden Just-in-Time-Betrieben mit umfassender Qualitätssicherung sind ebenfalls eine gute Schulungsmethode. Control Data schickte ganze Busse, darunter auch Fabrikarbeiter, von einem seiner Werke in Pennsylvania zur Besichtigung zu Harley-Davidson, und die Besichtigung war überaus effektiv. Wie einige andere Betriebe, die häufig besichtigt werden, setzt Harley ein paar begeisterte Arbeiter als Fremdenführer ein, was an sich schon beeindruckend ist. Die Besichtigungen sind gewöhnlich noch viel effektiver, wenn ihnen einige allgemeine Informationen über die Konzepte, die man zu sehen bekommt, vorangehen.

Vertiefende Schulung

Angesichts des Ausbildermangels haben einige der erfolgreicheren Unternehmen beschlossen, ihre eigenen heranzuzüchten. Texas Instruments schickte eine große Gruppe seiner dienstältesten Manager zu Crosbys Qualitätscollege. Diese Manager schulten die nächste Gruppe bei TI, und diese wiederum die nächste. 1984 hörte ich, daß 15 000 TI-Mitarbeiter auf diese Weise ausgebildet worden waren.

Führungskräfte der oberen Ebenen haben immer viel Trainingsarbeit geleistet, doch daß sie tatsächlich Kurse geben, hat man nur selten vernommen. Andy Grove, der Präsident von Intel, tritt dafür ein. (Grove 1983: 41) Eine effektivere Methode, wie eine Führungskraft zeigen kann, daß sie eine Kampagne wirklich unterstützt, kann man sich kaum vorstellen. Wenn ein führender Mitarbeiter als Ausbilder fungiert, ist auch gewährleistet, daß er die Sache gründlich begriffen hat. Es macht nicht viel, wenn er kein besonders guter Lehrer ist. Jeder versteht, daß der eigentliche Zweck die Vermittlung eines Gefühls von Verpflichtung ist.

Hier gilt ein alter Spruch: Wenn man Eier und Speck ißt, sollte man bedenken, daß das Huhn engagiert, das Schwein aber verpflichtet war.*

In den vorangegangenen Kapiteln habe ich betont, daß alle Fabrikarbeiter auch Ausbilder sein müssen. Die Firma sollte dafür sorgen, daß jeder, der den Kopf voller kluger Gedanken darüber hat, wie man eine Maschine bedient oder ein Teil herstellt, seinen Job nicht verläßt, ohne dieses Wissen aufzuzeichnen oder jemand anderem beizubringen. Um

---

* Den alten Spruch fand ich in einer Arbeit von William L. Howard von Coopers & Lybrand (Howard o.J.).

sicherzustellen, daß das Betriebswissen nicht plötzlich verlorengeht, muß der Arbeitgeber Schulung und Lehre zum regulären Bestandteil aller Jobs machen. Das heißt, daß Skizzen und Beschreibungen der neuesten richtigen Methoden ausgehängt werden und die Arbeit bei jeder Flaute jemand anderem beigebracht wird.

Zu diesen Belehrungen gehört, wie man die Maschinen bedient, wie man die Werkzeuge benutzt und der Montagevorgang. Auch der Umgang mit Lehren, die Erstellung von Kontrollkarten und die Erfassung von Verlangsamungen und Stillstand gehören zur Arbeit und somit zu dem, was gelehrt werden muß. Anders gesagt: Die Konzepte der Produktion auf Weltniveau gehen in der Fabrikarbeit auf, und die Fabrikarbeiter werden zu einem Teil der Weltniveau-Schulungsgruppe. Als Ausbilder werden sie mehr über ihre Fächer erfahren wollen – vielleicht wollen sie sogar Bücher darüber lesen.

Lernen aus Büchern

Omark Industries machte sich per Selbststudium auf den Weg zur Just-in-Time-Technik. Die Firma schaffte 600 Exemplare von Shingos Buch (1981) an. Jeder Studiengruppe wurde ein Kapitel zugeteilt. Die Gruppen analysierten, diskutierten und formulierten die Aussagen der einzelnen Kapitel neu. Ihre Analysen teilten sie den anderen Gruppen mit. Da die englische Ausgabe des Buches schlecht übersetzt war, war die Analyse sehr zeitraubend. Etwas später erfuhr Omark von zwei weiteren Büchern: Die Firma kaufte je 500 Exemplare von Schonberger (1982) und von Hall (1983), und die Studiengruppen erörterten auch diese Bücher.

Andere Unternehmen haben ihre Bemühungen um Just-in-Time und umfassende Qualitätssicherung genauso begonnen: Sie analysierten die erhältlichen Bücher kapitelweise, verglichen ihre Methoden Punkt für Punkt mit Just-in-Time-Methoden und umfassender Qualitätssicherung und stellten Aktionspläne auf.

Manche Unternehmen haben Literatur über Just-in-Time und umfassende Qualitätssicherung der Belegschaft zugänglich gemacht. Ein Meister in der Division Kaffeemaschinen von General Electric (heute Black & Decker) in Ashboro, North Carolina, besaß das Buch von Schonberger (1982). Einer seiner Untergebenen fragte: »Was ist das für ein Buch?« Am Ende lieh er es sich aus. Später beschloß die Werksleitung, in den Büros der Meister kleine Bibliotheken mit ähnlichem Lesestoff einzurichten. Ein beträchtlicher Teil der Belegschaft las einiges davon. Seit den letzten Jahren, als nur wenige Manager auch nur Bücher über ihr eigenes Fachgebiet lasen, hat sich einiges geändert.

Formale innerbetriebliche Fortbildung

Bei General Electric, einem der ersten nordamerikanischen Unternehmen, die Just-in-Time-Projekte begannen, bestand ein Schritt darin, daß ein Just-in-Time-Direktor auf Konzernebene ernannt wurde. Seit 1983 bekleidet Ed Spurgeon diesen Posten. Sein Team hat sich zu einer Konzern-Beratungsgruppe erweitert, deren Aufgabe in der Schulung und nicht so sehr in der eigentlichen Beratung bestand.

Der Ansatz von Borg-Warner war, auf Konzernebene Fortbildungskurse einzurichten, die sich auf Just-in-Time und umfassende Qualitätssicherung konzentrierten.

General Motors (insbesondere Pontiac), IBM und andere haben ausgiebig die Kenntnisse von W. Edwards Deming angezapft. Das Juran-Institut und dessen Videobänder standen bei vielen Unternehmen im Mittelpunkt der Qualitätsmanagement-Schulung. Tennessee Associates, Inc., ist heute ein blühendes Zentrum der Unterweisung in statistischer Prozeßkontrolle und der Deming-Philosophie.

Motorola gründete Ende 1984 das sogenannte »Manufacturing Management Institute«. Dazu gehört »das Studium der Strategieplanung von Produzenten auf Weltniveau« sowie »des Weltniveau-Qualitätskonzeptes«.

Anfang 1984 riefen einige meiner Kollegen und Bekannten und ich ein Unternehmen mit ähnlichem Namen ins Leben: das »Manufacturing Institute« (MI). Das MI hält mehrtägige Kurse für das industrielle Publikum ab. Thema ist die Produktion auf Weltniveau, wobei die Betonung auf der Einführung von Just-in-Time, umfassender Qualitätssicherung, umfassender vorbeugender Wartung und Mitarbeiter-Engagement liegt.

Die formalen innerbetrieblichen Fortbildungsprogramme werden von den Berufsverbänden, von denen die meisten zum Zweck der Fortbildung gegründet wurden, ergänzt und mit Informationen unterstützt.

Berufsverbände

Zwei Berufsverbände stecken schon seit Jahren mitten in der japanischen Schulung von Produzenten auf Weltniveau: die Japanische Wissenschaftler- und Ingenieurs-Vereinigung und die Japanische Management-Gesellschaft. Die meisten anderen Länder haben das Problem, daß es viele zersplitterte Gesellschaften gibt.* Die Schulung zur Produktion auf Weltniveau in den USA ist beispielsweise auf ein Dutzend Gesellschaften verteilt. Die wichtigsten davon sind im Moment die American Production and Inventory Control Society, die American Society for Quality Control, die National Association of Purchasing Management, das Institute of Industrial Engineers und die Society of Manufacturing Engineers. Zu den anderen einflußreichen oder potentiell einflußreichen Gesellschaften gehören solche, die sich auf Wartung, F&E, Informationssysteme, Buchhaltung, Transport, Personalentwicklung, Werkzeugmacherei und Marketing spezialisieren.

Die American Production and Inventory Control Society hat den bemerkenswerten Schritt gewagt, für die 80er Jahre den »Kreuzzug für Null-Bestand« ins Leben zu rufen. Das Verbandsorgan *Production and Inventory Management* hat nicht wenige Artikel zu diesem Thema veröffentlicht. Zahlreicher sind jedoch Artikel über Themen, die entweder nicht mehr relevant sind (z.B. über optimale Bestellmengen) oder zu komplex oder kurzsichtig (z.B. über Computersimulationen einer hypothetischen Fabrik) oder teilweise veraltet (z.B. Ratschläge zur Computerisierung des Fertigungsablaufes).

Unter den Berufsverbänden sticht die American Society for Quality Control durch ihre Orientierung auf die Weltniveau-Produktion hervor. Das Verbandsorgan *Quality Progress* liefert kontinuierlich Beiträge über die Verhütung (statt der Aufspürung) von Qualitäts- und Verfahrensproblemen.

Zwei noch kleine Organisationen gibt es in den USA, die ausdrücklich zur Verbreitung bestimmter Weltniveau-Konzepte und -methoden gegründet wurden. Die eine ist die Association for Manufacturing Excellence, die als Sektion Repetitive Fertigung der American Production and Inventory Control Society begann. Die andere ist die Automotive Industry Action Group, deren Mitgliederzahl 1985 auf über zweihundert Firmen aus der Autoindustrie angewachsen ist. Unter anderem hat diese Gesellschaft Videobänder über Just-in-Time-Produktion erstellt. Beide Organisationen sammeln für ihre Mitglieder Fallstudien über Just-in-Time und andere Themen der Produktion auf Weltniveau.

---

* Anm. d. Übers.: Dies kennzeichnet auch die deutsche Situation. Hierzulande wären u.a. die Deutsche Gesellschaft für Qualität, die Technischen Akademien etwa in Wuppertal/Aachen und Esslingen, der VDI und der REFA-Verband für Arbeitsstudien und Betriebsorganisation zu nennen.

Die anderen Verbände bieten Ratschläge unterschiedlicher Qualität. Anscheinend gibt es bei ihnen etwa ebenso viele Leute der alten Schule – die der komplizierten und verschwendungsreichen Ansätze – wie der neuen mit ihrem entgegengesetzten Auftrag. Im Institute of Industrial Engineers z.B. ist die Ambivalenz stark ausgeprägt, und ein Grund dafür könnte sein, daß dieser Verband zur Hälfte aus Akademikern und zur Hälfte aus Leuten aus der Praxis besteht; seine Zeitschrift *Industrial Engineering* bedient sich immer mehr des fortschrittlichen Tones, den wir auch in *Quality Progress* finden.

Die obige Kritik an den Verbänden sollte milde ausfallen. Im großen und ganzen leisten sie wertvolle Dienste, weil die Leser und Konferenzteilnehmer sich aus dem widersprüchlichen Material heraussuchen können, was ihnen paßt. Am Problem der Überspezialisierung sind die Verbände nicht schuld, weil die Industrie und die Hochschulen genauso spezialisiert sind. Da die Hochschulen die Aufgabe haben, den Überblick zu wahren, zu leiten und Lösungen anzubieten, betrachten wir einmal die Rolle der Hochschulausbildung – und auch der Handels- und Technikschulen – für die Produktion auf Weltniveau.

Schulische Ausbildung

Handelsschulen, Fachhochschulen und Universitäten versorgen die Industrie mit vielen der Leute, die in den Unternehmen die Stabsabteilungen bevölkern. Die Schulen sind mitschuldig an der Neigung der Stabskräfte, Dinge an sich zu reißen, mit denen die Arbeiter sehr gut selbst fertig werden könnten.

Das Problem besteht zum Teil darin, daß die meisten Hochschulen keinen Kontakt zur Industrie haben. Eine Ausnahme sind die Accounting Schools, die ihrem Auftrag treu geblieben sind – vielleicht mehr noch als die medizinischen, technischen und juristischen Hochschulen. Die Unzulänglichkeiten der Kostenbuchhaltung und Kostenkontrolle haben ihren Ursprung in der hohen Komplexität und der großen Verschwendung in der Fertigung, nicht aber in dem Berufsstand selbst. Wie könnte es einfache, genaue Methoden geben, über die Komplexität Buch zu führen?

Auf der anderen Seite stehen die, die in den technischen und Wirtschaftshochschulen Fertigungsmanagement unterrichten. In den vergangenen Jahrzehnten verloren sie völlig den Kontakt. Wenn Hochschulen und Industrie sich entzweit haben, liegt das gewöhnlich daran, daß keiner viel davon hält, was der andere tut. In den 60er und 70er Jahren traf das mit Sicherheit auf den Bereich der Fertigung zu.

Vor 1960 drehte sich das Fertigungsmanagement um solche Dinge wie Zeit- und Bewegungsstudien, die so berufsprägend sind, daß sie auch in den Fortbildungsabteilungen der Industrie gelehrt werden. Die Professoren wichen zurück und warfen sich auf Warteschlangen- und Sequenzmodelle, lineare Optimierung, Computersimulation und andere »wissenschaftliche« Instrumente. Im Brennpunkt standen die Modelle. Über den richtigen Platz dieser Modelle dachte man kaum nach, den Anwendungskonzepten und der Theorie schenkte man kaum Beachtung, und entsprechend wenig Beachtung schenkte die Industrie den Modellen. (Manche Unternehmen gaben Geld für die Entwicklung von Modellen aus, aber niemand benutzte sie.)

In den 80er Jahren ist die Fertigungsschulung wieder wichtig geworden. Just-in-Time-Verfahren, statistische Prozeßkontrolle und zelluläre Fertigung sind im Klassenzimmer ebenso heiße Themen wie in der Industrie. Diese und viele andere Kernpunkte der Produktion auf Weltniveau umfassen Theorie, Strategie, Konzepte und Methoden. Die Akademiker haben reichlich Stoff, in den sie sich verbeißen können, und die berufsbildende Seite paßt sich gut in die Schulungsprogramme der Industrie ein.

In anderen Bereichen der offiziellen Aus- und Fortbildung müssen sich die wesentlichen Änderungen erst noch einstellen. Die tiefgreifendsten Umwälzungen dürfen wir von der soziopsychologischen Seite erwarten. Arbeiter-orientierte Wartung, Qualität und Datenerfassung und -diagnose sind nicht nur Gerede; die Produktion auf Weltniveau *erfordert* sie geradezu.

Vom Standpunkt des Verhaltensforschers klingt das fast zu schön, um wahr zu sein. Jene Konzepte erinnern an diejenigen, die seit Jahren im Mittelpunkt der Erforschung des Organisationsverhaltens stehen. Die Industrie nahm an den Kursen teil, nickte zustimmend und ging wieder zur Tagesordnung über: Manager sind Manager und Arbeiter sind Arbeiter. Die unter »Mitarbeiter-Beteiligung« firmierenden Experimente darf man als kosmetisch abtun. An echtem Engagement war die Industrie nicht interessiert, weil es kein attraktives Konzept gab, wofür und warum die Arbeiter sich engagieren sollten.

Jeder ist ein Ausbilder

Da man das Budget sehr leicht bei der Schulung kürzen kann, waren die Schulungsbudgets der meisten Fertigungsbetriebe lange Zeit dürftig. Es gibt Ausnahmen: IBM beispielsweise hat immer hohe Schulungsbudgets ausgewiesen. Außer den Vorzügen der Schulung selbst hat IBM damit seine Politik der Nicht-Entlassungen möglich gemacht. Schulung zur Vermeidung von Entlassungen – ein langfristiges Anliegen – ist eigentlich Umschulung. Sie trägt außerdem dazu bei, die Leute vielseitiger zu machen und sie das große Ganze erkennen zu lassen; aber das sind Nebeneffekte. Die Produktion auf Weltniveau erfordert die Schulung zum Zweck der Vielseitigkeit und des Engagements im Problemlösen, und das sind kurzfristig und im Alltag wirksame Vorteile.

Dieses Kapitel läßt sich in drei Sätzen zusammenfassen:

1. Die westliche Industrie muß wesentlich mehr für die Schulung aufwenden, um die üppigen Summen zu erreichen, die Unternehmen auf Weltniveau in Japan und Deutschland in sie investieren.
2. Schulung ist die Grundlage der Implementierung.
3. Schulung geht alle an.

13. Strategische Offenbarungen

Ich erinnere mich nicht genau, wann ich als Student zum ersten Mal einen Professor sagen hörte: »Management ist ein Prozeß.« Genauer gesagt bestand der Prozeß aus Planung, Organisation, Personaleinsatz und Kontrolle (manchmal gehörten Menschenführung, Budgetierung und weitere Punkte zu der Liste). Aufgrund des Tonfalls und der ernsten Miene des Professors wußten die Studenten, daß dies etwas war, was man sich ins Heft schreiben mußte.

Die meisten Studenten, ich einbegriffen, hatten nicht die Schlagfertigkeit oder den Mut, um zu sagen: »Herr Professor, ersparen Sie mir die Definitionen. Ich bin hier, um zu lernen, wie man ein guter Manager wird.«

Gute Manager

Die Enthüllung, daß Management ein Prozeß ist, führt nicht weiter. Ein Manager kann ein Unternehmen durch Planung, Organisation, Personaleinsatz und Kontrolle zu einer Goldgrube machen oder in die Pleite führen.

Später lernte ich von anderen Professoren und aus Büchern, daß die Ausbildung ein Prozeß ist. Desgleichen Marketing, Qualität, Konstruktion und Kommunikation. Das Kochen ist auch ein Prozeß, und trotzdem kommen dabei in der Hälfte aller Fälle weichgekochte Erbsen und matschige Pommes frites heraus. Wir brauchen Anweisungen, wie man die Prozesse so leitet, daß sie hochwertige Resultate erbringen (diesmal meint das Wort »Prozeß« etwas Konkretes: die Umwandlung von Ressourcen in Güter oder Dienstleistungen).

Führungskräfte der Fertigung und ihre Berater haben sich kaum je die Zeit genommen, darüber nachzudenken, *was* wir tun sollen. Die Managementgruppe der Division Büro-Personal Computer von Hewlett-Packard hielt Versammlungen ab und erstellte eine aussagekräftigere Liste dessen, was gutes Management bedeutet. Man kam zu dem Schluß, daß es aus Kommunikation, Schulung, Förderung von Teamarbeit, eindeutiger Angabe der Verantwortung, Beschreibung (Modellerstellung) der Entscheidungsprozesse und Festsetzung von Leistungsnormen besteht. Man kann ohne weiteres zustimmen, daß dies eine wertvolle *allgemeine* Liste dessen ist, was jeder Manager *tun sollte*; wenn der Manager eines Krankenhauses, eines Armeebataillons oder einer Verkaufsorganisation seine eigene Liste zu erstellten versuchte, käme er vermutlich auf Ähnliches.

Wenn diese Liste allgemein angibt, was jeder gute Manager tun sollte, können wir dann genauer fassen, was ein *Fertigungs*manager tun sollte? Und würde solch eine Liste nur für die Fertigung gelten oder auch für alle anderen, die in einem Fertigungsbetrieb arbeiten?

Gutes Fertigungsmanagement

In den USA ist ein Manager ein Angestellter, der nicht den amerikanischen Tarif- und Arbeitszeitgesetzen unterliegt. Alle anderen sind in gesetzlicher Hinsicht keine Manager.

Ignorieren wird die Gesetzesdefinition und konzentrieren wir uns darauf, wer am Fertigungsmanagment beteiligt ist. Die Produktion auf Weltniveau erfordert, daß *alle* dazu beitragen, das Unternehmen zu leiten und daß *alle* Mitarbeiter bis über beide Ohren ins Streben nach kontinuierlicher und schneller Verbesserung vertieft sind. Kann man eine Liste angeben, die jeden auf diesen Weg bringt? Ich glaube ja. Meine eigene Liste, eigentlich ein *Aktionsplan für Spitzenleistungen der Fertigung,* ist folgende:

1. Den Kunden kennenlernen.
2. Umlaufmaterial reduzieren.
3. Transferzeiten senken.
4. Einricht- und Umrüstzeiten verringern.
5. Transferstrecken und Platzbedarf senken.
6. Fertigungs- bzw. Lieferhäufigkeit für jeden benötigten Gegenstand steigern.
7. Die Anzahl der Zulieferer auf ein paar gute beschränken.

8. Die Anzahl der Bauteile senken.
9. Die fehlerfreie Fertigung des Produktes erleichtern.
10. Den Arbeitsplatz ordnen, um Suchzeiten zu eliminieren.
11. Rotationsschulung zwecks Beherrschung von mehr als einer Tätigkeit.
12. Produktions-, Qualitäts- und Problemdaten am Arbeitsplatz aufzeichnen und belassen.
13. Sicherstellen, daß die Arbeiter sich als erste am Problemlösen versuchen – vor den Stabskräften.
14. Die vorhandene Ausrüstung und das Personal pflegen und verbessern, bevor man über neue Ausrüstung nachdenkt.
15. Einfache, billige, transportable Ausrüstung suchen.
16. Mehrfache statt einfacher Arbeitsplätze, Maschinen, Zellen und Fertigungsstraßen für jedes Produkt anstreben.
17. Schrittweise automatisieren, wenn die Variabilität der Arbeitsgänge anders nicht gesenkt werden kann.

Machen Sie die Punkte dieses Aktionsplanes – oder die Version Ihres Betriebes – zur Triebkraft der Verbesserung der Fertigung. Bringen Sie allen bei, warum diese Dinge zu Wettbewerbsvorteilen führen. Hängen Sie den Aktionsplan gut sichtbar in der Fabrik aus. Erstellen Sie Karten und Diagramme, die die Verbesserungsraten für alle Punkte des Planes zeigen, die gemessen werden können. Bilden Sie Projektgruppen, die Probleme lösen und Hindernisse auf dem Weg zum schnellen Fortschritt bei allen Aktionspunkten ausräumen. Belohnen Sie die Mitarbeiter für jede Idee oder Innovation, die ein Problem löst oder ein Hindernis beseitigt. Vergewissern Sie sich, daß die Vorgesetzten ihre meiste Zeit damit verbringen, die anderen bei ihren Verbesserungsbemühungen anzuleiten und ihnen zu helfen. Beteiligen Sie alle Hilfskader – Qualitäts- und Fertigungsingenieure, Produkt- und Verfahrensdesigner, Vertreter und Absatzfachkräfte, Materialwirtschaftler und die Leute von der Personalabteilung – intensiv an den Verbesserungsbestrebungen. Sonst werden sie zu Beschäftigungen abschweifen, die dem 17-Punkte-Plan zuwiderlaufen.

Der letzte Satz ist keine flüchtige Anmerkung. Bitte schauen Sie sich jeden der siebzehn Punkte genau an. Stimmt es etwa nicht, daß die Stabskräfte Lösungen konzipiert haben, die jedem einzelnen davon widersprechen? Um nur ein Beispiel zu nennen: Stimmt es nicht, daß die verantwortlichen Stabskräfte Maschinen empfehlen, die einzurichten länger dauert, die komplizierter sind und die oft mehr Stillstandzeit haben als ihre Vorgänger? Natürlich laufen sie viel schneller, aber das ist schon wieder ein Problem.

Ich werde die Vorteile der einzelnen Punkte des Aktionsplanes nicht weiter erörtern. Sie wurden in den vorangegangenen Kapiteln behandelt. Es ist nun noch zu zeigen, wie diese siebzehn höchst detaillierten Richtlinien für Spitzenleistung in der Fertigung die Grundlage einer Fertigungsstrategie bilden.

Fertigungsstrategie

Strategie ist etwas, bei dem man etwas ausheckt, um Vorteile zu erzielen. Die Fachpresse widmet sich meist den Finanzstrategien – wie man Übernahmekandidaten findet oder Cash-Kühe identifiziert –, doch diese sind hier nicht von Belang. Unsere Anliegen sind die Fertigungsstrategie, Marketingstrategie, Beschaffungsstrategie, Konstruktionsstrategie und andere verwandte Strategien. Wenn wir sie nicht als eng verwandt betrachten, liegt das daran, daß wir das Unternehmen so ausgetüftelt haben, daß Marketing, Fertigung, Konstruktion, Beschaffung, Datenverarbeitung und die anderen nicht einmal mehr zum selben Team gehören. Für die Firma mit Weltniveau-Ambitionen reicht das nicht aus. Eine einheitliche Strategie wird benötigt.

Ein Körnchen Wahrheit

Eine einheitliche Strategie zusammensetzen – das klingt wie ernsthafte Arbeit, etwas, das man Leuten mit sechsstelligen Gehältern anvertrauen sollte. Gibt es Weisheiten des Ostens, die zeigen können, wie eine Einheitsstrategie aussehen sollte? Ich zitiere aus einer Sitzung der Landeskonferenz des American Institute for Decision Science vor ein paar Jahren. Der Vortragende bin ich, und dies war mein kritischer Rundumschlag gegen den Vorschlag eines anderen, Führungskräfte über das Thema der Fertigungsstrategie zu befragen.

Ich möchte Ihnen von einem Interview berichten, in dem ich mit dem Generaldirektor eines sehr erfolgreichen japanischen Unternehmens über Fertigungsstrategie spreche.

Ich: Mr. Amae, konnten Sie die Liste mit den Interviewfragen durchschauen, die ich Ihnen geschickt habe?

Mr. Amae: Das konnte ich.

Ich: Gut. Dann schießen Sie los. Was würden Sie als die Hauptelemente der Fertigungsstrategie Ihres Unternehmens bezeichnen?

Mr. Amae: 1. Die Mitarbeiter. Über 50 Prozent unserer Stabs- und Managementpositionen sind mit Ingenieuren besetzt. Dazu gehören Positionen im Marketing, Produktionsvorarbeiter, Materialkontrolle – sogar die Personalabteilung. Und wir haben ein energisches Programm zur Förderung von Führungskräften, bei dem die Konstrukteure zeitweilig in die Fertigungstechnik versetzt werden usw.

2. *Mitarbeiter und Qualität.* Wir bilden alle Mitarbeiter in umfassender Qualitätssicherung aus.

3. *Mitarbeiter und Operationen.* Wir folgen der Just-in-Time-Fertigungsmethode mit arbeiterorientierter Problemlösung.

4. …

Ich (nachdem Mr. Amae noch mehr Punkte aufgezählt hatte): Mr. Amae, erzählen Sie mir etwas über die Entwicklung dieser Fertigungsstrategie. Wie und wann wurde sie formuliert?

Mr. Amae: Die Strategie habe ich heute erst entwickelt, nachdem ich Ihre Fragen gelesen hatte.

Ich: Was meinen Sie damit?

Mr. Amae: Ja nun, die strategischen Faktoren haben wir bislang nie regelrecht aufgelistet. Ich dachte einfach darüber nach, was uns weltweit zum Branchenführer gemacht hat, und diese Faktoren halte ich für die wichtigsten.

An dieser Stelle verriet ich den Zuhörern, daß dieses Interview in Wirklichkeit nie stattfand. Ich erläuterte ferner, daß ich tatsächlich japanische Generaldirektoren und andere Spitzen-Führungskräfte kennengelernt habe und daß ich glaube, daß so etwas passieren könnte, wenn ich bestimmte japanische (und auch einige nicht-japanische) Generaldirektoren über Fertigungsstrategie interviewte.

Öfter jedoch würden die Generaldirektoren antworten, sie hätten ein Fertigungsstrategie-Komitee eingesetzt, das nach einer Reihe von Treffen einen formalen Fünf- oder Zehn-Jahres-Plan für die Fertigung vorgelegt habe. Das nennen unsere Lehrbücher den rationalen Ansatz. Aber ist er das?

Grundlagen

Der verstorbene Vince Lombardi, in Amerika legendärer Trainer der Profi-Footballmannschaft Green Bay Packers, hat immer noch einen beträchtlichen Fanclub. Seine harschen Grundsätze darüber, was Gewinner ausmacht, werden oft von Managern aus der Fertigung und einem breiten Spektrum anderer Bereiche in ihren Reden zitiert. Lombardi glaubte an die Grundlagen, und beim Football sind das Abschirmen und Stoppen (blocking and tackling).

Das bestverkaufte Managementbuch aller Zeiten ist *Auf der Suche nach Spitzenleistungen* von Peters und Waterman. Mit volkstümlichen Rezepten wie »management by walking around« (Unternehmensführung durch Herumspazieren) haben die Autoren eine Saite angerührt.

Anfang 1985 verbrachte John Robb, Fertigungsdirektor der Division Elektronikbauteile von Monsanto, zehn Stunden in einer der Fabriken mit Herumspazieren. Er suchte nach einer der wichtigsten Grundlagen der Fertigung, so fundamental wie das Abschirmen im Football – nämlich nach der statistischen Prozeßkontrolle.

Robb stellte fest, daß Kontrollkarten im Werk recht verbreitet waren. Überall, wo er eine Kontrollkarte fand, redete er mit den Arbeitern und Meistern, die sie angelegt hatten. Er bat sie, die Karten zu interpretieren, zu erklären, warum vor zwei Monaten ein Punkt über der Kontrollgrenze gelegen hatte. Er wollte allen zeigen, wie sehr er an diesen grundlegenden Karten interessiert war, und er wollte sehen, ob diejenigen, die die Daten aufzeichneten, die Karten tatsächlich verstanden, und was die Karten über die Verfahren verrieten – wenn überhaupt etwas.

Ein Manager entdeckt das Wesentliche nicht durch Herumspazieren. Doch der Manager, *der die Grundlagen kennt*, kann die Schwächen und Stärken der Organisation durch Herumspazieren herausfinden. Ich sage absichtlich »kann« statt »wird«. Wenn im ganzen Werk Diagramme mit Meßergebnissen vorliegen, wird der Manager die Schwächen und Stärken bestimmt herausfinden. Wenn die Diagramme fehlen, wird er oberflächliche Eindrücke und subjektive Meinungen erhalten.

Diagramme der Grundlagen

Unter den vielen vorzüglichen Fabriken, die ich seit Beginn der Bewegung für Produktion auf Weltniveau in den westlichen Ländern besichtigt habe, sticht eine durch die Sorgfalt hervor, mit der die Wände mit Meßdaten über die Grundlagen bedeckt sind. Dies ist das Hewlett-Packard-Werk, das den Minicomputer HP-3000 Serie 68 herstellt, der sich seit einigen Jahren stetig verkauft. In dem kalifornischen Werk, in dem der 3000-500 produziert wird, finden sich überall $\bar{x}$- und R-Karten. Seit einigen Jahren sind diese Karten in Gebrauch – mit ausgezeichneten Ergebnissen. So sind beispielsweise die Fehler beim Schwallöten auf 0,5 bis 1 pro Million gesunken, eine Leistung, die bestimmt zu den besten der Welt gehört.

An einer Hauptwand in der Mitte des Fertigungsbereiches sind drei große Karten aufgehängt. Die eine zeigt den Just-in-Time-Materialfluß.

Die zweite zeigt das Verfahren der umfassenden Qualitätssicherung. Die dritte, die zwischen den beiden anderen hängt, enthält eine Fülle von Daten in Form von Kurven und Diagrammen, größtenteils über die Leistungen bei der Schaltplatinenmontage. Eine Kurve zeigt die Durchsatzzeit der Platinenmontage: von 15 Tagen im Jahre 1982 auf 1,5 Tage 1984. Eine andere zeigt das Umlaufmaterial: von 670 000 Dollar (1983) auf 200 000 Dollar (1984) und 20 000 Dollar (1985) gesenkt. Drei weitere Kurven zeigen Ausschuß, Flächenbedarf und Arbeitsstunden der Platinenmontage, die alle etwa halbiert wurden. Mehrere weitere Graphen zeigen die Abnahme von Mängeln und Abweichungen. Jeden Tag hängen Leute aus der Platinenmontage Detailangaben aus, die die Anzahl der verbogenen Kontakte, fehlenden Teile und anderer Abweichungen zeigt, und tragen die Gesamtfehlerzahl wöchentlich in die Diagramme ein.

Andere Karten in diesem Werk befassen sich mit der Ursache von Maschinenfehlfunktionen und -stillstandzeit. Auch farbige Kanban-Karten und -Zeichen sind weithin in Gebrauch. Die meisten finden sich auf Kanban-Regalen zwischen den Arbeitsgängen. Kontrollkarten werden in der Division seit einigen Jahren benutzt. Diejenigen, die Durchlaufzeiten, Flächenbedarf und Bestände – und die Widerstände gegen ihre Reduzierung – erfassen, wurden erst kürzlich eingeführt.

Kurz gesagt: Das Werk ist auf Management nach Sicht eingerichtet. Ein Manager, Qualitätsingenieur, Zulieferer, Kunde oder eine Besuchergruppe von einem College können in ein oder zwei Stunden einen Rundgang durch die kompakte Anlage absolvieren und wissen dann, was richtig und was falsch ist. Verglichen damit wirkt die Leitung eines Werks durch das Studium periodischer Berichte, als würde man falsch herum durch ein Fernglas schauen.

Grundlagen als Strategie

Manager der oberen Ebenen, die Strategien planen, brauchen Betriebsdaten wie diejenigen, die die HP-3000-500-Belegschaft an den Wänden hängen hat, aber solche Informationen sind nur selten verfügbar. Die interne Information, die zur Verfügung steht, ist mangelhaft und irreführend. Sie ist mehrmals gefiltert und besteht aus Sekundärdaten: nicht die Verfahrensqualität, sondern die Kundenbeschwerden, nicht wie schnell die Fertigung reagieren kann, sondern wie schnell die Lager reagieren, allzu vage Werte wie Kostenvarianz und Arbeitereffizienz, aber keine Einzelheiten über die Ursachen der Varianz und kaum oder gar keine Daten über die Verbesserungs*geschwindigkeit*. Mit sekundären Informationen kann man ein Unternehmen nicht strategisch leiten.

Die Produktion auf Weltniveau braucht bestimmt strategische Führung. Die beste Strategie lautet, in den Schützengräben immer mehr zu leisten.* Die beste Führung ist diejenige, die auf sichtbaren Messungen dessen besteht, was in den Gräben passiert, sowie auf Taten, um eine hohe Verbesserungsrate zu erzielen. Was sollte die Führung des Fertigungsunternehmens – außer Herumspazieren – sonst tun, um den Laden in Schwung zu halten?

Höheres Management

Um diese Frage zu beantworten: Eine Reihe unserer führenden Fertigungsunternehmen marschieren in die richtige Richtung. Der Ansatz von Xerox, wo man sich zuerst auf die Qualität konzentrierte, ist typisch. Fünfundzwanzig der dienstältesten Manager, darunter der Generaldirektor, hielten eine Reihe von Meetings ab und prägten die neuen Richtlinien über umfassende Qualitätssicherung. Diese Führungskräfte hörten W. Edwards Deming und Joseph Juran zu und besuchten Philip Crosbys Qualitätshochschule. Die neue Qualitätspolitik beginnt mit den Worten: »Qualität ist *das* grundlegende Geschäftsprinzip von Xerox. ... Qualitätsverbesserung ist die Aufgabe jedes einzelnen Xerox-Mitarbeiters.« (Pipp 1983)

Werner Schuele, ein Direktor der Gruppe Materialien und Steuerungen von Texas Instruments, berichtet von einem Strategiewandel bei TI: »In den vergangenen Jahren hielten wir vierteljährlich Finanzrevisionen mit der obersten Konzernleitung ab. Seit etwa drei Jahren werden diese Revisionen nicht mehr fortgeführt. An ihre Stelle ist viermal im Jahr eine Revision mit der obersten Führung getreten, die ausschließlich der Qualität und Produktivität gewidmet ist.«**

Manche Unternehmen, die sich in ihrem Streben nach Produktion auf Weltniveau anfangs auf die Qualität konzentrierten, haben ihren Ansatz

---

* Manche Wissenschaftler unterstützen diese Meinung in theoretischer Hinsicht. Z.B. sagt Schutzenberger: »Bisher haben wir gezeigt, daß die ›Strategie‹ einfach eine von mehreren Taktiken ist« und »daß jede Taktik als eine Art Strategie betrachtet werden kann.« (Schutzenberger 1954)
** Persönliche Korrespondenz mit Werner Schuele, 11. August 1985.

so erweitert, daß Einzelaktionen nicht erstickt werden. Die FMC Corp. zum Beispiel, ein Konglomerat mit 3,4 Milliarden Dollar Umsatz und etwa fünfzig Fertigungs- und Bergbau-Geschäftseinheiten, hat einen guten »Locker-Straff«-Ansatz entwickelt. FMC richtete ein Richtlinienkomitee unter Leitung des Produktionsdirektors ein. Die Komiteemitglieder entstammten den Konzern-Stabsgruppen – Produktion, Marketing, Konstruktion, Planung und ein paar anderen, auch Werksleiter kamen hinzu. Die Hauptaufgabe des Komitees war, Prinzipien für Spitzenleistungen in der Fertigung zu entwickeln. Es sah seine Rolle nicht in der Beratung oder Beaufsichtigung der Aktivitäten auf Werksebene. Die Prinzipien, die in ein paar zentralen Sitzungen erarbeitet wurden, behandelten mehrere Themen. Einige davon (in zufälliger Reihenfolge) waren:

»Wir werden verfahrens- und/oder produktorientierte Fabrikationsstätten betreiben.«

»Wir werden die komplizierten ›Bring‹-Systeme der Fertigung zu einfacheren ›Hol‹-Systemen entwickeln.«

»Wir werden die Bedürfnisse unserer Kunden genau definieren und Produkte und Dienstleistungen demgemäß konstruieren, produzieren und liefern. Der Begriff ›Kunde‹ meint alle Verwender des Outputs unserer Mitarbeiter.«

»Wir werden mit einem Minimum an Organisationsebenen arbeiten.«

Kontrollen

Letzteres – mit weniger Ebenen auskommen – ist etwas, was viele nordamerikanische Unternehmen bereits geschafft haben, wenn auch zum Zweck der Kostensenkung und des Überlebens und nicht für die Produktion auf Weltniveau. Die meisten Firmen, die Führungsebenen eliminiert und das mittlere Management reduziert haben, wußten, daß sie zuviel davon hatten. Manche wußten auch, daß ihre Kontrollen schwerfällig und nicht besonders effizient waren. Sie wußten jedoch nicht, was für Kontrollen stattdessen vorhanden sein sollten.

Diesmal verlassen wir uns nicht auf die Wirtschaftswissenschaftler, die Buchhalter, die Ingenieure und die anderen Stabskräfte, die die Kontrollen konzipieren. Die Führungsgruppen von Xerox, FMC und ähnliche Gruppen in vielen anderen Unternehmen verfechten aufgeklärte Prinzipien der Spitzenleistungen in der Produktion. In der Vergangenheit führte der Mangel an übergreifenden Prinzipien zu komplexen Kon-

trollinstrumenten, die den engstirnigen Interessen der Stabsgruppen ent-
gegenkamen. Heute hat der Stab gemeinsam mit den Linienmanagern
die Aufgabe, Kontrollen, Meßverfahren und Datensammlungsmethoden
zu entwickeln, die die festgeschriebenen Prinzipien unterstützen.

Ich kenne kein Unternehmen, das dies vollständig durchgeführt hat.
Die Kontrollinstrumente für Raffinerien sind nicht ganz dieselben wie die
für die Leichtmontage oder die Metallverarbeitung. Zwar wird jede Art
von Produzent etwas andere Instrumente erfinden, doch sie alle gehen in
dieselbe Richtung. Der 17-Punkte-Aktionsplan, der in diesem Kapitel
präsentiert wurde, gibt diese Richtung in allgemeinen Begriffen an;
anders gesagt: es sind allgemeine Prinzipien.

Sich festfahren und freikommen

Einen Aktionsplan haben und ihn verfolgen, sind zwei verschiedene
Dinge. Menschen und Ereignisse können die besten Ideen und Inten-
tionen verwässern.

In den meisten großen Fertigungsbetrieben gibt es ein paar Leute, die
das Heft in die Hand nehmen. In manchen gibt es viele. Verläuft die
Kampagne im Sande, wenn der Champion geht? Wenn höhere Autorität
den Champion zu anderen Projekten versetzt? Ich weiß von zwei derartigen Fällen.

Eine enthauptete Kampagne

Beim ersten geht es um einen Hersteller von Elektroprodukten. Der
Werksleiter hatte einen guten Just-in-Time-Feldzug ins Rollen gebracht.
Das Umlaufmaterial war schnell von sieben auf fünf Wochen reduziert,
und vielversprechende Projekte kamen in Gang. Dann wurde der Werks-
leiter an einen anderen Ort versetzt. Der neue Werksleiter stoppte die
Just-in-Time-Projekte und brachte den Stab dazu, seine Energie für die
Implementierung der Fertigungsbedarfsplanung einzusetzen. Manche
Leute nennen diesen Fall ein Just-in-Time-Versagen.

Ich bin nicht sicher, ob »Versagen« der richtige Ausdruck ist. Irgend
etwas hat versagt, und das Beispiel zeigt abermals die heikle Natur von
Programmen und Champions. Ein Champion kann ein paar Schalter
umlegen, die zu drastischen Reduzierungen von Lagerbeständen, Aus-

schuß, Abweichungen, Platzbedarf und Durchlaufzeit führen. Ein Werk zu Leistungen der Spitzenklasse führen kann ein Champion nicht.

Abflachung

Das zweite Beispiel stammt aus der großen Division Metallverarbeitung und -montage eines Großkonzerns. Der Division glückte einer der ersten schönen Just-in-Time-Erfolge in Nordamerika. Das Umlaufmaterial für ein Produkt war 1982 und 1983 auf die Hälfte gesenkt worden, die Maschinenarbeiter engagierten sich für die Senkung der Umrüstzeiten, und ein Teil der Maschinenwartung war ihnen übertragen worden. An diesem Punkt wurde die Just-in-Time-Reise unterbrochen. Zum Teil war ein neuer Werksleiter dafür verantwortlich, doch der Hauptgrund war die Entscheidung des Konzerns, ein völlig neues, automatisiertes Werk für ein recht schwach abgesetztes Produkt zu bauen. Einem Manager zufolge war »das Geld kein Thema«. Der Preis betrug sogar eine halbe Milliarde Dollar. Das Automatisierungsprojekt löschte die Just-in-Time-Errungenschaften nicht aus, doch die Just-in-Time-Kampagne flachte dadurch ab.

Der Abflachungseffekt ist etwas, für das große, zentralisierte Unternehmen anfällig sind. Abb. 13.1 zeigt, was passieren kann und in manchen Fällen passiert. Nach einer Schulungsrunde zum Auftakt werden hochwirksame Weltniveau-Projekte begonnen. Die Projekte – statistische Prozeßkontrolle, Senkung der Losgrößen, Umstellung auf das Holsystem – ergeben scharfe Verringerungen der Durchlaufzeit und Qualitätssteigerungen. Die Produktivität steigt ein wenig, weil weniger Arbeitsstunden mit Wartezeiten vertan werden; die Maschinenverfügbarkeit steigt ein wenig, da die Ausrüstung bei dieser Gelegenheit überholt wird.

Die schnellen Verbesserungen bei der Durchlaufzeit und Qualität halten vielleicht ein oder zwei Jahre an. Dann kommen die Abschweifungen. Ins Weltniveau-Streben kehrt Ruhe ein, und die Verbesserungen betragen beinahe Null, bis auf die Feinabstimmung bei alten Projekten.

Es bedarf schwungvoller Aktionen – eines Durchbruchs –, um die Fahrt in Richtung Weltniveau wieder auf Kurs zu bringen. Umfassende Schulung ist erforderlich, um zu erläutern, was für diesen Durchbruch notwendig ist, nämlich die Konzepte aus Kapitel 6: Umorganisation der Menschen und Maschinen gemäß dem Produktfluß. Die umfassende Schulung führt zur Bildung von Zellen und Verantwortungszentren.

Abbildung 13.1: Das Ablaufmuster der Verbesserung

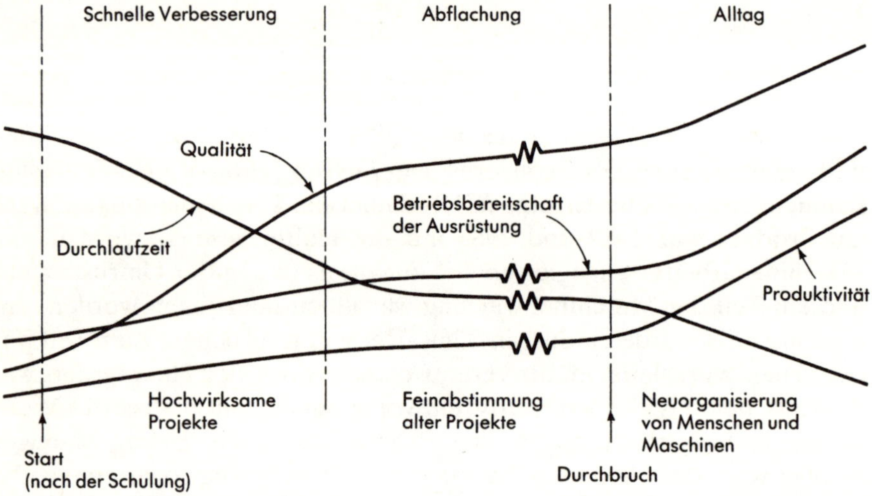

Danach wird eine gewichtige Ursache des Stillstandes nach der anderen beseitigt. Die Produktivitätsrate steigt wieder in gesundem Maße, und die Ursachen der unduldbaren Fehlfunktionen werden korrigiert, so daß auch die Maschinenverfügbarkeit in gesundem Maße ansteigt.

Wie hätte man den Abflachungseffekt von vornherein vermeiden können? Indem man die Umorganisation in die hochwirksame Projektphase verlegt hätte. Das Umorganisierungs-Projekt bringt so viele Leute auf die Problemlösungs-Bahn, daß die Lokomotive der schnellen Verbesserung kaum noch zu bremsen ist.

Ein Problem gibt es bei diesem Rezept für den Durchbruch: Die Umorganisierung von Menschen und Maschinen verlangt Beherztheit, und dieser Artikel ist knapp. Vielleicht braucht es einigen Ansporn, und der beste Ansporn ist in das Leistungsmeßsystem eingebaut.

Die Verbesserungswelle: Sickert sie nach unten oder schwappt sie nach oben?

Wiederum meine ich Maßnahmen, die den 17-Punkte-Aktionsplan für Spitzenleistungen der Fertigung unterstützen. Das klingt vielleicht wie die Verpflichtung des Topmanagements – und wie das übliche Geschwätz, das einem Sand in die Augen streut:»Der Erfolg der Kampagne hängt von der aktiven Unterstützung des Topmanagements ab.« Das haben wir schon zu oft gehört.

Die beiden erfolgreichsten Just-in-Time-Unternehmen in amerikanischem Besitz – die auch in puncto Qualitätssteigerung weit voraus sind – sind Omark und Hewlett-Packard. Bei Omark war die aktive Unterstützung durch das Topmanagement die treibende Kraft. Bei Hewlett-Packard, das dafür bekannt ist, daß die Autorität an die Werke delegiert wird – der Konzern hält sich draußen –, nahm der Weg zur Weltniveau-Produktion seinen Anfang unten.

Erst vier, dann sechs, dann acht und schließlich zahlreiche H-P-Werke erwärmten sich für Just-in-Time. Die Datenverarbeitungs-Leute in den Fabriken schrieben die Fertigungs-Software um, und später gelangten einige der Software-Ideen an die Konzerndivision, die H-P-Software vertreibt. Daraus entstand »H-P JIT«, ein kommerzielles Programmpaket. Die Werksbuchhalter haben neue Buchhaltungstechniken entwickelt, z.B. die Gemeinkostenzuweisung nach Durchlaufzeiten.

Die Werke messen sich allmählich an ihren selbstgezüchteten buchhalterischen Maßstäben. Andere Werke erfahren davon und installieren ähnliche Maßstäbe. Bald übernimmt sie der Konzern. Dann ist Just-in-Time institutionalisiert.

Ob das Unternehmen nun nach der Weise von Omark gedeiht – starke Unterstützung von oben – oder wie H-P von unten; die Kampagne für die Produktion auf Weltniveau trägt sich bald selbst und wird zum Alltag.

Entschlossenheit

Viele Leute arbeiten in Unternehmen, in denen nur an ein paar Standorten energisch auf die Produktion auf Weltniveau hingearbeitet wird. Das Management applaudiert den Bemühungen, und in jedem Werk gibt es Leute, die anscheinend eifrig bei der Planung sind, jedoch Taten scheuen.

Das erinnert mich an ein Just-in-Time-Seminar, das ich vor längerer Zeit in einem Hewlett-Packard-Werk abhielt. Am Ende des Seminars entwickelte mein Gastgeber Lee Rhodes ein Szenario für mich. Es ging etwa so:

»Dick, nimm einmal an, ich wäre ein Meister und hätte gerade dieses Seminar abgesessen. Ich bin begeistert und entschlossen, sofort Just-in-Time-Verfahren in Gang zu bringen. Also gehe ich am Montag zuerst zur Qualitätssicherungs-Abteilung. Ich bitte sie, zu mir in die Werkstatt zu kommen und die Arbeiter in statistischer Prozeßkontrolle zu schulen. Sie sagen, ja, das steht auf unserer Liste der Dinge, die zu tun sind. Aber jetzt gerade haben wir eine ganze Rampe voll eingegangener Waren zu prüfen. Jeden Tag kommt mehr dazu, und ich weiß nicht, wann wir die Zeit haben, mit der Schulung anzufangen.

Dann gehe ich zum Industrial Engineering. Ich bitte um Unterstützung bei der Verringerung der Rüstzeiten. Sie zeigen auf einen hohen Stapel Projekte im Eingangskorb des Chefs und vertrösten mich.

Schließlich finde ich den Weg zur Beschaffung und bitte die Einkäufer, mir bei der Anerkennung der Zulieferer zu helfen, damit wir die Fertigungslinien mit guten Teilen beschicken können. Die eine Hälfte der Einkäufer hängt am Telefon, gibt Bestellungen auf und hört mir nicht einmal zu. Die anderen sehen stapelweise Rechnungen und andere Papiere durch und sagen mir, sie hätten im Moment keine Zeit, die Zulieferer zu überprüfen.«

In diesem Sinne ging Lee noch ein paar Stabsfunktionen durch. Niemand hatte Zeit zu helfen. Dann stellte Lee seine Frage:

»Dick, wenn Sie der Meister wären und Ihnen das passieren würde, was würden Sie tun?«

Meine Antwort: »Ich würde es selber machen.«

Das führte ich aus: Wir sprechen über einfache Konzepte und einfache Techniken. Braucht der Meister oder Vorarbeiter Hilfe, um die Losgrößen zu verkleinern? Um einen Teil der Pufferbestände abzuschaffen? Traut er sich nicht, die großen Behälter durch ein paar kleine zu ersetzen? Gibt es ein paar verstreute Werkbänke und kleine Maschinen, die der Meister und die Montagearbeiter zu einer Zelle zusammenstellen können? Kann der Meister kein Videoband oder Handbuch über statistische Prozeßkontrolle finden und mit der Schulung anfangen?

Für Untätigkeit der Fertigungsleute, die an die Prinzipien der Produktion auf Weltniveau glauben, gibt es einfach keine Entschuldigung, weil es bei diesem Kreuzzug, anders als bei den meisten Programmen der Vergangenheit, um Einfachheit geht. Wenn Sie jemand sind, der nie gewagt hat, die Initiative zu ergreifen, oder wenn Ihre Firma Sie nie ermutigt hat – gehen Sie denn ein Risiko ein, wenn Sie derjenige sind, der den ersten Schritt tut? Kein großes. Just-in-Time und umfassende Qualitätssicherung funktionieren, und zwar schnell. Sie und Ihre Gruppe erhalten bald Ihren persönlichen Lohn. Vor allem jedoch können die Resultate die Leute außerhalb Ihrer Gruppe aufhorchen lassen. Es ist beispielsweise ziemlich leicht, die Umlaufbestände zwischen zwei Arbeitsgängen ohne nachteilige Auswirkungen zu halbieren. Besteht die Gefahr, daß Ihre Vorgesetzten bei diesem Ergebnis verärgert sind, weil Sie das Heft in die

Hand genommen haben? Das ist unwahrscheinlich. Allein die Einsparungen bei den Transportkosten übersteigen die bescheidenen Kosten für Just-in-Time und umfassende Qualitätssicherung. Diese Kampagnen machen sich sofort bezahlt.

Das übergreifende Thema, die Botschaft, das Ziel oder Ideal dieses Buches ist die kontinuierliche und schnelle Verbesserung. Als erstes bilden sich Keimzellen der kontinuierlichen und schnellen Verbesserung überall in der Organisation, von Leuten inspiriert, die die Verantwortung übernommen haben. Diese Keimzellen verschmelzen zuerst in den Fertigungslinien, dann in den Fabriken und schließlich im ganzen Unternehmen. Der einzelne, die Gruppe, die Fabrik und das Unternehmen, die ihre Lektionen in Weltniveau-Produktion lernen, können sie auf jedes Produkt und jede Dienstleistung anwenden. Die Abhängigkeit von den derzeitigen Produkten, Maschinen und Kunden schwindet und wird von der Überzeugung verdrängt, daß man gegen ernsthafte Risiken zum Teil immun geworden ist.

Die Produktion auf Weltniveau tritt für den Begriff des umfassenden Managements ein – statt der Führung durch eine eigenständige Managementgruppe. Die folgenden beiden Merksätze fassen diese letzte Aussage zusammen:

Produktion auf Weltniveau bedient sich weder des Managements von oben noch von unten. Sie bedient sich eines gemischten Managements.

Management der Weltniveau-Produktion besteht nicht bloß darin, Ressourcen so zu handhaben, daß Waren und Dienstleistungen erzeugt werden. Es besteht darin, die Ressourcen für eine kontinuierliche und schnelle Verbesserung zu mobilisieren.

Anhang
Ehrentafel: Die 5er-10er-20-er

Anmerkung: Einige Daten über Just-in-Time und die damit zusammenhängenden Leistungen gelten nur für ein Produkt und nicht für ein ganzes Werk. Einige der aufgeführten Werke hatten Verbesserungen um das Fünffache noch nicht ganz erreicht, werden es aber wahrscheinlich bis zum Erscheinen dieses Buches geschafft haben. Auf jeden Fall sind die Daten dürftig und können nicht dazu dienen, die Fabriken miteinander zu vergleichen, insbesondere da manche hohe Investitionen tätigen mußten und andere praktisch keine. Außerdem variieren die Zeitspannen. Die Liste ist repräsentativ, aber keinesfalls vollständig.

1. Hewlett-Packard, Greeley, Colorado (Diskettenlaufwerke, Magnetbandspeicher-Einheiten): Umlaufmaterial von 22 auf 1 Tag gekürzt, das ganze Werk nach dem Just-in-Time-Prinzip organisiert.
2. Hewlett-Packard, Vancouver, Washington (Computerdrucker): Flächenbedarf um ein Drittel, Bestände um ein Vielfaches reduziert; das ganze Werk nach dem Holsystem organisiert.
3. Hewlett-Packard, Boise, Idaho (Matrixdrucker): Durchlaufzeit von 5 auf 1 Tag gesenkt, Umlaufmaterial von 7 auf weniger als 1 Tag reduziert, Rohmaterialvorräte von 1 Monat auf höchstens 10 Tage reduziert; doppelt so viele Einheiten pro Person und Tag.
4. Hewlett-Packard, Sunnyvale, Kalifornien (Division Büro-Personal Computer): Umlaufmaterial von 3 Wochen auf 3 Tage gesenkt, Flächenbedarf auf 1/6 gesenkt (keine Lager mehr), Lohnkosten auf etwa 1/4 gesenkt, Modellmix-Montage bei neuen Produkten.
5. Hewlett-Packard, Cupertino, Kalifornien (Minicomputer H-P 3000 Serie 68): Schaltplatinen-Montagezeit von 15 auf 1,5 Tage gesenkt, Schaltplatinen-Umlaufmaterial von 670 000 Dollar auf 20 000 Dollar gesenkt.

6. Hewlett-Packard, Fort Collins, Colorado (Computer H-P 9000 Serie 500): Umlaufmaterial auf 1/6, Umlaufmaterial bei der Schaltplatinenmontage auf 1/10 gesenkt; Kapitalumschlag auf das Dreifache erhöht; Arbeitsaufträge abgeschafft.

7. Hewlett-Packard, Sunnyvale (Schaltplatinen): Durchlaufzeiten von 1 Monat auf 5 bis 6 Tage gesenkt, Losgrößen von 96 auf 6 gesenkt.

8. Sperry, Minneapolis (Computer UNIVAC 1170): Gesamter Computerbau, von der Schaltplatinenmontage (Losgröße 1, keine Stücke zwischen den Stationen) über die Computermontage und -prüfung bis zur Verpackung in einem kleinen Raum.

9. Omark, Guelph, Ontario (Sägeketten): Durchlaufzeiten von 21 auf 1 Tag gesenkt, Transferstrecken von 799 m auf 52 m gekürzt.

10. Omark, Portland, Oregon (Sägeketten): Durchlaufzeit von 30 auf 1 bis 3 Tage gesenkt, Umlaufmaterial um 80 Prozent reduziert, Mängel um 50 Prozent, Ausschuß und Nacharbeit um 50 Prozent, Flächenbedarf um 40 Prozent reduziert.

11. Omark, Onalaska, Wisconsin (Gewehrreinigungs-Sets): Durchlaufzeit von 2 Wochen auf 1 Tag, Bestände um 94 Prozent reduziert.

12. Omark, Owatonna, Minnesota (Holzernte-Maschinen): Durchsatzzeit für größere Teilemontage von 30 auf 3 Tage gesenkt, Roh- und Umlaufmaterial um 50 Prozent, Transferstrecken um 94 Prozent reduziert.

13. Omark, Woodburn, Oregon (Kreissägeblätter): Auftragsbearbeitungszeit von 10 bis 14 Tage mit 75-prozentiger Erfüllungsrate auf 1 bis 2 Tage mit 97-prozentiger Erfüllung reduziert, Umlaufmaterial um 85 Prozent, Transferstrecken um 58 Prozent, Kosten um 35 Prozent reduziert.

14. Omark, Mesabi, Minnesota (Spiralbohrer): Bestände an großen Bohrern um 92 Prozent, Durchlaufzeit von 3 Wochen auf 3 Tage, Transferstrecke von 127 m auf 48 m reduziert.

15. Omark, Oroville, Kalifornien (Nachladegeräte für Waffen): Durchlaufzeit von 6 Wochen auf 2 Tage reduziert, 96 Prozent der Maschinen in Fertigungslinien aufgestellt.

16. Omark, Prentice, Wisconsin (Baumstamm-Hebezeuge): Durchlaufzeit bei Steuerungen für Hydraulikventile (ein Pilotprojekt) von 30 auf ein paar Minuten gesenkt, Transferstrecke von 610 m auf ein paar Meter gekürzt.

17. General Electric, Louisville (Geschirrspülmaschinen): Durchlaufzeit von 6 Tagen auf 18 Stunden gesenkt, Roh- und Umlaufmaterial über die Hälfte reduziert, Ausschuß und Nacharbeit um 51 Prozent gesenkt, Außendienstanforderungen um 53 Prozent gesenkt.

18. General Electric, Philadelphia (Vakuum-Trennschalter): Flächenbedarf von 186 000 qm auf 56 000 qm gesenkt, Bestände um 82 Prozent reduziert (98 Prozent in der Fertigung).
19. General Electric, Burlington, Iowa (Trennschalter): Montage-Losgrößen von 12 Wochen auf 1 Woche, Entfernungen von 125 m auf 37 m gesenkt, Umlaufmaterial im Werk um 67 Prozent, Regalfläche um 67 Prozent verringert.
20. General Electric, Cincinnati (Wartung von Flugzeugturbinen-Rotoren): Durchlaufzeit von 13 Wochen auf 9 Stunden gesenkt.
21. General Electric, Willoughby, Ohio (Zulieferer von Keramikteilen für Hochdruck-Natriumlampen): Kanban-gesteuerte Auslieferung der fertigen Teile täglich statt monatlich; Kanban-System für interne Produktion und für Kundenlieferungen (Doppelkarten-Kanban).
22. Black & Decker/General Electric, Ashboro, North Carolina (Kaffeemaschinenproduzent): Früher 10 000 Stück täglich auf drei Fertigungslinien in drei Schichten und drei Monaten zwischen Modellwechseln; jetzt dasselbe Volumen, aber alle Modelle werden täglich auf Modellmix-Linien in einer Schicht hergestellt; Kanban-Felder für Bereitstellung an der Linie; Flächenbedarf um 4 830 qm gesenkt.
23. Tektronix, Beaverton, Oregon (Hybridkeramik-Produkte): Durchlaufzeit von 45 auf etwa 4 Tage, Umlaufmaterial um 95 Prozent gesenkt, hohes Maß an Arbeiterflexibilität und Mitverantwortung.
24. Tektronix, Wilsonville, Oregon (Graphik-Terminals): Durchlaufzeit von 35 auf 5 Tage gesenkt.
25. Tektronix, Clark County, Washington (tragbare Oszilloskope): Durchlaufzeit von 40 bis 60 auf 2 bis 5 Tage gesenkt, Bestände um 70 Prozent reduziert.
26. IBM, Owego, New Jersey (Computerprodukte für Behörden): Transferstrecke von 9 400 m auf 84 m gekürzt, Umlaufmaterial um 70 Prozent, Durchlaufzeit um 50 Prozent gesenkt (*Owego Focus* 1985: 7).
27. IBM, Raleigh, North Carolina (Logikeinheit 3178): Zum »Standard«-Produkt umkonstruiert; automatisiert und Just-in-Time-Konzepte eingearbeitet; Belegschaft von 130 auf 10 gekürzt, Flächenbedarf von 4 700 qm auf 840 qm gesenkt; Roh- und Umlaufmaterial-Umschlag von 15 auf über 70 gesteigert; EDV-Kosten pro Stück von etwa 50,00 Dollar auf 1,26 Dollar gesenkt.
28. IBM, Bromont, Quebec (Chip-Bestückung): Verfahrenszeit bei einem Keramiksubstrat-Produkt (als Alleinlieferant) von 30 bis 40 Tagen auf 7 Tage gekürzt; Verfahrenszeit bei anderen Produkten von

30 auf 3 bis 6 Tage gekürzt; 15 Arbeiter warten ihre Maschinen selbst.

29. IBM, Boca Raton, Louisiana (Personal Computer): Neues Produkt (keine Vorher-Nachher-Daten); Produkt im Hinblick auf leichte Herstellung und schnellen Durchsatz konstruiert.

30. IBM, Lexington, Kentucky (Schreibmaschinen): Zahl der Bauteile um ein Vielfaches gesenkt, was Bestände und Fertigungszeiten senkt; Anzahl der Zulieferer von 640 auf 32 gesenkt.

31. 3 M, Hutchinson, Minnesota (Videocassetten): Mit täglicher quotengesteuerter Terminplanung auf Holsystem umgestellt.

32. 3 M, Weatherford, Oklahoma (Disketten): Umlaufmaterial von 600 auf 6 Stunden gekürzt, Flächenbedarf pro Stück auf 1/6 gekürzt, Produktivität verdreifacht.

33. Intel, Singapur (Schaltplatinenmontage und -prüfung): Durchlaufzeit von 25 auf 6 Tage gekürzt, Rohmaterial auf 1/3 oder 1/4 gesenkt.

34. Intel, Puerto Rico (Mikrocomputer): Umlaufmaterial von 20 auf 5 Tage gesenkt; D-RAMs von 35 auf 5 Tage gesenkt; Winchester-Laufwerke von 20 auf 5 Tage gesenkt; keine Endprüfung dieser Teile.

35. Intel, Oregon (Mikrocomputer): Umlaufmaterial fast so stark gesenkt wie in Puerto Rico; bei D-RAMs und Winchester-Laufwerken etwa die gleichen Resultate.

36. Honeywell, Minneapolis (elektronische Luftreiniger): Umlaufmaterial bei der Teilemontage und Bauteilen um 80 Prozent gekürzt, Ausschuß- und Abfallbeseitigungskosten um 54 Prozent, Flächenbedarf um 15 Prozent gesenkt, Produktivität um 15 Prozent gesteigert.

37. Honeywell, Phoenix (Großrechner): Neues Produkt passend zu Just-in-Time konzipiert; Fertigungszeit von etwa 13 Wochen auf 15 Tage gesenkt.

38. Westinghouse, Fayetteville, North Carolina (Motorsteuerungen): Vorräte binnen zwei Jahren von 4,2 Monaten auf 0,89 Monate gekürzt; durch Verlagerung der Blechschlosserei und Zellenbildung fast alle Arbeitsaufträge eliminiert und auf Kanban umgestellt; 40 Prozent weniger Flächenbedarf.

39. Westinghouse, Asheville, North Carolina (mehrere Motorsteuerungs-Produkte): Nur ein Jahr Erfahrung mit Just-in-Time; ähnliche Fortschritte wie in Fayetteville, aber schneller; neues Werk mit computergesteuerter Automatisierung ausgerüstet, die schwierig einzurichten war; daher wurde für 1 Mio. Dollar Ausrüstung verkauft und durch einfachere Ausrüstung für einen Bruchteil der Kosten ersetzt.

40. Westinghouse, West Mifflin, Pennsylvania (U-Bahn-Steuerungen usw.): Durchlaufzeit von 12 auf 1 Woche gesenkt; Flächenbedarf von

11 600 qm auf 4 800 qm gesenkt; Lagerfläche von 66 Prozent auf 15 Prozent der verfügbaren Fläche reduziert; Kapazität um 600 Prozent gesteigert. (*Pittsburgh Engineer* 1985: 16-17)

41. Westinghouse, Youngwood, Pennsylvania (Halbleiter-Division): Durchlaufzeit um 70 Prozent reduziert; Rückweisungsrate in Prozent vom Umsatz um 67 Prozent gesenkt; fehlerhaftes Material in Prozent vom Umsatz um 50 Prozent gesenkt.

42. Harley-Davidson, Milwaukee (Motoren): Lagerumschlag von 6,0 auf 19,6 gesteigert, Umlaufmaterial auf 1/4 bis 1/5 gesenkt; Stückzahl pro Beschäftigten um etwa 38 Prozent gesteigert; Transferstrecke für die Schwungradfertigung (62 Werkzeugmaschinen) um 62 Prozent gekürzt.

43. Harley-Davidson, York, Pennsylvania (Motorrad-Montage): Losgrößen von 20 bis 25 auf 1 gekürzt (Modellmix-Montage); Lagerumschlag von 3,5 auf 20 gesteigert; 45 von 50 Gabelstaplern abgeschafft; Prüfer von 75 auf 6 reduziert; Mängel um 52 Prozent pro Motorrad reduziert.

44. John Deere, Dubuque, Iowa (Industrieausrüstung): Kurbelwellen-fertigungs-Bestände von 30 auf 3 Tage gesenkt; Bestände für kleine Raupenketten-Traktoren von 13 auf 3 Tage gesenkt; Bestände an großen Raupenketten-Schleppern auf Modellmix-Fertigungsstraße von 14 auf 1 Tag gesenkt; Umstellung des gesamten Werks.

45. John Deere, Ottumwa, Iowa (Heu- und Getreideerntemaschinen): Fing erst 1983 mit Just-in-Time an, gehört aber zu den sich schnell verbessernden Just-in-Time-Werken.

46. John Deere, Horicon, Wisconsin (Aufsitz-Rasenmäher): Jeden Tag werden 7 Modelle gebaut statt monatlich 1; indirekte Lohnkosten bei der Teilemontage auf die Hälfte und beim Schweißen auf 1/5 gesenkt.

47. Eaton, Division LKW-Teile, Shelbyville, Tennessee: Fertigungszeit für Wellen von 8 bis 10 Tagen auf 28 Minuten gekürzt, Umlaufmaterial um 98 Prozent, Flächenbedarf um 25 Prozent gesenkt.

48. Eaton, Division LKW-Teile, Kings Mountain, Tennessee: Fertigungszeit für Getriebegehäuse von 18 Tagen auf 2 Stunden gesenkt, Umlaufmaterial von 22 bis 23 Tagen auf 4 Tage gesenkt.

49. Eaton, Division LKW-Teile, Shenandoah, Iowa: Fertigungszeit für Getriebegehäuse von über einer Woche auf weniger als 2 Stunden gesenkt, Umlaufmaterial von 438 Gehäusen auf 40 reduziert.

50. Eaton, Division Hydraulik, Eden Prairie, Minnesota

51. Eaton, Division Hydraulik, Spencer, Iowa

52. Eaton, Division Hydraulik, Shawnee, Oklahoma: Bei allen drei Werken wurden die Maschinen in Zellen gestellt, Standardmengen-Behälter eingeführt, die Fertigungsdurchlaufzeit für Regelgeräte innerhalb eines Jahres von 17 auf 4 Wochen gesenkt, die Durchlaufzeit für Motoren von 12 auf 3 Wochen gekürzt (bei 1 Woche Vorausplanung).
53. Richardson-Vicks Home Care Products, Torshalla, Schweden (Hustensaft): »Fast perfekter« Kundendienst mit fast fünffacher Reduzierung von Umlaufmaterial und Fertigwaren-Beständen; Gesamtumschlag von 4,4 auf 13,5 erhöht; Umrüstzeit der Fertigungslinie von einer Schicht auf 18 Minuten gesenkt.
54. Richardson-Vicks Home Care Products, Südafrika (vollständige Produktlinie): Umrüstzeit der Fertigungslinie von einer Schicht auf 1 Stunde gesenkt; große Einsparungen bei Umlaufmaterial und Fertigwaren-Beständen.
55. Richardson-Vicks Home Care Products, Groß-Gerau, Deutschland (Milton-Sterilisierungsapparate): Konzept der Fabrik in der Fabrik, große Bestandskürzungen.
56. Richardson-Vicks Home Care Products, Lyon, Frankreich (Petrole-Hahn-Haarpflegemittel): Große Bestandskürzungen.
57. Control Data, Aberdeen, South-Dakota (Lese-Schreib-Köpfe)
58. Control Data, Eden Prairie, Minneapolis (Lese-Schreib-Köpfe)
59. Control Data, Minneapolis (Lese-Schreib-Köpfe und Dünnschicht-Köpfe): Bei allen drei Werken zehnfache Reduzierungen des Umlaufmaterials, Erträge um 5 bis 12 Prozent gesteigert, keine Änderungen außer erheblicher Reduzierung der Losgrößen und Umstellung auf das Holsystem.
60. »Buick City«, Flint, Michigan (Automobile): Stoßstangen-Umlaufmaterial von 10 Tagen auf 8 Stunden gesenkt; Transferstrecke für Stoßstangen von 2 500 m auf 43 m gekürzt.
61. Motorola, Seguin, Texas (elektronische Steuergeräte für die Auto- und Haushaltsgeräte-Industrie): Bestände um 75 Prozent reduziert, Durchlaufzeit um 67 Prozent.
62. Allen Bradley, Milwaukee (Anlasser-Relais): Stark automatisiert mit eingearbeiteten Just-in-Time-Konzepten; Bau und Auslieferung von Produkten innerhalb von 24 Stunden, nachdem der Kunde bei einer der weltweiten Vertretungen einen Computer-Auftrag erteilt hat (ein neues Produkt; die Reaktionszeiten für ähnliche Produkte betrugen zuvor Wochen).
63. Ray-Chem, Menlo Park, Kalifornien (Thermofit-Division): Durchlaufzeit von 3 Wochen auf 3 Tage, Umlaufmaterial auf 1/10 reduziert.

64. Rockwell, Richardson, Texas (Telekommunikation): Durchlaufzeit in der Fertigung von 8,2 auf 1,5 Wochen, für Wellenleiter-Teile von 17,3 auf 2,2 Wochen, für den Blechzuschnitt von 6 auf 1,2 Wochen gekürzt.

65. Stanadyne Diesel Systems, Hartford, Connecticut: Durch ein Holsystem zwischen den Schraubautomaten und der Werkzeugmaschinen-Linie Bestände auf 1/5 reduziert.

66. Xerox Corp.: Das Unternehmen gewann 1985 die »Medal of Professional Excellence« der Zeitschrift *Purchasing*. Einige der Gründe: Anzahl der Zulieferer von 5000 auf 300 gesenkt, Rohmaterialvorräte von über 3 Monaten auf etwa 1 Monat gesenkt; Kostensenkungen seit 1980 jährlich 10 Prozent; Beschaffungskosten von 0,09 Dollar auf 0,035 Dollar pro ausgegebenen Dollar gesenkt.

67. Tennant Co., Minneapolis (Industrie-Kehr- und Reinigungsmaschinen): Vier Endmontagebänder, auf denen die Bauteile »on-line« gebaut oder täglich ausgeliefert werden.

68. Burlington Industries, Reidsville, North Carolina (Innenausstattungs-Gewebe in Sonderlängen): Durchlaufzeit von 4 bis 6 Tagen auf unter 1 Stunde, Umlaufmaterial um 97 Prozent reduziert (von 5000 auf unter 150 Stück); Flächenbedarf von 1200 qm auf 400 qm gesenkt.

69. Double A Products, Statesville, North Carolina (Hydraulikventile): Vollständig Kanban-gesteuert (von den Schraubautomaten über Fräsen und Schleifen bis zur Montage); Schraubautomaten werden mit Spindelgruppen bestückt; Verwaltungsarbeit um 70 Prozent reduziert; etwa vierfacher Lagerumschlag.

70. Texas Instruments, Sherman, Texas (Waffensysteme): Bei der Metallbearbeitung Umlaufmaterial von 18000 auf unter 1000 Stück gesenkt; Fertigungs-Durchlaufzeit von 14 auf 2 Tage gesenkt; etwa vier- bis fünfmal weniger Ausschuß und Nacharbeit; bei der Magnettechnologie 30 bis 60 Prozent weniger Umlaufmaterial, Fertigungs-Durchlaufzeit um 50 bis 70 Prozent gekürzt, 50 bis 100 Prozent weniger Ausschuß, 40 Prozent weniger Flächenbedarf.

71. Apple, Fremont, Kalifornien (Macintosh): Neues Produkt (keine Vorher-Nachher-Daten); Produkt im Hinblick auf leichte Fertigung und schnellen Durchsatz konzipiert; Lagerumschlag 20 bis 30mal pro Jahr.

72. Lincoln Electric Co., Cleveland (Schweißgeräte): Lange Tradition in der Anwendung vieler Weltniveau-Produktionstechniken wie zelluläre Fertigung und keine Lager (der Bestandsumschlag beträgt

jedoch nur 4 bis 6, was wahrscheinlich darauf hinweist, daß Rüstzeiten und Losgrößen verringert werden müssen).

73. Owatonna Tools, Owatonna, Minnesota (Elektronikprodukte): Durchlaufzeit von 42 auf 2,74 Tage gesenkt.
74. Abbott Laboratories, Las Colinas, Texas (diagnostische Medikamentenanalyse-Geräte): Transferstrecke von 335 m auf 55 m gekürzt; Bestände für 800 000 Dollar eliminiert.
75. FMC Corp., Aiken, South Carolina (Ladeluken): 86 Prozent weniger Umlaufmaterial; 60 bis 95 Prozent kürzere Rüstzeiten in der Maschinenwerkstatt.
76. Nashua Corp., Nashua, New Hampshire (Magnetplattenstapel und Disketten): Nach neun Monaten Just-in-Time-Betrieb bei der Plattenstapel-Montage Umlaufmaterial von 330 auf etwa 5 Stapel reduziert, 75 Prozent weniger Flächenbedarf, Nacharbeit von etwa 10 Prozent auf Null, Produktivität (und Gewinne) um 35 Prozent gesteigert; ähnliche oder höhere Produktivitätssteigerung bei der Diskettenproduktion.
77. Applicon, Billerica, Massachusetts (CAD/CAM-Ausrüstung): Durchlaufzeit von 17 auf 1 Woche gekürzt; Bestände von 5,5 Mio. Dollar auf 400 000 Dollar reduziert.
78. Digital Equipment Corp., Colorado Springs, Colorado (Diskettenlaufwerke und Controller): Bei der Endmontage von Winchester-Laufwerken Durchlaufzeit von 2,0 auf 0,25 Tage, Umlaufmaterial von 5 Mio. Dollar auf 900 000 Dollar gesenkt; bei der diversifizierten Laufwerk-Teilemontage Umlaufmaterial von 119 000 auf 18 000 Dollar, Nacharbeit von 300 auf 0 Stück reduziert, Produktivität um 63 Prozent gesteigert.
79. Kawasaki, Lincoln, Nebraska (Motorräder): Montagelosgrößen von 200 (oder Vielfachem davon) auf 1 gesenkt; Gesamtbestände auf 1/4 reduziert; Umlaufmaterial auf unter 1/5 gesenkt.
80. Toyota, Long Beach, Kalifornien (LKW-Fahrgestelle): überall Kanban-System, Montagehäufigkeit pro Modell von monatlich auf täglich gesteigert, Durchsatzzeiten von 6 auf 1,5 Tage gesenkt, von 18 Gabelstaplern 6 abgeschafft, Arbeitszeit pro Stück von 8,3 auf 3 Stunden gesenkt.
81. Nissan, Smyrna, Tennessee (LKW und PKW).
82. NOK, Inc., LaGrange, Georgia (Öl- und mechanische Dichtungen).
83. Honda, Marysville, Ohio (Motorräder und PKW).
84. Sony, San Diego, Kalifornien (Fernsehgeräte).

Literaturverzeichnis

Bates, H.J. (1984): »Vendor Quality Rating and Statistical Process Control«, Vortrag auf der 126. Versammlung der Division Gummi der American Chemical Society, Denver, 25. Oktober 1984.

Behrens, G.P (1984): »3M«, *The Just-in-Time Technical Development Newsletter* Nr. 5, Association for Manufacturing Excellence, Inc., 30. September 1984, S. 2-3.

Business India (1984): »Japan Does Away With Quality Control«, 13.-26. Februar 1984.

Business Week (1985 a): »Japan Focuses on Basic Research to Close the Creativity Gap«, 25. Februar 1985, S. 94-96.

Business Week (1985 b): »Bath: A Tight Ship That Could Spring a Leak«, 20. Mai 1985, S. 88-90.

Campanella, J. und Corcoran, F.J. (1983): »Principles of Quality Costs«, *Quality Progress,* April 1983.

Crosby, Philip B. (1979): *Quality is Free: The Art of Making Quality Certain,* New York: McGraw-Hill; dt. Übersetzung: *Qualität bringt Gewinn,* Hamburg: McGraw-Hill 1986.

Forbes (1983): »Black Ships Are Coming«, 31. Januar 1983, S. 67-75.

Fortune (1984 a): »The Swiss Put Glitz in Cheap Quartz Watches«, 20. August 1984, S. 102.

Fortune (1984 b): »Jerry Sanders's Act Is Cleaning Up«, 15. Oktober 1984, S. 210-216.

Fortune (1985): »Have Takeovers Gone Too Far?«, 27. Mai 1985, S. 20-22.

Friedman, Andrew und Greenbaum, Joan (1985): »Japanese DP«, *Datamation,* 1. Februar 1985, S. 112-118.

Garvin, David A. (1984): »What Does ›Product Quality‹ Really Mean?«, *Sloan Management Review,* Herbst 1984, S. 25-43.

Geare, A.J. (1976): »Productivity from Scanlon-Type Plans«, *Academy of Management Review,* Juli 1976, S. 99-107.

Grove, Andrew S. (1983): *High Output Management,* New York: Random House; dt. Übersetzung: *Die Kunst des Managements,* Haar: Markt & Technik 1985.

Hall, Robert W. (1983): *Zero Inventories,* New York: Dow Jones-Irwin.

Harvard Business School (o.J.): »Henry Ford and the Ford Motor Company«, Fall Nr. 9-307-092, Soldiers Field, Boston: Intercollegiate Case Clearing House.

Harvey, Robert E. und Pond, James B. (Hrsg.) (1985): *Iron Age,* Sonderheft über flexible Fertigungssysteme, 16. August 1985.

Hawkins, Charles E. (1983): »A Comparative Study of the Management Accounting Practices of Industrial Companies in the United States and Japan«, Dissertation, Universität von Nebraska.

Hayes, Robert H. und Wheelwright, Steven C. (1984): *Restoring Our Competitive Edge: Competing Through Manufacturing*, New York: John Wiley & Sons.

Howard, William L. (o.J.) »Implementing Change: The Crisis in Middle Management«.

Huge, Ernie (Hrsg.) (1984): *Just-in-Time-Newsletter* Nr. 6, Association for Manufacturing Excellence, Inc., 31. Dezember 1984, S. 2-10.

Ishikawa, Kaoru (1972): *Guide to Quality Control,* Tokio: Asian Productivity Organization.

Johnson, Robert W. (1984): »Vendor Self-Inspection Sets the Stage for Just-in-Time-Deliveries«, *Quality Progress,* November 1984, S. 46-47.

Klein, Janice A. (1984): »Why Supervisors Resist Employee Involvement«, *Harvard Business Review*, September-Oktober 1984, S. 87-95.

Likert, Rensis (1961): *New Patterns of Management,* New York: McGraw-Hill; dt. Übersetzung: *Neue Ansätze der Unternehmensführung,* Bern: Haupt 1972.

MacKinnon, Neil (1985): »Launching a Drive for Quality Excellence«, *Quality Progress,* Mai 1985, S. 46-50.

Main, Jeremy (1981): »How to Battle Your Own Bureaucracy«, *Fortune*, 29. Juni 1981, S. 54-58.

McElroy, John (1984): »Quality Goes In Before the Part Comes Out«, *Automotive Industries,* November 1984, S. 51-52.

Mehl, Wayne (1983): »Strategic Management of Operations: A Top Management Perspective«, *Operations Management Review*, Herbst 1983, S. 29-39.

Ohno, Taiichi und Kumagai, Tomonori (1980): »Toyota Production Systems«, *Proceedings of the International Conference on Industrial Systems Engineering and Management in Developing Countries*, Bangkok, November 1980.

Owego Focus (1985), Hauszeitschrift der Division Federal Systems von IBM, 1. Februar 1985.

Peters, Thomas J. und Waterman, Robert H. Jr. (1982): *In Search of Excellence*, New York: Harper & Row; dt. Übersetzung: *Auf der Suche nach Spitzenleistungen. Was wir von den bestgeführten Unternehmen lernen können*, Landsberg: Moderne Industrie 1984.

Pipp, Frank J. (1983): »Management Commitment to Quality: Xerox Corp.«, *Quality Progress*, August 1983, S. 12-17.

Pitt, Hy (1985): »A Modern Strategy for Process Improvement«, *Quality Progress,* Mai 1985, S. 22-28.

Pittsburgh Engineer (1985): »Assembling a World-Class Shop«, Sommer 1985, S. 16-17.

Productivity Letter, The (1985): »Gorman Rupp Avoids Layoffs for Half a Century«, American Productivity Center, Houston, Juli 1985, S. 1-2.

Reich, Robert B. (1983): *The New American Frontier*, New York: Times Books.
Robinson, Wayne (1984): Vortrag auf einem Just-in-Time-Seminar, Toronto, 22.-23. März 1984.

Schonberger, Richard J. (1982): *Japanese Manufacturing Techniques: Nine Hidden Lessons in Simplicity*, New York: Free Press.
Schonberger, Richard J. (1983): *Comment appliquer les techniques de gestion Japonaises*, Strasbourg: Les Dossiers du Savoir-Faire (französische Ausgabe von Schonberger 1982; übersetzt von Christian Moisy).
Schonberger, Richard J. (1984): »Just-in-Time Production: The Quality Dividend«, *Quality Progress*, Oktober, S. 22-24.
Schumacher, E.F. (1973): *Small is Beautiful*, New York: Perennial Library; dt. Übersetzung: *Die Rückkehr zum menschlichen Maß*, Reinbek: Rowohlt 1977.
Schutzenberger, M.P. (1954): »A Tentative Classification of Goal-Seeking Behaviours«, *Journal of Mental Science*, 100, S. 97-102.
Seglund, Ragnor und Ibarreche, Santiago (1984): »Just-in-Time: the Accounting Implications«, *Management Accounting*, August 1984, S. 43-45.
Sepehri, Mehran (1985): »A Machine Builds Machines at Apple Computer's Highly Automated Macintosh Manufacturing Facility«, *Industrial Engineering*, April 1985, S. 60.
Shainin, Dorian (1984): »Better Than Good Old x̄ & R Charts Asked by Vendees«, *1984 ASQC Quality Congress Transactions*, S. 302-307.
Shingo, Shigeo (1981): *Study of Toyota Production System from Industrial Engineering Viewpoint*, Tokio: Japan Management Association.
Shingo, Shigeo (1985): *A Revolution in Manufacturing: The SMED System*, Stamford, Connecticut: Productivity Press.
Sorensen, Charles E. (1956): *My Forty Years With Ford*, New York: W.W. Norton.
Statistical Quality Control Handbook (1956), Indianapolis: AT&T Technologies; dt. Übersetzung: *Statistische Qualitätskontrolle*, Stuttgart: Berliner Union Verlag 1969.

Taguchi, Genichi und Wu, Yu-In (1979): *Introduction to Off-Line Quality Control*, Nagoya, Japan: Central Japan Quality Control Association; das Buch ist eine erweiterte Fassung einer japanischen Veröffentlichung Taguchis von 1966.
Thompson, Harry und Paris, Michael (1982): »The Changing Face of Manufacturing Technology«, *The Journal of Business Strategy* 3, Nr. 1, S. 45-52.

Walleigh, Rick (1985): »What's Your Excuse for Not Using JIT?«, unveröffentlichte Arbeit, Hewlett-Packard Division Computersysteme, 15. März 1985.
Wall Street Journal, The (1984): »Employee Involvement Gains Support«, 12. Dezember 1984.
Wall Street Journal, The (1985 a): »Polaroid Co. Is Selling Its Technique for Limiting Supplier Price Increases«, 13. Februar 1985.
Wall Street Journal, The (1985 b): »Moving Abroad: Strong Dollar Has Led U.S. Firms to Transfer Production Overseas«, 9. April 1985, S. 1ff.

Wheeler, William A. III (1985): »Case Study: Premanufacturing Steps in a Job Shop«, unveröffentlicht.

Wheelwright, Steven C. (1981): »Japan – Where Operations Really Are Strategic«, *Harvard Business Review*, Juli-August 1981, S. 67-74.

Yoshihara, Hideki (1984): »Japanese Plants Abroad: Little Basics Mean a Lot«, unveröffentlichte Arbeit, Pan-Pacific Business Conference, Honolulu, 26. bis 28. März 1984.

Firmen- und Personenregister

Sachregister